ŒUVRES

DE

WALTER SCOTT.

TOME IV.

IMPRIMERIE DE H. FOURNIER,
RUE DE SEINE, N° 14.

GUY MANNERING,

ou

L'ASTROLOGUE.

(Guy Mannering, or the Astrologer.)

TRADUCTION

DE M. DEFAUCONPRET,

AVEC DES ÉCLAIRCISSEMENS ET DES NOTES
HISTORIQUES.

> « On dit que certains mots ou signes merveilleux
> « Évoquent les esprits à l'heure planétaire.
> « Mais fasse qui voudra ce métier dangereux :
> « Quant à moi, je l'avoue, il ne me tente guère. »
> LE LAI DU DERNIER MÉNESTREL.

PARIS.

FURNE, LIBRAIRE-EDITEUR,

QUAI DES AUGUSTINS, N° 39.

M DCCC XXX.

GUY MANNERING,

ou

L'ASTROLOGUE.

(Guy Mannering, or the Astrologer.)

CHAPITRE PREMIER.

> « Il ne put nier que, lorsqu'il jeta les yeux sur l'affreux pays qui l'entourait, lorsqu'il ne vit de toutes parts que des champs stériles, des arbres dépouillés de feuillage, des rochers couverts d'épais brouillards, des plaines inondées, il se laissa gagner par la mélancolie, et il aurait bien désiré se trouver tranquille chez lui. »
>
> *Voyage de Will. Marvel.* LE FAINÉANT, n. 49.

On était aux premiers jours de novembre 17—; un jeune Anglais, qui venait de finir ses études à l'université d'Oxford, employa ses premiers instans de liberté à visiter une partie du nord de la Grande-Bretagne. La curiosité lui fit prolonger son voyage jusque sur les frontières de la contrée qu'on peut appeler la sœur de l'Angleterre. Il avait visité le matin les ruines d'un monastère dans le comté de Dumfries, et consacré la plus grande partie du jour à les dessiner sous divers points de vue, de sorte que lorsqu'il monta à cheval pour continuer son voyage, le sombre crépuscule de cette saison était déjà survenu.

Il avait à traverser d'immenses plaines de noire bruyère qui s'étendaient de tous côtés jusqu'à la distance de plusieurs milles. Quelques éminences s'élevaient çà et là sur leur surface comme autant d'îles, et la vue découvrait aussi tantôt quelques petits champs de blé dont les épis, même à cette époque, n'étaient pas encore parvenus à leur maturité, tantôt une chaumière ou une petite ferme ombragée par un ou deux saules, et entourée de touffes de sureau. Ces demeures isolées communiquaient ensemble par des sentiers tracés à travers la bruyère, et qui étaient impraticables pour tout autre qu'un habitant du pays. La route publique était cependant assez commode ; et le désagrément d'être surpris par la nuit n'entraînait aucun danger ; mais il n'est pas amusant de voyager seul, dans l'obscurité, à travers un pays inconnu, et si l'imagination est quelquefois portée à devenir sombre, ce doit être dans une situation semblable à celle où se trouvait MANNERING.

A mesure que le jour baissait, le pays paraissait de plus en plus noir. Notre voyageur ne manquait pas de demander à tous ceux qu'il rencontrait s'il était encore bien éloigné de Kippletringan, village où il avait dessein de passer la nuit. La réponse ordinaire à ses questions était une sorte de contre-interrogation, — D'où venait-il ? Tant que la clarté fut suffisante pour que son air et ses habits fissent reconnaître en lui un *gentleman*, ces réponses singulières étaient dans la forme d'une supposition : — Milord a sûrement été à l'ancienne abbaye d'Holycross ? beaucoup de *gentlemen* anglais vont la voir ; ou : — Votre Honneur vient sans doute du château de Pouderloupat. Mais quand on ne distingua plus que sa voix, les questions prirent une autre tournure : — Et que faites-vous à une telle heure sur un chemin comme celui-ci ? ou : —Vous n'êtes donc pas de ce pays, l'ami ? Obtenait-il quelques réponses directes, il était impossible de les concilier entre elles, et elles ne lui apprenaient rien de ce qu'il voulait savoir. D'abord Kippletringan était éloigné *d'un bon bout de chemin* (*a gay bit*), ensuite le *bon bout de chemin* était fixé avec plus d'exactitude à *peut-être trois milles* (*ablins three mile*) ; l'instant d'après les trois milles se réduisaient à *un mille et un petit bout*, qui bientôt finissaient par devenir *quatre milles ou environ*. Enfin la voix d'une femme, après avoir fait taire un enfant qui pleurait et qu'elle portait dans ses bras, assura Guy Mannering qu'il y avait encore bien loin jusqu'à Kippletringan, et que le chemin n'était pas bon pour les voyageurs à pied. Le pauvre cheval sur lequel Mannering était monté pensait sans doute que le chemin n'était pas meilleur pour lui que pour la femme qui venait de parler. Il commençait à ralentir son pas, ne répondait aux coups d'éperons que par une sorte de gémissement, et bronchait à chaque pierre qu'il rencontrait, et dont, par parenthèse, la route était remplie.

Mannering commençait à s'impatienter. Parfois, en apercevant une lumière, il concevait l'espoir trompeur qu'il touchait à la fin de sa route ; mais quand il s'en était approché, il voyait qu'elle venait d'une de ces fermes situées au milieu des fondrières. Enfin, pour compléter son embarras, il arriva dans un endroit où la route se divisait en deux. Si l'obscurité n'eût pas été aussi profonde, il aurait cherché à déchiffrer les restes d'une inscription placée sur un poteau pour indiquer le chemin ; mais il n'en aurait pas été mieux instruit, car, suivant la louable coutume de l'Ecosse, ces inscriptions ne sont pas plus tôt placées qu'on les efface. Notre voyageur fut donc obligé, comme les anciens chevaliers errans, de s'en rapporter à la sagacité de son cheval, qui prit sans hésiter le chemin à gauche, et qui, doublant alors la vitesse de son pas, donna à son maître l'espoir que son instinct lui faisait sentir l'écurie dont il avait besoin. Cet espoir ne se réalisa pourtant pas très-promptement, et Mannering, à qui son impatience faisait paraître chaque stade triple, commençait à croire que Kippletringan s'éloignait de lui à mesure qu'il avançait.

Le ciel était couvert, quoique de temps en temps les étoiles fissent briller une clarté douteuse. Rien n'interrompait le silence qui régnait autour de lui que le cri du butor des fondrières, espèce de héron qui mugit comme le taureau, et les soupirs du vent à travers le marécage, auxquels se joignait la voix lointaine de l'Océan, dont le voyageur semblait approcher de plus en plus. Cette dernière circonstance n'était pas très-rassurante. Beaucoup de routes dans ce pays cotoient la mer, et sont sujettes à être couvertes par la marée, qui s'élève à une très-grande hauteur, et qui s'avance avec rapidité. D'autres sont coupées par des criques et des anses qu'on ne peut traverser sans danger qu'à la marée basse. Or, comment un voyageur ne connaissant pas le pays, et montant un cheval fatigué, pouvait-il dans une telle obscurité éviter ce double danger? Mannering résolut donc de s'arrêter à la première habitation qu'il rencontrerait, et d'y passer la nuit, s'il ne pouvait y trouver un guide pour le conduire au fatal village de Kippletringan.

Une pauvre chaumière lui fournit enfin le moyen d'exécuter ce projet. Ce ne fut pas sans difficulté qu'il en trouva la porte. Il y frappa, et pendant quelque temps n'entendit pour toute réponse qu'un duo entre un chien de basse-cour qui aboyait, et une femme qui hurlait pour le faire taire. La voix humaine parvint par degrés à prendre le dessus, et les aboiemens du chien étant descendus en un instant des accens de la colère à ceux de la plainte, il est probable que ce ne fut pas seulement la force des poumons qui assura la victoire à sa maîtresse.

—Au diable ton gosier!—ce sont les premiers mots articulés qu'entendit notre voyageur; — ne me laisseras-tu pas savoir ce que l'on veut, avec tes aboiemens?

—Suis-je loin de Kippletringan, ma bonne dame?

— De Kippletringan!!! répéta une voix de femme d'un

ton d'étonnement que nous ne pouvons exprimer que par trois points d'admiration ; oh ! vous auriez pu aller *eassel* à Kippletringan? A présent il faut que vous retourniez jusqu'au Whaap, du Whaap vous gagnerez Ballenloan, et alors.....

— Cela est impossible, ma bonne dame, mon cheval tombe de fatigue. Ne pouvez-vous me donner à loger pour cette nuit?

— Oh! mon Dieu, non. Je suis seule, James est allé à la foire de Drumshourloch vendre ses moutons de l'année; il s'agirait pour moi de la vie, que je n'ouvrirais pas la porte à un de ces gens qui courent les champs.

— Mais que ferai-je donc, bonne dame? je ne peux pas rester toute la nuit sur la route.

— En vérité, je n'en sais rien, à moins que vous ne vouliez aller jusqu'à la *place*. On vous y recevra sans s'inquiéter si vous êtes un noble ou un simple [1].

— Oui, assez simple pour courir les champs au milieu de la nuit! pensa Mannering, qui ignorait le sens de la phrase. Mais comment pourrai-je trouver cette *place* comme vous l'appelez?

— Vous prendrez *wessel* au bout du *loan*, et faites bien attention au grand trou.

— Oh! si vous me parlez encore d'*eassel* et de *wessel* [2], je suis perdu! — N'y a-t-il personne pour me guider à cette *place*? je prétends le payer généreusement.

Le mot *payer* fit l'effet d'un talisman.

— Hé bien! Jack, cria la voix femelle, as-tu pris racine dans ton lit, tandis que voilà un seigneur qui a besoin qu'on le conduise à la *place*? Allons donc, paresseux,

---

(1) Dans son langage l'Ecossaise appelle *a simple* un simple roturier. — Ed.

(2) Pour bien entrer dans l'étonnement de Guy Mannering, il faut que le lecteur partage d'abord son embarras; les Anglais eux-mêmes y sont réduits, et c'est ici un des passages qui prouvent l'utilité des notes et d'un glossaire. La femme de la chaumière se sert de mots écossais que l'oreille du héros entend pour la première fois.
— Ed.

lève-toi vite, et conduis-le par le grand *loaning* [1]. Oh! il vous montrera bien le chemin, et je vous réponds que vous serez bien reçu. Jamais on n'y a refusé la porte à personne, et vous arriverez dans le bon moment, car le domestique du laird, non pas son valet de chambre, mais un autre, a passé par ici ce soir pour aller chercher la sage-femme, et il ne s'est arrêté tout juste que le temps de boire deux pintes de *tippenny* [2] pour nous dire que milady sentait les premières douleurs.

— L'arrivée d'un étranger dans un pareil instant leur sera peut-être désagréable?

— Oh! ne vous inquiétez pas, le château est grand, et l'accouchement d'une femme est un bon moment pour le mari.

Pendant ce temps Jack avait trouvé le moyen de se couvrir d'une casaque en lambeaux, et de passer une paire de culottes encore plus vieilles; il sortit de la maison. C'était un grand lourdeau de garçon d'environ douze ans, aux cheveux blancs [3], aux jambes nues; tel il parut aux yeux de Guy Mannering, grace à la clarté d'une veilleuse que sa mère, à demi nue, tenait de manière à jeter un coup d'œil sur l'étranger sans se montrer tout-à-fait elle-même. Jack prit sur la gauche en sortant de la maison, tirant le cheval de Mannering par la bride, et le conduisant avec assez d'adresse dans l'étroit sentier qui régnait le long du redoutable trou à fumier, dont le voisinage se faisait sentir de plus d'une manière. Il traîna alors le cheval éreinté dans un mauvais chemin pierreux, ensuite dans un champ labouré, ouvrit un *slap* [4], comme il le dit, en faisant tomber

---

(1) On appelle *loan* ou *loaning* une espèce de place découverte, près du village ou de la ferme, où l'on trait les vaches au retour du pâturage : *loan* signifie aussi un chemin qui sépare deux champs. — Ed.

(2) *Tip* ou *tippeny* pour *two pence* (2 sous). On appelle ainsi une bière d'Écosse qui se vendait deux sous la bouteille avant que les droits eussent été plus que doublés. — Ed.

(3) Couleur caractéristique des cheveux de ces enfans exposés sans cesse en Écosse aux intempéries de l'air. — Ed.

(4) Un passage. — Tr.

une portion de mur en pierres superposées sans ciment ; fit passer par la brèche l'animal docile, et enfin le fit entrer par un guichet dans un endroit qui ressemblait à une avenue, quoiqu'il y manquât un grand nombre des arbres qui auraient dû la garnir. On entendait alors très-distinctement le bruit des vagues de l'Océan qui paraissait très-voisin ; et les rayons de la lune, qui commençait à paraître sur l'horizon, frappaient sur un bâtiment considérable, flanqué de tours, mais qui ne paraissait presque qu'un amas de ruines.

Cette vue ne flatta pas l'imagination de Mannering.

— Mon petit ami, dit-il à son guide, ce n'est pas un manoir que je vois. C'est une ruine.

— C'est pourtant là qu'ont demeuré long-temps les lairds du pays. C'est la vieille *place* d'Ellangowan. Il y revient des esprits. Mais que cela ne vous effraie pas, je n'en ai vu jamais un seul. D'ailleurs nous sommes presqu'à la porte de la nouvelle *place*.

En effet, laissant les ruines sur la droite, le guide de notre voyageur le conduisit en peu d'instans à une petite maison construite à la moderne, à la porte de laquelle il frappa de manière à annoncer une visite d'importance[1]. Mannering dit au domestique quel était le motif qui l'amenait. Le maître de la maison, l'ayant entendu d'un salon voisin où il se trouvait, se présenta sur-le-champ, et lui dit qu'il était le bienvenu au château d'Ellangowan. L'enfant, très-satisfait d'une demi-couronne qu'il reçut, s'en retourna dans sa chaumière ; le cheval fatigué fut conduit à l'écurie, et Mannering se trouva devant une table sur laquelle était servi un souper confortable : l'appétit que lui avait donné le froid le lui fit trouver excellent.

---

(1) La manière de frapper à la porte annonce en Angleterre la qualité de celui qui frappe. Un domestique, un commissionnaire, un ouvrier, ne frappe qu'un coup. Le facteur de la poste aux lettres en frappe deux. Trois coups annoncent un ami, un égal ; mais un personnage considérable arrive-t-il en équipage, ses valets frappent à coups redoublés. — Tr.

CHAPITRE II.

« On vit de race en race
« Diminuer les biens dont je suis héritier :
« C'est la lune qui passe en son dernier quartier. »
SHAKSPEARE. *Henri IV, partie* 1.

La compagnie rassemblée dans le salon du château d'Ellangowan ne se composait que du laird lui-même, et d'un homme que Mannering put prendre pour le maître d'école du village ou pour le clerc du ministre; car son extérieur était trop mesquin pour supposer que ce fût le ministre lui-même qui se trouvât ainsi en visite chez le laird.

Le laird était une de ces personnes du second rang que l'on trouve assez fréquemment dans une propriété rurale. Fielding a décrit une classe comme *feras consumere nati*[1]; mais l'amour de la chasse annonce dans l'ame une activité qui avait tout-à-fait abandonné M. Bertram, si jamais il en avait été doué. Une espèce de bonhomie insouciante formait le caractère distinctif de ses traits, qui étaient plutôt agréables que rebutans, et on lisait sur sa physionomie la preuve de l'inactivité à laquelle toute sa vie avait été consacrée. Tandis qu'il fait un long discours à Mannering sur l'avantage et l'utilité d'envelopper ses bottes avec de la paille pour monter à cheval quand il fait froid, je vais donner au lecteur un aperçu de sa famille et de son caractère.

(1) C'est-à-dire a décrit une classe d'hommes *destinée spécialement à dévorer le gibier*. L'auteur fait ici allusion au personnage si vrai et si plaisant de Western, le type des squires anglais; la chasse est chez le squire Western une passion : lorsqu'il poursuit sa fille qu'il croit enlevée par Tom-Jones, le bruit d'une meute lui fait oublier le but de son voyage; l'instinct du chasseur l'emporte sur l'inquiétude du père.
— Ed.

Godefroi Bertram d'Ellangowan, comme beaucoup de lairds de ce temps, avait hérité d'une longue généalogie et de revenus très-courts. La liste de ses ancêtres remontait si haut qu'elle se perdait dans le siècle barbare de l'indépendance galwégienne[1]. Son arbre généalogique, outre les noms chrétiens des Godefroy, des Gilbert, des Denis, des Roland, fameux du temps des croisades, portait encore des fruits païens d'un âge bien plus reculé, les noms des Arth, des Knarth, des Donagild et des Hanlon. Il est très-vrai qu'ils avaient été autrefois possesseurs d'un domaine très-étendu, et chefs d'une tribu nombreuse appelée Mac-Dingawaie[2], mais ils avaient depuis ce temps adopté le surnom normand de Bertram. Ils avaient fait la guerre, excité des révoltes; avaient été vainqueurs, vaincus, pendus, décapités, pendant bien des siècles, comme cela convenait alors à une famille d'importance; mais ils avaient insensiblement perdu de leur grandeur, et, après avoir été des chefs de partis et de conspirations, les Mac-Dingawaies d'Ellangowan avaient fini par ne plus être que des complices subordonnés. Ce fut dans le cours du dix-septième siècle qu'ils firent leurs plus funestes preuves en ce genre, alors que leur mauvais génie leur inspira un esprit de contradiction qui les mit toujours en opposition avec le parti dominant. Ils suivirent une conduite diamétralement opposée à celle du fameux ministre de Bray; ils s'attachèrent au parti le plus faible avec le même zèle que ce digne ecclésiastique au parti le plus fort; et, comme lui, ils reçurent leur récompense[3].

Allan Bertram d'Ellangowan, qui florissait *in tempore*

---

(1) La province de Galloway comprenait les comtés de Wighton, Dumfries, et Kirkudbright. On croit que cette province fut peuplée dans l'origine par une colonie d'Irlandais du comté de Galway, qui y conservèrent long-temps leurs lois, leurs mœurs, et leur indépendance. — Éd.

(2) Le mot Mac (fils de) est commun aux Irlandais et aux Highlanders. — Éd.

(3) Bray est une paroisse située sur la Tamise dans le Berkshire. Le vicaire en question vivait sous Henry VIII et ses trois successeurs; il changea quatre fois de religion, étant tour à tour papiste et protestant: il tenait, avant tout, à être vicaire de Bray. Sa fidélité à sa place est le sujet d'une chanson populaire. — Éd.

Caroli primi[1], fut, dit mon auteur, sir Robert Douglas, dans son *Scottish Baronetage*[2] (voyez le mot Ellogawan), un loyaliste inébranlable, plein de zèle pour la cause de Sa Majesté. Il s'unit avec le célèbre marquis de Montrose et d'autres patriotes fidèles, et fit comme eux de grands sacrifices. Il eut l'honneur d'être nommé chevalier par Sa Majesté; il fut condamné, en 1642, au séquestre de ses biens par le parlement, comme *malignant*; et de nouveau, en 1648, comme *resolutioner*[3]. Ces deux fausses épithètes de malignant et resolutioner coûtèrent au malheureux sir Allan la moitié de ses biens patrimoniaux.

Son fils Denis Bertram épousa la fille d'un fanatique en dignité qui avait place au conseil d'Etat, et qui sauva par-là la seconde moitié des biens de sa famille. Mais son malheureux destin voulut qu'en devenant amoureux de la belle qu'il épousa, il le devînt aussi de ses principes. Voici le portrait qu'en fait le même auteur : — C'était un homme plein de talens et de courage; aussi fut-il choisi par la noblesse des comtés de l'Ouest pour être un des gentilshommes chargés de porter leurs griefs au conseil privé de Charles II, en 1678, au sujet des déprédations de l'armée highlandaise [4]. Ce dévouement patriotique le fit condamner à une amende qu'il ne put payer qu'en engageant la moitié de la succession de son père. Il aurait pu remédier à cette perte par une sévère économie; mais, lors-

---

(1) Du temps de Charles Ier.

(2) *Catalogue historique et héraldique des baronnets d'Ecosse*, par sir James Douglas. — Ed.

(3) *Malignant et resolutioner*. Plus nous nous familiarisons avec les ouvrages de sir Walter Scott, moins nous osons *franciser* des mots de parti et des expressions toutes locales, et par conséquent intraduisibles. Un *malignant* (malicieux, malveillant) de 1642 était un partisan de la monarchie et de l'anglicanisme; vers l'année 1648, les presbytériens écossais se divisèrent en *resolutioners* et *remonstrators*. Les premiers étaient ceux qui faisaient cause commune avec les royalistes contre Cromwell; les seconds, ceux qui refusaient d'accepter le secours des *malignants* ou Cavaliers. *Malignant et resolutioner* sont des mots consacrés en histoire et intraduisibles, comme *Whig* et *Tory*. — Ed.

(4) En 1698 Lauderdale avait fait venir six mille montagnards dans la basse Ecosse.
— Ed.

que Argyle[1] leva l'étendard de la rébellion, Denis Bertram fut suspect au gouvernement; il fut arrêté, enfermé dans le château de Dunnotar sur la côte de Mearns, et se brisa la tête en voulant s'échapper de cette prison, où il était détenu avec environ quatre-vingts personnes qui partageaient ses opinions. Ceux à qui la moitié de ses biens était engagée prirent possession, et les biens de la famille furent encore une fois diminués de moitié.

Donohoe Bertram, avec un nom et un caractère un peu irlandais, succéda aux propriétés diminuées des Ellangowan. Il commença par chasser de chez lui le révérend Aaron Macbriar, chapelain de sa mère, avec qui il avait eu, dit-on, une querelle relativement aux bonnes graces de la vachère. Il ne passait pas un jour sans s'enivrer en buvant à la santé du roi, du conseil d'Etat et des évêques; ne cessait de célébrer des orgies avec le laird de Lagg, Théophile Oglethorpe, et sir James Turner; enfin il monta son cheval gris, et rejoignit l'armée de Clavers[2] à Killie-Krankie. Dans une escarmouche près de Dunkeld, en 1689, il fut ajusté et tué par un caméronien qui avait chargé son fusil avec un bouton d'argent, parce qu'on disait que le diable avait rendu son corps à l'épreuve du fer et du plomb. On voit encore son tombeau, qu'on appelle — le tombeau du mauvais laird.

Son fils Lewis eut plus de prudence qu'on n'en avait ordinairement dans sa famille. Il s'appliqua à conserver les biens qui lui restaient, car les excès de Donohoe y avaient fait une brèche aussi-bien que les confiscations et les amendes. Il ne put à la vérité échapper à la fatalité qui semblait forcer les seigneurs d'Ellangowan à se mêler des affaires politiques; mais, avant d'aller dehors[3] avec lord Kenmore, en 1715, il eut soin de mettre ses biens en fidéi-

---

(1) Celui qui fut décapité en 1685. — ED.

(2) Claverhouse. — ED.

(3) *To go out*: c'était l'expression délicate pour dire qu'on avait pris parti pour le Prétendant. — ED.

commis, afin de les soustraire aux amendes et à la confiscation, dans le cas où le comte de Mar ne pourrait venir à bout de renverser la dynastie protestante; mais,—Scylla et Charybde.— Un mot suffit au sage. Il ne sauva ses biens que par un procès qui subdivisa encore les propriétés des Ellangowan. C'était cependant un homme qui savait prendre son parti. Il vendit une portion des biens qui lui restaient, évacua le vieux château qui tombait en ruines, et où sa famille avait vécu (dit un vieux fermier) comme un rat dans un vieux grenier; il employa une partie de ses vénérables débris à bâtir une petite maison élevée de trois étages, ayant deux fenêtres de chaque côté, une porte au milieu, et des vues de tous les côtés. C'était la nouvelle *place* d'Ellangowan où nous avons laissé notre héros s'amusant peut-être un peu plus que nos lecteurs, et c'est là que Louis Bertram s'était retiré la tête pleine de projets pour rétablir la fortune de sa famille. Il fit valoir ses terres par lui-même, en prit d'autres à rente des propriétaires voisins, acheta et vendit des bestiaux, courut les foires et les marchés, se livra aux spéculations, enfin s'évertua de manière à tenir toujours le besoin à certaine distance de son manoir : mais ce qu'il gagna en argent il le perdit en considération. Ses occupations d'agriculture et de commerce étaient regardées avec mépris par les lairds ses voisins, qui ne pensaient qu'à la chasse, aux combats de coqs et aux courses de chevaux. La manière de vivre d'Ellangowan dérogeait, suivant eux, à sa noblesse; il se vit obligé de renoncer peu à peu à leur société, et de jouer un rôle mixte sur le théâtre du monde, celui de gentilhomme fermier. La mort le surprit au milieu de ses projets, et les derniers restes d'une fortune jadis brillante furent recueillis par Godefroy Bertram, son fils unique.

Le danger des spéculations de son père se fit bientôt apercevoir. N'ayant ni ses talens ni son activité, toutes ses entreprises échouaient, et, n'ayant pas une étincelle d'énergie pour repousser le malheur ou y faire face, Godefroy se reposa sur l'activité d'un autre. Il n'avait ni chiens, ni chevaux, ni toutes ces choses que l'on peut nommer des préliminaires de ruine ; mais, comme plusieurs de ses compatriotes, il avait un *homme d'affaires*, ce qui devait le conduire au même résultat. Grace au talent de ce dernier, de petites dettes devinrent considérables, les intérêts s'accumulèrent avec le principal, des obligations à terme furent changées en rentes perpétuelles, enfin des frais de procédure achevèrent de l'écraser. Godefroy Ellangowan était cependant si peu possédé de l'esprit de chicane qu'il lui arriva deux fois d'être obligé de payer les frais d'un procès dont il n'avait jamais entendu parler. Tous ses voisins prédisaient sa ruine totale. Ceux de la classe élevée, le regardant comme un frère dégénéré, ne la voyaient pas arriver sans un malin plaisir; les classes inférieures, ne trouvant rien à envier dans sa situation, voyaient avec plus de compassion l'embarras où il allait se trouver. Il était même l'objet de leur attachement particulier. S'agissait-il du partage de quelque bien communal; jugeait-on un pauvre homme qui avait contrevenu au privilège d'une pêche, ou qui avait braconné ; enfin se croyaient-ils opprimés, les paysans avaient coutume de se dire les uns aux autres : — Ah! si Ellangowan, ce brave homme! possédait encore tout ce qui a appartenu à ses ancêtres, il ne souffrirait pas que de pauvres gens fussent ainsi vexés! Cependant cette bonne opinion ne les empêchait pas de profiter de sa facilité dans toutes les occasions. Ils faisaient paître leurs troupeaux dans ses prés, volaient son bois, tuaient son gibier : — Le brave homme, disaient-ils, n'en saura jamais rien. Il ne s'inquiète pas de ce que fait le pauvre monde. — Colporteurs, Egyptiens, chaudronniers, vagabonds de toute espèce, remplissaient sa cuisine, et le lord, qui n'était pas un orgueilleux, mais qui aimait les commérages comme la plupart des gens sans caractère, se trouvait récompensé de l'hospitalité qu'il leur accordait, par le plaisir de les questionner sur les nouvelles du pays d'où ils venaient.

Une circonstance suspendit la ruine d'Ellangowan, qui y courait si rapidement. Ce fut son mariage avec une dame qui avait environ quatre mille livres [1]. Personne dans le voisinage ne put concevoir pourquoi, avec une telle fortune, elle l'avait épousé, si ce n'est parce qu'il était grand, bien fait, avec d'assez beaux traits, un abord agréable, et un caractère facile et doux. On peut ajouter à cela qu'elle était déjà âgée de vingt-huit ans, et qu'elle n'avait pas de proches parens qui pussent contrôler ses actions ou son choix.

C'était pour cette dame, prête à accoucher de son premier enfant, que l'exprès actif et diligent dont avait parlé la femme de la chaumière avait été dépêché à Kippletringan la nuit de l'arrivée de Mannering.

Quoique nous ayons si long-temps parlé du lord, nous devons faire connaître au lecteur l'individu qui se trouvait avec lui. C'était Abel Sampson, que, d'après ses occupations de pédagogue, on appelait communément Dominus Sampson. Il était d'une naissance obscure; mais, ayant montré dès sa plus tendre enfance un caractère sérieux et réfléchi, ses parens, quoique pauvres, pensèrent que leur *bairn* [2], comme ils l'appelaient, pourrait montrer sa tête dans une chaire. Ils redoublèrent donc d'économie, se refusèrent tout, se levèrent de grand matin, se couchèrent fort tard, mangèrent du pain sec, et burent de l'eau claire, le tout pour procurer à leur Abel les moyens de s'instruire.

Il fut donc mis dans une école, et là sa taille maigre et grande, son air gauche, sa gravité taciturne, quelques habitudes grotesques, comme de se dandiner et de faire la grimace en récitant ses leçons, rendirent Sampson la risée de ses camarades. Les mêmes qualités lui valurent

---

(1) 96,000 liv. argent de France. — Ed.
(2) Enfant : mot écossais. — Ed.

au collège les mêmes ridicules de la part de ses nouveaux compagnons. On faisait foule pour voir Dominus Sampson (car on lui avait déja conféré ce titre honorable) sortir de la classe de grec, son *lexicon* sous son bras, porté sur deux longues jambes ressemblant aux pattes d'une grue, haussant alternativement deux larges épaules dans un habit noir trois fois trop large, qui montrait la corde, et qui était son unique et constante parure. Quand il parlait, tous les efforts du professeur ne pouvaient empêcher toute sa classe d'éclater de rire, et il avait bien de la peine à n'en pas faire autant. Le visage long et pâle de Sampson, ses yeux louches, son énorme mâchoire qui ne paraissait pas s'ouvrir et se fermer par un acte de sa volonté, mais par l'effet d'un mécanisme compliqué intérieur; sa voix aigre et discordante qui s'élevait jusqu'au fausset quand on lui disait de parler plus distinctement; tout cela lui donnait chaque jour de nouveaux titres au ridicule, sans parler de l'habit troué et du soulier percé, qui depuis le temps de Juvénal est le partage du pauvre savant.

Et cependant jamais Sampson ne montra d'humeur à cause des railleries dont il était l'objet; jamais il ne songea à tirer la moindre vengeance de ceux qui le tourmentaient. Il sortait du collège le plus secrètement possible, et se plongeait dans une chambre plus que modeste, où, pour dix-huit sous[1] par semaine, il avait la jouissance d'une paillasse, et la permission d'étudier près du feu de son hôtesse, quand elle était de bonne humeur. Enfin, à travers tout cela, il parvint à s'instruire suffisamment dans le grec et le latin, et à acquérir quelques connaissances dans les sciences.

Avec le temps, Abel Sampson, *probationer*,[2] en théo-

(1) 1 liv. 16 sous de France. — Ed.

(2) Nous avons fait connaître dans les notes de *Waverley* la constitution et la hiérarchie de l'Eglise d'Ecosse. Les presbytères, que nous avons dit être un consistoire composé de tous les pasteurs d'un canton et des Anciens de chaque paroisse, ont le droit d'accorder la faculté de prêcher à des candidats ou novices ecclésiastiques appelés *probationers*, qui ne peuvent pas administrer les sacremens. — Ed.

logie, fut admis au privilège de prêcher; mais hélas! sa propre timidité, et l'envie de rire qui s'empara visiblement de l'auditoire dès qu'il parut dans la chaire, le rendirent incapable de prononcer le premier mot de son discours. Il ouvrit une grande bouche, fit une grimace affreuse, roula de tous côtés de gros yeux qui semblaient vouloir sortir de leur orbite, ferma sa bible, descendit de la chaire plus vite qu'il n'y était monté, renversa en s'en allant quelques vieilles femmes qui, suivant leur usage, s'étaient rapprochées pour mieux entendre, et fut surnommé par son auditoire le ministre dans l'embarras. Il retourna donc dans son pays; déchu de toute espérance, et réduit à partager la pauvreté de ses parens. Comme il n'avait ni ami ni confident, pas même une simple connaissance, personne ne put savoir comment Dominus avait supporté un événement qui fit rire la ville à ses dépens pendant toute une semaine. Je ne finirais point si je voulais rapporter toutes les plaisanteries auxquelles il donna lieu, depuis une ballade intitulée *Sampson's riddle*, l'énigme de Sampson, que fit un espiègle écolier en humanités, jusqu'au bon mot du principal, qui se félicitait de ce que Sampson, dans la promptitude de sa fuite, n'avait pas emporté les portes du collège.

Mais rien ne pouvait altérer l'égalité d'ame de Sampson; il chercha à se rendre utile à ses parens en tenant une école, et il eut bientôt beaucoup de disciples, mais peu d'honoraires. Au fait, il donnait ses leçons aux pauvres pour rien, et aux fils de fermiers qui étaient dans l'aisance, pour ce qu'ils voulaient lui payer; et il faut dire, à la honte de ceux-ci, que les bénéfices de Sampson ne montèrent jamais à une somme équivalente aux gages d'un bon valet de charrue.

Comme il avait une belle écriture, il avait encore quelques petits profits en copiant des comptes et écrivant des lettres pour Ellangowan. Peu à peu le laird, qui ne voyait aucune société, prit goût à celle de Dominus. La conversation n'était pas son côté brillant, mais il avait le talent d'écouter; il attisait le feu avec assez d'adresse; il essaya même de moucher les chandelles, mais il y renonça après avoir plongé deux ou trois fois le salon dans une obscurité complète. Ainsi toute sa besogne se bornait à peu près à lever son verre de bière et à l'approcher de ses lèvres chaque fois qu'Ellangowan en faisait autant, et à lui prouver, par quelques sons mal articulés, qu'il l'avait écouté, lorsque celui-ci, qui aimait à parler autant que l'autre à se taire, avait fini une de ses longues histoires.

C'est dans une de ces occasions qu'il montra à Mannering sa longue figure, son corps maigre et son air gauche. Il était vêtu d'un habit noir râpé; un mouchoir de couleur, qui avait été propre autrefois, entourait son cou nerveux et décharné; enfin le reste de son extérieur était composé de culottes grises, de bas bleu foncé, de souliers à clous, et de petites boucles de cuivre.

Telles sont les esquisses des deux personnes entre lesquelles Mannering se trouvait assis d'une manière confortable.

CHAPITRE III.

« Dans quel pays n'a-t-on pas entendu
« Conter jadis de merveilleux présages?
« Nécromanciens, devins, dans tous les âges,
« Tristes savans, n'ont-ils pas prétendu
« Connaître à point des astres l'influence?
« Des almanachs c'est encor la science. »
BUTLER. *Hudibras.*

ELLANGOWAN fit part à Mannering de la circonstance dans laquelle se trouvait son épouse, comme d'un motif qui devait l'excuser si elle ne paraissait pas pour le recevoir, et qui devait faire pardonner s'il manquait à sa réception quelques-unes de ces attentions qui semblent le partage exclusif des dames. Ce fut aussi une raison pour faire venir sur la table une bouteille de vin d'extraordinaire.

— Je ne puis me coucher, dit le lord avec le sentiment d'inquiétude que doit éprouver un homme qui bientôt sera père, avant d'avoir appris qu'elle est heureusement accouchée. Si vous n'êtes pas pressé, et que vous vouliez me faire l'honneur, ainsi qu'à Dominus, de rester avec nous, j'espère que nous ne vous retiendrons pas trop longtemps, car la mère Howatson est expéditive. Il y avait autrefois une jeune fille qui se trouvait dans le même cas que ma femme; elle demeurait près d'ici. Vous n'avez pas besoin de branler la tête, Dominus; toutes les taxes de l'Eglise ont été payées, j'en suis sûr : et qu'est-ce qu'on peut faire de plus? La bénédiction du prêtre y a passé, et l'homme qui l'a épousée ne l'en estime pas une épingle de moins pour cette bagatelle. Ils demeurent, monsieur Mannering, sur le bord de la mer, à Annan, et vous ne trouveriez pas à dix lieues le long des côtes un couple mieux assorti, avec six enfans qui font plaisir à voir, dont l'aîné, Godefroy, est déjà employé à bord d'un yacht de la douane. Il faut que vous sachiez que c'est un de mes cousins qui en est commandant; il a obtenu cette commission lors de la grande contestation qui a eu lieu dans ce comté. Vous devez en avoir entendu parler, car il en a été question à la chambre des communes. Je vous dirai à ce sujet que j'aurais certainement voté pour le laird de Balruddery; mais, voyez-vous, mon père était jacobite; il *sortit dehors* avec Kenmore, et ne prêta jamais son serment de fidélité; de manière que j'eus beau dire et beau faire, on me raya de la liste, quoique mon agent, qui a un vote en raison de mes biens, donnât son suffrage au vieux sir Thomas Kittlecourt. Mais, pour en revenir à ce que je vous disais, la mère Howatson est fort expéditive, car cette jeune fille...

Ici cette narration longue et décousue fut interrompue par le bruit d'une personne qui montait l'escalier conduisant de la cuisine au salon, et qui chantait à pleine voix. Les tons élevés paraissaient trop perçans pour un homme, et les sons bas trop pleins pour une femme. Les paroles, autant que Mannering put les entendre, semblaient être celles-ci :

> « Heureux moment, douce souffrance !
> « Un fils vous doit-il la naissance ?
> « Mais que ce soit fille ou garçon,
> « J'attache un charme à ma chanson. »

— C'est Meg Merrilies, l'Egyptienne, dit M. Bertram, vrai comme je ne suis qu'un pêcheur.

Dominus poussa un profond soupir, décroisa ses jambes, retira le pied, qui, dans sa première attitude, se trouvait avancé, le plaça perpendiculairement, étendit l'autre jambe par-dessus, sans cesser de fumer sa pipe et de rejeter, de seconde en seconde, des bouffées de vapeur.

— Pourquoi soupirer, Dominus? les chansons de Meg Merrilies ne peuvent nous faire aucun mal.

— Ni aucun bien, répondit celui-ci d'une voix dont les sons discordans étaient en harmonie avec la bizarrerie de son extérieur. C'était la première fois qu'il ouvrait la bouche depuis l'arrivée de Mannering; et comme celui-ci avait quelque curiosité de savoir si cet automate mangeant, buvant, remuant et fumant, avait aussi le don de la parole, il eut du plaisir à entendre cette voix rauque. Mais à l'instant même la porte s'ouvrit, et Meg Merrilies entra.

Sa vue fit tressaillir Mannering. Elle avait environ cinq pieds six pouces, portait par-dessus ses autres habits une grande redingote d'homme, et tenait à la main un gros bâton d'épine. Tout son équipement, aux jupons près, semblait convenir plutôt à un homme qu'à une femme.

Des mèches de cheveux noirs, ressemblant aux serpens de la Gorgone, perçaient de toutes parts à travers un vieux bonnet à l'ancienne mode, appelé un *bongrace* [1], et relevaient l'effet singulier de ses traits saillans, et hâlés par les intempéries de l'air; tandis que ses yeux hagards roulaient de côté et d'autre de manière à annoncer un état de folie simulée ou réelle.

—Hé bien, Ellangowan, dit-elle, vous faisiez une belle chose de laisser accoucher milady sans m'en prévenir, pendant que j'étais à la foire de Drumshourloch! qui est-ce qui aurait écarté d'elle les mauvais esprits? qui est-ce qui aurait attiré les génies bienfaisans autour du berceau du nouveau-né? qui est-ce qui aurait chanté pour lui le charme de sainte Colme? Et sans attendre une réponse, elle commença à chanter,

« Pour que tout aille à votre gré,
« Jeûnez le jour de Saint-André.
« Joignez le trèfle à la verveine,
« Et des sorciers bravez la haine.

« Que sainte Bride avec son rat,
« Que sainte Colme avec son chat,
« Que saint Michel avec sa lance,
« Montrent ici leur influence. »

Elle chanta ce charme d'une voix aigre et forte, en l'accompagnant de cabrioles qu'elle faisait avec tant d'agilité que sa tête allait presque toucher au plafond.

— Et maintenant, laird, dit-elle en finissant, ne me ferez-vous pas donner un verre d'eau-de-vie?

— Oui, Meg, asseyez-vous là, près de la porte, et dites-nous quelles nouvelles vous rapportez de la foire de Drumshourloch?

— Vrai, laird, il y manquait votre présence et celle des hommes qui vous ressemblent; car il y avait outre moi quelques bonnes filles et un diable pour les tourmenter!

---

[1] Sans doute c'est une corruption des mots français bonne grace. — ED.

— Hé bien, Meg, combien d'Egyptiens a-t-on envoyés à la Tolbooth ¹?

— Vrai, laird, trois seulement; car il n'y en avait que trois dans toute la foire, sans me compter; mais j'ai décampé, parce que je n'aime pas les querelles. Et ne voilà-t-il pas Dunbog qui a donné ordre à John Young et à Reg Rotten de sortir de ses terres? Maudit soit-il! il n'est pas gentilhomme. Ce n'est pas un sang noble qui priverait de pauvres gens de l'abri d'une misérable chaumière, parce qu'ils ont coupé des chardons le long des haies, et arraché l'écorce de quelques vieux troncs pourris pour faire bouillir leur pot!.... Mais il y a quelqu'un au-dessus de tout, et nous verrons si quelque jour, avant le lever du soleil, le coq rouge n'aura pas chanté sur son toit.

— Chut, Meg, chut! ce que vous dites n'est pas sage!

— Que veut-elle dire? dit Mannering à Sampson à voix basse.

— Menace d'incendie! répondit le laconique Dominus.

— Mais, au nom du ciel, qui est-elle? qui est-elle?

— Une Egyptienne, une voleuse, une sorcière, dit Sampson.

— Oh vrai, laird, continuait Meg pendant cet *à parte*, ce n'est que devant des hommes comme vous qu'on peut parler à cœur ouvert. Dunbog n'est pas plus un gentilhomme que le dernier des valets de son écurie. Ce n'est pas vous qui chasseriez de vos terres un pauvre homme comme un chien enragé, vous eût-il pris autant de chapons qu'il y a de feuilles sur le *trysting tree* ². Mais voyons, que quelqu'un de vous mette sa montre sur la table, afin que je sache l'heure et la minute où nous aurons un nouveau-né, et que je vous prédise sa fortune.

— Nous n'aurons pas besoin de vous pour cela, Meg; voici un étudiant d'Oxford qui s'y connaît mieux que

---

(1) Nom spécial de la vieille prison d'Edimbourg, et en général d'une prison en Ecosse. — Ed.

(2) *Trysting tree* : l'arbre du rendez-vous. — Ed.

vous, et qui saura mieux prédire l'avenir. Il lit dans les astres.

— Certainement! lui dit Mannering, qui voulut entrer dans la plaisanterie d'Ellangowan; je calculerai son thème de naissance d'après la loi des triplicités recommandée par Pythagore, Hippocrate, Dioclès et Avicenne, ou je commencerai *ab horâ quæstionis*, suivant les principes d'Haly, de Messahala, de Ganwehis et de Guido Bonatus.

Une des grandes qualités de Sampson aux yeux de M. Bertram était que jamais il ne découvrait les tentatives les plus grossières que l'on pouvait faire pour le tromper : de sorte que le laird, dont les efforts pour être plaisant se bornaient à ce qu'on appelait alors des *bites* et des *bams*, et depuis des *hoaxes* et des *quizzes* [1], avait le plus beau champ pour déployer son esprit aux dépens du simple Dominus. Il est vrai que jamais on n'avait pu parvenir à faire rire celui-ci. On dit même qu'il ne rit qu'une seule fois dans sa vie, lorsqu'il était encore à l'université, et que la femme chez qui il logeait en fit une fausse couche, que l'on attribua tant à la surprise que lui causa cet événement extraordinaire, qu'à la frayeur que lui firent les hideuses grimaces qui accompagnèrent cet accès de rire inattendu. Et lorsque Sampson parvenait à découvrir qu'on l'avait trompé, il se contentait de dire, *prodigieux!* ou *fort plaisant!* sans qu'aucun muscle de sa figure cessât d'être impassible.

En cette occasion, il se tourna vers Mannering, grands yeux ouverts, bouche béante, ayant l'air de douter qu'il eût bien entendu ce que celui-ci venait de dire.

— Je crains, monsieur, dit Mannering en s'adressant à lui, que vous ne soyez un de ces hommes malheureux dont la vue faible est incapable de pénétrer jusqu'aux sphères étoilées, et de lire dans les astres les décrets du ciel; que votre ame enfin ne soit fermée à la conviction par le préjugé.

(1) Tous ces mots de jargon sont synonymes de *mystification*. — Ed.

— Oui, dit Sampson, je pense avec sir Isaac Newton, chevalier [1], et directeur de l'hôtel des monnaies de Sa Majesté, que la prétendue science de l'astrologie est vaine, frivole et dérisoire.

Après cet oracle, ses lèvres reprirent leur immobilité.

— Je suis vraiment fâché, dit Mannering, de voir qu'un homme aussi grave, aussi instruit que vous l'êtes, soit plongé dans un aveuglement si déplorable. Pouvez-vous mettre le nom moderne et commun d'Isaac Newton à côté des noms sonores et célèbres des Dariot, Bonatus, Ptolomée, Haly, Eztler, Dieterick, Naibob, Harfurt, Zaël, Taustettor, Agrippa, Duretus, Maginus, Origène et Argol? Les chrétiens et les païens, les juifs et les gentils, les poètes et les philosophes, ne sont-ils pas d'accord pour admettre l'influence des astres?

— *Communis error!* erreur générale! dit l'imperturbable Dominus.

— Pas du tout, reprit le jeune Anglais; c'est une croyance universelle et bien fondée.

— Ressource des fripons, des charlatans et des mystificateurs, dit Sampson.

— *Abusus non tollit usum*, dit Mannering : l'abus qu'on fait d'une chose n'ôte pas le droit de s'en servir.

Pendant cette discussion, Ellangowan se trouvait comme pris dans ses propres filets. Il regardait alternativement l'un et l'autre interlocuteur; et d'après le sérieux avec lequel Mannering combattait son adversaire, et l'érudition dont il faisait étalage, il commençait à croire que ce n'était pas une plaisanterie.

Quant à Meg, elle fixait ses yeux égarés sur notre astrologue, dont le jargon plus mystérieux encore que le sien semblait lui inspirer une sorte de respect et la réduire au silence.

Mannering profita de son avantage; il mit en avant

---

[1] *Knight*. On sait que les Anglais donnent habituellement à Newton son titre honorable de chevalier, sir Isaac Newton. — Éd.

tous les termes scientifiques de l'astrologie judiciaire qu'une bonne mémoire put lui fournir, et qu'une circonstance dont nous parlerons ci-après lui avait fait connaître.

Les signes et les planètes dans leurs aspects sextiles, quarternaires et ternaires, conjoints ou opposés; Almuten, Almochoden, Anahibazon, Catahibazon, mille autres termes tous aussi sonores et d'une égale importance, sortirent tour à tour de sa bouche, mais vinrent se briser contre l'imperturbable incrédulité de Dominus.

Cet entretien fut enfin interrompu par l'heureuse nouvelle que milady venait de donner un héritier à la famille des Ellangowan, et (phrase d'usage) qu'elle était aussi bien que sa situation le comportait. M. Bertram se hâta de passer dans la chambre de son épouse; Meg Merrilies descendit promptement à la cuisine pour avoir sa part du *groaning malt* [1], et Mannering, après avoir consulté sa montre, et avoir noté avec exactitude l'heure et la minute de l'accouchement, pria Dominus, avec la gravité convenable à la circonstance, de le conduire dans un endroit où il pût examiner la position des corps célestes.

Dominus se leva sans lui répondre, ouvrit une porte dont le panneau supérieur était couvert d'une glace, et le conduisit sur un terrasse qui communiquait à la plate-forme sur laquelle étaient situées les ruines du vieux château. Le vent s'était élevé, et avait chassé les nuages qui tout à l'heure obscurcissaient l'horizon. La lune était dans son plein, et pas une étoile ne pouvait échapper à l'œil de l'observateur. Le spectacle que cet instant présenta à la vue de Mannering était inattendu et frappant au plus haut degré.

Nous avons fait remarquer que notre voyageur s'était aperçu, pendant sa course nocturne, qu'il n'était pas éloigné de la mer, mais sans pouvoir savoir à quelle distance il s'en trouvait. Il vit alors que les ruines du château

---

(1) Mot à mot de la *drèche gémissante*. Sans doute de la bière chaude que l'on préparait pour l'accouchée. — ED.

d'Ellangowan étaient situées sur un promontoire ou rocher avancé qui formait un des côtés d'une petite baie. Le nouveau château était un peu plus loin, et le terrain qui en dépendait descendait jusqu'aux grèves du rivage. Il était divisé par la nature en différentes terrasses formées par des rangées de vieux arbres. L'autre côté de la baie, opposé au vieux château, était aussi un promontoire couvert de bois qui, sur cette côte favorisée, croît jusque sur le bord de la mer. On y remarquait, à travers les arbres, la cabane d'un pêcheur. Quoique la nuit fût avancée, on voyait quelques lumières se promener sur le rivage, et ceux qui les portaient étaient sans doute occupés à décharger un lougre de contrebandiers venant de l'île de Man. On le voyait à l'ancre dans la baie. Dès qu'ils aperçurent la lumière qui éclairait Mannering, le cri de *garde à vous!* se fit entendre, et ce mot d'alarme fit disparaître à l'instant toutes les lumières qu'on voyait de ce côté.

Il était une heure après minuit, et, de tous les côtés, la vue se reposait sur une scène intéressante. Les vieilles tours, les unes renversées et les autres encore debout, ici portant l'empreinte et la rouille du temps, là revêtues d'un manteau de lierre, couvraient le rocher à la droite de Mannering; devant lui était la petite baie dont les flots tranquilles, réfléchissant les rayons de la lune, venaient mourir avec un doux murmure sur le sable argenté; à sa gauche, des bois qui s'étendaient jusque dans la mer présentaient tantôt une percée à travers laquelle l'œil aimait à pénétrer, tantôt des massifs qui opposaient une barrière impénétrable aux regards. Sur sa tête roulaient les planètes que leur orbite lumineux faisait distinguer des étoiles inférieures ou plus éloignées. L'imagination a tant de pouvoir, même sur ceux qui ont cherché à faire sentir aux autres sa puissance, que Mannering, en considérant ces corps célestes, était presque tenté de leur accorder l'influence que la superstition leur attribue sur ce bas-monde. Mais Mannering était jeune, il était amoureux, et peut-être était-il animé des sentimens qu'exprime en ces termes un poète moderne :

« L'Amour dans tous les temps s'est nourri de mensonges,
Il croit aux talismans, aux présages, aux songes,
Aux dieux dont on peupla l'onde, l'air et les cieux.
Pourquoi ? c'est que lui-même est le plus grand des dieux.
Antiques fictions à qui la poésie
Par ses riches couleurs jadis donna la vie ;
Vénus, dont le nom seul nous peignait la beauté ;
Junon montrant un front brillant de majesté ;
Minerve à la valeur unissant la sagesse ;
Déités dont partout la foule enchanteresse
Embellissait les bois, les fleuves, le vallon ;
Vous n'êtes plus ! le jour de la froide raison
A fait évanouir vos prestiges aimables !
Mais le cœur de l'amant vit encor de vos fables :
Dans ces corps lumineux dans les airs suspendus
Il retrouve, il revoit les dieux qu'il a perdus.
L'imagination vous rend votre puissance,
Et l'homme reconnaît toujours votre influence.
A l'enfant au berceau Mars donne la fierté,
Jupiter la grandeur, et Vénus la beauté. »

— Hélas ! pensait-il, mon bon vieux précepteur, qui prenait tant de part aux controverses entre Heydon et Chambers sur l'astrologie, aurait regardé ce spectacle avec bien d'autres yeux. Il aurait travaillé sérieusement à découvrir, d'après la position respective de ces flambeaux célestes, quelle devait être leur influence sur la destinée de l'enfant qui vient de naître, comme si le cours des astres pouvait diriger les lois de la Providence, ou même y être coordonné ! Au surplus, paix à sa mémoire ! il m'en a appris assez pour dresser un thème de nativité, et je veux m'en amuser. — Ayant noté la position des principaux astres, il rentra au château ; le laird, qui l'attendait dans le salon, lui redit avec enthousiasme qu'il était père d'un garçon bien portant, et il semblait disposé à fêter sa naissance en se remettant à table. Mannering allégua sa fatigue. Cette excuse fut admise, et on le conduisit dans l'appartement qui lui avait été préparé.

CHAPITRE IV.

« Approchez et voyez, fiez-vous à vos yeux.
« Quel signe menaçant brille au plus haut des cieux?
« Je vous en avertis, des astres l'influence
« D'un ennemi mortel menace votre enfance. »
SHILLER, *d'après la traduction de* Coleridge.

La croyance dans l'astrologie était presque générale vers le milieu du dix-septième siècle : ce ne fut qu'à la fin de ce siècle qu'elle commença à chanceler ; enfin, au commencement du dix-huitième, cette science tomba en discrédit, et prêta même au ridicule. Elle conserva pourtant encore quelques partisans, même parmi les savans. Des hommes graves et instruits ne pouvaient se résoudre à renoncer à des calculs qui avaient fait l'objet principal de leurs études ; ils avaient peine à descendre de la hauteur où ils croyaient que les avait placés leur prétendue connaissance de l'avenir.

Au nombre de ceux qui se croyaient de bonne foi possesseurs d'un tel privilège, était un vieil ecclésiastique chez lequel Mannering avait été placé dans sa jeunesse. Il fatiguait ses yeux et son esprit à force d'examiner les astres et de calculer leurs différentes combinaisons. Son pupille, dans le feu de la première jeunesse, avait partagé naturellement son enthousiasme, et avait travaillé pendant quelque temps à acquérir la connaissance de l'astrologie. Avant que le temps lui eût ouvert les yeux sur l'absurdité de cette science, William Lilly lui-même lui aurait accordé assez de savoir pour dresser un thème de nativité, et assez de jugement pour en tirer les conséquences.

En cette circonstance, il se leva d'aussi grand matin que la brièveté des jours le lui permit, et se mit à faire les calculs nécessaires pour tirer l'horoscope du jeune héritier d'Ellangowan. Il entreprit cette tâche suivant les règles, autant pour conserver les apparences, que par la curiosité de savoir s'il se souviendrait des élémens de cette science imaginaire et pourrait encore les mettre en pratique. Il traça la figure des cieux, les divisa en leurs douze maisons, y plaça les planètes suivant les éphémérides, et fixa leurs positions respectives à l'instant de la naissance de l'enfant. Sans fatiguer nos lecteurs en leur faisant part des pronostics généraux que l'astrologie aurait pu en tirer, nous nous contenterons d'appeler leur attention sur une circonstance qui frappa surtout l'imagination de notre jeune astrologue. Mars étant alors au plus haut de la douzième maison, menaçait le nouveau-né de captivité ou d'une mort subite et violente. Mannering alors, s'enfonçant encore plus avant dans les règles par lesquelles les devins prétendent s'assurer de la justesse de leurs prédictions, observa que trois époques devaient être dangereuses pour l'enfant, sa cinquième, sa dixième et sa vingt-unième année.

Il est remarquable que Mannering, peu de temps auparavant, avait fait les mêmes calculs en plaisantant, à la prière de Sophie Wellwood, la jeune dame à qui il était attaché, et il avait trouvé qu'une semblable combinaison de l'influence des astres la menaçait aussi de mort ou d'emprisonnement dans sa trente-sixième année. Elle en avait alors dix-huit, de manière que la même époque semblait la menacer, ainsi que l'enfant, du même genre de péril. Frappé de ce rapport, Mannering continua ses calculs, et trouva enfin que le même mois, le même jour du mois, étaient pour tous les deux l'époque du même danger. Il répéta toutes ses opérations, et trouva toujours le même résultat.

Nous n'avons pas besoin de prévenir qu'en rapportant cette circonstance notre but n'est pas de faire ajouter foi aux prédictions de l'astrologie judiciaire. Mais tel est notre amour pour le merveilleux, qu'il arrive souvent que nous contribuons nous-mêmes à induire notre jugement en erreur. Le rapport dont nous venons de parler était-il un de ces hasards singuliers qui peuvent quelquefois se rencontrer contre toute espèce de vraisemblance ; ou Mannering, égaré dans le labyrinthe de ses calculs astronomiques, suivit-il machinalement deux fois le même fil pour en sortir ? ou plutôt son imagination, séduite par quelques rapports vagues, lui prêta-t-elle son aide pour lui faire trouver entre ses deux calculs plus de similitudes qu'ils n'en offraient réellement ? C'est ce que nous n'entreprendrons pas de décider : mais il est sûr que la parfaite correspondance des deux opérations fit sur son esprit une impression des plus vives.

Dans la surprise que lui causait un résultat si singulier, si peu attendu : — Le diable, pensa-t-il, se met-il donc de la partie pour se venger de ce que je traite avec légèreté un art qui, dit-on, tire son origine de la magie? ou bien se pourrait-il, comme l'assurent Bacon et sir Thomas Browne[1], que l'astrologie, étudiée avec sagesse et exactitude, pût conduire à la vérité, et qu'on ne pût nier l'influence des astres, quoiqu'il soit sage de se méfier des prédictions des fripons qui prétendent les consulter ? — Un moment de réflexion suffit pour lui faire abandonner cette opinion comme extravagante, et n'ayant reçu l'assentiment de ces deux grands hommes que parce qu'ils n'avaient pas osé se mettre en opposition avec la croyance générale de leur siècle, ou parce qu'eux-mêmes peut-être

(1) Le grand génie de Bacon ne fut pas entièrement exempt des préjugés de son temps. Quant à Thomas Browne, il y a eu plusieurs auteurs illustres de ce nom ; il s'agit ici du médecin né en 1605. — ÉD.

n'avaient pas tout-à-fait secoué l'influence des préjugés alors dominans. Cependant le résultat uniforme de ses calculs tant au sujet de l'enfant qui venait de faire son entrée dans le monde, qu'au sujet de Sophie Wellwood, fit sur lui une impression si désagréable, que, comme Prospero [1], il fit tout bas le serment d'abandonner la pratique de cet art, et de ne plus s'adonner à l'astrologie judiciaire, soit sérieusement, soit par plaisanterie. Il hésita quelque temps sur ce qu'il devait dire au lord Ellangowan relativement à l'horoscope du nouveau-né, et à la fin il résolut de lui faire part du résultat véritable de ses calculs, en l'informant en même temps de la futilité des règles d'après lesquelles il avait opéré. Ayant pris cette résolution, il alla se promener sur la terrasse.

Si la vue dont on jouissait de cet endroit était ravissante à la clarté de la lune, les rayons du soleil ne lui faisaient rien perdre de sa beauté. Une montée assez rapide, mais régulière, conduisit Mannering de la terrasse à une éminence qui en était voisine, et de là en face du vieux château : il consistait en deux tours rondes, dont l'énorme et sombre masse se projetait devant une courtine qui servait à les réunir. Elles protégeaient ainsi l'entrée principale qui s'ouvrait à travers un arceau élevé dans la cour intérieure. Les armes de la famille se voyaient encore sculptées sur le fronton, et on distinguait l'endroit où avaient été attachés les leviers pour baisser ou relever le pont-levis. Cette entrée, jadis formidable, n'était plus défendue que par une porte grossière faite de planches mal assemblées. L'esplanade en face du château dominait une superbe perspective.

Une élévation cachait à la vue les ruines auprès desquelles Mannering avait passé la veille. Le passage offrait une agréable alternative de montagnes et de vallons à travers lesquels serpentait une petite rivière dont les eaux

---

[1] L'Enchanteur de *la Tempête*. — Ed.

de temps en temps se cachaient dans des touffes de bois. Le clocher d'une église et quelques maisons annonçaient un village situé dans l'endroit où la rivière versait dans la mer le tribut de ses eaux. La terre semblait cultivée avec soin. Elle était divisée en petits enclos dans les vallées et au bas des montagnes, et les haies vives montaient quelquefois jusqu'à une hauteur assez considérable. De rians pâturages étaient couverts de bestiaux, et la vue de l'endroit qui servait de marché animait encore ce joli paysage.

Plus loin apparaissaient des objets d'un aspect plus sévère. A une certaine distance la fertilité du sol se trouvait arrêtée par des rochers couverts en partie de bruyères d'un vert noirâtre, qui, opposant aux regards une barrière impénétrable, semblaient faire de ce lieu une solitude aussi agréable que tranquille. D'un autre côté l'œil se promenait sur le rivage de la mer, qui ne le cédait ni en beauté ni en variété au paysage que nous venons de décrire. Dans certains endroits il offrait d'énormes rochers sur quelques-uns desquels on voyait des restes de tours et de bastions qui, suivant la tradition, avaient été construits à peu de distance les uns des autres, afin qu'ils pussent, en cas d'invasion étrangère ou de guerre civile, se protéger mutuellement. Le château d'Ellangowan paraissait avoir été le plus important et le plus considérable de ces bâtimens; sa situation, la force des deux tours qui subsistaient encore, et l'étendue des ruines, prouvaient que ce n'était pas sans raison que la tradition attribuait à ses fondateurs le premier rang parmi les seigneurs de ce comté. Ailleurs la mer, formant de petites baies, semblait avoir fait des conquêtes sur le rivage, et des promontoires couverts de bois, s'avançant au sein des eaux, semblaient à leur tour empiéter sur les domaines de l'Océan.

Un spectacle si différent de celui auquel il s'attendait d'après ce qu'il avait vu la veille en voyageant, n'en frappa Mannering que plus vivement. Le château moderne était devant lui. On ne pouvait donner des éloges à l'architecte qui l'avait construit, mais sa situation était délicieuse. — Comme on passerait des jours heureux et tranquilles dans une semblable retraite! pensait notre héros : d'un côté les restes frappans d'une grandeur qui ne laisse pas que d'inspirer à l'ame un secret orgueil, de l'autre une habitation assez commode pour satisfaire des désirs modérés. — Vivre ici donc, y vivre avec toi, Sophie!...

Nous ne suivrons pas plus loin les rêves d'un amant. Mannering, les bras croisés, contempla encore un instant le tableau qu'il avait sous les yeux, et entra dans le vieux château.

Dès qu'il eut dépassé la porte, il vit que la magnificence agreste de la première cour répondait à la beauté de l'extérieur. D'un côté était une rangée de hautes et larges croisées séparées par des murs formés de pierres énormes, et qui avaient jadis éclairé le grand salon du château; de l'autre, des bâtimens de différentes hauteurs paraissaient avoir été construits à diverses époques, mais la façade offrait pourtant une sorte d'uniformité. Les portes et les fenêtres étaient ornées de sculptures antiques et grossières, dont une partie subsistait encore ; et l'autre, détruite par le temps, était tapissée de lierre et d'autres plantes rampantes qui ornaient ces décombres du luxe de leur verdure. Le fond de la cour, qui faisait face à l'entrée, avait aussi été borné par des bâtimens; mais ils étaient en plus mauvais état que le reste, ce qui venait, disait-on, de ce que les vaisseaux du parlement, commandés par Deane, avaient canonné le château pendant la longue guerre civile. Rien n'arrêtait la vue de ce côté : Mannering aperçut la mer, et revit le petit vaisseau (un lougre armé) qu'il avait remarqué la veille; il était encore à l'ancre dans la baie.

Tandis qu'il examinait les ruines, il entendit dans une salle à sa gauche la voix de l'Egyptienne qu'il avait vue le soir précédent. Il trouva bientôt une ouverture par laquelle il pouvait la voir sans en être vu, et il ne put s'empêcher de remarquer que son occupation et sa figure, dans un tel lieu, répondaient parfaitement à ce que les anciens nous ont transmis de leurs sibylles.

Elle était assise sur une pierre brisée, dans un des coins d'un appartement encore carrelé; elle avait balayé une partie des décombres dont il était rempli, afin de se procurer un espace libre pour les évolutions de son rouet. Les rayons du soleil, traversant une étroite fenêtre, tombaient directement sur elle, et éclairaient ses traits et son accoutrement également bizarres. Le reste de la pièce était presque dans l'obscurité. Ses vêtemens à l'égyptienne avaient quelque chose du costume oriental mêlé à l'habillement national du peuple d'Ecosse. Elle filait une laine de trois couleurs, noire, blanche et grise. En filant, elle chantait, et sa chanson paraissait un charme auquel coopéraient sa quenouille et son fuseau, anciens instrumens de nos aïeules, et que nos femmes ont banni de leur présence. Mannering, après avoir essayé de retenir les paroles qu'elle chantait, ne put en venir à bout; mais en ayant bien compris le sens, il en fit la traduction, ou plutôt l'imitation suivante :

« Mélangez-vous autour de mon fuseau,
« Comme le bien et le mal dans la vie :
« Chagrins, plaisirs, regrets, espoir nouveau,
« Voilà par qui votre trame est ourdie.

« Mais quand j'unis ces fils mystérieux
« D'un nouvel être annonçant l'existence,
« Tout l'avenir se dévoile à mes yeux,
« La nuit du temps fuit devant ma puissance.

« Examinons ce magique miroir :
« Qu'y vois-je, hélas! passion et folie,
« Peine et plaisir, désir et désespoir,
« Pâle terreur et sombre jalousie.

« Montez, mes fils, descendez de nouveau,
« Ainsi le sort dans ses faveurs varie :
« Mélangez-vous autour de mon fuseau,
« Comme le bien et le mal dans la vie. »

Pendant qu'il arrangeait ces strophes dans sa tête, et qu'il cherchait encore une rime, la sibylle avait fini sa tâche, et toute sa laine se trouvait employée. Elle prit le fuseau chargé de son travail, et, dévidant le fil peu à peu, elle le mesura en partant du coude jusqu'à l'intervalle qui sépare le pouce de l'index. Quand tout fut mesuré, elle se dit à elle-même : — Voilà un peloton, mais non d'un seul bout. De belles années, soixante-dix mesures. Mais le fil est rompu trois fois. Le renouera-t-il trois fois? Il ne sera pas malheureux s'il y parvient.

Notre héros allait parler à la prophétesse, quand une voix rauque, comme celle des vagues courroucées, cria deux fois avec un ton d'impatience : —Meg! Meg Merrilies, égyptienne, sorcière, mille diables!

— Je viens, je viens, capitaine, répondit Meg; et au même moment le commandant impatient auquel elle parlait parut dans les ruines.

Il avait la tournure d'un marin, la taille moyenne, et le teint bruni par les assauts qu'il avait eus à supporter du vent du nord-est. Ses membres étaient bien musclés et robustes, de sorte qu'il semblait capable de vaincre un homme d'une taille plus haute que la sienne. Il avait l'air repoussant, et ses traits n'annonçaient en rien la gaieté, la franchise, l'insouciance, compagnes ordinaires du marin sur la terre ferme. Ces qualités contribuent peut-être autant que d'autres à la bonne réputation dont jouit notre marine, et lui assurent l'affection de notre société. La générosité, le courage et la patience de nos marins sont des qualités qui font naître le respect, et peut-être humilient en leur présence les paisibles habitans des villes et des campagnes; et ni le respect ni un sentiment d'infériorité ne se concilient aisément avec l'affection et l'amitié. Mais leur pétulance, leur bonne humeur, leur familiarité, quand ils sont à terre, forment aussi leurs traits caractéristiques, et les font généralement chérir. Rien de cela ne paraissait sur la figure de ce capitaine; au contraire, un air dur et sauvage rembrunissait des traits auxquels rien n'aurait pu donner une expression agréable. — Où êtes-vous, la mère, fille du diable? cria-t-il avec un accent étranger, quoique parlant parfaitement anglais. Tonnerre et malédiction! voilà une demi-heure que nous vous attendons. Allons, venez faire un sort pour notre heureux voyage, et puis soyez maudite comme une sorcière de Satan.

Au même instant il aperçut Mannering, qui, d'après la position qu'il avait été obligé de prendre pour examiner ce que faisait Meg Merrilies, avait l'air de chercher à se soustraire aux regards, étant à demi caché par un arc-boutant derrière lequel il était. Le capitaine, car c'est le titre qu'il se donnait, s'arrêta tout à coup, regarda Mannering en face, et, plaçant sa main droite entre son habit et son gilet, comme s'il y cherchait une arme, lui dit : — Hé bien! camarade, vous avez l'air d'avoir l'œil au guet, hem!

Avant que Mannering, choqué du ton insolent et surpris du geste de cet homme, eût pu lui faire aucune réponse, la sibylle était sortie de son antre, et avait rejoint le capitaine. Il la questionna à demi-voix en regardant Mannering. — Est-ce un requin de la côte? demanda-t-il.

Lui répondant sur le même ton et dans le jargon de sa tribu : — Non, non, dit-elle, c'est un hôte du château.

L'air sombre du capitaine s'éclaircit un peu. — Bonjour donc, dit-il à Mannering; je vois que vous venez de chez mon ami M. Bertram. Je vous demande pardon de vous avoir pris pour toute autre chose.

Mannering répliqua : — Et vous, monsieur, vous êtes sans doute le maître du vaisseau qui est dans la baie?

— Oui, oui; mon nom est Dirk Hatteraick, capitaine du *Yungfraw Hagenslaapeen*, bien connu sur cette côte. Je n'ai à rougir ni de mon nom, ni de mon vaisseau, ni de ma cargaison.

— Je suis convaincu que vous n'avez nulle raison pour cela.

—Non, mille tonnerres! je fais un commerce honorable. J'ai pris mon chargement à Douglas, dans l'île de Man; d'excellent cognac, du thé, véritable hyson et souchong! de superbes dentelles, si vous en avez besoin. Nous avons débarqué la nuit dernière plus de cent tonneaux.

—Monsieur, je ne suis qu'un voyageur, et quant à présent, je n'ai besoin d'aucune de ces marchandises.

— Hé bien! bonjour! il faut songer à ses affaires : à moins que vous ne vouliez venir à bord; vous y boirez du bon thé. Dirk Hatteraick sait ce que c'est que la civilité.

Il y avait dans cet homme un mélange d'impudence et d'audace, de crainte et de soupçon, qui rendait sa physionomie tout-à-fait repoussante. Ses manières étaient celles d'un vaurien qui n'ignore pas l'opinion qu'on doit avoir de lui, et qui cherche à l'écarter en affectant une familiarité insouciante. Mannering, l'ayant remercié en peu de mots de ses offres civiles, lui dit adieu, et le vit s'éloigner avec l'Egyptienne. Ils sortirent du vieux château du côté par lequel le capitaine y était arrivé. Un escalier fort étroit conduisait au rivage : il avait sans doute été pratiqué pour l'usage de la garnison en cas de siège. Ce fut par là que ce couple bien assorti se rendit vers la mer. Le soi-disant capitaine se mit dans une petite barque où deux de ses gens l'attendaient, et cingla vers son vaisseau, tandis que l'Egyptienne, sur le bord du rivage, se mit à réciter, à chanter et à gesticuler avec véhémence.

CHAPITRE V.

« Vous avez usurpé toutes mes seigneuries,
« Abattu mes forêts, brisé mes armoiries,
« Il ne me reste rien pour constater mon rang;
« Vous ne m'avez laissé que l'honneur et mon sang. »
SHAKSPEARE. *Richard II.*

Lorsque la barque qui conduisait le digne capitaine à son vaisseau l'eut mis à bord, on déploya les voiles, et le vaisseau partit après avoir tiré trois coups de canon, salut rendu au château d'Ellangowan. Le vent venait de terre, et le lougre s'éloigna à toutes voiles.

— Ah! ah! dit le laird, qui avait cherché quelque temps Mannering, et qui venait de le rejoindre, les voilà partis, les négocians sans patente! le fameux Dirk Hatteraick, capitaine du *Yungfraw Hagenslaapeen*, moitié Mankois [1], moitié Hollandais, moitié diable! — Baissez le mât de beaupré, hissez la voile du grand mât et celles des huniers, etc., etc., etc. — Et le suive qui pourra. Savez-vous que ce drôle est la terreur de l'accise et des croiseurs de la douane? Ils n'en peuvent venir à bout, ils n'osent s'approcher de lui, ou ils sont battus. Mais, à propos d'accise, je viens vous chercher pour déjeuner, vous allez boire du thé qui....

Mannering, qui avait déjà remarqué avec combien de facilité le digne M. Bertram jetait çà et là dans la conversation ses idées sans suite,

« Comme un collier dont les perles s'échappent. »

se hâta de l'interrompre pour lui faire quelques questions sur Dirk Hatteraick.

(1) *Manks*, de l'île de Man. — ÉD.

— Oh! c'est... c'est... un assez bon diable quand personne ne le contrarie; contrebandier, quand ses canons lui servent de lest; corsaire, pirate même, quand ils sont prêts à faire le service. Il a fait lui seul plus de mal aux gens de l'accise et des douanes que tous les coquins de Ramsay ensemble [1].

— Comment se fait-il donc qu'un tel homme ose se montrer sur cette côte, et y trouve protection et encouragement?

—Que voulez-vous? on a besoin de thé et d'eau-de-vie, et on n'en peut avoir ici que par cette voie. Ensuite c'est un trafic: si vous allez en acheter chez Duncan Robb, le mercier de Kippletringan, il lui faut de l'argent comptant ou un billet à courte échéance; au lieu que Dirk Hatteraick jette à votre porte un ou deux barils d'eau-de-vie, une douzaine de livres de thé, et prend en échange du bois, de l'orge, tout ce que vous avez à lui donner. Et, à propos de cela, je vais vous conter une histoire. Il y avait une fois un laird, — c'était Macfie de Cudgeonford, — il avait un grand nombre de poules de redevance, c'està-dire que les fermiers doivent fournir à leur propriétaire. C'est une sorte de rente en nature. Les miennes sont toujours bien maigres, à propos de cela. La mère Finniston m'en a envoyé trois la semaine dernière qui faisaient peur à voir : elle a pourtant douze bonnes mesures de terre à ensemencer pour les nourrir. Du temps de son mari, Duncan Finniston... Mais il est mort, nous mourrons tous aussi, M. Mannering! Mais en parlant de cela tâchons de vivre en attendant. Voilà le déjeuner prêt, et Dominus nous attend pour dire le bénédicité.

Dominus prononça une prière qui excédait les plus longs discours que Mannering eût encore entendus sortir de sa bouche. On fit l'éloge du thé, dont, par parenthèse, le noble capitaine Hatteraick avait été le fournisseur. Man-

---

[1] Il y a plusieurs villes ou villages de Ramsay en Angleterre. Il s'agit ici d'une ville de ce nom dans l'île de Man. — Éd.

nering ne put s'empêcher de faire encore sentir, quoique avec toute la délicatesse possible, qu'il n'était pas trop sage d'encourager un pareil trafic. — Quand ce ne serait, ajouta-t-il, que par esprit de justice pour l'accise [1], je croirais...

— Ah! dit Bertram qui saisissait rarement une idée sous son véritable point de vue, et qui, sous le nom de l'accise, n'envisageait que les receveurs, contrôleurs, inspecteurs, commis à pied et à cheval, — les commis de l'accise sont pour se défendre eux-mêmes : ils n'ont besoin du secours de personne. Ils ont d'ailleurs le droit de requérir la force armée ; et quant à la justice... Ne serez-vous pas surpris, M. Mannering, d'apprendre que je ne suis pas au nombre des juges de paix de ce comté.

Mannering affecta un air d'étonnement ; cependant il ne put s'empêcher de penser que l'honorable *communion* des juges de paix [2] ne faisait pas une grande perte en étant privée des lumières de ce brave gentilhomme. Mais M. Bertram venait de tomber sur un sujet qu'il avait à cœur, et il continua avec une sorte d'énergie.

— Cela est pourtant vrai ! Le nom de Godefroy Bertram d'Ellangowan *n'est pas* sur la liste des juges de ce comté, quoique à peine s'y trouve-t-il un rustre qui ait de quoi faire marcher une charrue qui ne puisse siéger aux sessions, et ajouter à son nom un J. P.[3]. Je sais à qui j'en ai l'obligation. Sir Thomas Kittlecourt ne s'est pas caché pour me dire qu'il m'y aurait fait comprendre si j'avais

---

(1) L'excise ou accise, qu'on peut définir l'impôt sur la consommation en général, mais qui dans l'origine ne regardait que la bière, le cidre, etc. — Ed.

(2) Les juges de paix, ou conservateurs de la paix du roi dans les comtés, prononcent comme juges dans les affaires de *summary conviction, conviction sommaire* (police correctionnelle). Ils peuvent rendre des sentences d'emprisonnement pour un an seulement. Leur tribunal forme un premier degré de juridiction dans beaucoup de cas. Chaque trimestre les juges de paix , ou un juge de paix et le jury, se réunissent en session de trimestre , et peuvent connaître de tout crime qui n'emporte pas la peine capitale, crimes réservés aux douze juges en Angleterre, et à la cour criminelle (*court of justitiary*) en Ecosse. — Ed.

(3) Ces simples initiales J. P. désignent les mots *justice of peace*, juge de paix, comme M. P. signifie membre du parlement. — Ed.

pris ses intérêts à la dernière élection; mais il était bien naturel que je cherchasse à appuyer les prétentions d'un homme de mon sang, de mon cousin au troisième degré, le laird de Balruddery. Alors que fit-on? On ne me mit pas sur la liste des francs-tenanciers; une autre nomination a lieu, et je suis encore mis de côté, sous prétexte que je laissais décerner les mandats d'arrêt par David Mag-Guffog, le constable [1], qui menait les affaires comme bon lui semblait, comme si j'étais un homme de cire, ce qui est une insigne calomnie : je n'ai jamais décerné que sept mandats d'arrêt dans toute ma vie, et c'est Dominus que voilà qui les a tous rédigés. Et sans cette malheureuse affaire de Sandy Mag-Gruthar, que les constables gardèrent deux ou trois jours enfermé dans le vieux château, au lieu de l'envoyer dans la prison du comté..... Elle m'a coûté assez d'argent! Mais je sais bien ce que veut sir Thomas : il est jaloux de la place que j'occupe dans l'église de Kilmagirdle. Cependant, je vous le demande, ne dois-je pas avoir le premier banc en face du ministre, plutôt que Mac-Crosskie, de Creochstone, le fils de Deacon Mac-Crosskie, tisserand de Dumfries?

Mannering témoigna qu'il sentait combien toutes ces plaintes étaient justes.

— Il y eut encore, M. Mannering, une histoire à propos d'un chemin et du mur du parc à bestiaux. Je savais que sir Thomas était derrière le rideau dans tout cela, et je ne me gênai pas pour dire au greffier des commissaires des bourgs [2] que je voyais le Pied-Fourchu [3]. —Comment

---

(1) Ce titre de constable revient si souvent, qu'il importe d'en définir ici les fonctions. La magistrature des constables est celle qui, dans la hiérarchie anglaise, vient après celle du juge de paix. Leur institution remonte à Alfred-le-Grand, c'est-à-dire à la division de l'Angleterre en villes, *cities*, bourgs, *boroughs*, centaines, *hundred*, et dizaines, *tithings*. Il y a les grands et les petits constables, chargés également de maintenir la paix publique et d'exécuter les mandats des juges de paix. Les grands constables sont nommés par les juges de paix dans les sessions de trimestre; les petits par les paroisses elles-mêmes, etc. — Ed.

(2) Il s'agit sans doute ici des juges ordinaires du comté, à qui il appartient de décider en semblables matières sur dire d'experts. Ce droit est à la fois celui de la cour du *sherif* et des *justices of peace*. — Ed.

(3) Le bon Ellangowan s'applaudit d'avoir lancé une épigramme à son ennemi sir

un homme comme il faut ou des hommes comme il faut pouvaient-ils songer à faire passer un chemin à travers un mur de parc et perdre par-là un demi-acre de bons pâturages, comme mon agent l'observa. — Enfin, lorsqu'il fut question de choisir le collecteur des taxes.....

— Certainement, monsieur, il est étonnant que l'on vous ait accordé si peu de crédit dans un pays où, d'après l'importance de leur habitation, vos ancêtres devaient occuper le premier rang.

— Cela est vrai, M. Mannering; mais je suis sans prétentions, et je ne m'arrête pas à ces bagatelles. Je dois même vous dire que je les oublie aisément. Mais je voudrais que vous eussiez entendu toutes les histoires que me racontait mon père sur les anciens combats que les Mac-Dingawaies, qui sont les Bertram d'aujourd'hui, ont livrés aux Irlandais et aux Highlanders, qui voulaient s'établir dans nos plaines; comme ils allèrent à la Terre-Sainte, c'est-à-dire à Jérusalem et à Jéricho, en se faisant suivre par tous leurs vassaux. (Ils auraient mieux fait d'aller à la Jamaïque, comme l'oncle de sir Thomas Kittlecourt.) Comment ils en rapportèrent des reliques semblables à celles que les catholiques conservent dans des châsses, et un drapeau qui est encore là-haut dans le grenier. Si c'eût été des tonneaux de muscades ou des poinçons de rum, leurs biens s'en trouveraient mieux aujourd'hui. Mais il n'y a pas la moindre comparaison à faire entre le vieux manoir de Kittlecourt et le château d'Ellangowan. Je ne crois pas que sa façade ait quarante pieds. Mais vous ne déjeunez pas, M. Mannering; vous ne mangez rien. Goûtez de ce saumon mariné : c'est John Hay qui l'a attrapé, il y aura samedi trois semaines, dans l'étang près du pré d'Hampseed, etc., etc., etc.

Le laird, que son indignation avait renfermé assez long-temps dans le même cercle d'idées, se livra alors à

Thomas, en ayant osé dire qu'il apercevait *le diable derrière des juges : cloven foot*, le pied fourchu; désignation familière de Satan appliquée à un homme méchant ou malin. — Ed.

son genre décousu de conversation, et laissa à Mannering le temps de réfléchir sur les désagrémens d'une situation qui, une heure auparavant, lui avait paru si digne d'envie. Il avait sous les yeux un gentilhomme campagnard dont l'excellent naturel semblait la qualité la plus estimable; mécontent de son sort et murmurant contre les autres pour des bagatelles qui, comparées avec les maux réels de la vie, n'auraient pas pesé un grain de sable dans la balance. Mais telle est la sage distribution de la Providence; ceux qui ne trouvent pas de grandes afflictions sur leur route, y rencontrent de petites vexations qui suffisent pour troubler la sérénité de leurs jours; et aucun de mes lecteurs ne peut ignorer que ni une apathie naturelle, ni une philosophie acquise par l'étude et la méditation, ne mettent un gentilhomme campagnard à l'abri des contrariétés dans le temps des élections, des sessions de trimestre et des assemblées de canton.

Curieux de connaître les usages du pays, Mannering profita d'un moment d'interruption dans les histoires de M. Bertram pour lui demander pourquoi le capitaine Hatteraick semblait avoir un si pressant besoin de Meg Merrilies avant de mettre à la voile.

— C'était sans doute pour qu'elle procurât un heureux voyage à son bâtiment. Vous devez savoir, M. Mannering, que ces négocians, que la loi appelle fraudeurs, n'ont aucune religion, et qu'ils la remplacent par la superstition : ils ont recours aux charmes, aux talismans et à mille autres sottises semblables.

— Vanité! et pis encore, dit Dominus; c'est un commerce avec l'esprit malin. Les charmes, les amulettes et les sorts font partie de ses ruses; ce sont des flèches choisies dans le carquois d'Apollyon.

— Paix donc, Dominus, il n'y a que vous qui parlez! (notez qu'excepté le bénédicité et les graces, le brave homme n'avait pas encore ouvert la bouche;) vous ne laissez pas à M. Mannering le temps de placer un seul mot.

Et ainsi, M. Mannering, puisque nous parlons d'astronomie, de talismans et de choses semblables, avez-vous eu la bonté d'examiner ce dont nous parlions hier soir?

— Je commence à croire, M. Bertram, avec votre digne ami M. Sampson, que c'est une épée à deux tranchans avec laquelle il ne faut pas jouer. Ni vous, ni moi, ni aucun homme raisonnable, ne pouvons ajouter foi aux prédictions de l'astrologie; et cependant, comme la curiosité qui nous porte à pénétrer, même en plaisantant, dans les secrets de l'avenir, a quelquefois eu des résultats sérieux et désagréables, je voudrais pouvoir me dispenser de répondre à cette question.

On pense bien que cette réponse ne fit qu'irriter la curiosité d'Ellangowan. Il insista, et Mannering, déterminé à ne pas exposer l'enfant aux inconvéniens qui pourraient résulter pour lui de la crainte qu'on aurait des dangers dont les astres semblaient le menacer, remit entre les mains de M. Bertram un papier cacheté, en lui recommandant de ne pas l'ouvrir avant que l'enfant eût cinq ans accomplis. A cette époque il le laissait le maître de lire ce qui y était contenu. Il se flattait que la première période des malheurs prédits à l'enfant étant alors passée sans accident, le père en conclurait que les autres n'étaient pas plus à craindre. M. Bertram lui promit de se conformer à ses instructions; et pour s'assurer davantage de son exactitude, Mannering ajouta que malheur pourrait arriver à l'enfant si le cachet était rompu avant le temps.

Mannering céda aux instances de M. Bertram pour qu'il passât chez lui le reste de cette journée. Elle n'offrit rien de remarquable. Le lendemain matin notre voyageur monta à cheval, dit adieu à son hôte obligeant et à son fidèle compagnon, fit des vœux pour la prospérité de sa famille, et, dirigeant son coursier du côté de l'Angleterre, fut bientôt loin des regards des habitans d'Ellangowan. Il va aussi s'éloigner des yeux de nos lecteurs, qui ne le reverront qu'à une époque de sa vie un peu plus reculée.

CHAPITRE VI.

> « Le juge près de là, tout gonflé d'importance,
> « Ayant d'un bon chapon garni sa large panse,
> « Le menton bien rasé, tient de graves discours :
> « Il roule un œil sévère ; enfin il a recours
> « A de savans dictons, et joue ainsi son rôle. »
> SHAKSPEARE. *Comme il vous plaira.*

Quand mistress Bertram d'Ellangowan fut en état d'apprendre ce qui s'était passé pendant qu'elle était obligée de garder le lit, il ne fut question dans son appartement que du jeune et bel étudiant d'Oxford, qui avait consulté les astres et tiré l'horoscope du jeune lord. On lui fit la description des traits, du son de voix, des manières de l'étranger. Son cheval, sa selle, sa bride et ses éperons ne furent pas oubliés. Tout cela fit beaucoup d'impression sur l'esprit de mistress Bertram, car la bonne dame ne laissait pas que d'être assez superstitieuse.

Lorsqu'elle put se livrer à quelque occupation, son premier soin fut de faire un petit sac de velours pour y renfermer l'horoscope de son fils, car elle l'avait obtenu de son mari. Ses doigts lui démangeaient de rompre le cachet ; mais la crédulité l'emporta sur la curiosité, et elle eut la force de l'y déposer sans y toucher, entre deux feuilles de parchemin, dans lesquelles elle l'avait cousu pour préserver le cachet. Elle le plaça ainsi sur la poitrine de l'enfant, suspendu à une chaîne passée autour de son cou, et résolut de l'y laisser comme une amulette jusqu'au moment où elle pourrait légitimement satisfaire son désir curieux.

Le père, de son côté, résolut de s'acquitter de ses devoirs envers l'enfant en lui donnant une excellente éducation; et afin de pouvoir la commencer aussitôt qu'une première lueur de raison commencerait à l'éclairer, il détermina aisément Dominus à renoncer à sa profession de maître d'école du village, et à devenir tout-à-fait commensal du château. Dominus se chargea donc, moyennant des appointemens qui égalaient, à peu de chose près, les gages d'un domestique, de communiquer au futur laird d'Ellangowan toute la science et l'érudition qu'il possédait véritablement, ainsi que les graces et les perfections qu'il n'avait pas, mais dont il ne s'était jamais douté qu'il fût dépourvu. Le père trouvait aussi son avantage dans cet arrangement : il s'assurait un auditeur constant et silencieux pour écouter ses histoires quand ils étaient tête à tête, et un homme aux dépens de qui il pouvait exercer sans crainte ses talens pour la plaisanterie quand il avait compagnie.

Environ quatre ans après cette époque, un grand changement arriva dans le comté où le domaine d'Ellangowan est situé [1].

Les observateurs attentifs de l'opinion publique pensaient depuis long-temps qu'un changement de ministère était inévitable; et enfin, après bien des délais, après une juste balance de craintes et d'espérances, après des bruits fondés sur de bonnes ou de mauvaises autorités, ou même sans aucun fondement, après que bien des clubs eurent vidé leurs verres, en criant vive celui-ci! et à bas celui-là! —après maintes courses à pied, à cheval, en chaise de poste; grace à maintes adresses et pétitions pour et contre; après qu'on eut offert bien des fois sa vie et sa fortune, le coup fut frappé; le ministère croula, et le parlement, comme c'est la suite ordinaire, fut dissous en même temps.

Sir Thomas Kittlecourt, comme beaucoup d'honorables membres dans le même cas, accourut en poste dans son comté, mais y fut reçu avec froideur. Il avait été l'un des

---

(1) Dans le Dumfrieshire. — ÉD.

partisans de l'ancienne administration, et les amis de la nouvelle avaient déjà commencé un *canvass*¹ actif en faveur de sir John Featherhead, qui avait les meilleurs chiens et les meilleurs chevaux du pays. Parmi ceux qui avaient arboré l'étendard de la révolte contre sir Thomas était un Gilbert Glossin, *writer*² à ***, et agent du laird d'Ellangowan. Cet honnête homme avait peut-être essuyé quelques refus de sir Thomas Kittlecourt, ou bien, ce qui est également probable, ayant obtenu tout ce qu'il pouvait en attendre, il fallait qu'il jetât les yeux d'un autre côté pour se procurer un nouvel avancement. Il possédait un vote sur le domaine d'Ellangowan, comme on l'a déjà fait observer, et il décida qu'il fallait que son patron en eût un aussi, n'ayant aucun doute sur le parti qu'embrasserait M. Bertram dans la prochaine lutte. Il n'eut pas de peine à lui persuader qu'il lui convenait de se montrer à la tête d'un parti, le plus nombreux possible; et immédiatement il s'occupa à faire des votes de la manière connue de tout légiste d'Ecosse, en fractionnant et subdivisant les *supériorités* sur cette ancienne et jadis puissante baronnie. Aussi à force de rogner et de retrancher ici, d'ajouter et d'agrandir là, et de créer des *over-lords* sur toute la propriété que Bertram tenait de la couronne, ils s'avancèrent le jour du combat à la tête de dix hommes de parchemin aussi bien en règle qu'aucun de ceux qui aient jamais prêté serment de propriété et de fidélité même³.

(1) C'est le mot propre pour dire une *brigue électorale*. — Ed.

(2) Procureur. — Ed.

(3) Dans les éditions précédentes, où l'on avait craint de nuire à l'intérêt en arrêtant l'attention sur des notes, ce passage avait été modifié pour ne pas embarrasser le lecteur par des mots techniques sans commentaires. En le rétablissant dans son intégrité, nous sommes forcés de donner une explication assez curieuse d'ailleurs, et qu'aucun auteur français n'a encore fait connaître, sur le système électoral d'Ecosse.

Les barons, ou francs-tenanciers des comtés d'Ecosse, qui élisent des représentans au parlement, sont de deux sortes : 1° les *véritables* propriétaires du sol; 2° les propriétaires *fictifs* ou *supérieurs, over-lords;* ces derniers ne possédant fréquemment aucune propriété quelconque dans le comté. Un riche propriétaire qui désire augmenter son influence peut diviser son domaine en plusieurs portions, et créer ainsi des votes additionnels. Dans ce but il fait remise de sa charte à la couronne, et

Ce renfort considérable décida du sort de cette journée. Sir John fut élu, et par suite Gilbert Glossin fut nommé greffier du tribunal de paix, et dès les premières séances du parlement le nom de Godefroy Bertram d'Ellangowan fut inscrit parmi ceux des juges de paix du comté.

C'était là le *nec plus ultrà* de l'ambition de Bertram, non qu'il aimât les embarras de cette dignité, ni la responsabilité qui en est la suite, mais il pensait qu'il y avait des droits, et que c'était par une injustice évidente qu'il n'en avait pas été investi jusque-là. Un ancien proverbe écossais dit qu'il ne faut pas donner aux fous des *chapping-stricks*¹, c'est-à-dire des armes offensives. M. Bertram ne fut pas plus tôt investi de l'autorité judiciaire qu'il avait désirée si long-temps, qu'il commença à l'exercer avec plus de rigueur que de clémence, et qu'il démentit l'opinion que l'on s'était généralement formée de la bonté de son caractère. Nous avons lu quelque part l'histoire d'un juge de paix qui, le lendemain de sa nomination, pour écrire à son libraire de lui envoyer le livre des statuts de sa charge, se servit de l'orthographe suivante : *Please send the ax relating to Augustus pease : Veuillez m'envoyer la hache relative à Auguste des pois* ².

Nul doute que, lorsque ce savant juge fut en possession de la *hache*, il s'en servit pour mutiler les lois. M. Ber-

---

obtient des chartes au nom de ses amis particuliers pour les divers morcellemens de son domaine en lots de 400 liv. d'Ecosse de rente (400 fr.). Il reçoit lui-même ensuite de ses amis une charte de propriété réelle, moyennant une simple rente annuelle nominale. Aux yeux de la loi, ces amis sont les propriétaires des terres dont ils ont une charte délivrée par la couronne, et ils figurent sur les registres des barons ayant voté. On a cherché à arrêter cet abus en exigeant certains sermens des votans ; mais en Ecosse comme en Angleterre (où il y a une prétendue morale publique si vantée) on trouve mille manières d'éluder un serment : une fourberie électorale est un péché véniel : une franchise élective est une propriété qu'on peut vendre avec ou sans la terre, et qu'on offre dans les journaux comme toute autre marchandise. La conscience britannique peut se parjurer impunément tous les sept ans ; les francs-tenanciers fictifs sont désignés par le titre plaisant de *paper-barons*, barons de papier. — Éd.

(1) *Chapping-Stricks*, mot à mot des bâtons à frapper, se dit de toute arme offensive, comme l'auteur l'explique lui-même. — Éd.

(2) Pour dire : *please send the act relative to justice of peace*. Envoyez-moi les actes relatifs aux juges de paix. — Éd.

tram n'était pas aussi ignorant dans la grammaire anglaise que son digne prédécesseur; mais Augustus Pease lui-même n'aurait pas pu employer avec moins de discernement l'arme qu'on avait maladroitement mise entre ses mains.

Il regarda de bonne foi la commission qu'il venait de recevoir comme une marque de faveur personnelle que lui accordait son souverain, oubliant qu'il avait pensé naguère que l'oubli dans lequel il était resté ne devait être attribué qu'à la cabale et à l'esprit de parti, qui l'avaient privé d'un privilège commun à tous ceux de son rang.

Il commanda à son fidèle aide-de-camp, Dominus Sampson, de lui lire tout haut sa commission dès qu'elle lui fut parvenue. Dès les premiers mots, *il a plu au roi de nommer......* il l'arrêta en s'écriant : —Il a plu au roi! le brave homme! bien certainement cela n'a pu lui plaire plus qu'à moi.

Il ne voulut donc pas borner sa reconnaissance à des sentimens inactifs, ni à des expressions banales de gratitude. Il résolut de prouver, en remplissant avec une activité sans bornes les devoirs de sa place, combien il était sensible à l'honneur qui venait de lui être conféré. Un nouveau balai, dit-on, tient la maison nette, et je puis moi-même rendre témoignage qu'ayant un jour pris une nouvelle servante, les araignées, anciens hôtes héréditaires qui, pendant le règne paisible de l'autre, avaient tendu leurs toiles sur les derniers rayons de la bibliothèque, où il ne se trouvait que des livres de jurisprudence et de théologie, furent contraintes d'en déguerpir au plus vite. Le laird d'Ellangowan, en commençant ses fonctions de magistrat réformateur, se montra tout aussi impitoyable. Il chassa les filous et les voleurs qui étaient ses voisins depuis près d'un demi-siècle. Il fit des miracles comme un second duc Humphrey [1], et par la vertu de sa

---

(1) *Le Duc Humphrey*, tragédie attribuée à Shakspeare. — ÉD.

baguette magistrale rendit les jambes aux boiteux, des yeux à l'aveugle, des bras au paralytique. Il découvrit et chassa les braconniers, les contrevenans aux lois de la pêche, les voleurs de fruits et de pigeons, et eut pour récompense les applaudissemens de ses confrères, et la réputation d'un magistrat actif.

Tout ce bien n'était pas sans quelque mélange de mal. Quand un abus est enraciné depuis long-temps, il faut quelques précautions pour l'extirper. Le zèle de notre digne ami mettait dans un grand embarras beaucoup de gens dont sa propre *lachesse*[1] avait contribué elle-même à nourrir la fainéantise et le vagabondage. Une habitude invétérée rendait les uns incapables de suivre un autre plan de conduite; et les autres, véritablement hors d'état de travailler, étaient dignes, comme ils le disaient eux-mêmes, d'éprouver l'effet de la charité de tout bon chrétien. Le mendiant connu depuis vingt ans pour faire sa ronde dans le canton, et qui recevait ce qu'on lui donnait plutôt comme une marque de bienveillance que comme l'offrande d'une pitié méprisante, était envoyé dans la Maison-de-Travail la plus voisine. La femme décrépite qui, appuyée sur un bâton, courait de porte en porte, comme un mauvais shilling que chacun s'empresse de passer à son voisin; celle qui, ne pouvant marcher, appelait ceux qui voulaient bien la porter, aussi haut et plus haut qu'un voyageur qui demande des chevaux de poste, étaient traités de la même manière. Jock, le niais qui, moitié fripon, moitié idiot, servait de jouet aux enfans, de race en race, depuis la moitié d'un siècle, fut renfermé dans le Bridewell[2] du comté, où, privé d'un air pur et de la vue du soleil, seuls biens dont il fût capable de jouir, il mourut, en six mois, de chagrin et d'ennui. Le vieux matelot qui, depuis longues années, allait dans tous les

---

(1) Ce mot est en italique dans le texte : l'auteur a composé un substantif avec l'adjectif *lâche*; mais il faudrait *lâcheté*, et c'est *mollesse* qu'il a voulu dire. — Éd.

(2) Maison de correction. — Éd.

cabarets réjouir les solives enfumées en chantant *le capitaine Ward* ou *le brave amiral Benbow*, fut banni du comté par le seul motif qu'il avait l'accent irlandais. Enfin, le zèle du nouveau juge de paix pour l'administration de la police rurale alla jusqu'à mettre un terme aux visites annuelles des colporteurs.

Tout cela ne se passa pas sans faire jaser et sans critique. Nous ne sommes ni de bois ni de pierre, et les habitudes qui ont crû dans nos cœurs ne peuvent, comme la mousse ou le lichen, en être arrachées sans faire une blessure. La femme du fermier regrettait de ne plus déployer son intelligence, peut-être aussi de ne plus jouir d'une certaine satisfaction intérieure, en distribuant, en guise d'aumône, des poignées de gruau d'avoine aux mendians qui lui apportaient les nouvelles des environs. Les chaumières souffraient la privation de mille petites choses auxquelles leurs habitans étaient accoutumés, et qui leur étaient apportées par ces mêmes vagabonds dont les courses se trouvaient arrêtées. Les enfans restaient sans dragées et sans joujoux; les jeunes femmes manquaient d'épingles, de rubans, de peignes et de ballades. Les vieilles ne pouvaient plus troquer leurs œufs contre du sel et du tabac en poudre ou en feuilles.

Toutes ces circonstances jetèrent sur l'affaire Ellangowan un discrédit d'autant plus remarquable qu'il avait joui de plus de popularité. On tirait même de l'ancienneté de sa famille un motif de condamnation contre lui. — Nous n'avons rien à voir, disait-on, dans ce que font les Greenside, les Burnville, les Viewforth; ce sont de nouveau-venus dans le comté; mais Ellangowan! un nom qui est connu depuis que le monde est monde! lui! traiter ainsi de pauvres gens! On appelait son grand-père le mauvais laird, mais quoiqu'il ne fût pas trop bon quand il était resté trop long-temps à table, jamais il n'aurait fait chose semblable. La grande cheminée du vieux château était toujours chaude de son temps, et on y voyait autant de pauvres qu'il y avait de beau monde dans le salon ; et milady, tous les ans, la veille de Noël, distribuait aux malheureux douze pièces d'argent en l'honneur des douze apôtres. On disait que c'était un papiste. Hé bien ! les papistes pourraient donner des leçons à nos seigneurs d'aujourd'hui. Si, pendant la semaine, les pauvres gens étaient un peu foulés, maltraités, au moins le dimanche ils étaient sûrs de toucher leur pièce de six sous.

Tels étaient les propos dont on assaisonnait chaque pinte de bière qui se vidait dans les cabarets à trois ou quatre milles d'Ellangowan, ce qui faisait le diamètre de l'orbite dans lequel notre ami Godefroi Bertram, Esq. J. P. devait être considéré comme la planète principale. Mais les mauvaises langues se donnèrent encore plus de liberté lorsqu'il eut banni d'Ellangowan une colonie d'Egyptiens qui s'y était établie depuis bien des années, et avec un des dignes membres de laquelle notre lecteur a déjà fait connaissance.

CHAPITRE VII.

« Venez, princes du sang, régiment en guenilles,
« *Prigg*, honnête seigneur, digne roi de ces drilles,
« Vous tous, ses courtisans, quel que soit votre nom,
« *Jarkman* ou *Patrico* ; *Cranke* ou *Clapper-Dudgeon* ;
« *Frater* ou *Abram-man*. C'est de tous que je parle. »
Le Buisson du Mendiant.

QUOIQUE le caractère de ces bandes d'Egyptiens qui inondaient autrefois une partie de l'Europe, et qui forment encore une caste distincte, soit généralement connu, le lecteur me pardonnera de tracer ici en peu de mots le tableau de leur situation en Ecosse.

On sait que l'un des anciens rois de ce pays avait reconnu les Egyptiens comme une peuplade séparée et indépendante[1]. Un de ses successeurs les traita moins favorablement; le nom d'Egyptien devint, dans la balance de la justice, synonyme de celui de voleur, et ils furent punis en conséquence, d'après une disposition formelle de la loi. Malgré cette sévérité, cette race prospéra au milieu des fléaux qui ravagèrent le pays; elle s'augmenta même d'un grand nombre de gens que la guerre, la famine et la tyrannie avaient privés de leurs moyens de subsistance. Ce mélange leur fit perdre en grande partie le caractère distinctif de leur origine égyptienne. Ils devinrent une race mêlée, qui joignit les habitudes de fainéantise et de brigandage de ses ancêtres orientaux, à la férocité des hommes du Nord qui s'étaient joints à eux; ils voyageaient par bandes séparées, avaient entre eux des règles d'après lesquelles chaque tribu ne devait pas étendre ses courses plus loin que le district qui lui était assigné, et la moindre incursion hors des limites convenues donnait naissance à des querelles dans lesquelles il y avait souvent du sang répandu.

Le patriotique Fletcher de Saltoun fit, il y a cent ans, une peinture de ces vagabonds, et nos lecteurs en liront quelques traits avec étonnement.

— « Il y a aujourd'hui en Ecosse, dit-il, indépendam-
» ment d'un grand nombre de pauvres familles qui ne
» vivent que des charités de l'Eglise, ou qu'une mauvaise
» nourriture conduit de bonne heure au tombeau, deux
» cent mille mendians qui ne possèdent que ce qu'ils vont
» recueillir de porte en porte. C'est un fardeau bien lourd
» pour ce pays pauvre, auquel ils ne sont d'ailleurs d'au-
» cune utilité. Quoique le malheur des temps ait porté ce
» nombre presque au double de ce qu'il était autrefois, on
» peut calculer qu'il s'y est toujours trouvé environ cent
» mille de ces vagabonds qui vivent sans s'assujettir à au-

---

(1) Ce fut Jacques V qui reconnut Jock Faw, chef des Egyptiens de son temps, comme seigneur et comte de la petite Egypte (*Lord and Earl of little Egypt*). — Ed.

» cune des lois civiles, religieuses, ou même naturelles...
» Aucun magistrat ne peut parvenir à être informé des
» naissances ou des décès qui arrivent parmi eux. Non-
» seulement ils sont un véritable fléau pour les pauvres
» paysans, qui sont sûrs d'être maltraités s'ils refusent du
» pain et d'autres provisions à une bande composée quel-
» quefois de quarante personnes, mais ils se permettent
» souvent de piller les maisons écartées, et qui ne peuvent
» avoir de secours dans leur voisinage. Dans les temps
» d'abondance, on les rencontre par milliers dans les mon-
» tagnes, où ils passent des jours entiers en festins et en
» débauches. Dans les mariages, dans les enterremens,
» dans les marchés, dans les foires, dans tous les endroits
» publics, on les voit, hommes et femmes, boire, jurer,
» blasphémer, se battre les uns contre les autres. »

Malgré le tableau déplorable que présente cet extrait, et quoique Fletcher, cet ami éloquent et énergique de la liberté, ne vît pas d'autres moyens, pour réprimer ces désordres, que de réduire ces peuplades à une sorte d'esclavage domestique, les progrès du temps, la sévérité des lois, des moyens plus faciles d'existence, restreignirent peu à peu le progrès de ce mal, et le réduisirent dans des bornes plus étroites. Les castes d'Egyptiens, connues aussi sous plusieurs autres noms, comme ceux de Jockeys ou Cairds[1], devinrent moins nombreuses, et quelques-unes s'éteignirent tout-à-fait; mais il en resta toujours assez pour donner lieu souvent à des alarmes, et occasioner des vexations continuelles dans les campagnes. Quelques métiers vulgaires semblaient exclusivement livrés à leur industrie. Eux seuls faisaient des assiettes de bois, des cuillers de corne, et tout ce qui concerne la chaudronnerie ; ils y ajoutaient le commerce de la poterie grossière : tels étaient leurs moyens ostensibles d'existence. Chaque tribu avait ordinairement un centre de réunion, qui for-

(1) En France, *Bohémiens*; en Espagne, *Gitanos*; en Italie, *Zingari*, etc. — Éd.

mait leur principal établissement, qu'ils considéraient comme leur camp, et dans le voisinage duquel ils avaient soin de ne commettre aucun désordre. Quelques-uns avaient même des talens par lesquels ils se rendaient utiles et agréables en certaines occasions. Plusieurs cultivaient la musique avec succès, et c'était souvent dans une colonie d'Egyptiens que se trouvait le joueur de cornemuse ou de violon du canton. Personne ne savait mieux qu'eux où trouver le poisson et le gibier. Dans l'hiver, les femmes disaient la bonne aventure, les hommes faisaient des tours de passe-passe, et dans les soirées où le vent et la pluie tenaient le fermier renfermé chez lui, ils faisaient paraître le temps moins long autour du foyer. En un mot, c'étaient les *Parias* de l'Ecosse, vivant comme des Indiens sauvages au milieu des habitations des Européens; et, comme eux, on les jugeait plutôt d'après leurs mœurs, leurs usages et leurs opinions, que d'après les règles établies dans une société policée. On en trouve encore quelques restes de nos jours, surtout dans le voisinage des contrées inhabitées, où ils peuvent se réfugier quand ils sont poursuivis. Les traits de leur caractère ne sont pas adoucis, mais leur nombre est tellement réduit, qu'au lieu de cent mille qu'en comptait Fletcher, on en trouverait à peine aujourd'hui cinq cents dans toute l'Ecosse.

Depuis un temps immémorial une caste de ces vagabonds, dont Meg Merrilies faisait partie, s'était établie, autant que le permettaient ses habitudes errantes, dans un vallon, sur les domaines d'Ellangowan. Ils y avaient bâti quelques chaumières qu'ils nommaient leur *ville de refuge*, et où ils vivaient, quand ils n'étaient pas en course, sans y être plus troublés que les corbeaux perchés sur les vieux frênes qui les entouraient. Ils y étaient depuis si long-temps, qu'ils se regardaient comme propriétaires de leurs misérables habitations. Ils avaient, disait-on, acquis la protection des lairds d'Ellangowan par les services qu'ils leur avaient rendus en temps de guerre, et surtout en pillant les terres des barons voisins avec qui ils étaient en querelle. Dans des temps plus modernes leurs services étaient d'une nature plus pacifique. Les femmes tricotaient des mitaines pour milady, et des bas de bottes pour le laird; on leur offrait ces présens en grande pompe le jour de Noël. Les vieilles sibylles bénissaient le lit nuptial du laird, quand il se mariait, et le berceau de l'enfant quand il lui arrivait un héritier. Les hommes raccommodaient la porcelaine cassée de milady, aidaient le laird dans ses parties de chasse, dressaient les chiens d'arrêt, coupaient les oreilles de ses bassets. Les enfans ramassaient des noix dans les champs, des framboises sur les buissons, des champignons dans les prairies, et portaient aussi leur tribut. C'était de leur part, en quelque sorte, une prestation volontaire de foi et hommage qui ne restait pas sans récompense. On les protégeait en certaines occasions, on fermait les yeux sur bien des choses, et quand une circonstance extraordinaire donnait lieu au laird de faire parade de générosité, les restes du banquet leur étaient destinés, sans parler d'une distribution de bière et d'eau-de-vie. Cet échange mutuel de bons offices durait au moins depuis deux siècles, et faisait que les habitans de Derncleugh se regardaient comme ayant acquis le privilège de vivre sur les domaines d'Ellangowan. Ils étaient particulièrement amis du laird actuel, qui avait plusieurs fois employé son crédit pour les soutenir contre les attaques de la justice. Mais cet état de paix ne devait pas durer plus long-temps.

Les habitans de Derncleugh se mettaient fort peu en peine de ce que devenaient les vagabonds qui ne faisaient point partie de leur tribu, et la sévérité que déployait contre eux le nouveau juge de paix ne leur faisait concevoir aucune alarme pour leur propre compte. Ils étaient convaincus qu'il était décidé à ne laisser dans le pays d'autres mendians et rôdeurs que ceux qui se trouvaient établis sur ses terres, et qui faisaient leur métier d'après sa permission expresse ou tacite. M. Bertram lui-même ne se pressait pas d'exercer sa nouvelle autorité contre les anciens colons, mais il se vit entraîné par les circonstances.

A l'une des sessions de trimestre[1], un gentilhomme qui, lors des élections, avait été du parti opposé à celui qu'avait embrassé Ellangowan, lui reprocha publiquement que, tout en affectant un grand zèle pour la police, et en cherchant à se faire une réputation de justice et d'activité, il nourrissait sur ses terres une horde des plus grands vauriens de tout le pays, et souffrait qu'ils résidassent à un mille de son château. Il n'y avait pas de réponse à faire à ce reproche, car le fait était de notoriété publique. Notre nouveau magistrat dévora donc cet affront en silence, et, en retournant chez lui, chercha quel était le meilleur moyen à prendre pour se débarrasser de ces vagabonds, dont l'existence sur ses domaines était une tache à sa renommée. Il venait de se décider à saisir la première occasion qui se présenterait pour chercher une querelle aux parias de Derncleugh, lorsque le hasard lui en offrit une.

Depuis qu'il avait été promu au rang important de juge de paix, il avait fait repeindre et fermer la porte d'entrée de l'avenue qui conduisait à son château, et qui autrefois était toujours ouverte de la manière la plus hospitalière. Il avait aussi fait boucher avec des palissades bien garnies de genêt épineux certains trous dans les haies de clôture de son parc, par lesquels chacun s'introduisait sans lui en demander la permission, mais sans y causer aucun dommage; les enfans pour y dénicher des oiseaux, les vieillards pour abréger leur chemin en suivant une ligne droite, les filles et les garçons pour s'y donner des rendez-vous le soir. Mais ces jours sereins touchaient à leur fin. Une inscription menaçante, peinte sur l'un des côtés de la porte, annonçait que tous ceux qui seraient surpris dans le parc

---

(1) Assemblée de trimestre des juges de paix, etc., etc. — Ed.

seraient punis conformément aux lois; et, pour faire le pendant, on avait peint de l'autre côté un avertissement que l'on avait placé dans les haies des fusils à ressort et des pièges si redoutables, que (disait un emphatique *nota bené*) — « si un homme s'y trouvait pris, ils briseraient la jambe d'un cheval [1]. »

Malgré ces menaces effrayantes, six garçons égyptiens, déjà un peu grands, et autant de jeunes filles, étaient un beau jour à cheval sur la nouvelle porte, faisant des bouquets de fleurs cueillies probablement dans l'enceinte défendue. Ellangowan leur ordonna d'en descendre; ils ne l'écoutèrent pas. Il essaya de les pousser à bas l'un après l'autre; mais les uns tenaient ferme, et les autres étaient remontés aussi vite que tombés. Le laird appela à son aide un valet, qui arriva armé d'un fouet de poste dont quelques coups eurent bientôt dispersé la troupe. Telle fut la première brèche faite à la paix qui subsistait depuis si long-temps entre la maison d'Ellangowan et le camp de Derncleugh.

Pour convaincre les Egyptiens que cette guerre était sérieuse, il fallut qu'ils vissent que leurs enfans ne manquaient pas d'être reçus à coups d'étrivières quand on les trouvait dans le parc; qu'on les condamnait à une amende quand on surprenait leurs ânes paissant dans les nouvelles plantations, ou sur la lisière d'un champ; enfin que le constable commençait à prendre des informations sérieuses sur leur manière de vivre, et exprimait sa surprise de voir des gens dormir toute la journée, et s'absenter toute la nuit.

Lorsque les choses en furent à ce point, les Egytiens ne se firent pas scrupule de commencer les hostilités de leur côté. Le poulailler d'Ellangowan fut pillé. On vola son linge, étendu sur des cordes pour le sécher, ou sur le pré pour le blanchir. On pêcha le poisson de ses étangs; on déroba ses chiens; on coupa ses jeunes arbres; enfin on

---

[1] On sait que l'Angleterre est comme hérissée de ces machines homicides. — Ed.

porta la vengeance jusqu'à faire le mal pour le seul plaisir du mal.

De l'autre côté parurent les ordres d'informer, de chercher, d'arrêter et d'appréhender au corps. Malgré l'adresse des déprédateurs, quelques-uns furent saisis. L'un d'eux, jeune homme vigoureux, fut embarqué sur un vaisseau comme matelot; deux enfans furent fortement fouettés, et une digne matrone égyptienne fut envoyée à la maison de correction.

Les Egyptiens ne pensaient pourtant pas encore à quitter l'habitation dont ils jouissaient depuis si long-temps, et M. Bertram avait lui-même de la répugnance à les priver de leur ancienne *ville de refuge*; de sorte que la petite guerre se continua ainsi quelques mois, sans que les hostilités parussent se ralentir d'aucun côté.

CHAPITRE VIII.

« Fier de son vêtement conquis sur la panthère,
« Lorsque l'Indien cuivré, de son humble chaumière,
« Sur les bords de l'Ohio voit approcher les blancs,
« Il croit voir l'esclavage asservir ses enfans.
« Du bois qui l'a vu naître il fuit le doux ombrage;
« Et de l'Ontario désertant le rivage,
« Il va chercher au loin quelque asile ignoré,
« Où le pied des humains n'ait jamais pénétré,
« Tel qu'un bois ténébreux où règne le silence
« Depuis le jour qui vit du monde la naissance. »
LEYDEN. *Tableaux de l'Enfance.*

EN traçant la naissance et les progrès de la guerre des Marrons [1] d'Ecosse, nous ne devons pas oublier de faire observer que le temps s'écoulait insensiblement, et que le petit Henry Bertram, l'un des plus hardis et des plus jolis

(1) Cette désignation, appliquée ici aux Bohémiens révoltés, est empruntée au langage des colonies, où les nègres fugitifs s'appellent nègres marrons. — ED.

enfans qui aient jamais porté le sabre de bois et le bonnet de grenadier de papier, approchait du jour qui devait compléter sa cinquième année. Un caractère décidé, qui se développait de lui-même, en faisait déjà un petit coureur. Il n'y avait pas une pelouse, pas un vallon autour d'Ellangowan qu'il ne connût parfaitement; il était en état de dire en bégayant sur quelle prairie croissaient les plus belles fleurs, et dans quel taillis étaient les noisettes les plus mûres. Il effrayait ceux qui le suivaient, par la hardiesse avec laquelle il grimpait sur les ruines du vieux château, et avait fait plus d'une excursion jusqu'au hameau des Egyptiens.

Dans ces occasions, Meg Merrilies le rapportait ordinairement sur son dos. L'Egyptien qui avait été envoyé à bord d'un vaisseau était son neveu, et depuis cette époque elle n'avait pu prendre sur elle d'entrer dans la place d'Ellangowan. Mais son ressentiment ne paraissait pas s'étendre sur l'enfant. Au contraire, elle cherchait à se trouver sur son chemin quand il se promenait, lui chantait quelque chanson égyptienne, le faisait monter sur son âne, et mettait dans sa poche un morceau de pain d'épice ou une pomme bien rouge. L'ancien attachement de cette femme pour la famille des Bertram, étant comme repoussé de tous côtés, semblait se complaire à trouver un rejeton sur lequel il pouvait encore se reposer. Elle prophétisa cent fois que le jeune Henry serait la gloire de sa famille; que le vieux tronc n'avait pas poussé une telle branche depuis la mort d'Arthur Mac-Dingawaie, tué à la bataille de Bloody-Bay; car pour le chêne actuel, il n'était bon qu'à faire du feu.

Une fois, l'enfant étant malade, elle passa toute la nuit sous sa fenêtre, en chantant des paroles qu'elle regardait comme un charme souverain contre la fièvre, et rien ne put la déterminer à entrer au château ou à quitter son poste avant qu'elle eût appris que l'enfant était hors de danger.

L'affection de cette femme devint matière à soupçons, non dans l'esprit du laird, qui jamais n'aurait pu se résoudre à soupçonner le mal, mais dans celui de sa femme, dont la santé n'était pas très-bonne et l'esprit faible. Elle était fort avancée dans une seconde grossesse, ne pouvait sortir du château, et n'avait pas grande confiance en la gouvernante de son fils, qui était une jeune étourdie. Elle pria donc Dominus Sampson de vouloir bien se charger de l'accompagner dans toutes ses courses sans jamais le perdre de vue. Dominus aimait son jeune élève; il était tout fier des succès qu'il avait obtenus de son éducation, étant déjà parvenu à lui faire épeler des mots de trois syllabes. L'idée de voir enlever ce jeune prodige par des Egyptiens, comme un second Adam Smith [1], n'était pas supportable pour lui : il entreprit bien volontiers une tâche tout-à-fait opposée à ses habitudes journalières. On le voyait donc se promener la tête occupée d'un problème de mathématiques, et les yeux toujours fixés sur un enfant de cinq ans, dont les courses le mirent cent fois dans les situations les plus ridicules. Deux fois il fut poursuivi dans un sentier par une vache méchante; un jour il se laissa tomber dans un ruisseau en passant sur les pierres du gué; une autre fois il s'embourba jusqu'au milieu du corps dans la marre de Lochend en voulant y cueillir un nénuphar pour l'enfant. Aussi les matrones du village, qui secoururent en cette occasion Sampson, dirent-elles que le laird ferait aussi bien de confier son fils à un de ces hommes de paille qu'on place dans un champ pour épouvantail. Mais le bon Dominus supportait tous ces accidens avec un sérieux et une gravité imperturbables; *Prodigieux!* était la seule exclamation qui échappât à sa patience.

Fatigué de la guerre avec les marrons de Derncleugh, M. Bertram venait de se décider à y mettre fin en les chas-

---

[1] C'est du fameux Adam Smith l'économiste que l'auteur veut parler. Il était né à Kirkaldy en Ecosse, où son père était *inspecteur des douanes*. A l'âge de trois ans il fut enlevé par des Egyptiens; mais il fut bientôt retrouvé et rendu à sa famille. — Ed.

sant de ses terres. Les anciens domestiques branlèrent la
tête à cette nouvelle ; Dominus même hasarda une remontrance indirecte : — *Ne moveas Camarinam* [1], lui dit-il.
Mais ni l'allusion ni le ton d'oracle de cette phrase n'étaient
calculés pour produire quelque effet sur l'esprit du laird,
et on procéda contre les Egyptiens dans toutes les formes légales. Chaque porte de leur hameau fut marquée
à la craie par un officier de la cour foncière, comme un
avertissement d'en déloger au prochain terme. Ils ne firent
cependant aucune disposition qui annonçât leur obéissance
à la loi. Enfin l'époque fatale, la Saint-Martin, arriva, et
il fallut recourir à des mesures violentes pour les expulser.
Un détachement d'officiers de paix, assez fort pour rendre
toute résistance inutile, donna aux habitans l'ordre de
partir à midi : et cette heure ayant sonné sans qu'ils eussent obéi, on commença à enlever le toit des chaumières,
et à jeter par terre les portes et les fenêtres ; mode d'expulsion très-sommaire, très-efficace, et qui est encore en
usage dans quelques parties de l'Ecosse quand un fermier
se montre réfractaire. Les Egyptiens regardèrent d'abord
cette œuvre de destruction avec une stupéfaction muette.
Enfin ils rassemblèrent leurs ânes, les chargèrent de leur
misérable mobilier, et firent leurs préparatifs de départ.
Ce fut une chose bientôt faite pour des gens qui avaient
toutes les habitudes des Tartares nomades. Ils partirent
donc pour chercher un nouvel asile dans quelque endroit
dont les patrons ne fussent ni membres du Quorum ni
Custos Rotulorum [2].

---

(1) *Ne remuez pas le lac Camarin.* C'était un proverbe ancien dont voici l'origine.
Ce lac était placé en Sicile ; comme les eaux en étaient stagnantes, les habitans du
voisinage, incommodés par les vapeurs qu'il exhalait, consultèrent Apollon, qui
défendit par l'oracle, devenu depuis un proverbe, de toucher à ces eaux. On ne tint
aucun compte de la défense ; on dessécha *le Camarin*, et la peste se mit dans le pays.
Les habitans apprirent trop tard, par expérience, que les moyens employés pour
remédier à un mal, peuvent quelquefois l'aggraver. — Ed.

(2) Les fonctions des juges de paix sont administratives et judiciaires ; mais il est
certains actes qui ne sont de leur ressort que lorsqu'ils sont en assemblée, et présidés
par un de ceux qui ont été expressément désignés dans leur commission pour jouir

Une sorte de respect humain avait empêché Ellangowan de présider en personne à l'expulsion des anciens alliés de sa famille. Il avait confié cette expédition à des officiers de paix conduits par M. Franck Kennedy, un inspecteur ou commis ambulant attaché à l'excise, devenu depuis quelque temps un ami de la maison et dont nous reparlerons dans le prochain chapitre. Quant à M. Bertram, lui-même avait choisi ce jour pour aller faire une visite à un ami à quelque distance, afin de s'éloigner davantage du lieu de la scène; mais il arriva, malgré toutes ses précautions, qu'en revenant chez lui, ses anciens tenanciers le rencontrèrent sur la route.

Ce fut dans un chemin creux, au pied d'une colline, limite du domaine d'Ellangowan, qu'il rencontra la horde égyptienne qui effectuait sa retraite. Quatre ou cinq hommes formaient une espèce d'avant-garde; ils étaient enveloppés de grands manteaux qui cachaient leurs longs corps maigres, comme leurs chapeaux à larges bords, rabattus sur leurs sourcils, ombrageaient leurs traits sauvages, leurs yeux noirs et leur tient basané. Deux d'entre eux portaient un fusil, un autre avait un sabre sans fourreau, et tous avaient le dirk ou poignard des Highlands, quoiqu'ils ne cherchassent pas à faire parade de cette arme. Derrière eux venaient les ânes chargés de bagages, et de petites charrettes ou tombereaux, comme on les appelle dans ce pays, qui transportaient dans leur exil les vieillards et les enfans. Les femmes, couvertes de leur jupe rouge et de leur chapeau de paille, et les enfans un peu plus grands, sans souliers, sans bonnets, et le corps à demi nu, prenaient soin de cette petite caravane, que suivait le reste de la troupe. La route était étroite, et coupée par deux bancs de sable inégaux. Le domestique

---

d'un privilège plus étendu, et qu'on nomme membres du *quorum*, d'après le premier mot de la phrase latine : Quorum *aliquem vestrûm unum esse volumus*. Aujourd'hui ils sont tous généralement du *quorum*. Le *Custos Rotulorum*, garde des archives du comté, est le premier des juges de paix. — Éd.

de M. Bertram pressa son cheval, fit claquer son fouet avec un air d'autorité, et fit signe aux conducteurs de livrer le milieu de la route. Ce signal n'ayant produit aucun effet, il s'adressa aux hommes qui marchaient négligemment en avant. — Hé bien! soyez donc à vos bêtes, et faites place au laird!

— Qu'il prenne sa part de la route, répondit un Egyptien de dessous son grand chapeau, sans lever la tête; il n'en aura pas davantage : le chemin est fait pour nos ânes comme pour ses chevaux.

Le ton de cet homme était ferme et même menaçant; M. Bertram jugea convenable de mettre sa dignité de côté, et de faire passer son cheval tranquillement sur la portion de la route qu'on voulut bien lui laisser. Voulant paraître ne pas faire attention à ce manque de respect, il adressa la parole à un des hommes qui passaient à côté de lui sans le saluer, sans même avoir l'air de le reconnaître.
— Giles Baillie, lui dit-il, avez-vous appris que votre fils Gabriel soit content? — C'était le jeune homme qu'on avait forcé de servir à bord d'un vaisseau.

— Si j'avais appris autre chose, répondit celui-ci d'un air sinistre et farouche, vous en auriez eu des nouvelles; et il continua sa route sans s'arrêter un instant. Quand il eut passé à travers ce groupe, dont toutes les figures lui étaient connues, et sur lesquelles il ne voyait plus que haine et mépris, tandis qu'autrefois elles ne lui auraient exprimé que respect et affection, se trouvant enfin hors de presse, il ne put s'empêcher de tourner la tête de son cheval, et de jeter un dernier regard sur cette colonie fugitive, qui aurait mérité d'exercer les talens de Callot. L'avant-garde avait déjà tourné un petit bois assez épais qui était au pied de la colline, et derrière laquelle tous disparurent successivement, jusqu'aux derniers traîneurs.

Les sentimens que M. Bertram éprouvait n'étaient pas sans amertume. Il est vrai que la caste qu'il venait d'expulser de son ancienne *place de refuge* était une race de fainéans et de vagabonds ; mais avait-il tenté de les rendre meilleurs? étaient-ils plus coupables en ce moment que dans le temps où il souffrait qu'ils se considérassent en quelque sorte comme les protégés de sa famille? Son élévation au grade de juge de paix devait-elle changer sa conduite à leur égard? N'aurait-il pas dû au moins essayer d'introduire une réforme chez eux avant de priver sept familles entières de l'unique abri qu'elles possédassent ; avant de leur retirer des ressources qui, quelque faibles qu'elles fussent, pouvaient les arrêter dans la carrière du crime? Son cœur ne pouvait s'empêcher d'être ému de compassion, de sentir quelques regrets en voyant s'éloigner de lui tant de gens qui lui étaient connus, et sans savoir ce qu'ils allaient devenir. Godefroy Bertram était d'autant plus accessible à ce sentiment, que son esprit peu étendu cherchait son principal amusement dans tout ce qui l'environnait. Comme il se disposait à continuer son chemin, Meg Merrilies, qui était restée derrière la troupe, se présenta tout à coup à ses yeux.

Elle s'arrêta sur une des hauteurs qui bordaient la route, de manière qu'elle était beaucoup plus élevée qu'Ellangowan. Sa grande taille se dessinant sur l'azur des cieux avait quelque chose de surnaturel. Nous avons déjà remarqué qu'il y avait dans son habillement, ou plutôt dans sa manière de l'arranger, je ne sais quoi d'étranger ; elle avait adopté ce costume peut-être pour ajouter à l'effet que ses prédictions produisaient sur l'esprit de ses auditeurs, ou d'après quelques traditions sur la mise de ses ancêtres. Elle avait ce jour-là une étoffe de coton rouge roulée autour de sa tête en forme de turban, ce qui faisait encore ressortir le feu de ses yeux. Ses longs cheveux noirs s'échappaient en boucles mêlées à travers les plis de cette bizarre coiffure. Son attitude était celle d'une sibylle inspirée ; sa main droite étendue tenait une branche d'arbre qui paraissait nouvellement arrachée.

— Que Dieu me damne, dit le valet, si elle n'a pas

coupé cette branche dans le parc de Dukit! Le lord ne répondit rien, mais ne put s'empêcher de regarder cette figure placée sur la hauteur.

—Passez votre chemin, dit l'Egyptienne; passez votre chemin, laird d'Ellangowan. Vous avez éteint aujourd'hui le feu dans sept foyers, — voyez si celui de votre salon en brûlera mieux. — Vous avez détruit la couverture de sept chaumières, — voyez si la poutre de votre château en sera plus solide. — Vous pouvez établir vos bœufs dans les demeures de Derncleugh, — prenez garde que le lièvre n'aille placer son gîte sur le foyer d'Ellangowan. — Suivez votre chemin, — Godefroy Bertram : — pourquoi regardez-vous notre peuplade? — Voilà trente créatures qui auraient manqué de pain avant que vous eussiez manqué de la moindre chose, qui auraient versé tout leur sang avant que de vous laisser faire une écorchure au doigt! — Oui, voilà trente personnes, depuis la vieille femme qui a vu un siècle, jusqu'à l'enfant né de la semaine dernière, que vous avez chassées de leur asile, pour les faire errer dans les champs et coucher à la belle étoile. — Suivez votre chemin, Ellangowan! — Nous portons nos enfans sur notre dos : — voyez si le vôtre en sera mieux couché, non que je désire du mal au petit Henry ou à l'enfant qui n'est pas encore né; — Dieu m'en préserve! Rendez-les charitables pour les pauvres, et meilleurs que leur père.

— Et maintenant suivez votre chemin; — voilà les derniers mots que vous entendrez de Meg Merrilies, comme voilà la dernière baguette que je couperai jamais dans les jolis bois d'Ellangowan.

En parlant ainsi, elle brisa le rameau qu'elle tenait à la main et en jeta les fragmens sur la route. Marguerite d'Anjou donnant sa malédiction à ses ennemis triomphans ne put tourner sur eux un regard plus dédaigneux et plus fier. Le laird ouvrait la bouche pour lui parler, et mettait la main à la poche pour y chercher une demi-couronne; mais l'Egyptienne n'attendit ni sa réplique ni son présent, et s'éloigna à grands pas pour rejoindre sa caravane.

Ellangowan rentra chez lui tout pensif, et il est à remarquer qu'il ne parla à personne de la rencontre qu'il venait de faire. Son valet ne fut pas si discret : il conta l'histoire tout au long devant une nombreuse compagnie dans la cuisine, et finit par jurer que si le diable avait jamais parlé par la bouche d'une femme, il s'était exprimé en ce bienheureux jour par celle de Meg Merrilies.

CHAPITRE IX.

« Peignez l'Ecosse à son chardon réduite,
« Son verre, hélas! vide comme un sifflet;
« De rats-de-cave une troupe maudite,
« Ce n'est pas sans sujet,
« D'un alambic foulant aux pieds l'image
« Et le brisant comme un vil coquillage. »
BURNS.

M. BERTRAM, dans l'exercice de sa magistrature, n'oublia pas les intérêts des revenus de l'Etat. La contrebande, pour laquelle l'île de Man donnait de grandes facilités, était l'occupation générale de toute la côte sud-ouest de l'Ecosse. Presque toute la classe inférieure prenait une part active dans ce commerce; les seigneurs fermaient les yeux sur cette contravention aux lois, et les agens du gouvernement se trouvaient souvent entravés dans leurs fonctions par ceux mêmes qui auraient dû les protéger.

Un certain Francis Kennedy, que nous avons déjà nommé, était employé à cette époque dans cette contrée en qualité d'officier ambulant ou inspecteur de l'accise. C'était un homme vigoureux, aussi actif qu'intrépide, qui avait déjà fait un grand nombre de saisies, et qui par conséquent s'était attiré la haine de tous ceux qui avaient intérêt au franc commerce (*fair-trade*) comme on appelait le commerce de contrebandiers. Il était fils naturel d'un homme de bonne famille ; il aimait la table, buvait sec, savait mainte chanson gaillarde : tous ces avantages l'avaient fait admettre dans la bonne société de ces environs, et dans des clubs où l'on s'occupait d'exercices gymnastiques, exercices dans lesquels il ne le cédait à personne.

Kennedy allait souvent au château d'Ellangowan, et y était toujours bien reçu. Sa vivacité épargnait à M. Bertram l'embarras de réfléchir et la fatigue de suivre avec ordre le développement d'une idée. Le récit des exploits aventureux de Kennedy dans l'exercice de ses fonctions était un sujet de conversation agréable pour tous deux, et le plaisir que le laird y trouvait fut un motif pour lui d'accorder son appui à l'inspecteur, et de le soutenir dans les expéditions hasardeuses auxquelles son devoir l'obligeait.

— Frank Kennedy, disait-il, est un gentilhomme, quoique du côté gauche de la couverture. Sa famille est alliée aux Ellangowan par celle de Glengubble. Le dernier laird Glengubble aurait fait les Ellangowan ses héritiers ; mais, en allant à Harrigate, il y rencontra miss Jeanne Hadaway. — Il est bon de remarquer en passant que le *Dragon vert* est la meilleure auberge d'Harrigate. — Mais pour en revenir à Franck Kennedy, c'est donc un gentilhomme, et ce serait une honte de ne pas le soutenir contre ces coquins de contrebandiers.

Cette liaison étant ainsi formée entre eux, il arriva un jour que le capitaine Dirk Hatteraick avait débarqué non loin d'Ellangowan une cargaison de liqueurs spiritueuses et d'autres marchandises de contrebande. Se fiant sur l'indifférence avec laquelle le laird avait vu jusqu'alors son commerce, il n'avait pas apporté beaucoup de mystère à son débarquement, et ne s'était pas pressé de se débarrasser de ses marchandises. Il en résulta que Kennedy, armé d'un mandat (*warrant*) d'Ellangowan, conduit par quelques-uns de ses gens qui connaissaient le pays, et suivi d'un détachement de soldats bien armés, parut tout à coup dans l'endroit où étaient déposées les marchandises ; et, après quelques coups de fusil échangés, quelques blessures reçues de part et d'autre, il réussit à mettre la *grande flèche du roi*[1] sur les barils, balles et ballots, et porta le tout en triomphe dans le magasin des douanes le plus voisin. Dirk Hatteraick jura en anglais, en hollandais et en allemand, qu'il se vengerait du protecteur et du protégé, et quiconque l'aurait connu n'aurait pas douté de son exactitude à exécuter son serment.

Peu de jours après le départ de la tribu égyptienne, M. Bertram, un matin en déjeunant, dit à sa femme : — N'est-ce pas aujourd'hui le jour de la naissance de Henry ?

—Il aura cinq ans ce soir, répondit-elle ; ainsi nous pouvons lire le papier que nous a laissé le jeune Anglais.

—Non, ma chère, dit M. Bertram qui aimait à montrer son autorité dans des bagatelles, il faut attendre à demain matin. La dernière fois que j'ai été aux sermons du trimestre, le shériff nous dit que *dies*, que *dies inceptus*....; au surplus, vous ne savez pas le latin ; mais cela veut dire qu'un jour fixé pour terme ne commence que quand il est fini.

— Mais cela m'a tout l'air d'une absurdité, mon ami !

— Cela est possible, mais cela n'en est pas moins dans le vrai sens de la loi. Mais en parlant de jours de termes, je voudrais, comme le dit Frank Kennedy, que la Pentecôte eût tué la Saint-Martin, et fût pendue pour cela. Jenny Cairns me remet à cette époque pour le paiement de sa rente, et.... Mais à propos de Kennedy, je réponds que nous le verrons aujourd'hui, car il est allé à Wigton avertir un bâtiment des douanes qui est dans la baie, que

---

(1) *King's broad arrow*, la grande flèche du roi. C'est l'empreinte d'un signe qui sert à marquer les objets appartenant à l'État ou au roi dans les magasins de la marine et les entrepôts des douanes. — Éd.

le lougre de Dirk Hatteraick est en vue des côtes; il va sans doute arriver. Il faut nous préparer une bouteille de bordeaux que nous viderons à la santé du petit Henry.

— Je voudrais que Kennedy laissât Dirk Hatteraick tranquille. Qu'a-t-il besoin de se montrer plus empressé que les autres? Ne peut-il chanter sa chanson, boire sa bouteille, et recevoir ses appointemens, comme le collecteur Snail, honnête homme qui n'a jamais fait de peine à qui que ce soit? Je m'étonne même que vous vous mêliez de cette affaire! Quand Dirk Hatteraick faisait tranquillement son commerce dans notre baie, avions-nous besoin d'envoyer à la ville pour avoir du thé et de l'eau-de-vie?

— Vous n'entendez rien à tout cela, ma chère amie. Pensez-vous qu'il convienne à un magistrat de faire de sa maison un entrepôt de marchandises de contrebande? Frank Kennedy vous montrera les lois qui le défendent; et vous savez que c'était dans le vieux château d'Ellangowan que le capitaine déposait sa cargaison.

— Hé bien! M. Bertram, le grand malheur qu'il y eût de temps en temps quelques balles de thé et quelques tonneaux d'eau-de-vie dans les caves du vieux château! nous n'étions pas obligés de le savoir. Et croyez-vous que le roi souffre beaucoup de ce que vous buvez votre verre d'eau-de-vie, et de ce que je prends ma tasse de thé à un prix raisonnable? C'est une honte d'avoir chargé ces marchandises de tant de droits! N'étais-je pas bien parée avec ces dentelles que Dirk Hatteraick m'envoyait d'Anvers? Il se passera du temps avant que le roi ou Frank Kennedy m'envoient quelque chose! C'est comme votre querelle avec les Egyptiens! Je m'attends tous les jours à apprendre qu'ils nous ont joué quelque mauvais tour à la grange.

— Je vous dis encore une fois, ma chère, que vous n'entendez rien à tout cela. Mais voilà Kennedy qui entre au galop dans l'avenue.

— C'est bon, c'est bon, Ellangowan! dit-elle en élevant

la voix comme son mari sortait de la chambre. Plût à Dieu que vous vous y entendissiez vous-même! voilà tout ce que j'ai à dire.

S'échappant avec joie de cet entretien matrimonial, le laird alla joindre son ami Frank Kennedy, qu'il trouva tout échauffé. — Pour l'amour de Dieu, Ellangowan, lui dit-il, montez avec moi au vieux château, vous verrez en pleine mer ce malin renard Dirk Hatteraick chassé par les chiens de Sa Majesté. En parlant ainsi, il descendit de cheval, en donna la bride à un domestique, et courut au vieux château, suivi du laird et de plusieurs personnes de sa maison qu'avait attirées le bruit d'une canonnade entendue distinctement de la mer.

Etant montés sur la partie des ruines d'où la vue s'étendait le plus loin, ils virent, à peu de distance de la baie, un lougre sous toutes ses voiles, à qui un sloop de guerre donnait la chasse avec un feu continuel auquel le lougre répondait non moins activement.

— Ils sont encore éloignés, s'écria Kennedy, mais ils vont se voir de plus près. Bon! il jette sa cargaison à la mer. Je vois la bonne Nancy [1] sauter par-dessus le bord, une barrique après l'autre. Oh! diable! ce n'est pas bien à Hatteraick, et je lui en dirai deux mots. Ah! ils ont pris le vent sur lui! C'est cela, c'est cela! Allez, mes chiens; allez, mes chiens : serrez-le de près, serrez de près ce renard.

— Je crois, dit le vieux jardinier à une des servantes, que le jaugeur est *fey* [2]! C'est par ce mot que le peuple en Ecosse exprime cette sorte d'agitation qu'on y regarde comme un présage de mort.

Cependant la chasse continuait; le lougre, manœuvré

---

(1) Jusqu'ici les traducteurs avaient pris la bonne Nantz ou Nancy pour une femme. C'est tout simplement une personnification de l'eau-de-vie ou des liqueurs en général. Nancy en Lorraine a eu de tout temps de la réputation pour ses fabriques de liqueurs fines. — ED.

(2) *Fey*. Encore un de ces mots qu'on ne traduit que par une périphrase. Les étymologistes écossais font dériver *fey* de *fatal*. — ED.

avec beaucoup d'adresse, ne négligeait aucun moyen pour s'échapper. Il était sur le point de doubler la pointe du promontoire, quand un boulet coupa son grand mât, et fit tomber sur le pont la maîtresse voile. La conséquence de cet événement paraissait inévitable; mais les spectateurs ne purent en être témoins, le lougre ayant disparu à l'instant derrière le promontoire. Le sloop fit force de voiles pour l'atteindre; mais il s'était trop approché de la côte : il fut obligé de revirer afin de gagner la pleine mer, et de pouvoir ainsi doubler le cap.

— Ils n'auront, pardieu! ni le lougre, ni la cargaison! s'écria Kennedy; il faut que je galope jusqu'à la pointe de Warroch (c'était le promontoire dont nous venons de parler), et que je leur fasse des signaux pour leur indiquer où s'est retiré le lougre. Adieu pour une heure, Ellangowan, préparez le bowl de punch et abondance de citrons. Je me charge de fournir la marchandise française [1]. Nous boirons à la santé de Henry. Il faut que nous vidions un bowl dans lequel la chaloupe du collecteur pourrait voguer! En parlant ainsi, il monta sur son cheval, et partit au grand galop.

A un mille du château, sur la lisière des bois qui couvraient, comme nous l'avons dit, un promontoire terminé par le cap, nommé la pointe de Warroch, Kennedy rencontra le jeune Henry, suivi de son précepteur Sampson. Il lui avait souvent promis de le promener sur son galloway [2], et s'était attiré son affection en lui apprenant à danser, à chanter, et à faire polichinelle. Henry ne l'eut pas plus tôt aperçu qu'il réclama à grands cris l'exécution de sa promesse. Kennedy, ne voyant aucun risque à le satisfaire, et se faisant un plaisir de tourmenter un peu Dominus, sur le visage duquel il lisait déjà une remontrance, prit l'enfant entre ses bras, le plaça devant lui sur son cheval, et continua sa route, laissant Sampson au

---

(1) L'eau-de-vie. — Ed.
(2) Petit cheval; ainsi nommé les petits chevaux du comté de Galloway. — Ed.

milieu d'un : — Mais, M. Kennedy... Le pédagogue pensa d'abord à les suivre, mais le cheval courait au grand galop : d'ailleurs Kennedy avait la confiance d'Ellangowan; et, comme au surplus il n'était pas lui-même très-curieux de sa compagnie, à cause des plaisanteries profanes qu'il se permettait souvent, il se détermina à retourner doucement au château.

Les spectateurs que nous avons laissés sur les ruines du vieux château regardaient toujours le sloop de guerre, qui, après avoir perdu bien du temps, était parvenu à regagner la pleine mer. Il doubla alors la pointe de Warroch, et disparut à leurs yeux. Quelque temps après, on entendit une nouvelle canonnade, qui fut bientôt suivie d'une explosion semblable au bruit que fait un vaisseau en sautant. A l'instant, une fumée épaisse parut derrière les arbres, et s'éleva en nuage jusqu'au ciel. Alors chacun se sépara, en formant diverses conjectures sur le sort du lougre, mais en convenant généralement que sa capture était inévitable, s'il n'était pas déjà englouti dans la mer.

— Voici l'heure du dîner, mon ami, dit mistress Bertram à son mari dès qu'il arriva; M. Kennedy tardera-t-il beaucoup à venir?

— Je l'attends à chaque instant, ma chère. Peut-être amènera-t-il quelques officiers du sloop.

— Mon Dieu! M. Bertram, pourquoi ne pas m'en avoir informée plus tôt? J'aurais fait mettre la grande table. Ensuite tous ces officiers sont las de viandes salées : et, pour vous dire la vérité, une tranche de bœuf est le meilleur morceau de votre dîner. Enfin j'aurais mis une autre robe; et vous-même, vous n'en seriez pas plus mal avec une cravate blanche. Mais vous aimez à me surprendre, à me mettre dans l'embarras. Je ne puis plus supporter une pareille manière d'agir!..... C'est quand on n'a plus les gens qu'on les regrette.

— Allons, allons! au diable le bœuf, la robe, la table et la cravate! tout ira bien. Mais où est Dominus? John, dit-il à un domestique qui arrangeait la table, où sont Dominus et Henry?

— M. Sampson est rentré depuis plus de deux heures; mais M. Henry n'était pas avec lui.

— N'était pas avec lui! dit mistress Bertram. Allez vite dire à M. Sampson que je le prie de venir sur-le-champ.

— M. Sampson, lui dit-elle dès qu'il arriva, n'est-ce pas la chose du monde la plus extraordinaire que vous, qui êtes ici logé, nourri, blanchi, éclairé, chauffé, qui recevez douze livres sterling [1] par an, le tout uniquement pour veiller sur un enfant, vous puissiez le laisser éloigné de vous pendant deux ou trois heures?

A chaque pause que fit la dame en colère, dans l'énumération de tous les avantages qu'il trouvait au château, Sampson reconnut par une humble inclination de tête la vérité de tout ce qu'elle avançait, et répondit d'un ton que nous n'entreprendrons pas d'imiter, que M. Frank Kennedy avait pris l'enfant malgré ses remontrances.

— Si M. Kennedy s'attend que je le remercie, dit la dame de mauvaise humeur, il se trompe; il n'a qu'à laisser tomber l'enfant, et l'enfant n'a qu'à se casser une jambe! Ou peut-être un boulet des vaisseaux sera venu à terre et l'aura tué, ou peut-être...

— Ou peut-être, dit Ellangowan, et cela est plus vraisemblable, il se sera rendu à bord du sloop ou de la prise, et il arrivera dans la baie avec la marée.

— Et ils seront noyés! dit la dame.

— En vérité, dit Sampson, je croyais M. Kennedy de retour. Il me semblait avoir entendu son cheval.

— Oui, dit John en faisant une grimace pour rire, c'était Grizzel qui chassait la pauvre vache de l'enclos.

Sampson rougit jusqu'au blanc des yeux, non de l'insolence du valet qui s'amusait à ses dépens, ce dont il était loin de s'apercevoir, ou dont il se serait aperçu sans colère,

---

[1] 288 liv. argent de France. — Éd.

mais à cause d'une idée qui lui vint à l'esprit. — Il est sûr, pensa-t-il, que j'aurais dû suivre l'enfant. En même temps, prenant sa canne et son chapeau, il partit du côté du bois de Warroch d'un pas si précipité, que jamais, ni avant ni après cette époque, on ne le vit marcher aussi vite.

Le laird resta quelque temps à s'entretenir du même sujet avec son épouse, dont il cherchait à calmer les alarmes. Enfin il vit reparaître le sloop; il était en pleine mer, portait toutes ses voiles, cinglait vers l'ouest; et, loin de s'approcher du rivage, il fut bientôt hors de la vue. Les craintes et les inquiétudes de mistress Bertram étaient un état si ordinaire chez elle, qu'elles ne firent aucune impression sur l'esprit d'Ellangowan ; mais il fut alarmé par une espèce de trouble et d'agitation qu'il remarqua parmi les domestiques. L'un d'eux vint le prier de sortir un instant, et l'informa en particulier que le cheval de M. Kennedy était revenu seul à l'écurie avec sa bride cassée et sa selle renversée; qu'un fermier l'avait informé en passant qu'il avait vu brûler un lougre de contrebande de l'autre côté du cap de Warroch; et que, quoiqu'il eût traversé tout le bois, il n'avait ni vu ni entendu Frank Kennedy ni le jeune laird. Il n'avait rencontré que M. Sampson, rôdant partout pour les chercher, comme un homme privé de raison.

Tout fut en mouvement à Ellangowan. Le laird et tous ses domestiques mâles et femelles coururent au bois de Warroch. Les paysans et les fermiers du voisinage se joignirent à eux ; les uns par curiosité, les autres pour les aider dans leur recherche. On prit des barques pour visiter la côte de l'autre côté du promontoire, qui était bordé de rocs escarpés, du haut desquels on avait le soupçon vague, mais trop affreux pour le faire entrevoir, que l'enfant avait pu se laisser tomber.

Le jour commençait à tomber lorsqu'ils entrèrent dans le bois. Ils se dispersèrent de différens côtés pour chercher l'enfant et son conducteur. L'obscurité, qui augmentait à chaque instant, le vent d'automne, qui sifflait à travers les arbres dépouillés de leur feuillage, le bruit que faisaient ceux qui s'occupaient de cette recherche, les feuilles sèches sur lesquelles on marchait, les cris qu'on poussait de temps en temps pour se rapprocher : tout contribuait à entretenir les plus funestes pressentimens.

Enfin, après avoir inutilement battu tout le bois, on commença à se réunir pour se communiquer les informations. Le père ne pouvait plus cacher son désespoir, mais à peine égalait-il celui qu'éprouvait Sampson. — Plût à Dieu, disait l'affectionnée créature d'un ton d'angoisse inexprimable ; plût à Dieu que je fusse mort en sa place ! Ceux qui prenaient moins d'intérêt à l'événement discutaient tumultueusement les chances et les probabilités. Chacun donnait son opinion et écoutait celle des autres. Les uns disaient que Kennedy et l'enfant étaient sûrement à bord de la chaloupe; les autres, qu'ils étaient peut-être dans un village éloigné de trois milles; quelques-uns murmuraient tout bas qu'ils avaient pu se trouver à bord du lougre, dont la mer jetait encore des débris sur le rivage.

En cet instant, on entendit sur le bord de la mer pousser un cri si perçant, si effrayant, que personne ne douta un instant que ce ne fût l'annonce d'une nouvelle désastreuse. Chacun courut du côté d'où partait ce bruit, marchant sans hésiter dans des chemins par lesquels, en toute autre circonstance, personne n'aurait osé passer. Enfin on descendit, par un sentier escarpé, au pied d'un rocher où ceux qui conduisaient une barque venaient de prendre terre. — Ici, criaient-ils, ici! pour l'amour de Dieu! c'est ici, c'est ici, c'est ici! pour l'amour de Dieu! c'est ici! c'est ici! Ellangowan perça à travers la foule qui s'était déjà amassée, et qui contemplait avec horreur le corps inanimé de Kennedy. A la première vue, il parut que sa mort avait été occasionée par sa chute du haut du rocher, qui était élevé de plus de cent pieds. Son cadavre était moitié dans l'eau, moitié dehors. La marée en s'avançant soulevait ses bras et ses habits, et lui donnait de loin l'apparence du mouvement, de sorte que ceux qui l'aperçurent les premiers crurent qu'il vivait encore ; mais, en s'en approchant, ils reconnurent que toute étincelle de vie était éteinte en lui depuis long-temps.

— Mon enfant! mon enfant! s'écria le père désespéré; où peut-il être? Une douzaine de personnes répondirent à la fois pour lui donner des espérances que personne n'osait concevoir. Quelqu'un dit enfin : — Mais les Egyptiens? A l'instant Ellangowan remonta sur le promontoire, sauta sur le premier cheval qu'il put trouver, et courut comme un furieux vers le hameau de Derncleugh. Il n'offrait qu'une image de désolation. Il descendit de cheval afin de faire une recherche plus exacte, et il se heurtait à chaque instant contre les débris des toits, des portes, des fenêtres, qui avaient été détruits par ses ordres. Il se ressouvint en ce moment avec amertume de la prophétie ou de l'anathème de Meg Merrilies : — Vous avez enlevé le toit de sept chaumières; voyez si la poutre de votre propre toit en sera plus solide.

— Rends-moi mon fils! s'écria-t-il, rends-moi mon fils! tout sera oublié, pardonné! En prononçant ces mots dans une sorte de frénésie, il aperçut une faible lueur dans une des cabanes à demi détruites. C'était celle où demeurait naguère Meg Merrilies. La lumière, qui semblait venir du foyer, paraissait non-seulement par la fenêtre, mais par le haut du toit, dont la couverture avait été détruite.

Il y courut. Elle était fermée. Le désespoir donnait à ce malheureux père la force de dix hommes; il s'élança contre la porte avec une telle violence qu'elle céda à l'instant. Personne n'était dans la chaumière; mais on voyait qu'elle avait été habitée tout récemment. Il y avait du feu dans le foyer, un chaudron était suspendu au-dessus, et on voyait quelques provisions de vivres. Comme il regardait de tous côtés dans l'espérance de trouver quelque chose qui l'assurât que son fils vivait encore, quoique tombé au pouvoir de ces misérables, un homme entra dans la cabane : c'était son vieux jardinier.

— Ah! monsieur, lui dit le vieillard, n'ai-je tant vécu que pour voir une nuit comme celle-ci? Venez bien vite au château.

— A-t-on trouvé mon fils? Est-il vivant? Dites-moi, André, a-t-on des nouvelles de mon fils? a-t-on trouvé Henry Bertram?

— Non, monsieur; mais....

— Ils l'ont enlevé, André, aussi sûr que nous marchons sur la terre. C'est elle qui l'a enlevé! Je ne sortirai pas d'ici qu'il ne me soit rendu!

— Mais il faut que vous veniez, monsieur, il faut que vous veniez sur-le-champ. Nous avons envoyé chercher le shériff, et nous laisserons une garde ici toute la nuit, en cas que les Égyptiens y reviennent; mais venez, venez, de grace; milady est à son agonie.

Bertram regarda d'un air stupéfait le messager qui lui annonçait cette affreuse nouvelle; il répéta les mots *son agonie*, comme s'il n'avait pu en comprendre le sens, et se laissa reconduire par le vieillard. Pendant le chemin, il ne put que dire : — Femme et enfant! mère et fils! tous les deux! c'est un coup cruel!

Il est inutile de nous appesantir sur la scène déchirante qui l'attendait. La nouvelle du sort de Kennedy avait été annoncée à mistress Bertram sans aucune précaution. On avait même gratuitement ajouté que le jeune laird était tombé du rocher avec lui, quoiqu'on n'eût pas retrouvé son corps, mais qu'étant si léger, le pauvre enfant, la mer l'avait sûrement entraîné.

Cette malheureuse mère était avancée dans sa grossesse : ce coup affreux détermina un accouchement prématuré; et, avant qu'Ellangowan eût recouvré assez de présence d'esprit pour comprendre toute l'étendue de son malheur, il était père d'une fille, et son épouse n'existait plus.

CHAPITRE X.

> « Son visage est en sang, ses membres sont meurtris,
> « Ses yeux de leur orbite ont l'air d'être sortis;
> « D'un funeste cordon son cou porte l'empreinte;
> « Son cœur cesse de battre, et sa vie est éteinte.
> « Par le nombre accablé, sans espoir de secours,
> « On voit qu'aux meurtriers il disputa ses jours:
> « Ses cheveux hérissés, ses narines sanglantes,
> « De ses derniers efforts sont les preuves parlantes. »
> SHAKSPEARE. *Henry IV*, part. 1.

Le vice-shériff du comté arriva le lendemain à Ellangowan au point du jour. Les lois d'Ecosse donnent à cette magistrature provinciale des pouvoirs judiciaires étendus, la tâche d'informer sur tous les crimes qui se commettent dans sa juridiction, et celle de délivrer des mandats d'amener ou des ordres d'emprisonnement contre les personnes suspectées, etc.

Celui qui était alors revêtu de cette charge dans le comté de.... était un homme bien né et bien élevé. Quoiqu'un peu pédant, il jouissait de l'estime générale, et était regardé comme un magistrat aussi actif qu'intelligent. Son premier soin fut d'interroger tous ceux qui avaient été présens à la découverte du corps de Kennedy, afin de chercher à jeter du jour sur cet événement mystérieux. Il adressa le rapport écrit, *procès-verbal* ou acte de *précognition*, selon le terme technique, qui remplace en Ecosse l'enquête du coroner[1]. Les recherches minutieuses et habiles du shériff mirent au jour plusieurs circonstances qui ne pouvaient s'accorder avec l'opinion première que Frank Kennedy était tombé par accident du haut du ro-

---

[1] En Angleterre, le coroner est le magistrat chargé d'informer au sujet des personnes trouvées mortes, pour constater le suicide ou l'assassinat. — Ed.

cher. Nous allons donner en peu de mots quelques détails à ce sujet.

Le corps de cet infortuné avait été déposé dans la cabane d'un pêcheur; mais on avait eu soin de ne rien changer à l'état dans lequel on l'avait trouvé. Ce fut le premier objet qu'examina le shériff. Le corps était brisé, et couvert de plaies qui paraissaient évidemment la suite d'une chute, mais il avait sur la tête une entaille profonde qu'un habile chirurgien déclara ne pouvoir avoir été faite que par une arme tranchante. La sagacité du juge découvrit encore d'autres indices qui annonçaient une mort violente. La figure était noire, les yeux sortaient de leur orbite, les veines du cou étaient enflées. Une cravate de couleur, qu'avait portée le malheureux Kennedy, n'était pas roulée comme d'ordinaire, mais extrêmement relâchée, avec un nœud très-serré. Il semblait qu'on s'en fût servi pour traîner le corps du malheureux, peut-être jusqu'au précipice.

D'un autre côté, on n'avait pas touché à la bourse du pauvre Kennedy, et ce qui sembla encore plus extraordinaire, les deux pistolets qu'il portait toujours avec lui étaient encore chargés. Il était connu pour un homme intrépide, maniant fort bien les armes, et en ayant fait usage plus d'une fois. C'était donc chose étrange qu'il n'eût pas cherché à se défendre s'il avait été attaqué. Le shériff s'informa si Kennedy avait coutume de porter d'autres armes. Plusieurs des domestiques de M. Bertram se rappelèrent qu'il portait assez souvent un couteau de chasse, mais aucun ne put assurer s'il l'avait pris le jour de sa mort.

Le corps du défunt ne présentait pas d'autres indices qui pussent faire connaître précisément la cause de sa mort. Ses habits étaient dans un grand désordre, ses membres offraient plusieurs fractures, ses mains étaient déchirées et pleines de terre, mais toutes ces circonstances étaient équivoques.

Le magistrat se transporta alors sur le lieu où le corps avait été trouvé ; il constata la situation dans laquelle il était. Un énorme fragment de rocher paraissait avoir accompagné ou suivi sa chute : il était d'une substance si dure et si compacte, qu'en tombant de cette élévation, à peine s'en était-il brisé quelques éclats. On reconnaissait aisément le côté par où il avait été adhérent au rocher, parce qu'il n'avait pas la même couleur que les parties exposées depuis long-temps à l'action de l'air et du soleil. Le shériff monta ensuite sur le rocher, et reconnut que le poids d'un homme placé sur le fragment détaché du rocher n'avait pu suffire pour occasioner sa chute, qui n'avait pu être déterminée que par la force d'un levier ou les efforts réunis de plusieurs hommes vigoureux. Le gazon qui couvrait le bord du précipice semblait avoir été récemment foulé, et les mêmes traces, suivies avec patience par le judicieux magistrat, le conduisirent jusque dans le plus épais du bois, à travers des broussailles et des massifs qui n'offraient aucun chemin, et par où on n'avait pu passer que pour dérober sa marche à toutes recherches.

Là des marques évidentes de violence et d'une lutte se présentèrent à ses yeux : quelques branches étaient arrachées, comme si elles avaient été saisies par quelqu'un que l'on entraînait malgré lui ; la terre, dans les endroits où elle était humide, portait l'empreinte de plusieurs pieds : enfin on distinguait quelques traces qui paraissaient produites par du sang. Il était certain que plusieurs personnes s'étaient frayé un chemin à travers le taillis, et dans quelques endroits il semblait que l'on eût traîné un corps solide, comme un sac de grain ou un cadavre. Un endroit offrait aux yeux une terre blanchâtre qui semblait mêlée de marne et de craie ; et le dos de l'habit de Kennedy portait des taches de la même couleur.

Enfin, à environ un quart de mille du précipice, et à très-peu de distance du lieu que nous venons de décrire, on arriva à une petite clairière dont l'herbe, complètement foulée, était encore ensanglantée, quoiqu'on eût eu soin de la recouvrir de feuilles sèches. Dans cet endroit se trouva d'un côté le couteau de chasse de l'infortuné, et de l'autre le ceinturon et le fourreau, que l'on avait aussi pris la précaution de couvrir de broussailles.

Le juge fit mesurer et décrire avec soin et exactitude les nombreuses empreintes du sol. Les unes correspondaient exactement à celles qu'avaient dû tracer les pieds de la victime, d'autres étaient plus grandes, quelques-unes plus petites. Enfin il paraissait évident que Kennedy avait été attaqué en cet endroit par quatre ou cinq hommes. On y distingua aussi les traces du pied d'un enfant ; et comme on n'en trouva aucune ailleurs, et que la route qui traversait le bois de Warroch n'était qu'à un pas de cet endroit, il était naturel de se flatter que l'enfant avait pu s'échapper par là pendant la confusion du combat. Cependant le shériff, qui dressa un procès-verbal très-exact de toutes ces circonstances, d'où il lui parut résulter que le défunt avait été assassiné, ne put s'empêcher d'y consigner l'opinion où il était, que les meurtriers, quels qu'ils fussent, s'étaient emparés de la personne du jeune Henry Bertram.

On fit toutes les recherches possibles pour découvrir les coupables. Les soupçons se partageaient entre les contrebandiers et les Egyptiens. Il n'y avait nulle incertitude sur le sort du vaisseau de Dirk Hatteraick. Deux hommes, qui se trouvaient de l'autre côté du promontoire de Warroch, avaient vu, quoique à une assez grande distance, le lougre se diriger vers l'est après avoir doublé le cap, et ils avaient jugé, d'après ses manœuvres, qu'il était désagréé. Bientôt ils s'aperçurent qu'il avait touché ; une fumée épaisse le couvrit ensuite, et enfin le feu s'y manifesta. Déjà il était la proie des flammes, quand ils virent un sloop qui s'avançait vers lui sous toutes ses voiles. Les canons du lougre tiraient encore tandis qu'il était en feu, et l'on finit par le voir sauter en l'air avec un bruit épouvantable. Le sloop se tint au large, pour sa propre sûreté, jusqu'après l'explosion, et fit alors voile du côté du sud. On demanda à ces hommes si le lougre n'avait pas mis en mer quelque barque. Ils ne purent l'assurer. Ils n'en avaient vu aucune ; mais la fumée, que le vent poussait de leur côté, aurait pu la cacher à leurs yeux.

On ne pouvait douter que le lougre ne fût celui de Dirk Hatteraick. Il était bien connu sur toute cette côte, et on savait qu'il y était attendu. Une lettre du commandant du sloop, à qui le shériff s'adressa, le confirma d'une manière positive : il y joignait un extrait de son journal, d'où il résultait qu'à la réquisition de Frank Kennedy, au service de l'accise de Sa Majesté, il s'était établi en croisière pour surprendre un lougre chargé de contrebande, et commandé par Dirk Hatteraick ; que Kennedy devait veiller sur le rivage dans le cas où ce capitaine, qui était un homme déterminé, et proscrit plusieurs fois, se ferait échouer sur la côte ; qu'à neuf heures avant midi il découvrit une voile qui lui parut être l'objet de sa recherche ; qu'il lui donna la chasse, et qu'après lui avoir fait plusieurs signaux pour qu'elle amenât, ou qu'elle arborât son pavillon, il fit tirer sur elle ; qu'alors le lougre arbora les couleurs d'Hambourg, et lui rendit sa bordée ; que le combat s'engagea, et dura près de trois heures ; qu'enfin, comme le lougre allait doubler le cap de Warroch, il s'aperçut qu'il manœuvrait avec peine, et que son grand mât était brisé ; qu'il ne put profiter de suite de cet avantage, parce qu'il s'était trop approché de la côte pour doubler plus vite le cap de Warroch ; qu'après avoir couru quelques bordées, il vit le lougre en feu, sans apercevoir personne à bord, que le feu ayant gagné quelques barils d'eau-de-vie placés sans doute à dessein, l'incendie était devenu si considérable, qu'il n'avait pas été possible d'en approcher ; d'autant plus que la chaleur faisait partir ses canons, qui étaient restés chargés ; qu'après s'être tenu en vue du lougre jusqu'à son explosion, il s'était porté vers l'île de Man pour intercepter la retraite aux fraudeurs, ne doutant nullement que l'équipage ne se fût sauvé dans des barques, quoiqu'il n'en eût découvert aucune. Tel fut le compte rendu par William Pritchard, maître et commandant du sloop de Sa Majesté, *le Shark*. Il finissait par témoigner tous ses regrets de n'avoir pu se saisir du misérable qui avait eu l'audace de faire feu contre un des vaisseaux de la marine royale, et par assurer que si jamais Dirk Hatteraick tombait entre ses mains, il aurait soin de le faire conduire à terre, pour qu'il rendît compte de toute sa conduite.

Comme, d'après le récit, il était assez vraisemblable que l'équipage du lougre avait pu se sauver, il était assez naturel de penser que si ces scélérats avaient rencontré dans le bois Kennedy, auquel ils devaient attribuer la perte de leur vaisseau, ils l'avaient sacrifié à leur vengeance : il n'était pas même impossible qu'ils se fussent souillés du meurtre d'un enfant contre le père duquel Hatteraick était connu pour avoir proféré d'horribles sermens.

On objectait contre ce soupçon qu'il n'était pas probable qu'un équipage composé de quinze ou vingt hommes eût pu se cacher assez bien pour échapper à toutes les recherches qu'on avait faites immédiatement après la destruction du lougre ; qu'en admettant qu'ils eussent pu s'assurer une retraite, on aurait dû trouver leurs chaloupes sur le rivage; que, dans une telle circonstance, quand la fuite leur devenait impossible, on ne devait pas croire qu'ils se fussent accordés tous pour commettre un meurtre sans autre utilité que le plaisir de la vengeance. Ceux qui étaient de cette opinion supposaient, ou que les chaloupes du lougre s'étaient mises en mer sans être remarquées par ceux qui regardaient brûler ce vaisseau, et étaient déjà bien loin lorsque *le Shark* avait doublé le cap, ou que les chaloupes ayant été mises hors de service par le feu du *Shark* pendant le combat, l'équipage avait pris la résolution désespérée de se faire sauter avec le lougre. Ce qui acheva de donner quelque consistance à cette manière de voir, c'est que Dirk Hatteraick ni aucun de ses matelots, qui étaient tous connus depuis long-temps sur cette côte, ne parurent ni dans les environs ni dans l'île de Man, où l'on fit aussi des recherches très-exactes. Cependant la mer ne jeta sur le rivage qu'un seul corps, celui d'un matelot qui avait été tué pendant le combat. Tout ce que l'on put faire fut donc de dresser l'état nominatif et le signalement de tous ceux qui appartenaient à l'équipage d'Hatteraick, et d'offrir une récompense à ceux qui pourraient se saisir de quelqu'un d'eux : pareilles offres furent faites à quiconque pourrait donner quelques lumières pour découvrir les meurtriers de Kennedy.

Une autre opinion, qui n'était pas sans quelque vraisemblance, chargeait de ce crime les anciens habitans de Derncleugh. On connaissait leur ressentiment contre Ellangowan ; ils avaient laissé échapper des menaces que chacun les croyait bien capables d'avoir exécutées. L'enlèvement d'un enfant était un crime plus convenable à leurs habitudes qu'à celles des contrebandiers, et Kennedy pouvait avoir succombé dans ses efforts pour le défendre; d'ailleurs on se souvenait que peu de jours auparavant il avait joué un rôle actif dans l'expulsion des Egyptiens, et que quelques-uns des patriarches de cette peuplade lui avaient fait en cette occasion des menaces qu'il avait méprisées.

Le shériff reçut aussi la déposition du malheureux père et de son domestique, relativement à la rencontre qu'ils avaient faite de la caravane égyptienne, lors de son départ de Derncleugh. Les discours de Meg Merrilies éveillaient particulièrement le soupçon. Il y avait là, comme l'observa le magistrat, *damnum minatum*, une menace de malheur, et *malum secutum*, les malheurs prédits n'avaient pas tardé à arriver. Une jeune fille, qui était allée ramasser des noisettes dans les bois de Warroch le jour du funeste événement, déclara qu'elle croyait avoir vu tout à coup Meg Merrilies sortir du taillis; qu'au moins c'était une femme qui lui ressemblait par la taille et la tournure; qu'elle l'avait appelée par son nom; mais que, n'ayant reçu aucune réponse, et cette femme ayant disparu aussitôt, elle ne pouvait faire serment que ce fût véritablement elle. Ce récit prenait une nouvelle probabilité d'après la circonstance du feu qui s'était trouvé le soir dans la chaumière qu'elle habitait peu auparavant, ainsi que le déclarèrent Ellangowan et son jardinier. Mais il n'était pas possible de croire que, si elle avait pris part à un tel crime, elle eût osé retourner le soir même dans l'endroit où elle devait croire qu'on commencerait à la chercher.

Meg Merrilies fut pourtant arrêtée et interrogée. Elle nia constamment qu'elle eût été à Derncleugh ou dans le bois de Warroch le jour de la mort de Kennedy. Plusieurs des gens de sa caste prêtèrent serment qu'elle n'avait pas quitté de toute la journée leur camp, éloigné de plus de dix milles. On ne pouvait pas avoir une grande confiance en leur témoignage. Mais quelle preuve avait-on contre elle? Un seul fait, mais bien remarquable, pouvait l'inculper. Elle avait au bras une blessure qui paraissait avoir été faite avec une arme tranchante, et cette blessure était bandée avec un mouchoir qui fut reconnu pour avoir appartenu à Henry Bertram. Mais le chef de la horde déclara qu'il *l'avait corrigée*, le jour même, avec son Whinger [1], et qu'il l'avait blessée par inadvertance. Elle rendit séparément le même compte des causes de cette blessure; et quant au mouchoir, on avait volé tant de linge à Ellangowan pendant les derniers temps de la résidence des Egyptiens sur ses terres, qu'il était facile d'imaginer la manière dont il se trouvait entre les mains de cette femme, sans la charger d'un crime plus odieux.

(1) *Whinger*, poignard. — Ed.

On remarqua dans son interrogatoire qu'elle répondit avec une sorte d'indifférence aux questions qu'on lui fit sur la mort de Kennedy ou du jaugeur, comme elle l'appelait, mais qu'elle montra de la colère et de l'indignation quand elle vit qu'on la soupçonnait d'avoir maltraité le petit Henry Bertram. On la tint assez long-temps en prison dans l'espérance que le temps jetterait quelque lumière sur ce malheureux événement; mais rien ne s'étant découvert, elle fut enfin remise en liberté avec ordre de quitter le comté comme voleuse et vagabonde. On ne put découvrir aucune trace de l'enfant; et ce malheur, après avoir fait tant de bruit, finit par être regardé comme inexplicable. La mémoire en fut seulement conservée par le nom (*Saut du Jaugeur*) que le peuple donna au rocher d'où l'on avait précipité le malheureux Frank Kennedy.

CHAPITRE XI.

LE TEMPS FAISANT LE RÔLE DU CHOEUR.

« Des bons et des méchans la joie et la terreur,
« J'offre la vérité, je propage l'erreur.
« Tour à tour on désire et l'on craint ma présence.
« Ma main sur les mortels répand l'expérience.
« De mes ailes pourquoi vous plaignez-vous toujours?
« Empruntez aujourd'hui leur utile secours.
« Qu'est-ce donc que seize ans? c'est un point dans l'espace. »
SHAKSPEARE. *Conte d'hiver.*

Notre narration va franchir un espace assez large, et laisser écouler près de dix-sept ans pendant lesquels il ne se passa rien de bien important relativement à l'histoire que nous avons entrepris d'écrire. Le vide est considérable; mais si mon lecteur a assez d'expérience de la vie pour pouvoir reporter en arrière ses regards sur un pareil espace de temps, à peine lui paraîtra-t-il plus long que l'intervalle qui sépare le chapitre précédent de celui qu'il va lire.

C'était donc dans le mois de novembre, environ dix-sept ans après la catastrophe dont nous avons rendu compte, que, pendant une nuit sombre et froide, un groupe était rassemblé autour du feu de la cuisine des *Armes de Gordon*, petite auberge de Kippletringan, mais la meilleure de ce village, qui était tenue par mistress Mac-Candlish. La conversation qui avait lieu m'épargnera la peine de rapporter le peu d'événemens qui étaient arrivés pendant cette longue période, et dont il est nécessaire que le lecteur soit instruit.

Mistress Mac-Candlish, assise dans un grand fauteuil couvert en cuir noir, comme une reine sur son trône, se régalait d'une tasse de thé avec quelques commères de son voisinage, et avait en même temps l'œil sur ses domestiques occupés de leurs fonctions. Un peu plus loin le sacristain et grand-chantre de la paroisse fumait sa pipe, et humectait de temps en temps son gosier d'un coup d'eau-de-vie trempée avec de l'eau. Le diacre Bearcliff, homme d'une grande importance dans l'endroit, tenait la place du milieu, se donnant toutes les jouissances à la fois; il avait sa pipe, sa tasse de thé et le petit verre d'eau-de-vie. Au bout de la salle deux ou trois paysans vidaient leur pinte de twopenny.

— Avez-vous préparé le salon? dit l'hôtesse à une servante. Le feu brûle-t-il bien? La cheminée ne fume-t-elle pas?

La servante répondit affirmativement.

— Je ne voudrais pas manquer d'attention pour eux, dit l'hôtesse; et surtout dans leur malheur, ajouta-t-elle en se tournant du côté du diacre.

— Certainement, dit celui-ci, certainement, mistress

Mac-Candlish; et, quand ils auraient besoin de prendre dans ma boutique pour huit ou dix livres [1], je leur ferais crédit avec autant de plaisir qu'au plus riche du pays. Viennent-ils dans la vieille chaise de poste?

— Je ne le crois pas, dit le chantre, car miss Bertram est venue dernièrement à l'église sur son cheval blanc. Et elle est très-assidue à l'église. C'est un plaisir de lui entendre chanter les psaumes : jolie, jeune créature!

— Oui, dit une des commères, et le jeune laird d'Hazlewood la reconduit après le sermon jusqu'à mi-chemin de chez elle. Je ne sais pas si le vieux Hazlewood en est trop content.

— Je ne sais pas, dit une autre des buveuses de thé, s'il en est content à présent; mais il fut un temps où Ellangowan n'aurait pas été plus charmé de voir le jeune Hazlewood s'entendre avec sa fille.

— Oui, *il fut*, reprit l'autre avec emphase.

— Je suis sûre, voisine Ovens, dit l'hôtesse, que les Hazlewood, quoique d'une bonne et ancienne famille du comté, n'auraient jamais osé, il y a quarante ans, se mettre de niveau avec les Ellangowan. Savez-vous que les Bertram d'Ellangowan sont les anciens Dingawaies! Il y a une chanson sur un d'eux qui épousa la fille d'un roi de l'île de Man. Elle commence ainsi :

« Pour aller chercher une épouse,
« Bertram a traversé la mer. »

Je suis sûre que M. Skreigh pourrait nous la chanter.

— Bonne femme, dit Skreigh (c'était le chantre) en ôtant sa pipe de sa bouche, et en avalant une gorgée de son eau-de-vie, Dieu nous a donné nos talens pour tout autre chose que pour chanter des chansons, surtout la veille du dimanche.

— Allons donc, M. Skreigh, je suis bien sûre de vous

---

(1) Livres d'Ecosse : c'est la livre tournois, et non plus la livre sterling. — ED.

avoir entendu chanter, même le samedi. — Mais quant à leur voiture, il est bien certain qu'elle n'a pas quitté la remise depuis la mort de mistress Bertram, c'est-à-dire il y a seize ou dix-sept ans. Jack Jabos est allé les chercher avec ma chaise. Je suis surpris qu'il ne soit pas de retour. Ce n'est pas loin, il n'y a que deux mauvais endroits à passer. Le pont qui est sur le ruisseau qui vient de Warroch est assez bon, si ce n'est du côté droit, ensuite il n'y a plus que la descente de Heavie-Side-Brae, qui est un vrai casse-cou pour les chevaux. Mais Jack connaît bien la route.

A l'instant on entendit frapper fortement à la porte.

— Ce ne sont pas eux, je n'ai pas entendu de voiture. Grizzel, allez donc ouvrir, paresseuse!

— C'est un monsieur seul, dit Grizzel; le ferai-je entrer dans le salon?

— Allons donc, ce sera quelque cavalier anglais. Venir à une telle heure, sans domestique! Allumez du feu dans la chambre rouge. Dites-moi, n'aurait-il pas donné son cheval à l'Ostler (*au garçon d'écurie*)?

Pendant ce colloque, le voyageur était entré dans la cuisine. — Permettez, madame, dit-il en s'approchant, que je me chauffe ici un instant. La nuit est bien froide!

Son extérieur, sa figure, son ton, gagnèrent tout à coup la bienveillance de l'hôtesse. C'était un homme d'une belle taille, vêtu de noir, comme on le vit quand il se fut débarrassé d'une grande redingote; il paraissait avoir quarante à cinquante ans; ses traits étaient nobles et intéressans, et il avait une tournure militaire; enfin tout annonçait en lui un homme de distinction. Une longue habitude avait donné à mistress Mac-Candlish un tact merveilleux pour distinguer au premier coup d'œil la qualité des voyageurs qui arrivaient chez elle, et elle y proportionnait leur réception.

« Suivant l'état de ceux qui hantaient sa maison,
« Variant à l'instant son discours et son ton,

« Elle était tour à tour polie, impertinente;
« Bonne nuit, mister Smith. — Milord, votre servante. »

En cette occasion elle se montra prodigue de politesse, et l'étranger ayant recommandé que l'on eût bien soin de son cheval, elle sortit pour en donner l'ordre elle-même.

— Jamais une si belle bête n'est entrée dans les écuries des *Armes de Gordon*, lui dit l'Ostler. Et l'éloge de la monture augmenta encore son respect pour le cavalier. Elle vint lui offrir de le conduire dans un appartement, mais elle le prévint qu'il serait froid et rempli de fumée jusqu'à ce que le feu fût bien allumé; il préféra rester où il se trouvait. Elle l'installa donc au coin de son feu, et lui demanda s'il désirait prendre quelque chose.

— Une tasse de votre thé, si vous le voulez bien, madame.

Mistress Mac-Candlish remit du thé hyson dans sa théière, y versa de l'eau bouillante, et lui présenta une tasse avec toutes les graces qu'elle put y mettre. — J'ai, lui dit-elle, un salon fort propre qui vous conviendrait bien, mais je l'ai promis pour cette nuit à un vieux gentilhomme et à sa fille qui vont quitter le pays. Je les ai envoyé chercher dans une de mes chaises, et je les attends. Leur position n'est pas si heureuse qu'autrefois; mais on est dans cette vie sujet à des hauts et des bas, comme vous pouvez le savoir. La fumée du tabac ne vous incommode-t-elle point?

— Nullement, madame : ancien militaire, j'y suis habitué. Mais me permettrez-vous de vous faire quelques questions sur une famille qui demeure dans votre voisinage?

Le bruit d'une voiture se fit entendre en cet instant, et mistress Mac-Candlish courut à la porte pour recevoir les hôtes qu'elle attendait. Le postillon lui dit en entrant :

— Il est impossible qu'ils viennent : le laird est trop mal.

— Mais, mon Dieu! dit l'hôtesse, c'est demain matin le terme; c'est aujourd'hui le dernier jour qu'ils peuvent rester dans la maison : tout sera vendu demain.

— Qu'y voulez-vous faire? M. Bertram ne peut pas se remuer.

— De qui parlez-vous? dit l'étranger; j'espère que ce n'est pas de M. Bertram d'Ellangowan!

— C'est de lui-même, monsieur; et si vous êtes son ami, vous arrivez dans un bien triste moment!

— J'ai été bien des années absent de l'Angleterre. Sa santé est donc bien dérangée?

— Oui, et ses affaires aussi, dit le diacre; ses créanciers ont tout saisi, et c'est demain la vente. Il y a des gens qui ne s'en trouveront pas plus mal : je ne nomme personne; mais mistres Mac-Candlish sait qui je veux dire. (L'hôtesse fit un signe d'approbation.) Ceux qui lui doivent tout sont les plus acharnés. Je suis aussi son créancier, moi qui vous parle, mais j'aimerais mieux cent fois tout perdre que de chasser ainsi ce bon vieillard de chez lui, et dans un moment où il est mourant!

— Oh! dit le chantre, M. Glossin est bien aise de se débarrasser du vieux laird et de vendre le bien, parce qu'il craint que l'héritier ne vienne à reparaître; car j'ai toujours entendu dire que s'il y avait un héritier mâle, on n'aurait pas le droit de faire vendre le domaine d'Ellangowan pour payer les dettes du père.

— Il avait un fils né il y a long-temps, dit l'étranger; il est donc mort?

— Personne ne peut répondre de cela, dit le chantre avec un air de mystère.

— Mort! dit le diacre; et qui pourrait en douter depuis près de vingt ans qu'on n'en a entendu parler?

— Il n'y a pas vingt ans, dit l'hôtesse; il y en aura tout au plus dix-sept à la fin de ce mois. Cela a fait assez de bruit dans le pays. L'enfant disparut le jour même de la mort de l'inspecteur Frank Kennedy. Si vous avez connu autrefois ce comté, monsieur, vous y avez vu Frank Kennedy l'inspecteur, sans doute? C'était un bon vivant, qui voyait la meilleure compagnie du pays : nous avons bien ri ensemble; j'étais jeune alors; je venais d'épouser le bailli Mac-Candlish. (Ici elle soupira). S'il avait voulu fermer un peu les yeux sur la fraude....; mais il se hasardait trop. Votre Honneur saura donc qu'il y avait un sloop du roi dans la baie de Wighton. Frank Kennedy lui donna ordre de poursuivre le lougre de Dirk Hatteraick. Vous vous souvenez bien de Dirk Hatteraick, diacre; vous avez fait plus d'une affaire avec lui : c'était un homme déterminé. Il combattit sur son lougre jusqu'à ce qu'il sautât comme un ognon dans les cendres. Frank Kennedy avait été le premier à passer sur son bord, il fut jeté à un quart de mille près du rocher qu'on nomme depuis ce temps *le Saut du Jaugeur.*

— Quel rapport tout cela a-t-il au fils de M. Bertram? dit l'étranger.

— Ah! c'est que l'enfant était avec Kennedy, et on croit généralement qu'il était passé avec lui à bord du lougre, car les enfans sont toujours prêts à faire le mal.

— Hé non, la mère, dit le doyen, vous n'y êtes pas du tout; le jeune laird fut enlevé par une Égyptienne qu'on appelait Meg Merrilies. Je me souviens encore de sa figure. Elle voulait se venger de son père, qui l'avait condamnée à être battue de verges dans Kippletringam, pour avoir volé une cuiller d'argent.

— Avec votre permission, diacre, dit le chantre, je crois que vous êtes dans l'erreur comme la bonne femme.

— Et quelle est donc votre édition de cette histoire, monsieur? lui dit l'étranger avec un air d'intérêt.

— C'est peut-être une imprudence d'en parler, dit le chantre avec solennité.

On le pressa de s'expliquer, et enfin, après avoir rempli d'un nuage de fumée de tabac l'atmosphère environnante, et avoir toussé deux ou trois fois, il commença la légende suivante, en cherchant à imiter l'éloquence foudroyante qui grondait sur sa tête du haut de la chaire.

— Ce que j'ai à vous dire, mes frères, hem! hem! c'est-à-dire mes bons amis, n'eut pas lieu dans un coin, et peut servir à confondre les protecteurs des athées, des magiciens et des mécréans de toute espèce. Vous saurez donc que le digne laird d'Ellangowan n'était pas aussi exact qu'il aurait dû l'être à nettoyer le pays des sorciers qui s'y trouvaient. C'est d'eux qu'il est écrit : — Tu ne laisseras pas vivre un sorcier. — Il y souffrait des gens qui avaient des esprits familiers, qui jetaient des sorts, qui prédisaient l'avenir, comme c'est l'usage des Égyptiens. Le laird fut marié trois ans sans avoir d'enfans, et il consulta, pour en avoir, cette Meg Merrilies, qui était notoirement connue pour sorcière dans tout le Galloway et le comté de Dumfries.

— Il y a quelque chose de vrai là-dedans, dit mistress Mac-Candlish, car j'ai entendu au château le laird ordonner qu'on lui donnât deux verres d'eau-de-vie.

— Paix donc, bonne femme! que j'achève. Enfin milady devint enceinte, et la nuit même qu'elle accoucha on vit arriver à la porte du manoir, la Place d'Ellangowan, comme on l'appelle, un vieillard vêtu d'une manière extraordinaire, qui demanda à y loger. Sa tête, ses bras, ses jambes étaient nus, quoique ce fût en plein hiver; il avait une barbe longue d'une demi-aune. On le reçut. Quand la dame fut accouchée, il demanda l'heure, sortit, et alla consulter les astres. Quand il revint, il dit au laird que le malin esprit répandait son influence sur le nouveau-né; il lui recommanda de l'élever dans les principes de la piété, de mettre près de lui un saint ministre qui ne le quittât jamais, qui priât avec lui et pour lui. Alors le vieillard disparut tout à coup, et on ne le revit plus.

— Ça ne peut pas passer! dit le postillon, qui, à une distance respectueuse, avait écouté cette histoire. Je vous demande bien pardon, monsieur Skreigh, ainsi qu'à toute la compagnie, mais votre barbe est plus longue aujourd'hui que n'était celle de l'homme dont vous parlez; il avait de bons gants à ses mains, et à ses jambes une paire d'aussi belles bottes qu'on en ait jamais porté, je pense.

— Chut! Jack, dit l'hôtesse.

— Et comment l'ami Jack est-il si bien instruit? dit le chantre d'un air de mépris.

— Vraiment, monsieur Skreigh, je demeurais près de l'avenue du château. La nuit que le jeune laird naquit, un étranger vint frapper à notre porte; ma mère m'éveilla, et me dit de le conduire à Ellangovan. S'il avait été sorcier, aurait-il eu besoin de guide? C'était un jeune homme de bonne mine, bien habillé, ayant l'air d'un Anglais, et je vous dis qu'il avait un chapeau, des gants et des bottes. Il est bien vrai qu'il considéra beaucoup les ruines du vieux château; mais dire qu'il disparut comme un esprit, c'est un conte, car je lui tins l'étrier quand il monta à cheval pour partir, et il me donna une belle demi-couronne. Il montait un cheval bai qui appartenait à George de Dumfries; j'ai revu l'animal bien des fois depuis ce temps.

— Hé bien, Jack, dit le chantre d'un ton radouci, mais toujours solennel, notre récit ne diffère que dans quelques circonstances peu importantes. Je ne savais pas que vous eussiez vu cet homme. Ainsi, mes amis, vous voyez que cet étranger ayant prédit malheur à l'enfant, son père fit choix d'un homme de bien pour veiller sur lui.

— Oui, dit le postillon; Dominus Sampson.

— C'est une espèce de chien muet, dit le diacre; on m'a assuré qu'il n'avait jamais pu prononcer cinq mots de sermon depuis qu'il a été ordonné.

— Si bien donc, dit le chantre en étendant la main pour reprendre le fil de son discours, qu'il veillait nuit et jour sur le jeune laird. Mais il arriva que, lorsque l'enfant fut dans sa cinquième année, son père reconnut sa faute, et se détermina à chasser les Egyptiens de ses domaines. Frank Kennedy, qui était un gaillard bien résolu, fut chargé de les expulser. Ils se dirent réciproquement de gros mots, et Meg Merrilies, la plus puissante de la troupe auprès de l'ennemi du genre humain, lui dit qu'avant trois jours il serait en son pouvoir corps et ame. Et je tiens cela de bonne main, d'un homme qui l'a vu; de John Wilson, valet du lord. John était avec lui lorsqu'en revenant de Singleside il rencontra, sur Gibbie-Knowe, Meg Merrilies qui lui prédit tous ses malheurs. Il est vrai que John ne put m'assurer si c'était bien Meg, ou quelque esprit qui avait pris sa figure, car elle paraissait d'une taille surnaturelle.

— Je n'ai rien à dire à cela, dit le postillon; je n'étais pas dans le pays à cette époque; mais John Wilson était un poltron qui n'avait pas plus de cœur qu'une poule.

— Et quelle est la fin de tout cela? dit l'étranger non sans quelque impatience.

— La fin, reprit le chantre, c'est que pendant que tout le monde regardait un sloop donner la chasse à un lougre de contrebandiers, Kennedy partit tout d'un coup comme un trait, sans qu'on en vît aucune raison. Il n'y aurait pas eu de cordes ni de chaînes en état de le retenir. Il courut au grand galop vers le bois de Warroch; là il trouva le jeune laird et son gouverneur. Il prit l'enfant, en jurant que, s'il était ensorcelé, le jeune Henry aurait le même sort que lui. M. Sampson courut après eux aussi vite qu'il le put, et il avait de bonnes jambes. Il vit la sorcière Meg, ou bien son maître qui avait pris sa figure, sortir de terre tout à coup, et se saisir de l'enfant. Kennedy tira son épée, car c'était un brave qui n'aurait pas eu peur du diable en personne.

— Je crois que c'est vrai, dit le postillon.

— A l'instant, Meg prit le douanier dans ses bras, et le lança comme une pierre, par-dessus le promontoire de Warroch, au bas duquel on trouva son corps le soir même. Ce que devint l'enfant, je ne saurais vous le dire; mais le ministre d'alors, qui depuis ce temps a eu une meilleure cure, pensait qu'il avait été transporté dans le pays des fées, et qu'un jour ou l'autre il pourrait bien reparaître.

L'étranger avait plus d'une fois souri en écoutant ce récit; mais avant qu'il pût faire aucune observation, on entendit un cheval s'arrêter à la porte; un domestique bien habillé, ayant une cocarde à son chapeau, entra d'un air d'importance, en disant : — Allons donc, bonnes gens, un peu de place. Mais, apercevant l'étranger au coin du feu, il devint tout à coup modeste et soumis, ôta son chapeau, lui remit une lettre : — On est à Ellangowan, monsieur, dans une grande consternation, et on n'y peut recevoir aucune visite.

—Je le sais, dit son maître. Maintenant, madame, puisque les hôtes que vous attendez n'arriveront pas, pouvez-vous me permettre d'occuper votre salon?

— Certainement, monsieur, répondit mistress MacCandlish en prenant une lumière pour l'éclairer, avec tout l'empressement dont une hôtesse aime à faire parade en pareille occasion.

—Jeune homme, dit le diacre au domestique en lui offrant un verre d'eau-de-vie, prenez cela : après la course que vous venez de faire, vous ne vous en trouverez pas plus mal.

— Non certainement. Monsieur, à votre bonne santé !

—Et qui est votre maître, mon ami?

—Le fameux colonel Mannering, qui revient des Indes orientales.

—Quoi! celui dont on a tant parlé dans les journaux?

— Justement, lui-même. C'est lui qui a secouru Cuddieburn, qui a défendu Chingalore, qui a battu le chef des Marates, Ram Jolli Bundleman; je l'ai suivi dans toutes ses campagnes.

—Bon dieu! dit l'hôtesse, et moi qui reste ici tranquille! Il faut que je voie ce qu'il veut pour son souper.

—Oh! il n'est pas difficile, la mère : il aime tout ce qu'il y a de meilleur. Vous n'avez jamais vu un homme plus simple, plus uni que le colonel. Hé bien, cependant, il y a des momens où on dirait qu'il a le diable au corps.

Le surplus de la conversation dans la cuisine n'offrant rien de bien édifiant, nous allons, avec la permission du lecteur, l'introduire dans le salon.

CHAPITRE XII.

« Vous me parlez d'honneur; mais sous ce nom frivole
« Sur l'autel du vrai Dieu vous placez une idole.
« L'honneur veut que de sang vous souilliez votre main;
« Mais de tout son courroux Dieu chargea l'assassin.
« Gardez-vous d'attaquer jamais l'honneur d'un autre;
« Et dans votre vertu sachez placer le vôtre.
« Vous n'offensez jamais : c'est bien! j'en suis d'accord :
« Souffrir qu'on vous offense est un plus noble effort. »
BEN JOHNSON.

Le colonel, livré à ses réflexions, se promenait en long et en large dans le salon, quand l'hôtesse y entra pour lui demander ses ordres. Après les lui avoir donnés de la manière qu'il jugea devoir lui être la plus agréable *pour le bien de sa maison*, il la pria de rester un instant.

—Si j'ai bien compris, madame, lui dit-il, par la conversation des bonnes gens qui sont là-bas, M. Bertram a perdu son fils dans sa cinquième année?

—Cela est bien certain, monsieur. On varie sur la manière dont cet événement est arrivé : c'est une vieille histoire que chacun raconte comme il l'entend au coin du feu, ainsi que nous le faisions tout à l'heure. Mais que l'enfant ait disparu dans sa cinquième année, comme vous le disiez, c'est sur quoi il n'y a pas le moindre doute.

7

Ce malheur, qu'on annonça trop brusquement à sa pauvre mère, qui était alors en mal d'enfant, lui coûta la vie la nuit même. Depuis ce temps, le laird n'a jamais eu la tête bien à lui. Quand miss Lucy est devenue grande, elle a tâché de mettre de l'ordre dans la maison; mais que pouvait-elle faire? Pauvre créature! il était trop tard! Enfin, les voilà dépouillés de leur maison et de leurs biens.

— Pouvez-vous vous rappeler d'une manière précise l'époque de l'année à laquelle l'enfant a disparu?

L'hôtesse, après avoir réfléchi un instant, lui dit que c'était dans la saison où on se trouvait alors; et quelques souvenirs locaux étant venus à l'aide de sa mémoire, elle put fixer la date au commencement de novembre 17...

Mannering fit deux ou trois tours dans le salon, mais en faisant signe à mistress Mac-Candlish de rester.

— Dois-je croire véritablement, lui dit-il, que le domaine d'Ellangowan va être vendu?

— Hé! mon Dieu, oui! au plus offrant, demain matin. Quand je dis demain, je me trompe, car c'est dimanche, mais lundi sans faute. Tous les meubles seront vendus en même temps. Tout le pays pense qu'on force cette vente en ce moment, parce que la guerre avec l'Amérique fait qu'il n'y a pas beaucoup d'argent en Ecosse, et qu'il y a quelqu'un qui veut avoir le bien à bon marché. Le ciel les punisse de me forcer à parler ainsi! ajouta la bonne dame, ne pouvant contenir l'indignation que lui inspirait la seule supposition de l'injustice.

— Et où la vente doit-elle avoir lieu?

— Au château même d'Ellangowan, comme le disent les affiches.

— Et qui est chargé de faire voir le plan des terres, les titres de propriété, le livre des revenus?

— Un homme fort honnête, monsieur; le substitut du shériff de ce comté, délégué par la cour des sessions. Il demeure en cette ville; et, si vous désirez le voir, il vous instruira mieux que personne des circonstances de la disparition de l'enfant; car le shériff, à ce que j'ai entendu dire, s'est donné bien du mal pour découvrir la vérité de cette affaire

— Et son nom est?

— Mac-Morlan, monsieur; un homme de mérite et qui jouit d'une excellente réputation.

— Faites-lui présenter mes complimens, les complimens du colonel Mannering; et faites-lui dire que je serais charmé qu'il voulût bien venir souper avec moi, et apporter tous les papiers relatifs à ce domaine. Je dois vous prier, ma bonne dame, de ne dire mot de cela à personne autre.

— Moi, monsieur! je n'en ouvrirai jamais la bouche. Je serais bien flattée que Votre Honneur (elle fit une révérence), un gentilhomme qui a porté les armes pour son pays (autre révérence), pût devenir propriétaire du château, puisqu'il faut qu'il change de maître. Je ne le verrais pas tomber entre les mains d'un misérable comme Glossin, qui s'est élevé aux dépens de celui à qui il doit tout. Mais à présent que j'y pense, je vais prendre mon mantelet et mes patins, et j'irai moi-même chez M. Mac-Morlan; je le trouverai sûrement, et il n'y a qu'un pas.

— Allez, ma bonne dame, allez; je vous serai fort obligé; et dites à mon domestique de monter, et de m'apporter mon porte-feuille.

Deux minutes après, le colonel Mannering était assis devant une table, et avait tout ce qu'il lui fallait pour écrire. Comme nous avons le privilège de pouvoir lire par-dessus son épaule, nous allons communiquer une partie de la lettre à nos lecteurs. Elle était adressée à Arthur Mervyn, Esq., à Mervyn-Hall, Llanbraithwaite dans le Westmoreland; elle contenait les détails des voyages du colonel depuis qu'il avait quitté son ami, et continuait ainsi :

« Et maintenant, Mervyn, me reprocherez-vous encore

mon air mélancolique? Croyez-vous qu'après vingt ans passés au milieu des armes, après avoir reçu maintes blessures, langui dans des prisons, essuyé des malheurs de toute espèce, je puisse être encore ce gai, ce vif Guy Mannering qui grimpait avec vous sur le Skiddaw, et poursuivait les bécassines de Crossfell? Que, vous qui avez constamment vécu dans le sein du bonheur domestique, vous ayez conservé le même caractère, le même feu d'imagination, c'est l'heureux effet d'un tempérament que la santé et le bonheur ont toujours accompagné dans le cours d'une vie paisible. Mais ma carrière à moi a été semée d'erreurs, de doutes et de difficultés. Depuis mon enfance j'ai été le jouet des circonstances; et, quoiqu'un bon vent m'ait souvent conduit au port, je me suis rarement trouvé dans celui où je voulais aborder. Souffrez que je vous retrace en peu de mots le destin singulier qui a accompagné ma jeunesse, et les infortunes qui m'ont accablé dans un âge plus avancé.

« L'aurore de ma vie, direz-vous, n'a pas été bien orageuse; je conviens que si elle ne fut pas semée de fleurs, au moins les épines en furent écartées. Mon père, fils aîné d'une famille illustre, mais peu riche, me laissa presque pour tout héritage un nom à soutenir, et l'amitié de deux oncles plus fortunés que lui. Ils m'aimaient à un tel point que j'étais tous les jours une cause de querelles entre eux. Mon oncle l'évêque voulait me faire prendre les ordres, et m'obtenir un bénéfice; mon oncle le négociant voulait me faire entrer dans le commerce, et me donner un intérêt dans sa maison, qui aurait pris le nom de Mannering et Marshal, dans Lombard-Street. Je passai entre ces deux écueils, ou, pour mieux dire, je préférai une selle de dragon aux fauteuils doux et moelleux que m'offraient l'Eglise et la finance. L'évêque voulut ensuite me marier à la nièce du doyen de Lincoln, dont elle était seule héritière; le négociant me proposa la main de la fille unique du vieux Sloethorn, riche marchand de vin, qui aurait pu paver son salon de quadruples, et allumer sa pipe avec des billets de banque. Je me tirai encore de leurs filets, et j'épousai la pauvre, — la pauvre Sophie Wellwood.

« Vous direz aussi que la carrière militaire que j'ai parcourue a dû me donner quelque satisfaction : cela est vrai. Vous ajouterez que si je n'ai pas répondu tout-à-fait à ce que désiraient de moi mes oncles, ils ne m'en ont pas moins conservé leur amitié : j'en conviens. Mon oncle l'évêque me légua en mourant sa bénédiction, ses sermons manuscrits, sa bibliothèque, et un portefeuille curieux, contenant les portraits des plus fameux théologiens de l'Eglise d'Angleterre. Mon oncle Paul Mannering m'institua seul héritier de son immense fortune. Mais à quoi cela m'a-t-il servi? Je n'en porte pas moins une épine profondément enfoncée dans mon cœur; je n'ai pas eu le courage de vous en expliquer la cause lorsque je me trouvais chez vous. Je vais donc vous donner les détails d'un événement que vous entendrez peut-être raconter avec des circonstances toutes différentes et fort éloignées de la vérité; mais ne me reparlez jamais, je vous prie, ni de mon chagrin, ni de ce qui l'occasione.

« Sophie, comme vous le savez, me suivit aux Indes. Elle avait autant d'innocence que d'étourderie, mais, malheureusement pour nous deux, autant d'étourderie que d'innocence. Mon caractère s'était formé d'après la vie de réclusion que j'avais menée jusqu'alors pour me livrer à mes études, et il n'était pas tout-à-fait convenable dans un pays où chaque habitant jouissant de quelque considération se fait un devoir d'offrir l'hospitalité, et croit avoir droit d'en jouir à son tour. Dans un moment de presse (vous savez combien il est difficile dans les Indes de faire des recrues européennes), un jeune homme nommé Brown joignit mon régiment comme volontaire, et trouvant que la carrière des armes lui plaisait plus que celle du commerce qu'il avait suivie jusqu'alors, il resta avec nous en qualité de cadet. Je dois à ma malheureuse victime la justice de reconnaître qu'il se conduisit, en toute occasion, avec tant de bravoure, que l'on pensait généralement que le premier grade vacant devait lui appartenir. Je m'absentai quelques semaines pour une expédition éloignée. A mon retour, je trouvai ce jeune homme reçu chez moi comme l'ami de la maison, et ne quittant jamais les côtés de ma femme et de ma fille : j'avoue que ses assiduités me déplaisaient, quoiqu'il n'y eût pas le moindre reproche à faire à ses mœurs ni à sa réputation. Peut-être même me serais-je accoutumé à sa présence sans les suggestions d'un tiers. Si vous avez lu Othello, cette pièce que je n'ouvrirai de ma vie, vous aurez une idée de ce qui s'ensuivit, c'est-à-dire des soupçons que je conçus, car, grace à Dieu, mes actions furent moins criminelles.

« Il y avait dans mon régiment un autre cadet qui désirait aussi obtenir le premier poste vacant. Il appela mon attention sur ce qu'il appelait la coquetterie de ma femme à l'égard de ce jeune homme. Sophie était vertueuse, mais fière de sa vertu. Ma jalousie l'irrita, et elle fut assez imprudente pour s'en faire un motif d'encourager d'autant plus des visites dont elle me voyait inquiet et mécontent. Il régnait entre Brown et moi une froideur manifeste. Il fit quelques efforts pour vaincre mes préjugés ; mais, prévenu comme je l'étais, je les attribuai à un motif coupable, et je repoussai toutes ses avances.

« Vous ne vous faites pas une idée de ce que je souffre en vous écrivant cette lettre. Je veux pourtant arriver à la funeste catastrophe qui empoisonna le reste de ma vie. Mais je vais tâcher d'abréger.

« Quoique ma femme ne fût plus très-jeune, elle était encore belle, et je dois dire, pour ma justification, qu'elle aimait à le paraître. Je vous répéterai encore que jamais je ne conçus le plus léger doute sur sa vertu, malgré les perfides insinuations d'Archer. Mais je pensai qu'elle faisait peu de cas de mon repos, et que le jeune Brown continuait à lui faire la cour pour me braver. Peut-être me considérait-il comme un de ces hommes qui se font un plaisir d'employer le pouvoir dont ils sont revêtus à tourmenter ceux qui leur sont subordonnés. S'il s'aperçut de ma jalousie, il voulut sans doute, en continuant de l'exciter, se venger des petits désagrémens que ma place me donnait le droit de lui occasioner sans qu'il pût s'en plaindre. Un véritable ami voulut me faire envisager ses assiduités sous un autre point de vue ; il prétendait qu'elles avaient ma fille pour objet, et que son empressement auprès de ma femme n'avait d'autre but que de la rendre favorable à sa passion. Je n'aurais pas vu avec plaisir un jeune homme obscur, sans parens, sans amis, sans fortune, élever ses prétentions jusqu'à ma fille; mais cette folle présomption ne m'aurait pas offensé au même degré que le sentiment que je lui supposais. Enfin, je conçus contre lui un ressentiment que rien ne put vaincre.

« Une étincelle suffit pour allumer un incendie quand elle tombe sur des matières inflammables. Une légère querelle au jeu occasiona un duel entre nous. Nous nous rendîmes un matin hors de la ville dont j'étais gouverneur, et sur les limites de son territoire, afin que Brown pût pourvoir à sa sûreté s'il était vainqueur. Plût à Dieu qu'il eût eu ce funeste avantage ! mais il tomba au premier feu. J'accourais pour lui donner du secours, quand nous vîmes paraître une troupe de Looties, espèce de bandits qui, dans ce pays, guettent toutes les occasions de faire des prisonniers ou du butin. Nous n'eûmes que le temps, Archer et moi, de monter à cheval, et nous nous frayâmes un chemin au milieu d'eux, après un combat opiniâtre, dans lequel il reçut plusieurs blessures dangereuses.

« Pour compléter les malheurs de ce jour affreux, ma femme ayant eu quelque soupçon du motif qui m'avait fait sortir de la ville, s'était empressée de me suivre dans son palanquin. Elle fut rencontrée par une autre troupe de ces pillards, qui la firent prisonnière. Un détachement de cavalerie anglaise la délivra presque au même instant, mais je ne puis me dissimuler que les événemens de cette fatale matinée eurent des suites fâcheuses pour sa santé déjà fort délicate. L'aveu que me fit Archer en mourant des vues dans lesquelles il avait cherché à m'inspirer des soupçons, l'explication amicale que j'eus avec Sophie, la pleine et entière réconciliation qui s'ensuivit, rien ne put guérir le coup qu'elle avait reçu; elle mourut au bout de quelques mois, ne me laissant qu'une fille, celle dont mistress Mervyn a bien voulu se charger momentanément. Julie fut attaquée d'une maladie si dangereuse, que je me déterminai à donner ma démission et à lui rendre la santé.

« Maintenant que vous connaissez mon histoire, vous ne me demanderez plus la cause de ma tristesse, vous ne serez plus surpris que je m'y livre souvent, et vous conviendrez que, malgré mes richesses, malgré la réputation que je puis dire avoir acquise, la coupe de ma vie, si elle n'est pas empoisonnée, est au moins bien remplie d'amertume.

« Je pourrais vous relater bien des circonstances que notre vieux précepteur n'aurait pas manqué de citer comme des preuves de *la fatalité* qui préside à notre naissance; mais vous ne feriez qu'en rire, et vous savez que moi-même je n'y ajoute aucune foi. Cependant, depuis mon arrivée dans la maison d'où je vous écris, une circonstance bien singulière semblerait donner une preuve assez forte de l'influence des astres, et quand je l'aurai parfaitement vérifiée, ce sera pour nous l'objet d'une discussion assez curieuse; mais quant à présent, je ne vous en dirai pas davantage. J'attends d'ailleurs un homme de loi à qui j'ai à parler au sujet d'un domaine qui est à vendre dans ce pays. J'ai un goût de caprice pour ces environs; et si je l'achète, je crois que les propriétaires actuels n'en seront pas fâchés; car il paraît qu'un complot a été formé pour les forcer à vendre ce domaine bien au-dessous de sa valeur. Mes respects à mistress Mervyn, et je vous charge, tout jeune que vous vous vantiez d'être, d'embrasser Julie pour moi. Adieu, mon cher Mervyn, je suis tout à vous.

« GUY MANNERING. »

Comme il finissait sa lettre, M. Mac-Morlan entrait : c'était un homme qui joignait l'intelligence à la probité. La réputation bien établie du colonel Mannering l'avait disposé à lui parler avec franchise et confiance ; il lui détailla les avantages et les inconvéniens de cette acquisition.

— La majeure partie du domaine, lui dit-il, est substituée aux héritiers mâles, et l'acquéreur aura le droit de conserver entre ses mains une très-grande partie de son prix pendant un temps déterminé, pour le payer alors à l'enfant dont on n'a pas de nouvelles, s'il vient à reparaître.

— Mais, en ce cas, dit Mannering, pourquoi donc forcer cette vente?

Mac-Morlan se mit à sourire : — En apparence, répondit-il, c'est pour que les intérêts que produira le prix de la vente servent à payer ceux qui sont dus aux créanciers, et qui sont mal payés ; mais, dans la réalité, c'est pour seconder les vues d'un homme qui a dessein de se rendre acquéreur à vil prix, qui trouve fort agréable d'acheter sans être devenu un des plus forts créanciers, et qui, par des moyens qui lui sont familiers, a trouvé le moyen d'être la cheville ouvrière de cette affaire.

Mannering convint avec M. Mac-Morlan des moyens à employer pour déjouer les projets de cet homme méprisable. Il causa ensuite avec lui assez long-temps de la disparition singulière de Henry Bertram, et apprit que cet événement avait eu lieu le jour même du cinquième anniversaire de sa naissance, ce qui répondait exactement à la prédiction de Mannering, qui, comme on le croira aisément, se garda bien de s'en vanter. M. Mac-Morlan n'était pas sur les lieux quand cet événement arriva, mais il en connaissait bien toutes les circonstances, et il promit au colonel que s'il s'établissait, comme il en avait le dessein, dans cette partie de l'Ecosse, il lui en ferait faire un détail exact par le shériff lui-même. Ils se séparèrent donc aussi satisfaits l'un que l'autre du résultat de leur conférence.

Le lendemain, le colonel Mannering se rendit à l'église paroissiale en grande tenue. Il n'y vit personne de la famille d'Ellangowan. On apprit que le vieux laird était encore plus mal. Jack Jabos, qui avait été envoyé une seconde fois au château avec la chaise de mistress Mac-Candlish, revint encore seul, mais dit que miss Lucy espérait que son père serait en état d'être transporté le lendemain.

CHAPITRE XIII.

« . . . .
« C'est la loi, m'ont-ils dit; la nouvelle sentence
« Leur a donné le droit de saisir tout ton bien.
« J'ai vu là se montrer, avec son insolence,
« Un suppôt de Thémis, un insigne vaurien;
« Il étalait aux yeux l'argent de ta vaisselle,
« Appelant à grands cris un avide acheteur.
« Un autre à qui sourit la fortune cruelle,
« Parlait de tes revers avec un ton railleur :
« Il s'était emparé de ces meubles antiques
« Qui naguères ornaient tes foyers domestiques. »
OTWAY.

Le lendemain matin Mannering monta à cheval de bonne heure, se fit suivre par son domestique, et se mit en route pour Ellangowan. Il n'eut pas besoin d'en demander le chemin. Une vente à la campagne est un spectacle qui attire la curiosité; une foule de monde s'y rendait de toutes parts.

Après avoir pendant une heure traversé de charmans

paysages, Mannering découvrit les tours du vieux château. Les idées qui l'occupaient lorsqu'il les avait quittées étaient bien différentes de celles qui se présentaient alors à son esprit. Rien n'était changé dans les ruines, mais quel changement dans les sentimens, les désirs, les espérances de celui qui les contemplait! La vie et l'amour, encore nouveaux pour lui, embellissaient alors toute la perspective de l'avenir. Aujourd'hui trompé dans ses affections, rassasié de ce que le monde appelle gloire et renommée, poursuivi par un souvenir amer que rien ne pouvait bannir de son cœur, tout son espoir était de trouver une solitude où il pût nourrir la mélancolie qui devait l'accompagner au tombeau. — Et cependant, disait-il, quel homme oserait ici se plaindre de la vanité de ses espérances? Les anciens barons qui ont construit ces tours massives n'ont-ils pas cru qu'elles serviraient à jamais de forteresse à leur puissance, de race en race? Que diraient-ils, s'ils voyaient le dernier de leurs descendans forcé d'abandonner ces ruines majestueuses sans savoir où il pourra reposer sa tête? Mais les beautés de la nature sont inépuisables. Que ces tours deviennent la propriété d'un étranger, ou tombent entre les mains d'un intrigant qui exploite la loi à son profit, le soleil n'en jettera pas sur elle des rayons moins brillans que lorsque la bannière de leurs fondateurs en décora le sommet pour la première fois.

Ces réflexions conduisirent Mannering jusqu'à la porte du château, qui, ce jour-là, était ouverte à tout le monde. Il y entra avec les gens du pays, qui, les uns examinaient les objets qu'ils voulaient acheter, les autres venaient satisfaire une vaine curiosité. Ce spectacle, même dans les circonstances les plus favorables, offre quelque chose de triste aux yeux de l'observateur. Le désordre des meubles que l'on a déplacés pour que les acquéreurs puissent les voir et les emporter plus facilement, produit toujours une impression désagréable. Tels objets vus à leur place paraissaient en bon état, qui, déplacés, offrent une apparence de vétusté; les appartemens, dépouillés de tout ce qui les rendait commodes et agréables, ont un air de ruine et de dilapidation. Peut-on voir sans répugnance les regards des curieux s'arrêter sur ces objets destinés aux usages secrets et particuliers de leurs anciens maîtres; entendre sans dégoût les fastidieuses plaisanteries des spectateurs sur des meubles dont l'usage leur est inconnu, sur des modes qui leur sont étrangères, et souffrir de sang-froid une espèce de gaieté entretenue par le whiskey, liqueur qu'on ne manque pas de prodiguer en Ecosse dans ces occasions? Ce qui achevait de rendre ce spectacle bien plus triste pour le colonel, c'était la pensée qu'il était témoin de la ruine d'une famille ancienne et respectable.

Il se passa quelque temps avant qu'il pût trouver quelqu'un disposé à répondre aux questions qu'il faisait sur Ellangowan lui-même. Enfin une vieille servante, qui en lui parlant avait son mouchoir sur les yeux, lui dit que son maître se trouvait un peu mieux, et qu'on espérait qu'il pourrait quitter le château ce jour même; que miss Lucy attendait à l'instant la chaise qui devait les emmener, et que comme le temps était beau pour la saison, on l'avait porté dans son fauteuil sur la pelouse devant le vieux château, afin de lui épargner la vue de ce triste spectacle. Le colonel sortit pour le chercher, et aperçut bientôt le petit groupe, qui ne se composait que de quatre personnes. La montée était rude, de sorte qu'il eut le temps de les examiner en s'approchant, et de réfléchir sur la manière dont il se présenterait à eux.

M. Bertram, paralytique, presque incapable d'aucun mouvement, était dans un grand fauteuil, revêtu d'une robe de chambre de camelot, la tête couverte d'un bonnet de nuit, et les jambes enveloppées dans une couverture de laine. Derrière lui, appuyant ses mains croisées sur une canne, était Dominus Sampson, que le colonel reconnut sur-le-champ. Le temps n'avait produit aucun changement en lui, si ce n'est que son habit noir commençait à tirer sur le gris, et que ses joues maigres semblaient encore plus creuses. A côté du vieillard était une véritable sylphide, une jeune personne d'environ dix-sept ans, que Mannering devina être la fille d'Ellangowan. Elle jetait de temps en temps un regard inquiet du côté de l'avenue par où la chaise devait arriver. Elle s'occupait à arranger la couverture de manière à préserver son père du froid, et n'avait pas le courage de porter ses yeux vers le château, quoique le bruit ne pût manquer d'attirer son attention. La quatrième personne était un jeune homme fort bien fait et d'une bonne tournure, qui semblait partager les inquiétudes de miss Bertram, et les soins qu'elle prenait de son père.

Ce fut lui qui remarqua le premier le colonel Mannering. Il s'avança vers lui, pour l'écarter poliment de ces infortunés. Mannering s'arrêta, et lui expliqua qu'il était un étranger que M. Bertram avait autrefois reçu avec autant de bienveillance que de politesse; qu'il ne se serait pas présenté devant lui dans un moment si affligeant, si l'état d'abandon où il paraissait se trouver ne semblait l'y autoriser; qu'enfin son unique désir était d'offrir à M. Bertram et à sa demoiselle tous les services qu'il pourrait leur rendre.

Il s'arrêta alors à quelque distance du fauteuil : le vieillard fixa sur lui ses yeux ternes, mais parut ne pas le reconnaître. Quant à Dominus, il était trop absorbé dans le chagrin pour faire attention à sa présence. Le jeune homme dit quelques mots à miss Bertram, qui s'avança avec timidité vers Mannering en le remerciant de sa civilité. — Mais je crains bien, ajouta-t-elle en versant quelques larmes, que mon père ne soit pas en état de vous reconnaître.

Elle conduisit le colonel vers le fauteuil.

— Mon père, dit-elle, voici une de vos anciennes connaissances, M. Mannering, qui vient vous voir.

— Il est le bienvenu, dit le vieillard en tâchant de se soulever, et en faisant paraître sur sa figure un rayon de satisfaction; mais, ma chère Lucy, retournons à la maison: il ne faut pas laisser monsieur exposé au froid. Dominus, prenez la clef de la cave. M. Ma...a...—le *gentleman* sera bien aise de prendre quelque chose après la course qu'il a faite.

Mannering se sentit touché jusqu'au fond de l'ame, en comparant cette réception à celle qui lui avait été faite tant d'années auparavant. Il ne fut pas le maître de retenir ses larmes; et cette preuve de sensibilité lui gagna la confiance de la jeune infortunée.

— Hélas! dit-elle, ce spectacle est déchirant, même pour les étrangers! et cependant mon pauvre père est encore plus heureux dans ce triste état que s'il pouvait connaître et sentir tout ce qui se passe ici maintenant.

Un domestique en livrée s'approcha en ce moment du jeune homme, et lui dit à demi-voix : — M. Charles, milady vous fait chercher partout afin que vous enchérissiez pour elle l'armoire d'ébène; lady Jeanne Devorgoil est avec elle; il faut que vous les rejoigniez sur-le-champ.

— Dites-leur que vous ne m'avez pas trouvé, Tom; ou bien.... un moment.... non, dites-leur que j'examine les chevaux.

— Non, non, s'écria Lucy; si vous ne voulez pas ajouter encore au malheur de ce cruel moment, allez retrouver la compagnie. Je suis sûre que monsieur voudra bien nous accompagner jusqu'à la voiture.

—N'en doutez pas, madame, dit Mannering, et votre jeune ami peut compter sur mes soins.

— Adieu donc! dit Charles; et ayant adressé un mot tout bas à miss Bertram, il s'en alla précipitamment, craignant sans doute de ne pas avoir la force de s'en éloigner, s'il marchait plus doucement.

—Où court donc Charles Halzewood? dit le vieillard accoutumé sans doute à sa présence; qu'est-ce qui le fait partir ainsi?

— Il reviendra dans un instant, dit Lucy.

On entendit alors le son de différentes voix du côté des ruines. Le lecteur se rappellera sans doute qu'il y avait entre elles et le château une communication qui était précisément la pelouse où se passait la scène que nous décrivons.

—Oui, il y a beaucoup de coquillages et d'algues marines, mais si on voulait bâtir une nouvelle maison, ce qui peut devenir nécessaire, on trouverait là d'excellens matériaux.

—Bon Dieu! dit miss Bertram à Sampson, c'est la voix de ce misérable Glossin. Si mon père le voit, c'en est assez pour le tuer.

Sampson se tournant tout d'une pièce, s'avança à grands pas à la rencontre de Glossin, qui quittait en ce moment les ruines.—Va-t'en, lui dit-il, va-t'en! veux-tu le tuer et le dépouiller?

—Allez, allez, maître Dominus Sampson! lui dit Glossin : vous qui ne savez pas prêcher en chaire, de quoi vous mêlez-vous de prêcher ici? Nous marchons la loi à la main, mon bon ami; gardez l'Evangile pour vous.

Le nom seul de cet homme était depuis quelque temps suffisant pour mettre M. Bertram hors de lui. Le son de sa voix, qu'il reconnut à l'instant, produisit un effet singulier. Il se leva seul, sans aucun aide, et, se tournant vers lui, il lui dit d'un ton de colère qui contrastait avec la pâleur de ses traits : —Ote-toi de mes yeux, vipère, infame vipère qui perces le sein qui t'a réchauffée! Ne crains-tu pas que les murs de la demeure de mes pères ne s'écroulent pour t'écraser; que le seuil de la porte du château d'Ellangowan ne s'entr'ouvre pour t'engloutir? N'étais-tu pas sans amis, sans asile, sans argent, quand je t'ai tendu une main charitable, et n'est-ce pas toi qui me chasses, ainsi que cette innocente fille, sans amis, sans asile, sans argent, du château où mes pères ont résidé pendant tant de siècles?

Si Glossin eût été seul, il eût passé son chemin sans répondre : la présence d'un homme qui l'accompagnait, et qui avait l'air d'un arpenteur, et la vue de l'étranger qui était à côté d'Ellangowan, le déterminèrent à payer d'effronterie. Mais, malgré toute son impudence, la tâche était difficile. — Monsieur, lui dit-il, M. Bertram, ce n'est pas moi qui suis cause que.... c'est votre propre imprudence qui....

L'indignation du colonel était montée au plus haut degré. Il interrompit Glossin : — Monsieur, lui dit-il, sans entrer dans aucune discussion à ce sujet, je vous ferai observer que le lieu, la circonstance, ma présence peut-être, ne sont pas favorables pour cette explication ; et vous m'obligerez en vous retirant sans ajouter un seul mot.

Glossin était un homme grand, robuste et musculeux. Il préféra soutenir l'attaque d'un étranger qui ne lui paraissait pas à craindre, plutôt que de continuer à défendre sa mauvaise cause contre les reproches de son ancien bienfaiteur. — Monsieur, lui dit-il, je ne sais qui vous êtes ; et je ne permettrai jamais qu'on me parle comme vous venez de le faire. Mannering était d'un caractère un peu violent. Ses yeux étincelaient de colère ; il se mordit la lèvre inférieure au point que le sang en sortit ; et s'approchant de Glossin : — Peu importe, lui dit-il, que vous ne me connaissiez pas ; mais moi *je vous connais* ; et, si vous ne descendez de cette hauteur à l'instant sans proférer une syllabe de plus, je vous garantis que vous ne ferez qu'une enjambée jusqu'en bas.

L'air imposant et menaçant du colonel subjugua l'effronterie du misérable. Il tourna sur ses talons, et, murmurant entre ses dents qu'il ne voulait pas alarmer la jeune dame, il les délivra de son odieuse présence.

Le postillon de mistress Mac-Candlish, qui était arrivé à temps pour voir ce qui se passait, dit tout haut : — S'il s'était trouvé sur ma route, le coquin ! je vous l'aurais fait sauter en l'air aussi volontiers que j'aie jamais ramassé un bodle.

Il annonça en même temps que la voiture était prête pour emmener le vieillard et sa fille.

Mais ce secours était devenu inutile. L'effort que venait de faire M. Bertram en se livrant à son indignation avait épuisé le peu de forces qui lui restaient ; et en retombant sur son fauteuil, il expira presque sans agonie et sans pousser un gémissement. La mort produisit si peu d'altération dans ses traits que les cris que poussa sa fille, quand elle vit ses yeux s'éteindre, et qu'elle sentit son pouls s'arrêter, annoncèrent seuls son trépas aux spectateurs de cette triste scène.

CHAPITRE XIV.

« Voilà minuit ! Ô temps ! objet de mon effroi,
« C'est lorsque tu n'es plus que nous songeons à toi.
« En te donnant la voix l'homme se montra sage,
« Ce son majestueux du ciel semble un message ;
« Je crois entendre un ange. »

Young.

La morale que le poète Young tire du mode que nous avons adopté pour mesurer le temps peut s'appliquer à la manière dont nous considérons le court espace qui constitue la vie humaine. Nous regardons avec une sorte d'effroi les vieillards, les infirmes, ceux que leur profession expose à des dangers journaliers ; nous croyons les voir à chaque instant aux portes du tombeau ; mais cette vue ne nous fait pas ouvrir les yeux sur l'incertitude de notre propre existence : ce n'est que lorsque le moment d'en être privés est arrivé qu'alors...

> . . . . Et la crainte et l'espoir
> S'éveillent en sursaut, et voudraient entrevoir
> Au-delà du tombeau... Quoi?... de vastes abîmes
> La noire éternité. . . . .

La foule d'oisifs qui remplissaient le château d'Ellangowan ne s'étaient occupés que de l'affaire qui les y avait conduits, sans s'inquiéter un seul instant des malheureux dont ils contemplaient la ruine. Il est vrai qu'un très-petit nombre d'entre eux connaissaient cette famille. Le père, tombé dans un état d'enfance, accablé sous le poids des malheurs, menant une vie entièrement retirée, avait été oublié par ses contemporains, et la fille n'avait jamais paru dans le monde; mais, quand une rumeur générale annonça que le malheureux M. Bertram venait de mourir en s'efforçant de quitter l'ancienne demeure de ses ancêtres, tous les cœurs semblèrent s'attendrir, comme jadis le rocher frappé par la verge du prophète. Chacun parlait de l'antiquité de cette famille : on vantait son intégrité sans tache; on éprouvait enfin le respect dû au malheur, tribut qui n'est jamais réclamé en vain parmi les Ecossais, et que chacun en ce moment s'empressait de payer.

M. Mac-Morlan se hâta d'annoncer qu'il surseoirait à la vente du domaine et du mobilier, et qu'il laisserait la jeune dame en possession du tout jusqu'à ce qu'elle ait pu consulter ses amis et pourvoir aux funérailles de son père.

Le sentiment de commisération qui s'était emparé de tous les spectateurs avait rendu Glossin muet pendant quelques instants; il reprit de la hardiesse en voyant qu'aucun symptôme d'indignation ne se manifestait contre lui, et il osa requérir M. Mac-Morlan de procéder à la vente.

— Je prends sur moi de l'ajourner, lui répondit celui-ci, et je consens à être responsable des suites de cet ajournement. J'informerai le public du jour où la vente aura lieu. Il est de l'intérêt de toutes les parties d'obtenir le plus haut prix possible des biens à vendre, et le moment actuel n'est pas propre à le faire espérer.

Glossin quitta la chambre et la maison avec autant de promptitude que de secret; et il était temps pour lui de le faire, car notre ami Jack Jabos haranguait déjà un groupe de jeunes garçons demi-nus, et leur démontrait combien il serait convenable de le mettre à la porte.

On rétablit un peu d'ordre dans une partie des appartemens pour y recevoir la jeune dame et le corps de son père. Mannering crut alors que sa présence devenait inutile, et qu'elle pourrait même être mal interprétée; il remarqua aussi que plusieurs familles alliées à celle d'Ellangowan, et qui tiraient de cette alliance leur principal lustre, étaient disposées à payer à leur arbre généalogique un tribut que les malheurs de leur parent n'en auraient jamais obtenu pendant sa vie. De même qu'après la mort d'Homère toutes les villes de la Grèce prétendaient lui avoir donné naissance, sept honorables gentilshommes écossais se disputaient l'honneur de présider aux obsèques d'Ellangowan, auquel aucun d'eux n'avait offert un asile. Mannering résolut donc de quitter le château, et de revenir dans la quinzaine, Mac-Morlan lui ayant dit que la vente n'aurait lieu qu'à cette époque.

Mais, avant de partir, il fit demander une entrevue à Dominus. Dès que celui-ci eut appris qu'un étranger désirait lui parler, il se présenta : tous ses traits, auxquels le chagrin avait encore ajouté un air plus étrange, marquaient l'étonnement; il salua deux ou trois fois Mannering très-profondément, et resta debout en silence devant lui, attendant qu'il s'expliquât.

—Vous ne devinez pas, sans doute, M. Sampson, ce qu'un étranger peut avoir à vous dire?

—A moins que ce ne soit pour me proposer d'instruire un jeune homme dans les belles-lettres et les connaissances humaines. Mais non, je ne le puis, j'ai d'autres devoirs à remplir.

—Mes vœux ne se portent pas si haut, M. Sampson; je n'ai qu'une fille, ainsi vous ne pouvez en être le gouverneur.

—Sans doute. C'est pourtant moi qui ai formé l'esprit de miss Lucy, comme la femme de charge lui a donné les connaissances vulgaires de l'aiguille et du ménage.

—Hé bien, monsieur, c'est de miss Lucy que j'ai à vous parler. Il me paraît que vous n'avez aucun souvenir de moi.

Sampson, toujours distrait, ne se rappelait ni l'astrologue qui se trouvait au château lors de la naissance de Henry, ni même l'étranger qui tout à l'heure avait pris la défense de son patron contre Glossin, tant la mort soudaine de son ami avait porté de trouble dans ses idées.

—Peu importe, au surplus; je suis une ancienne connaissance de feu M. Bertram, et j'ai les moyens comme le désir d'être utile à sa malheureuse fille. D'ailleurs, j'ai quelque idée d'acheter ce domaine, et je désire que tout y soit maintenu en bon ordre jusqu'à la vente. Voici donc, M. Sampson, une bagatelle que je vous prie d'employer aux besoins de la famille.

En parlant ainsi, il lui mit entre les mains une bourse assez bien garnie.

—Pro-di-gi-eux! s'écria Dominus; mais attendez, je vous prie, que....

—Impossible, monsieur, impossible, dit le colonel en s'échappant.

—Pro-di-gi-eux! répéta Sampson en le suivant sur l'escalier, la bourse à la main; mais quant à cet argent....

Mannering descendait les escaliers quatre à quatre, sans l'écouter ni lui répondre.

—Pro-di-gi-eux! dit-il pour la troisième fois en arrivant à la porte; mais quant à cet argent...

Mannering était déjà à cheval et ne pouvait plus l'entendre.

Dominus, qui n'avait jamais eu en sa possession, soit à lui, soit comme dépositaire, le quart de cette somme, quoiqu'elle ne montât qu'à vingt guinées, réfléchissait en lui-même sur ce qu'il devait faire de cet argent resté entre ses mains. Heureusement il trouva dans la personne de M. Mac-Morlan un conseiller désintéressé qui lui donna l'avis de l'employer aux besoins de miss Bertram, persuadé que telle était l'intention du donateur.

Plusieurs familles nobles du voisinage offrirent alors à miss Lucy une hospitalité qu'elle ne pouvait se résoudre à accepter. Il lui répugnait d'entrer dans une maison où elle serait reçue par la compassion plutôt que par l'amitié. Elle se décida donc à attendre l'avis de la plus proche parente de son père : c'était une vieille demoiselle, nommée mistress Margaret Bertram, demeurant à Singleside, et à qui elle avait écrit pour lui faire part de la perte qu'elle venait de faire, et de sa malheureuse situation.

Les obsèques de M. Bertram se firent avec beaucoup de décence, et la jeune demoiselle ne pouvait plus se regarder que comme habitant momentanément la maison dans laquelle elle avait si long-temps adouci les chagrins et les infirmités de la vieillesse. M. Mac-Morlan lui avait fait espérer qu'elle ne se trouverait pas obligée de quitter subitement cet asile ; mais la fortune en avait ordonné autrement.

Deux jours avant l'époque fixée pour la vente des biens d'Ellangowan, Mac-Morlan attendait à chaque instant l'arrivée du colonel Mannering, ou au moins une lettre qui contînt un pouvoir pour agir en son nom ; mais il fut trompé dans son attente. Le jour de la vente, il alla lui-même de grand matin à la poste : aucune lettre n'était arrivée pour lui. Il chercha encore à se persuader que le colonel viendrait pour le déjeuner. Sa femme prépara ses plus belles porcelaines, mit quelques soins à sa toilette : tous ces préparatifs furent en pure perte.

— Si j'avais prévu cela, dit-il, j'aurais parcouru toute

l'Ecosse pour trouver quelqu'un qui voulût enchérir sur Glossin. Enfin l'heure de la vente sonna. Il fallut se rendre sur les lieux pour y procéder. Mac-Morlan employa aux préliminaires autant de temps que la décence le lui permit. Il lut les conditions de la vente aussi lentement que si c'eût été son arrêt de mort. Chaque fois que la porte s'ouvrait, il y jetait les yeux avec un espoir qui s'affaiblissait de moment en moment. Il avait l'oreille attentive au moindre bruit, croyant toujours entendre le cheval de la voiture du colonel. Vaine espérance! Il pensa un instant que peut-être Mannering avait chargé une autre personne de porter des enchères pour lui, et ne s'arrêta pas à lui reprocher en idée le manque de confiance que cette conduite aurait prouvé; mais il fut bientôt détrompé. Après un moment d'attente, Glossin offrit le montant de la mise à prix du domaine d'Ellangowan. Personne ne fit une offre supérieure, pas un compétiteur ne se présenta, et après que l'espace de temps marqué par le sable d'une horloge se fut écoulé, M. Mac-Morlan, bien à contre-cœur, se trouva forcé de déclarer, au nom de la loi, que le bien était adjugé à M. Gilbert Glossin. Refusant de rester à un festin splendide dont M. Gilbert Glossin, esquire, maintenant Glossin d'Ellangowan, régala toute la compagnie, il retourna chez lui de fort mauvaise humeur, en pestant contre les caprices de ces nababs¹ indiens qui ne savent jamais la veille ce qu'ils voudront le lendemain.

La fortune cependant prit généreusement sur elle tout le blâme en cette occasion, et apaisa le ressentiment de l'honnête Mac-Morlan.

A six heures du soir arriva un exprès, ivre à ne pouvoir se soutenir, à ce que lui dit sa servante en lui remettant une lettre du colonel Mannering, dont la date remontait à quatre jours, et qui était écrite d'une ville éloignée de Kippletringan de plus de cent milles. Elle contenait un

---

(1) C'est le nom qu'on donne en Angleterre à ceux qui reviennent riches des Indes.
— Ed.

plein pouvoir à M. Mac-Morlan, ou à tout autre qu'il voudrait en charger, d'acheter à quelque prix que ce fût le domaine d'Ellangowan : elle l'informait aussi qu'une affaire de famille l'appelait sur-le-champ dans le Westmoreland, où le colonel le priait de lui écrire chez sir Arthur Mervyn, à Mervyn-Hall.

Mac-Morlan, dans son dépit, jeta le pouvoir et la lettre à la tête de la servante, fort innocente de ce retard, et ce ne fut pas sans peine qu'il s'abstint d'accueillir à coups de fouet de poste le misérable messager dont la paresse et l'ivrognerie étaient la cause de ce désappointement.

CHAPITRE XV.

« Argent, crédit, je n'ai plus rien,
« Ma terre est ma seule ressource :
« Jean d'Escale, ouvre-moi ta bourse,
« Et deviens maître de mon bien.

« Aussitôt comptant des écus,
« Jean d'Escale appelle un notaire,
« Et le voilà propriétaire
« De ce qui valait trois fois plus. »
L'Héritier de Linne.

Le Galwégien Jean d'Escale n'était qu'un apprenti auprès de Glossin, puisque celui-ci avait trouvé le secret de se rendre propriétaire du domaine d'Ellangowan sans la formalité désagréable de *débourser*. Miss Bertram, aussitôt qu'elle apprit cette nouvelle inattendue, fit ses préparatifs pour quitter le château sur-le-champ. Mac-Morlan l'aida dans ses arrangemens; et insista si obligeamment pour qu'elle vînt loger chez lui jusqu'à ce qu'elle eût reçu une réponse de sa parente, ou qu'elle eût le temps de réfléchir au parti qu'elle devait prendre, qu'elle aurait regardé comme une impolitesse de rejeter des offres faites avec tant de bienveillance et d'amitié. Mistress Mac-Morlan était bien née, avait reçu une bonne éducation, et ses qualités personnelles devaient rendre le séjour de sa maison agréable à miss Lucy. Elle trouvait donc un asile où elle était sûre d'être reçue avec plaisir; et elle se disposa, le cœur rempli d'amertume, à payer les gages du petit nombre de domestiques qui composaient la maison de son père, et à leur faire ses adieux.

Lorsqu'il y a des deux côtés des qualités estimables, cette tâche est toujours pénible, et les circonstances la rendaient ici doublement triste. Chacun reçut ce qui lui était dû, et même une petite gratification, et prit congé de sa jeune maîtresse en versant des larmes, en l'accablant de remerciemens, et formant des vœux pour son bonheur. Il ne restait dans le salon que M. Mac-Morlan, qui allait conduire chez lui Dominus Sampson et miss Lucy. — Maintenant, dit la pauvre orpheline, je n'ai plus qu'à faire mes adieux au plus ancien, au meilleur de mes amis : que le ciel vous bénisse, M. Sampson; qu'il vous récompense de tous les soins que vous m'avez donnés, et de l'amitié que vous avez eue pour l'infortuné qui nous a été ravi ! J'espère que j'aurai souvent de vos nouvelles. En parlant ainsi elle lui glissa dans la main un papier qui contenait quelques pièces d'or, et se leva pour s'en aller.

Sampson se leva aussi, mais resta immobile d'étonnement. L'idée de quitter miss Bertram ne s'était jamais présentée à son imagination. Il déploya le papier, et jeta l'argent sur la table avec un air égaré.

— Sans doute, lui dit Mac-Morlan, c'est bien peu de chose auprès de ce que vous méritez; mais les circonstances malheureuses...

M. Sampson fit un geste d'impatience : — Ce n'est pas l'intérêt, dit-il, non ! mais moi qui ai mangé le pain de son père, qui ne l'ai jamais quitté depuis plus de vingt ans, penser qu'il faut que je la quitte, que je la quitte quand elle est dans le malheur! Non, miss Lucy, vous ne pouvez le vouloir. Vous n'empêcheriez pas le chien de votre père de vous suivre. Me traiteriez-vous plus mal que lui? Non, miss Bertram, tant que je vivrai, je ne vous quitterai pas! je ne vous serai pas à charge. J'ai trouvé des moyens pour cela; comme Ruth le dit à Noémi: — Ne demande pas que je te quitte, ou que je me sépare de toi. Partout où tu iras, j'irai; partout où tu demeureras, je demeurerai: ton peuple sera mon peuple, et ton Dieu sera mon Dieu; où tu mourras, je mourrai, et mes cendres reposeront près des tiennes. — Oui, miss Lucy; le ciel le veut ainsi: la mort seule me séparera de vous.

Pendant ce discours, le plus long qui fût jamais sorti de la bouche de Dominus Sampson, des pleurs baignaient les joues de cette digne créature, et Lucy comme Mac-Morlan ne purent retenir leurs larmes à cette preuve inattendue de sensibilité et d'affection. — M. Sampson, dit Mac-Morlan après avoir eu recours alternativement à son mouchoir et à sa tabatière, ma maison est assez grande pour que je puisse vous offrir un lit tant que miss Bertram nous fera le plaisir d'y rester. Je me trouverai heureux et honoré d'y recevoir un homme de votre mérite et de votre caractère.

Alors, avec une délicatesse qui avait pour objet de rassurer miss Bertram, qui aurait pu se croire coupable d'indiscrétion en entraînant après elle cette suite inattendue, il ajouta: — Mes affaires exigent que j'occupe assez souvent un homme qui entende les calculs et les comptes mieux que mes clercs ordinaires; je serai bien charmé que vous m'accordiez de temps en temps quelques-uns de vos momens pour cette besogne.

— Sans doute, sans doute, dit ardemment Sampson; je sais tenir les livres par parties doubles, à la manière italienne.

Le postillon était entré dans le salon pour annoncer que la chaise était prête; et il avait été témoin de cette scène extraordinaire, sans qu'on prît garde à lui. De retour chez mistress Mac-Candlish, il jura qu'il n'avait rien vu de plus attendrissant; — que la mort de la vieille jument grise, pauvre bête! n'était rien auprès de cela. — Cette circonstance paraît peu importante, mais elle eut des suites plus intéressantes pour Dominus.

Nos voyageurs reçurent une bienveillante hospitalité de mistress Mac-Morlan. M. Mac-Morlan lui dit comme à tout le monde, qu'il avait prié M. Sampson de s'occuper de régler quelques comptes un peu difficiles, et que, pour pouvoir s'y livrer plus facilement, il demeurerait dans sa maison. Il jugea convenable de donner cette couleur au séjour de Sampson chez lui, sachant fort bien que, quelque honorable que fût pour Dominus et pour la famille d'Ellangowan son inviolable attachement pour le seul rejeton qui en restait, son extérieur ne le rendait pas propre à être l'*écuyer* d'une jeune et jolie demoiselle de seize ans, et que cette circonstance pourrait exposer l'un et l'autre au ridicule.

Dominus s'occupa avec un grand zèle des comptes dont le chargea véritablement M. Mac-Morlan : mais on ne tarda pas à s'apercevoir que tous les matins, après le déjeuner, il sortait à la même heure, et ne revenait qu'à l'instant du dîner; le soir il se retirait dans sa chambre, et travaillait à la besogne de son nouveau patron.

Le samedi suivant il parut devant Mac-Morlan avec un air de triomphe, et mit sur la table deux pièces d'or.

— Qu'est-ce que cela, Dominus? lui dit celui-ci.

— D'abord c'est pour vous indemniser de ce que vous coûte mon séjour chez vous, et le surplus est au service de miss Bertram.

— Mais, mon cher monsieur, je me trouve plus qu'indemnisé par votre travail : c'est moi qui suis votre débiteur.

— En ce cas, dit Dominus en étendant la main, le tout sera pour miss Lucy.

— C'est fort bien, Dominus; mais cet argent...

— Est gagné bien légitimement, M. Mac-Morlan : c'est la récompense généreuse d'un jeune homme à qui j'apprends les langues, à qui je donne des leçons trois heures par jour.

Quelques questions de plus apprirent à M. Mac-Morlan que cet élève libéral était le jeune Hazlewood, et qu'il avait tous les jours un rendez-vous avec son maître dans l'auberge de mistress Mac-Candlish, qui, ayant appris l'attachement désintéressé de Sampson pour miss Bertram, lui avait procuré cet écolier infatigable et généreux.

Cette nouvelle fit faire des réflexions à Mac-Morlan. Sampson était sans contredit un homme fort instruit dans la littérature ancienne; les auteurs classiques méritaient sans doute d'être lus; mais qu'un jeune homme de vingt ans fît chaque jour de la semaine sept milles pour avoir un pareil tête-à-tête pendant trois heures, et sept autres milles pour s'en retourner, cette soif d'instruction lui parut trop extraordinaire pour pouvoir y croire. Il n'eut pas besoin de finesse avec Dominus pour éclaircir ses doutes. L'esprit du brave homme n'admettait jamais que les idées les plus simples, sans y chercher un autre sens que celui que paraissaient exprimer les mots employés pour les rendre.

— Et dites-moi, mon bon ami, miss Lucy est-elle instruite de votre nouvelle occupation?

— Non, sans doute. M. Charles m'a recommandé de ne pas lui en parler, de peur que sa délicatesse ne se trouve blessée; mais, ajouta-t-il, il ne sera pas possible de le lui cacher long-temps, car il a dessein de venir de temps en temps prendre ses leçons ici.

— Oui-da! dit Mac-Morlan, ah! ah! je commence à comprendre. Et, je vous prie, M. Sampson, ces trois heures sont-elles entièrement consacrées à l'étude?

— Non, sans doute; nous l'entremêlons de quelque conversation.

> « . . . . . . *Neque semper arcum*
> « *Tendit Apollo* ¹.

— Et sur quoi roulent vos entretiens?

— Sur Ellangowan, sur miss Lucy. Car M. Hazlewood me ressemble beaucoup en cela, M. Mac-Morlan. Quand je commence à parler d'elle, je ne puis en finir; et, comme je le dis à M. Hazlewood (en plaisantant), elle nous vole la moitié du temps de nos leçons.

— Oh! oh! pensa Mac-Morlan, le vent souffle donc de ce côté. Il me semble que j'en avais entendu dire quelque chose.

Il réfléchit alors sur la conduite qu'il devait tenir, et pour lui-même et pour sa protégée; car le père du jeune Hazlewood était puissant, riche, orgueilleux et vindicatif. Jamais il n'aurait consenti pour son fils à un mariage qui n'aurait pas présenté les avantages de la fortune réunis à ceux de la naissance. Enfin, ayant la meilleure opinion du jugement de sa pupille, il résolut de saisir la première occasion où il se trouverait seul avec elle pour lui parler de cette affaire comme d'une simple nouvelle, et sans paraître y attacher d'importance.

Elle se présenta bientôt. Le lendemain matin, après le déjeuner, mistress Mac-Morlan les ayant quittés pour vaquer à quelques affaires de ménage : — Miss Bertram, lui dit-il du ton le plus naturel possible, je vous fais mon compliment sur la bonne fortune de votre ami M. Sampson. Il a trouvé un écolier qui lui paie deux guinées pour six leçons de grec et de latin.

— Vraiment! j'en suis aussi contente que surprise. Et qui peut être si généreux? Est-ce que le colonel Mannering est de retour?

---

(1) Apollon ne peut toujours tenir son arc tendu. — Tr.

— Non, non, ce n'est pas le colonel Mannering. Mais pourquoi ne pensez-vous pas à votre ancienne connaissance, M. Charles Hazlewood? Il parle de prendre ses leçons ici; je voudrais que cela pût s'arranger.

Lucy rougit. — Je vous le demande en grace, M. Mac-Morlan, ne le permettez pas! Charles Hazlewood a déjà eu assez de tourment pour cela.

— Pour l'étude des classiques, ma chère demoiselle? Sans doute il fut un temps où cette étude a pu faire le tourment de M. Charles; mais aujourd'hui elle est tout-à-fait volontaire.

Miss Bertram laissa tomber la conversation, et son hôte, voyant qu'elle semblait réfléchir et former intérieurement quelque projet, ne jugea pas à propos de continuer. Le jour suivant, elle prit à part M. Sampson, lui exprima de la manière la plus affectueuse combien son attachement désintéressé lui inspirait de reconnaissance, et avec quel plaisir elle avait appris sa bonne fortune; mais elle ajouta que la manière dont M. Charles Hazlewood venait prendre ses leçons n'était pas sans inconvéniens pour ce jeune homme, et que tant qu'elles dureraient, il serait beaucoup plus à propos qu'il logeât chez son disciple, ou du moins dans son voisinage. Sampson rejeta cette proposition, comme elle s'y attendait. Il lui protesta qu'il ne la quitterait pas pour être le précepteur du prince de Galles.

— Mais, ajouta-t-il, je vois que vous rougissez de partager ce que je gagne; ou peut-être je vous deviens à charge?

— Non, en vérité. Vous étiez l'ancien ami de mon père, presque son seul ami : ce que vous supposez est bien loin de ma pensée. En toute autre chose, vous agirez comme il vous plaira; mais faites-moi le plaisir de dire à M. Charles que nous avons causé de ses études, et que je pense qu'il ne doit pas songer à les continuer de la manière qui a eu lieu jusqu'ici.

Dominus la quitta, la tête baissée, et, en fermant la porte, il ne put s'empêcher de prononcer le *varium et mu-*

tabile semper[1] de Virgile. Le lendemain il parut avec un air désolé. Il remit une lettre à miss Bertram. — M. Hazlewood, lui dit-il, va discontinuer ses leçons. Il a trop généreusement voulu réparer la perte qui en résultera pour moi ; mais comment réparera-t-il pour lui-même la perte de l'instruction qu'il aurait acquise par mes soins? Même pour l'écriture, il a été une heure avant d'écrire ce petit billet ; il a fait trois brouillons, a taillé quatre fois sa plume, a gâté je ne sais combien de feuilles de papier blanc, et en trois semaines je lui aurais donné une écriture ferme, courante, lisible. Enfin, que la volonté de Dieu s'accomplisse !

La lettre ne contenait que quelques lignes ; c'étaient des plaintes contre la cruauté de miss Bertram, qui lui ravissait jusqu'à un moyen indirect de se procurer de ses nouvelles. Elle finissait par des protestations que, malgré sa sévérité, rien ne pouvait ébranler l'attachement inviolable de Charles Hazlewood.

Grace à l'active protection de mistress Mac-Candlish, Sampson trouva quelques autres écoliers, d'un rang bien inférieur à celui de Charles Hazlewood à la vérité, et dont les leçons n'étaient pas si productives ; mais il n'en avait pas moins de plaisir à apporter à M. Mac-Morlan, à la fin de la semaine, le produit de ses travaux, dont il ne gardait qu'un petit *peculium* pour remplir sa pipe et sa tabatière.

Ici nous allons abandonner Kippletringan, et voir ce que devient notre héros, de crainte que nos lecteurs ne croient que nous allons encore l'oublier pendant le quart d'un siècle.

---

(1) (La femme) incessamment *variable et changeante*. — Tr.

CHAPITRE XVI.

> « Polly n'est après tout qu'une franche coquette,
> « A nos sages leçons préférant la fleurette.
> « Si l'homme n'était pas dépourvu de raison,
> « Jamais il ne voudrait de fille en sa maison.
> « Dépensez force argent, soyez à la torture,
> « Pour lui donner talens, esprit, grace, parure,
> « Au premier mot d'amour qu'un homme lui dira,
> « C'en est fait, elle est prise, elle vous plante là. »
> GAY. *L'opéra du Gueux.*

APRÈS la mort de M. Bertram, Mannering s'était décidé à faire une tournée dans l'Ecosse, jusqu'au moment indiqué pour la vente du domaine d'Ellangowan, à laquelle époque il comptait revenir à Kippletringan. Il alla jusqu'à Edimbourg, voyagea de différens côtés; mais, dans une ville où il avait mandé à son ami Mervyn de lui adresser ses lettres, il en reçut une qui contenait une nouvelle peu agréable. Nous avons déjà pris la liberté de jeter un coup d'œil curieux sur sa correspondance, nous allons donc encore faire part de cette épître à nos lecteurs.

— « Je suis fâché, mon cher ami, du chagrin que je vous ai occasioné en vous obligeant en quelque sorte à me faire un récit qui a rouvert des blessures encore mal fermées. J'ai toujours entendu dire, quoique peut-être à tort, que les assiduités de M. Brown chez vous avaient pour objet votre fille : mais, quand cela serait, une telle présomption mériterait un châtiment. Les philosophes disent que nous nous dépouillons, dans l'état de société, des droits que la nature nous donne de nous défendre nous-mêmes, mais à condition que les lois nous protègeront. Lorsque le prix d'un marché ne peut être payé, il n'y a plus de vente. Par exemple, oserait-on me contester le droit de défendre ma bourse et ma vie contre un voleur, comme le fait un sauvage indien qui ne connaît ni lois, ni magistrats? Ma résistance ou ma soumission doivent être calculées d'après mes forces et la situation où je me trouve. Mais si, étant bien armé, égal en force, je souffre de la part de qui que ce soit une injustice et une violence, je crois qu'on ne pourra attribuer cette conduite ni aux sentimens de la morale, ni à la voix de la religion, à moins que je ne sois un quaker. Or, si on m'attaque dans mon honneur, la situation n'est-elle pas la même? Une insulte, en pareil cas, quelque légère qu'elle soit, est plus importante pour moi que le tort que peut me faire le brigand qui en veut à ma bourse sur le grand chemin. Les lois ont moins de force pour me venger, ou, pour mieux dire, cette offense échappe à leur pouvoir. Si quelqu'un vient pour m'enlever ma bourse, et que je n'aie pas les moyens ou le courage de la défendre, les assises de Lancastre ou de Carlisle me feront justice du voleur; mais qui osera dire que je dois me laisser d'abord voler et piller, si je suis en état de défendre mon bien, et attendre paisiblement que la main de la justice vienne frapper le coupable?

« Et si je me trouve outragé par quelque insulte, vous pourriez croire que je dois m'y soumettre paisiblement, laisser flétrir à jamais ma réputation aux yeux de tous les hommes d'honneur, lorsque les douze juges d'Angleterre, avec le lord chancelier à leur tête, ne pourraient m'offrir une réparation? Quelle est la loi, quelle est la raison qui peut m'empêcher de défendre ce qui doit m'être infiniment plus précieux que ma fortune et mon existence? Je ne parlerai pas des règles prescrites à cet égard par la religion, jusqu'à ce que je trouve un théologien qui ose me condamner si je défens ma vie et mes propriétés. Si dans ce cas la défense est permise, ne l'est-elle pas encore bien plus quand il s'agit de mon honneur? Ma réputation, il est vrai, peut être mise en danger par des gens qui ne peuvent être comparés au brigand qui m'attaque sur le grand chemin, par des hommes dont le caractère est sans tache, la vie irréprochable; mais qu'importe? toutes ces circonstances peuvent-elles me priver du droit naturel de me défendre? Je puis déplorer la nécessité d'en venir aux mains avec eux; mais j'éprouverais le même sentiment en faveur d'un brave ennemi qui tomberait sous mon épée dans une bataille. Au surplus, je laisse aux casuistes le soin de discuter cette question, et me contente de vous faire observer que ce que j'écris ne peut comprendre les duellistes de profession et l'agresseur dans une affaire. Mon but est de prouver que l'on n'a rien à se reprocher quand on a été attiré en champ clos pour une offense qui vous ferait perdre vos droits à l'estime et à la considération si vous la supportiez de sang-froid.

« Je suis fâché que vous ayez conçu le dessein de vous établir en Ecosse, mais au moins je m'applaudis que vous ne vous enfonciez pas dans ses contrées les plus reculées. Aller du Devonshire au Westmoreland, est un voyage qui ferait frissonner un habitant des Indes orientales; mais partir du Galloway ou du comté de Dumfries pour venir nous voir, c'est faire un pas pour se rapprocher du soleil. D'ailleurs, si, comme je le soupçonne, le domaine que vous avez en vue est voisin du vieux château où vous avez joué le rôle d'astrologue, il y a quelque vingt ans, je vous ai entendu décrire trop souvent ses environs, et avec un enthousiasme trop comique, pour pouvoir espérer que vous renonciez à cette acquisition. J'espère cependant que le brave laird, quoique un peu commère, qui vous a si bien reçu, n'a pas encore coulé bas, et que son chapelain, dont le portrait m'a fait rire tant de fois, est encore *in rerum naturâ* [1].

« Je voudrais, mon cher Mannering, pouvoir finir ici ma lettre, et ce n'est pas sans peine que je me détermine à la continuer. Je crois pouvoir vous garantir que dans

---

(1) Dans ce monde. — Tr.

ce qu'il me reste à vous apprendre, il n'y a pas la plus légère indiscrétion à reprocher à l'aimable pupille que vous avez confiée momentanément à mes soins; mais je veux vous prouver que je mérite encore le surnom de *Sans-Détours* que l'on m'avait donné au collège. En un mot, voici ce dont il s'agit.

« Votre fille a hérité en grande partie de la tournure un peu romanesque de votre caractère; elle y joint un peu de ce désir d'être admirée, qui est plus ou moins le faible de toutes les jolies femmes. Elle paraît devoir être votre unique héritière, circonstance indifférente pour ceux qui voient Julie avec mes yeux; mais c'est un appât puissant pour les coureurs de fortune. Vous savez que je l'ai quelquefois plaisantée sur son air de douce mélancolie, sur les promenades qu'elle aime à faire le matin avant que personne ne soit levé, ou le soir au clair de la lune, quand tout le monde devrait être couché, ou lorsqu'on tient en main des cartes, ce qui est la même chose. L'incident dont j'ai à vous entretenir peut encore être traité en plaisantant; mais il me paraît plus convenable que la plaisanterie vienne de vous que de moi.

« Deux ou trois fois depuis quinze jours, j'ai entendu, fort tard dans la soirée, ou le matin de très-bonne heure, un flageolet jouer le petit air indou que votre fille aime tant. J'ai pensé d'abord que quelque domestique ami de l'harmonie, et dont les talens ne pouvaient se déployer pendant le jour, choisissait cette heure silencieuse pour tâcher d'imiter les sons qu'il avait pu, en restant dans l'antichambre, entendre sortir des lèvres de Julie. Hier soir, j'avais veillé un peu tard dans mon cabinet, qui est situé sous son appartement; le flageolet se fit encore entendre. J'écoutai plus attentivement; et je me convainquis que les sons partaient du lac qui est sous nos fenêtres.

« Je n'étais pas le seul qui veillât. Vous vous souvenez peut-être que miss Mannering choisit cet appartement, parce qu'il s'y trouve un balcon donnant sur le lac. Hé bien! j'entendis le bruit d'une fenêtre qu'on lève, celui des volets qu'on ouvre, et bientôt le son de sa propre voix qui entrait en conversation avec quelqu'un sous ses fenêtres. Ce n'est pas là *beaucoup de bruit pour rien* [1]. Je ne puis m'être trompé, j'ai parfaitement reconnu sa voix si douce, si insinuante. Et, pour dire la vérité, celle qui partait d'en bas était en parfaite harmonie avec la sienne. Mais que disait-on? c'est ce que je ne pouvais distinguer. J'ouvris ma fenêtre afin d'entendre quelque chose de ce rendez-vous à l'espagnole; mais, malgré toutes mes précautions, le bruit alarma les causeurs, j'entendis fermer croisées et volets chez la jeune dame, et un bruit de rames agitées dans l'eau m'annonça le départ de l'autre interlocuteur. J'entrevis même sa barque qui manœuvrait avec autant d'adresse que d'agilité, et qui sillonnait le lac comme si elle eût contenu douze rameurs infatigables.

« Le lendemain matin, j'interrogeai quelques-uns de mes domestiques, comme par curiosité, et j'appris que le garde-chasse, en faisant sa ronde, avait vu plusieurs fois cette barque sur le lac près de la maison, qu'elle ne contenait qu'une seule personne, et qu'il avait entendu le flageolet. Je n'osai pas pousser mes questions trop loin, de peur de faire naître dans l'esprit de ceux à qui je les adressais quelques soupçons relativement à Julie; mais le lendemain, à déjeuner, je parlai comme par hasard de la sérénade de la veille, et je remarquai que miss Mannering rougit et pâlit. Je donnai à la conversation une tournure qui pût lui faire croire que mon observation n'était pas à son adresse; mais dorénavant je laisserai de la lumière toute la nuit dans mon cabinet, et je n'en fermerai pas les volets, afin d'ôter à notre rôdeur nocturne l'envie d'en approcher de trop près. J'ai insisté sur le froid de la saison, sur l'humidité des brouillards, pour engager Julie à renoncer à ses promenades du matin et du soir. Elle y a

---

(1) Titre d'une comédie de Shakspeare. — ÉD.

consenti avec une tranquillité qui n'est pas dans son caractère; et c'est un symptôme qui, pour dire la vérité, ne me plaît pas infiniment. Le caractère de Julie a trop de rapport à celui de son père, pour renoncer ainsi à ce qui lui plaît, si elle ne sentait que la prudence doit l'engager à se soumettre.

« Voilà mon histoire, et vous pouvez maintenant prendre le parti que vous jugerez convenable. Ma bonne femme ne sait rien. Compatissante aux faiblesses de son sexe, elle aurait cherché à me persuader de vous laisser ignorer ce petit événement, et aurait voulu exercer son éloquence auprès de miss Mannering : mais, quelque puissante qu'elle soit, quand elle s'adresse à moi, son objet légitime, je crains que, dans le cas dont il s'agit, elle n'eût fait plus de mal que de bien. Peut-être penserez-vous qu'il vaut mieux que vous paraissiez vous-même ignorer ce qui s'est passé, et agir sans faire de remontrances. Julie ressemble beaucoup à un de mes bons amis; elle a une imagination vive et ardente, qui lui peint sous des couleurs trop riantes ou trop noires tous les événemens de la vie. Au total, c'est une fille charmante, ayant autant d'esprit et de bonté que de charmes. Je lui ai rendu de tout mon cœur le baiser que vous m'avez envoyé pour elle; et, pour ma récompense, elle frappa ma main avec ses jolis doigts. Je vous engage à revenir le plus promptement possible. En attendant, comptez sur la vigilance de votre affectionné

« ARTHUR MERVYN.

« *P. S.* Vous désirerez sans doute savoir si j'ai quelque soupçon sur ce que peut être notre homme à la sérénade. Je n'en ai aucun, en vérité. De tous les jeunes gens de nos environs à qui leur naissance et leur fortune pourraient donner le droit de songer à miss Julie, il n'en est point qui soit dans le cas de jouer ce rôle romanesque. Mais, de l'autre côté du lac, presque vis-à-vis de Mervyn-Hall, est une misérable auberge qui sert de rendez-vous à des gens de toute espèce. Elle est toujours pleine de poètes, d'acteurs, de peintres, de musiciens, qui y viennent pour rêver, déclamer, composer dans ses environs pittoresques. Leur beauté nous expose à entendre bourdonner autour de nous cet essaim de vagabonds, et c'est l'acheter un peu cher. Si Julie était ma fille, je craindrais plus pour elle de ce côté que d'aucun autre. Elle est généreuse et romanesque ; elle écrit six pages par semaine à une de ses amies, et il est quelquefois dangereux d'avoir à chercher un sujet pour exercer ses sentimens ou sa plume. Adieu, encore une fois. Si j'avais traité cette matière plus sérieusement, j'aurais fait tort à votre discernement ; mais, si je ne vous en avais pas parlé, j'aurais cru manquer de prudence. »

D'après cette lettre, le colonel envoya son exprès négligent à Mac-Morlan, avec les pouvoirs nécessaires pour acheter le domaine d'Ellangowan, et se mit en route vers le sud. Il ne s'arrêta que lorsqu'il fut arrivé au château de son ami M. Mervyn, sur le bord d'un des lacs du Westmoreland.

CHAPITRE XVII.

« Le ciel, pour rapprocher de fidèles amours,
« De l'art épistolaire inventa le secours :
« Ou pour que quelque auteur laissât dans ses ouvrages
« A leur gré devant vous parler ses personnages. »

A son retour en Angleterre, le premier soin de Mannering avait été de placer sa fille dans une excellente pension pour achever son éducation. Mais voyant qu'elle n'y acquérait pas aussi promptement que son impatience l'aurait désiré tous les talens dont il voulait la voir ornée, il l'en avait retirée au bout du premier quartier, et lui avait donné des maîtres chez lui. Elle n'avait eu que le temps de former une *amitié éternelle* avec miss Mathilde Marchmont, jeune demoiselle de son âge, c'est-à-dire d'environ dix-huit ans. C'était à ses yeux fidèles qu'étaient destinées ces lettres nombreuses qui partaient de Mervyn-Hall sur les ailes de la poste, tandis que miss Mannering y demeurait. Nous allons mettre sous les yeux de nos lecteurs quelques extraits de cette correspondance, dont la connaissance lui est nécessaire pour l'intelligence de cette histoire.

PREMIER EXTRAIT.

« Hélas! ma chère Mathilde, quel chagrin est le mien! Le malheur me poursuit depuis mon berceau. Voir que nous sommes séparées pour une cause si légère; une faute d'orthographe dans un thème italien, et trois fausses notes dans une sonate de Paësiello! Mais c'est là un des traits du caractère de mon père, pour qui je ne puis dire si j'ai plus de tendresse ou d'admiration que de crainte. Ses succès à la guerre, son habitude de faire céder tous les obstacles à l'énergie de sa volonté, même quand ils semblent insurmontables, tout a contribué à lui donner une constance, une opiniâtreté qui ne lui permettent ni de souffrir une contradiction, ni de pardonner une faiblesse. Il est vrai qu'il a tant de bonnes qualités! Savez-vous qu'il court un bruit (il a été confirmé par quelques mots que ma pauvre mère m'a dits mystérieusement) qu'il est instruit dans des sciences qui sont aujourd'hui perdues, et qui donnent à ceux qui les possèdent la faculté de lire dans l'avenir? L'idée d'un tel pouvoir, ma chère Mathilde, ou même le talent et l'intelligence qui peuvent en tenir lieu, ne jette-t-elle pas un éclat de grandeur mystérieuse sur celui qui en est investi? Vous appellerez cela du romanesque! Mais faites attention que je suis née dans le pays des fées et des talismans; que mon enfance a été bercée par les contes enchanteurs dont vous ne pouvez jouir qu'à travers une traduction française qui les dépouille d'une partie de leurs charmes. O Mathilde! que n'avez-vous pu voir les yeux de mes femmes indiennes fixés avec une attention muette sur le visage de celle qui, dans un langage à demi poétique, racontait ces histoires délicieuses! Je ne m'étonne pas que les fictions des Européens paraissent si froides, si insipides, quand on a vu les effets merveilleux que les narrations des Orientaux produisent sur ceux qui les écoutent. »

SECOND EXTRAIT.

« Vous êtes dépositaire du secret de mon cœur, ma chère Mathilde, vous connaissez les sentimens que je conserve pour Brown, car je ne dirai pas pour sa mémoire; il vit, il m'aime toujours, j'en suis convaincue. Ma mère avait autorisé les soins qu'il me rendait. Peut-être est-ce une imprudence, en réfléchissant aux préjugés du rang et de la naissance. Mais, à cette époque, j'étais presque une enfant, et on ne pourrait exiger que j'eusse eu plus de sagesse que celle sous les soins de qui la nature m'avait placée. Mon père était toujours occupé des devoirs de sa profession; je ne le voyais presque jamais, et j'avais appris à avoir pour lui plus de respect que de confiance. Plût au ciel qu'il en eût été autrement! nous en serions aujourd'hui plus heureux l'un et l'autre. »

TROISIÈME EXTRAIT.

« Vous me demandez pourquoi je n'informe pas mon père que Brown vit encore, ou du moins qu'il a survécu à la blessure qu'il en a reçue; qu'il a écrit à ma mère pour lui annoncer sa convalescence, et l'espérance qu'il avait de sortir bientôt de prison. Mais un militaire qui a vu périr tant de monde dans la guerre réfléchit sans doute bien froidement sur une catastrophe qui m'a pour ainsi dire pétrifiée quand je l'ai apprise.

« Si je lui montrais cette lettre, qu'en résulterait-il?

Brown, conservant encore les prétentions qui ont déterminé mon père à attaquer ses jours, troublerait sa tranquillité bien plus que ne peut le faire l'idée de son trépas. S'il s'échappe de prison, je suis convaincue qu'il reviendra en Angleterre, et il sera temps alors de réfléchir s'il convient d'instruire mon père de son existence. Mais si l'espoir que j'ai conçu venait à s'évanouir, à quoi bon lui découvrir un mystère lié à tant de souvenirs affligeans? Ma pauvre mère craignait tant que mon père ne soupçonnât les sentimens de Brown pour sa fille, que je crois presque qu'au lieu de lui découvrir le véritable but de ses assiduités, elle préféra lui laisser le soupçon qu'elle-même en était l'objet. Quelque respect que je doive à sa mémoire, Mathilde, je dois aussi rendre justice au père que le ciel m'a conservé. Je ne puis m'empêcher de croire que la conduite de ma malheureuse mère était dangereuse pour elle et pour moi, et injuste à l'égard de mon père. Mais que sa mémoire soit en paix! Son bon cœur a pu lui faire commettre une erreur, et ce n'est pas à sa fille qui a hérité de toute sa faiblesse qu'il appartient de soulever le voile qui la couvre.

QUATRIÈME EXTRAIT.

Mervyn-Hall.

«Si l'Inde est la patrie de la magie, ma chère Mathilde, le pays que j'habite est celle du roman. La nature ne peut offrir de spectacle plus imposant. Elle a réuni ici tout ce qu'elle enfanta jamais de plus sublime; des cataractes retentissantes, des monts qui cachent leurs fronts chauves dans les cieux, des lacs qui serpentent dans des vallons ombragés, et conduisent à chaque détour dans de nouveaux sites toujours plus pittoresques; des rochers atteignant les nues : d'un côté les solitudes de Salvator, et de l'autre côté les paysages enchantés de Claude. Je suis heureuse de trouver un objet pour lequel mon père peut partager mon enthousiasme. Il admire la nature comme un peintre ou un poète, et j'ai éprouvé le plus grand plaisir à lui entendre développer les causes et les effets de ces témoignages brillans de son pouvoir. Je voudrais qu'il s'établît dans cette contrée enchanteresse, mais il a dessein de se fixer plus au nord. Il est allé faire un voyage en Ecosse, et je crois qu'il y cherche un endroit qui puisse convenir à ses goûts, pour y établir sa résidence. D'anciens souvenirs paraissent lui faire aimer ce pays. Ainsi, ma chère Mathilde, il paraît que lorsque je m'établirai dans la maison de mon père, ce sera pour m'éloigner de vous encore davantage.

« Je demeure en ce moment chez M. et mistress Mervyn, anciens amis de mon père. Mistress Mervyn est véritablement une bonne femme, moitié dame châtelaine, moitié ménagère; mais pour les ressources de l'amitié, bon Dieu! ma chère Mathilde, votre Julie les aurait aussi bien trouvées en mistress *Teachem*[1]! Vous voyez que je n'ai pas oublié le surnom que nous donnions à notre maîtresse de pension. Quant à sir Arthur, il est bien loin d'avoir les qualités brillantes de mon père. Cependant il m'amuse, et veut bien se prêter à mon caractère. Il est doué d'un gros bon sens, montre assez de complaisance, et ne manque pas d'une certaine gaieté. Je me plais à lui faire faire de longues promenades au bord des chutes d'eau, et jusque sur le haut des montagnes, et par reconnaissance, j'admire ses champs de navets, de luzerne et de sainfoin. Je crois qu'il me regarde comme une jeune fille bien simple, bien éprise des beautés de la nature, revêtue de quelques charmes (il faut que le mot passe) et d'un assez bon naturel. Moi, je conviens que le cher homme peut assez bien juger de l'extérieur d'une femme, mais je ne lui soupçonne pas le tact nécessaire pour pénétrer dans ses sentimens. Il m'accompagne ainsi malgré sa goutte; il me conte des histoires du grand monde, dans lequel il

---

(1) Teachem, *enseignez-les*. Ce surnom revient à celui de *pédante*. — ÉD.

prétend avoir vécu; moi, je l'écoute, je souris, je suis aussi gaie, aussi aimable qu'il m'est possible, et nous nous entendons fort bien.

« Mais, hélas! ma chère Mathilde, que le temps me paraîtrait long dans ce paradis romantique habité par deux êtres semblables, si peu assortis aux beautés qui les entourent, si vous n'étiez pas exacte à répondre à mon ennuyeux bavardage! Je vous en prie, ne manquez pas de m'écrire au moins trois fois par semaine, vous ne pouvez jamais manquer de matériaux. »

CINQUIÈME EXTRAIT.

« Comment vous instruire de ce que j'ai à vous annoncer? Mon cœur et ma main sont dans une telle agitation, qu'il m'est presque impossible d'écrire. Ne vous avais-je pas dit qu'il vivait, qu'il était fidèle, que j'espérais toujours ! Comment pouvez-vous me dire, ma chère Mathilde, que l'âge auquel je l'ai quitté vous fait croire que les sentimens que je conserve pour lui prennent naissance dans mon imagination plutôt que dans mon cœur? J'étais bien sûre qu'ils étaient véritables, et que je ne pouvais me tromper sur leur nature. Mais revenons à mon récit, et que la confidence que je vais vous faire, ma chère amie, soit le gage le plus sincère, le plus sacré de notre amitié.

« On se retire ici de fort bonne heure, beaucoup trop tôt pour que mon cœur, chargé d'inquiétudes, soit disposé à se livrer au repos. Je prends donc ordinairement un livre, et lis une heure ou deux dans ma chambre, où se trouve un petit balcon donnant sur un beau lac, dont j'ai essayé de vous envoyer une esquisse. Mervyn-Hall, étant un ancien château fortifié, a été construit sur le bord de l'eau, qui y est assez profonde pour qu'un bateau puisse s'avancer jusqu'au pied des murs. Je n'avais fermé hier soir qu'un de mes volets, afin de pouvoir jouir avant de me coucher de l'aspect de la lune sur les eaux du lac. Je

lisais cette belle scène du *Marchand de Venise*[1] où deux
amans, décrivant le calme d'une nuit d'été, semblent se
disputer à qui lui trouvera plus de charmes. Les sentimens
que mon cœur éprouvait se confondaient avec ceux que
faisait naître cette lecture, quand j'entendis sur le lac le
son d'un flageolet. Je vous ai dit que c'était l'instrument
favori de Brown. Qui pouvait en jouer ainsi pendant une
nuit qui, quoique fort belle, était trop froide pour que le
seul plaisir de la promenade pût attirer quelqu'un sur le
lac à une telle heure et dans une saison si avancée? Je
m'approchai de la fenêtre ; j'étais tout attention, j'osais à
peine respirer. Le son de l'instrument cessa un moment,
se fit entendre de nouveau, et semblait s'approcher davantage. Enfin, je distinguai ce petit air indou que vous ap-
peliez mon air de prédilection, et je vous ai dit quel était
le maître qui me l'avait appris.

« Etait-ce lui? Etaient-ce des sons que les vents apportaient à mon oreille pour m'avertir de sa mort?

« Il se passa quelque temps avant que j'eusse assez de
courage pour m'avancer sur le balcon. Rien ne m'aurait
déterminée à le faire, si je n'avais eu l'intime conviction
qu'il vivait encore, que je devais le revoir. Cette idée
m'enhardit : j'ouvris ma croisée, le cœur palpitant. Je
vis un bateau dans lequel un seul homme était assis.
O Mathilde! c'était lui; je le reconnus de suite, malgré
notre longue séparation, malgré les ombres de la nuit,
comme si je l'avais vu la veille, comme si les rayons du
soleil m'eussent éclairée. Il dirigea sa barque vers mon
balcon, et me parla. Je ne sais ce qu'il me dit, je ne sais
ce que je lui répondis : les larmes me coupaient la parole ;
mais c'étaient des larmes de joie. Un chien qui aboya à
peu de distance troubla notre entretien. Nous nous séparâmes avec la promesse de nous revoir le soir au même
lieu et à la même heure. Mais à quoi tout cela aboutira-t-il?

---

(1) Shakspeare.— ED.

Puis-je répondre à cette question? Non en vérité. Le ciel, qui lui sauva la vie, qui l'a délivré de captivité, qui a ainsi épargné à mon père le malheur d'avoir donné la mort à un homme qui ne voudrait pas toucher à un seul des cheveux de sa tête, peut aussi faire un miracle pour guider mes pas hors du labyrinthe où je me trouve engagée. Il me suffit, quant à présent, d'avoir la bien ferme résolution que ma chère Mathilde n'aura jamais à rougir de son amie, mon père de sa fille, ni mon amant de l'objet auquel il a voué toute sa tendresse. »

CHAPITRE XVIII.

« Parler à un homme par une fenêtre ! ! ! »
SHAKSPEARE. *Beaucoup de bruit pour rien.*

Nous continuerons à donner quelques extraits des lettres de miss Mannering, afin de faire connaître le bon sens naturel, les principes et la sensibilité de cette jeune personne. Les taches de son caractère devaient être attribuées à une éducation imparfaite, et au jugement faux d'une mère qui regardait au fond du cœur son mari comme un tyran, et qui finit par le craindre comme tel. Lady Mannering avait lu beaucoup de romans; les intrigues qu'ils contiennent l'avaient tellement intéressée, qu'elle avait voulu en conduire un dans sa maison, et faire de sa propre fille, à l'âge de seize ans, une *héroïne*. Elle se plaisait dans de petits mystères, faisait d'un rien un secret important, et tremblait cependant à l'idée de l'indignation qu'éprouverait son époux s'il découvrait ses manœuvres. Ainsi elle formait un projet pour le seul plaisir de le former, ou par esprit de contradiction, s'avançait plus qu'elle ne l'aurait voulu, cherchait à se tirer d'embarras par de nouvelles ruses, ou à couvrir ses erreurs par la dissimulation, se trouvait souvent enveloppée dans ses propres filets; et la crainte de laisser découvrir un projet qu'elle n'avait souvent conçu que par plaisanterie, l'obligeait à continuer sa route quand elle aurait voulu revenir sur ses pas.

Heureusement que le jeune homme qu'elle avait admis dans sa société intime, et dont elle avait encouragé la passion pour sa fille, avait un fonds de principes et d'honnêteté qui rendit sa compagnie moins dangereuse que mistress Mannering n'aurait dû s'y attendre. On n'avait à lui reprocher que l'obscurité de sa naissance; car d'ailleurs....

> La nature en son cœur s'était plue à graver
> L'amour de la vertu, le désir de la gloire :
> Et dès ses premiers pas on vit que la victoire
> A de brillans succès le ferait arriver.

Mais il était au-dessus de ses forces d'éviter le piège que mistress Mannering avait tendu sous ses pas. Il lui fut impossible de ne pas s'attacher à une jeune demoiselle dont les charmes et les qualités auraient allumé sa passion, même dans des lieux où cet assemblage eût été moins rare que dans une forteresse éloignée, dans nos établissemens des Indes. La lettre de M. Mannering à M. Mervyn a suffisamment détaillé tout ce qui s'ensuivit, et nous étendre davantage sur ce sujet serait abuser de la patience de nos lecteurs.

Nous allons donc leur présenter la suite de la correspondance de miss Mannering avec son amie.

SIXIÈME EXTRAIT.

« Je l'ai revu, Mathilde, je l'ai revu deux fois. J'ai inutilement épuisé tous les raisonnemens pour le convaincre que ces entrevues secrètes étaient dangereuses pour lui comme pour moi; je l'ai engagé à suivre ses vues de fortune sans penser à moi davantage; je lui ai dit que je me trouvais heureuse et tranquille depuis que j'étais assurée qu'il n'avait pas été victime du ressentiment de mon père. Il m'a répondu.... et comment vous dire tout ce qu'il a trouvé à me répondre? il a réclamé les espérances que ma mère lui avait permis de concevoir ; il a cherché à me déterminer à m'unir à lui sans le consentement de mon père. Quelle folie! Non, Mathilde, jamais je n'y consentirai; je l'ai refusé positivement; j'ai su imposer silence au sentiment secret qui me parlait en sa faveur. Mais comment sortir de ce dédale dans lequel m'ont entraînée le destin et l'imprudence de ma pauvre mère?

« J'ai tant réfléchi sur ce sujet, ma chère amie, que ma faible tête en est fatiguée. J'avais cru que le parti le plus sage était de tout avouer à mon père; il mérite cette confiance, car sa tendresse pour moi est inépuisable. Depuis que j'ai étudié de plus près son caractère, j'ai remarqué qu'il ne devient violent et emporté que lorsqu'il soupçonne qu'on veut le tromper ; et, sous ce rapport peut-être, il a été mal jugé par quelqu'un qui lui était bien cher. Il y a aussi dans ses sentimens quelque chose de romanesque. Je l'ai vu accorder au récit d'une action généreuse, d'un trait d'héroïsme et d'un acte de grandeur d'âme, des larmes que la peinture du malheur n'aurait pu lui arracher. Mais Brown m'a représenté qu'il est son ennemi personnel. Ensuite l'obscurité de sa naissance! Ce serait pour mon père un coup de massue. O Mathilde! j'espère qu'aucun de vos aïeux n'a été à la bataille de Poitiers ni à celle d'Azincourt. Sans la vénération de mon père pour la mémoire de sir Miles Mannering, je m'expliquerais avec lui sans avoir moitié autant de crainte.

SEPTIÈME EXTRAIT.

« Je reçois à l'instant votre lettre; quel plaisir elle m'a fait! Je vous remercie, ma tendre amie, de vos conseils et de votre amitié; je ne puis la payer que par une entière confidence.

« Vous me demandez quelle est la naissance de Brown,

puisqu'elle doit être si désagréable à mon père? Son histoire est fort courte. Il est Ecossais; mais étant resté orphelin, une famille établie en Hollande, et dont il était parent, prit soin de son éducation. Il fut destiné au commerce, et envoyé dès sa jeunesse dans nos établissemens des Indes orientales, où son tuteur avait un correspondant; mais, quand il arriva aux Indes, ce correspondant était mort, et il n'eut d'autre ressource que d'entrer en qualité de commis chez un négociant. La guerre qui s'alluma, et le besoin que l'on eut de faire des recrues pour l'armée, ouvrit la porte de la carrière militaire à tous les jeunes gens disposés à y entrer; et Brown, qui se sentait plus de goût pour les armes que pour le commerce, fut le premier à prendre ce parti. Il quitta la route de la fortune pour suivre celle de la gloire. Vous savez le reste de son histoire. Mais concevez combien mon père serait irrité, lui qui méprise le commerce (quoique, pour le dire en passant, la majeure partie de ses biens ait été acquise dans cette honorable profession par mon grand-oncle), et qui a une antipathie particulière pour les Hollandais! Comment recevrait-il une proposition de mariage pour sa fille unique, de la part de Van Beest Brown, élevé par charité dans la maison Van Beest et Van Brugen? O Mathilde! jamais il n'y consentirait; et, le croirez-vous bien? peu s'en faut que je ne pense comme lui sur cet article. Mistress Van Beest Brown! le joli nom pour votre amie! Mon Dieu, que nous sommes enfans!

HUITIÈME EXTRAIT.

« Tout est perdu, Mathilde; jamais je n'aurai le courage de rien avouer à mon père. Je crains même qu'il n'ait appris mon secret par une autre voie. Il en résulte qu'il ne me saurait aucun gré de mes aveux, et que je perds la faible espérance que je m'efforçais d'entretenir. Il y a quelques nuits, Brown vint à l'ordinaire sur le lac, et son flageolet m'annonça son arrivée. Nous étions convenus que ce serait le signal. Ce lac, ses environs pittoresques attirent beaucoup de monde; et nous espérions que si, dans le château, on faisait quelque attention à lui, il passerait pour un de ces admirateurs de la nature qui se plaisent à jouir de ses plus riches tableaux en les animant par les sons de la musique. Ce pourrait être aussi une excuse pour moi si l'on venait à m'apercevoir sur le balcon. Mais, dans cette dernière entrevue, pendant que je lui parlais encore du plan que j'avais formé de faire une confidence entière à mon père, et qu'il cherchait à me dissuader de ce projet, nous entendîmes la fenêtre du cabinet de M. Mervyn, qui est précisément sous ma chambre, s'ouvrir tout doucement; je fis signe à Brown de se retirer, et je rentrai dans mon appartement, non sans quelque espoir que nous n'avions pas été remarqués.

« Mais, hélas! Mathilde, cette espérance ne tarda pas à s'évanouir. Le lendemain matin, dès que je vis M. Mervyn au déjeuner, ses yeux, son air, son visage, son ton à demi goguenard, tout enfin m'assura qu'il nous avait vus. Je n'ai jamais été si tentée de me mettre en colère, mais il faut un peu de politique. Mes promenades sont à présent bornées au jardin, où il peut me suivre sans peine, collé à mon côté. Je l'ai surpris deux ou trois fois cherchant à me sonder et à me surprendre, en épiant l'expression de ma physionomie. Il a parlé de flageolet, a vanté la surveillance de ses chiens et leur méchanceté, la vigilance avec laquelle le jardinier fait sa ronde tous les soirs avec un fusil bien chargé; enfin il m'a parlé de pièges, de fusils à ressorts qu'on place toutes les nuits autour de la maison, de crainte des voleurs. Tout cela n'avait pour but que de m'effrayer. Je ne voudrais pas manquer à un ancien ami de mon père dans sa propre maison; mais j'aurais bien du plaisir à lui prouver que je suis la fille de mon père; et c'est un fait dont M. Mervyn sera convaincu, si je réponds jamais à ses insinuations du ton qui convient à mon caractère. Je suis pourtant bien sûre d'une chose, et je lui en

sais quelque gré, c'est qu'il n'a parlé de rien à mistress
Mervyn. Grand Dieu! que de sermons j'aurais été obligée
d'entendre sur les dangers de l'amour et sur l'inconvénient de respirer la nuit l'air du lac, sur le risque de gagner des rhumes et de trouver des gens qui courent après
ma fortune, sur l'utilité de l'eau d'orge et des volets bien
fermés! Hé bien! Mathilde, vous le voyez, je ne puis
m'empêcher de plaisanter, et cependant mon cœur est
navré de douleur. Je ne sais ce que devient Brown. La
crainte que nous ne soyons découverts l'empêche de reparaître sur le lac. Il loge dans une auberge qui est en
face, de l'autre côté, et n'y est connu que sous le nom de
Dawson. Il faut convenir qu'il n'est pas heureux dans le
choix de ses noms¹. Je ne crois pas qu'il ait quitté le ser
vice, mais il ne m'a rien dit de ses vues actuelles.

« Pour mettre le comble à mon embarras, mon père
est revenu tout à coup, et d'un air de mauvaise humeur.
Une conversation très-animée, que j'ai entendue, entre
notre bonne hôtesse et sa femme de charge, m'a appris
qu'on ne l'attendait que dans huit jours; mais il m'a paru
que son arrivée n'avait pas surpris M. Mervyn. Il a eu l'air
froid et réservé avec moi, et m'a ôté tout le courage dont
j'aurais besoin pour lui faire ma confidence. Il rejette la cause
de l'humeur qu'il ne peut s'empêcher de manifester, sur
ce qu'il a manqué une acquisition qu'il avait grande envie
de faire dans le sud-ouest de l'Ecosse. Mais je ne puis croire
que ce seul motif suffise pour troubler ainsi son égalité
d'ame. Sa première sortie fut pour traverser le lac dans
une barque avec M. Mervyn. Ils se dirigèrent du côté de
l'auberge dont je vous ai parlé. Vous pouvez vous imaginer
avec quelle inquiétude j'attendais son retour. S'il avait re
connu Brown, qui peut prévoir ce qui s'en serait suivi?
Mais il revint sans que son visage m'annonçât qu'il eût fait
aucune découverte. Je viens d'apprendre qu'il a dessein
de louer une maison dans le voisinage d'Ellangowan. C'est

(1) *Dawson*, fils de geai ou fils de choucas. — Tr.

la terre qu'il voulait acheter, et dont je suis fatiguée d'entendre parler. Il paraît qu'il pense que ce domaine pourra bien ne pas tarder à être mis une seconde fois en vente. Je ne vous enverrai cette lettre que lorsque je saurai plus positivement quelles sont ses intentions. »

« Je viens d'avoir une entrevue avec mon père, qui m'a fait connaître de ses secrets ce qu'il juge à propos que j'en sache. Ce matin, après le déjeuner, il m'a priée de le suivre dans la bibliothèque. Mes genoux tremblaient sous moi, Mathilde, et je n'exagère pas en vous disant que je craignais; mais, depuis mon enfance, j'ai été accoutumée à voir tout ce qui l'entoure trembler au seul mouvement de son sourcil. Il me dit de m'asseoir, et jamais je n'ai obéi de si bon cœur, car je pouvais à peine me soutenir. Il continua à se promener dans la chambre. Vous avez vu mon père, et vous vous rappelez sans doute combien ses traits sont expressifs ; ses yeux sont naturellement doux ; mais ils deviennent perçans et pleins de feu quand il est en colère ou qu'il éprouve quelque contradiction. Il a aussi l'habitude de mordre ses lèvres lorsque son impétuosité naturelle est combattue par l'habitude où il est de maîtriser ses passions. C'était la première fois que nous nous trouvions seuls depuis son retour d'Ecosse; et, comme je remarquais en lui tous ces symptômes d'agitation, je ne doutais pas qu'il n'entamât le sujet dont je tremblais de l'entendre parler.

« Que je me sentis soulagée quand je vis que je m'étais trompée ! Il paraît qu'il n'est pas instruit des découvertes de M. Mervyn, ou qu'il ne veut pas entrer en explication avec moi sur ce sujet.

« —Julie, me dit-il, mon homme d'affaires m'écrit d'Ecosse qu'il m'a loué une maison bien meublée, avec tout ce qui peut être nécessaire à notre usage. Elle est située à trois milles du domaine que j'avais intention d'acquérir.

« Ici il fit une pause, et parut attendre une réponse.

« — Tous les endroits qui vous seront agréables, mon père, ne peuvent manquer de le devenir pour moi.

« — C'est bien. Mais j'ai dessein, Julie, de ne pas vous y laisser passer l'hiver sans société.

« Ah! pensais-je en moi-même, c'est sans doute l'aimable couple de Mervyn-Hall! — La compagnie dont vous ferez choix, mon père, me plaira toujours, bien certainement.

« — Mon Dieu! je ne puis souffrir cette soumission si passive qui s'étend si loin! Elle est bonne à mettre en pratique; mais ce jargon dont vous me rebattez les oreilles me rappelle la dépendance servile de nos esclaves noirs des Indes. En un mot, Julie, je sais que vous aimez la société, et j'ai dessein d'inviter une personne, la fille d'un de mes amis, mort il y a peu de temps, à venir passer quelque temps avec nous.

« — Ah! pour l'amour de Dieu, papa, point de gouvernante! m'écriai-je, la crainte l'emportant alors sur la prudence.

« — Qui vous parle de gouvernante, miss Mannering? me dit mon père d'un ton à demi mécontent; c'est une jeune demoiselle élevée à l'école du malheur, et dont j'espère que l'excellent exemple pourra vous apprendre à vous gouverner vous-même.

« Répondre à cette observation, c'était marcher sur un terrain bien glissant. Il y eut donc une pause. Enfin je lui dis : — Cette demoiselle est Écossaise?

« — Oui, me répondit-il assez sèchement.

« — A-t-elle beaucoup l'accent du pays?

« — Que diable! croyez-vous que je m'inquiète beaucoup si elle prononce *a* ou *ai*, *i* ou *aye?* Je vous parle sérieusement, Julie; je sais que vous avez du penchant pour l'amitié, c'est-à-dire pour former des liaisons auxquelles vous donnez ce nom. (Cela n'était-il pas bien dur, Mathilde?) Hé bien, je veux vous donner l'occasion d'acquérir une amie qui mérite ce titre. C'est dans cette vue que je me suis décidé à l'inviter à venir passer quelques mois dans ma maison, et j'espère qu'elle obtiendra de vous tous les égards qu'ont droit d'attendre l'infortune et la vertu.

«—Certainement, mon père. Et..... ma future amie est-elle rousse?

« Il me lança un regard de colère : vous direz peut-être que je le méritais; mais je crois qu'en certaines occasions un malin esprit me suggère d'impertinentes questions. — Elle est au-dessus de vous, ma chère amie, autant par sa beauté que par sa prudence et son attachement pour ses amis.

«—Et vous croyez, papa, que cette supériorité est une bonne recommandation? Allons, mon père, je vois que vous prenez trop sérieusement mes plaisanteries : soyez bien convaincu que, quelle que soit cette jeune dame, l'intérêt que vous prenez à elle lui assure le meilleur accueil de ma part. Mais, dites-moi, a-t-elle quelqu'un pour la servir? sans quoi, il faudra que nous y songions.

«—N... on, non... elle n'a..., à proprement parler..., aucune suite...; seulement..., le chapelain qui demeurait chez son père est un fort brave homme, et j'espère qu'il l'accompagnera.

« —Miséricorde, mon père, un chapelain !

«—Oui, miss, un chapelain! ce nom est-il nouveau pour vous? n'avions-nous pas un chapelain à la maison quand nous étions dans les Indes?

« — Cela est vrai, papa; mais dans ce pays vous étiez commandant.

« — Je le suis encore ici, miss Mannering, au moins dans ma famille.

« —Bien certainement, mon père! mais dites-moi, nous lira-t-il les prières de l'Eglise anglicane?

« L'apparence de simplicité avec laquelle je lui fis cette question déconcerta sa gravité.

«—Allons Julie, me dit-il, vous êtes une méchante fille.

Mais je ne gagnerais rien en vous grondant. Des deux personnes dont je vous parle, l'une ne peut manquer de vous plaire, vous l'aimerez, j'en suis sûr. Quant à l'autre, que j'appelle chapelain, faute de savoir comment le désigner autrement, c'est un brave et digne homme, mais un peu ridicule; il faudrait rire bien fort de lui pour qu'il s'en aperçût.

« — Je suis enchantée de ce dernier trait, papa. Mais, dites-moi, la maison que nous allons habiter est-elle située aussi agréablement que celle-ci?

« — Je crains qu'elle ne soit pas autant à votre goût. Vous n'aurez pas de votre fenêtre la vue d'un lac, et vous n'aurez d'autre musique que celle que vous pouvez faire vous-même.

« C'était tirer à bout portant, et ce dernier *coup* me fit perdre tout mon esprit. Je ne trouvai plus rien à répondre.

« Cependant j'avais recouvré mes forces, comme vous l'aurez vu par le dialogue qui précède. Je sais que Brown est vivant, qu'il est libre, qu'il est en Angleterre, qu'il m'aime : avec cette assurance, je puis braver toutes les craintes, tous les embarras. Nous partons dans deux ou trois jours pour notre nouvelle demeure. Je ne manquerai pas de vous écrire ce que je pense de nos deux Ecossais. Je n'ai que trop de raisons pour croire que ce sont deux honnêtes espions que mon père veut mettre dans sa maison, l'un en habit ecclésiastique, et l'autre en jupons courts. Quelle différence avec la société que je désirerais avoir! Dès que nous serons arrivés, je ne manquerai pas d'écrire à ma chère Mathilde, et de l'informer des destins ultérieurs de sa bonne amie

« Julie Mannering. »

CHAPITRE XIX.

« Autour de sa retraite est un riant coteau,
« Que couvrent de leur ombre et le chêne et l'ormeau.
« Sous leurs berceaux épais, avec un doux murmure,
« Serpente d'un ruisseau l'onde limpide et pure.
« C'est un vrai Tusculum, séjour délicieux,
« Formé pour enchanter et le cœur et les yeux. »
                                        WARTON.

Woodbourne, que M. Mac-Morlan avait loué pour le colonel Mannering, était un grand et beau château situé au bas d'une montagne couverte d'un bois qui mettait la maison à l'abri des vents du nord et de l'est. La vue s'étendait par-devant sur une petite plaine terminée par un bouquet de vieux arbres, par-derrière sur des prairies qui régnaient le long d'une rivière que l'on apercevait des fenêtres du château. Un jardin assez joli, quoique planté à l'ancienne mode, un colombier bien garni, des terres en quantité suffisante pour fournir à tous les besoins de la famille, rendaient ce séjour aussi commode qu'agréable.

C'était là que Mannering avait résolu de planter son pavillon, au moins pour quelque temps. Quoique habitué au luxe des Indes, il n'était pas très-curieux de faire parade de ses richesses, et il nourrissait trop de véritable fierté pour avoir de l'ostentation. Il monta donc sa maison sur un pied convenable à un gentilhomme campagnard jouissant de quelque fortune, sans afficher, ou permettre que rien affichât chez lui le faste de ce qu'on appelait dès lors un Nabab. Il avait d'ailleurs les yeux toujours ouverts sur le domaine d'Ellangowan, qu'il pensait encore à acquérir, et que M. Mac-Morlan croyait que Glossin serait obligé de remettre en vente : quelques créanciers lui disputaient le droit de conserver entre ses mains la portion du prix qu'il comptait garder; et, s'il fallait la payer, on ne croyait pas qu'il en eût les moyens. Ce cas arrivant, Mac-Morlan était convaincu qu'il céderait volontiers son marché, moyennant un certain bénéfice.

On peut être surpris que Mannering eût tant de prédilection pour un endroit qu'il n'avait vu qu'une seule fois, à une époque si éloignée, et pendant bien peu d'instants. Mais ce qui s'y était passé avait fait une vive impression sur son imagination. Il semblait que sa propre destinée eût quelques points de contact avec celle de la malheureuse famille d'Ellangowan. Il éprouvait un secret désir de se voir propriétaire de cette terrasse où les astres paraissaient lui avoir annoncé l'événement extraordinaire arrivé à l'unique héritier du nom des Bertram, événement qui avait une correspondance si singulière avec la destinée d'une épouse qu'il chérissait toujours. D'ailleurs quand une fois cette idée fut entrée dans son esprit, il ne put supporter la pensée de voir ses plans dérangés par un misérable tel que Glossin. Ainsi l'amour-propre s'unit à l'imagination pour le confirmer dans le projet d'acheter ce domaine dès que la chose serait possible.

Rendons pourtant justice à Mannering. Le désir de soulager l'infortune avait aussi contribué à le déterminer à s'établir dans les environs d'Ellangowan. Il savait combien la société de Lucy Bertram pouvait être avantageuse à sa fille. Il connaissait toute l'étendue de sa prudence et de son jugement; car Mac-Morlan lui avait confié, sous le sceau du secret, la manière dont elle s'était conduite à l'égard du jeune Hazlewood. Il prenait donc à elle un véritable intérêt, et désirait vivement lui devenir utile. S'il s'était fixé en Angleterre, il lui aurait paru peu délicat de l'engager à quitter les lieux qui l'avaient vue naître, et les amis qu'elle y avait, pour venir s'établir chez des étrangers; mais à Woodbourne il pouvait sans inconvénient l'engager à venir résider quelque temps auprès de sa fille, sans s'exposer à l'humilier par l'aspect de la dépendance. Miss Bertram, après avoir un peu hésité, accepta donc son invitation de venir passer quelques semaines avec miss Mannering. Malgré toute la délicatesse qu'employa le colonel pour lui déguiser la vérité, elle avait trop d'esprit pour ne pas sentir que son principal but était de lui offrir un asile et sa protection. Elle reçut dans le même temps une réponse de mistress Bertram, la parente à laquelle elle avait écrit. Elle lui envoyait une petite somme d'argent, lui conseillait de se mettre en pension chez quelque famille tranquille, soit à Kippletringan, soit dans les environs, et lui disait que, malgré la modicité de son revenu, elle avait pris sur son nécessaire plutôt que de laisser sa parente dans le besoin. Miss Bertram, en lisant cette lettre peu consolante, et aussi froide qu'on puisse l'imaginer, ne put s'empêcher de verser quelques larmes. Elle se rappelait que cette bonne parente avait passé plusieurs années à Ellangowan du vivant de sa mère; et elle y serait probablement restée jusqu'à la mort du propriétaire, si elle n'avait eu le bonheur de recueillir un héritage de quatre cents livres de rente [1], ce qui l'avait mise en état de quitter la maison où elle avait été accueillie avec l'hospitalité la plus obligeante. Lucy fut violemment tentée de lui renvoyer la bagatelle que l'orgueil aux prises avec l'avarice avait arrachée à la vieille dame. Mais, après y avoir réfléchi, elle se détermina à lui écrire qu'elle l'acceptait comme un prêt qu'elle espérait pouvoir lui rendre un jour. Elle la consulta en même temps sur l'invitation qu'elle avait reçue du colonel Mannering. La réponse lui arriva par le prochain courrier, mistress Bertram craignant qu'une fausse délicatesse et un défaut de jugement, termes dont elle se servait dans sa lettre, n'engageassent miss Lucy à refuser ces offres, et à préférer d'être un fardeau pour sa famille. Miss Bertram n'avait donc pas

---

[1] 9,600 liv. de France. — Éd.

d'autre parti à prendre, à moins qu'elle ne voulût rester à la charge du digne Mac-Morlan, qui était trop généreux pour être riche. Les familles dont elle avait reçu des invitations lors de la mort de son père ne songeaient plus à elle, soit qu'elles fussent charmées que leurs offres n'eussent pas été acceptées, soit qu'elles fussent piquées de la préférence qu'elle avait donnée à celle de M. Mac-Morlan.

La situation de Dominus Sampson aurait été déplorable si la personne qui s'intéressait à miss Bertram n'eût été le colonel Mannering, qui aimait tout ce qui sentait l'originalité. Instruit par Mac-Morlan de ses procédés à l'égard de la fille de son ancien patron, son estime pour lui s'était augmentée : il s'était informé s'il possédait toujours cette admirable taciturnité qui faisait à Ellangowan son caractère distinctif; et ayant appris qu'il était toujours le même : — Dites, je vous prie, à M. Sampson, manda-t-il à M. Mac-Morlan dans sa lettre suivante, que j'aurai besoin de son secours pour cataloguer et mettre en orde la bibliothèque de mon oncle l'évêque, que j'ai donné ordre que l'on m'envoyât par mer. J'aurai aussi quelques papiers à copier et à arranger. Fixez ses appointemens à une somme convenable; ayez soin de le faire habiller proprement, et qu'il accompagne sa jeune pupille à Woodbourne.

Le bon Mac-Morlan reçut cette nouvelle commission avec grand plaisir. Mais la recommandation de faire habiller proprement Dominus ne lui causa pas peu d'embarras. Il l'examina avec attention, et il n'était que trop clair que ses habits étaient dans un bien triste état. Lui donner de l'argent, et lui dire de s'en faire faire d'autres, ce n'eût été que lui fournir le moyen de se rendre ridicule; car lorsque, événement bien rare, il arrivait à M. Sampson de renouveler quelque pièce de sa garde-robe, son goût le dirigeait toujours si bien, que les enfans du village ne manquaient pas de le suivre pendant plusieurs jours. D'un autre côté, lui amener un tailleur pour prendre sa mesure et lui apporter ensuite ses habits, comme à un enfant qui va encore à l'école, il pouvait s'en trouver mortifié ; enfin M. Mac-Morlan résolut de consulter miss Bertram, et de la prier de se charger de cette grande affaire. Elle l'assura qu'elle n'était pas en état de lui donner des avis sur le choix des habits à usage d'homme, mais que rien n'était plus facile que d'habiller à neuf Dominus.

— A Ellangowan, dit-elle, quand mon père jugeait que quelque partie de l'habillement de Dominus avait besoin d'être renouvelée, un domestique entrait dans sa chambre pendant qu'il dormait, et il dort comme un loir ; il emportait l'ancien vêtement, mettait le nouveau à sa place, et jamais nous n'avons remarqué qu'il se soit aperçu de ce changement.

Mac-Morlan se procura donc un artiste habile qui, après avoir considéré attentivement Dominus, se chargea, sans avoir besoin de prendre sa mesure, de lui faire deux habits complets, l'un noir, et l'autre gris foncé ; il garantit qu'ils lui iraient aussi bien que cela lui était possible avec un homme bâti d'une manière si extraordinaire.

Quand l'ouvrage fut fini et livré, le très-judicieux Mac-Morlan jugea à propos de faire cet échange graduellement. Il fit donc retirer le soir la partie la plus importante des vieux habits de Sampson, et y fit substituer la pièce neuve. Voyant que cela avait parfaitement réussi, le même échange se fit le lendemain et le surlendemain pour le gilet et l'habit. Quand il fut ainsi complètement métamorphosé, et couvert, pour la première fois de sa vie, d'un habillement complet entièrement neuf, on remarqua que Dominus paraissait manifester quelque surprise et quelque embarras. On voyait sur sa physionomie une expression singulière, qui s'y peignait surtout quand il jetait les yeux tantôt sur les genoux de ses culottes, où il cherchait en vain quelque vieille tache de sa connaissance, ou quelque raccommodage en fil bleu sur un fond noir, et qui avait l'air d'une broderie ; alors il prenait soin de tourner son attention sur quelque autre sujet, jusqu'à ce qu'à l'aide du temps les habits ne lui offrissent plus rien d'extraordinaire. La seule remarque qu'il fit jamais à ce sujet fut que l'air de Kippletringan paraissait favorable aux vêtemens, et que les siens lui paraissaient aussi beaux que le jour où il les avait mis la première fois pour prêcher son sermon de licence.

Quand M. Mac-Morlan lui eut fait part de la proposition que le colonel l'avait chargé de lui faire, il jeta sur miss Bertram un regard de crainte et de défiance, comme si ce projet était mis en avant pour amener leur séparation ; mais quand il apprit aussi qu'elle devait aller habiter Woodbourne, il joignit ses mains sèches et les éleva vers le ciel avec une exclamation comparable à celle de l'Afrite, dans le conte du calife Vathek [1]. Après cette explosion sentimentale, il reprit sa tranquillité, et ne s'inquiéta d'aucun des détails de cette affaire.

Il avait été réglé que M. et mistress Mac-Morlan iraient prendre possession de Woodbourne quelques jours avant l'arrivée du colonel, pour y mettre tout en ordre, et y établir miss Bertram. Ils s'y rendirent donc dans les premiers jours de décembre.

CHAPITRE XX.

« C'était un génie gigantesque capable de lutter
« avec des bibliothèques entières. »
BOSWELL. *Vie de Johnson.*

LE jour était venu où le colonel Mannering et sa fille étaient attendus à Woodbourne. L'heure de leur arrivée approchait, et chacun des individus qui composaient le petit cercle rassemblé dans le château était occupé à sa

---

(1) Roman de M. Beckford, le fameux propriétaire de Fonthill-Abbey. — ÉD.

manière. Mac-Morlan désirait naturellement obtenir la confiance et se faire un client d'un homme qui jouissait d'autant de fortune que de considération. La connaissance qu'il avait du cœur humain lui avait fait remarquer que Mannering, quoique bon et généreux, avait le faible de vouloir que ses moindres ordres fussent exécutés avec exactitude et précision. Il cherchait donc à s'assurer que tout était disposé dans la maison conformément aux désirs et aux intentions du colonel; et il parcourait toute la maison depuis le grenier jusqu'à l'écurie. Mistress Mac-Morlan, s'agitant dans une moindre sphère, allait de la salle à manger à la cuisine, et de la cuisine à la femme de charge. Toute sa crainte était que le retard apporté à l'arrivée du propriétaire ne fît tort au dîner et ne donnât une opinion peu flatteuse de ses talens et de sa surveillance. Dominus même, sortant de son état habituel d'apathie, avait regardé deux fois par la fenêtre qui donnait sur l'avenue, et avait dit : — Qui peut donc les retarder ainsi? — Lucy, la plus paisible de toutes, se livrait à quelques idées mélancoliques : elle allait se trouver confiée à la protection, on peut même dire à la bienveillance d'un étranger, en faveur duquel tout ce qu'elle avait vu, tout ce qu'elle en savait, la prévenait avantageusement, mais qu'elle ne connaissait que très-imparfaitement. Les momens de l'attente lui paraissaient donc longs et pénibles.

Enfin le bruit des roues et des chevaux se fit entendre. Les domestiques, qui étaient déjà arrivés, se rassemblèrent pour recevoir leur maître et leur maîtresse avec un empressement et un air d'importance qui fut presque alarmant pour Lucy, qui n'avait jamais vu la société, et qui ne connaissait pas les manières de ce qu'on appelle le grand monde. Mac-Morlan alla recevoir les voyageurs à la porte, et peu d'instans après ils entrèrent dans le salon.

Mannering, qui, suivant son usage, était venu à cheval, entra donnant le bras à sa fille. Elle était d'une taille au-dessous de la moyenne, mais parfaitement bien faite; ses yeux étaient noirs et brillans, et de beaux cheveux bruns ajoutaient à l'éclat de ses traits vifs et spirituels, dans lesquels on pouvait apercevoir un peu de hauteur, quelque timidité, beaucoup de malice, et une certaine disposition au sarcasme. — Je ne l'aimerai point! fut le résultat du premier coup d'œil de miss Bertram; et le second lui fit penser : Je crois pourtant que je l'aimerai.

Miss Mannering était couverte de fourrures jusqu'au menton, à cause du froid de la saison. Le colonel était enveloppé dans une grande redingote; il salua mistress Mac-Morlan avec politesse, et sa fille lui fit une révérence à la mode, pas assez basse pour la gêner. Mannering conduisit alors sa fille vers miss Bertram, et prenant sa main, avec un air de bonté et presque de tendresse paternelle : — Julie, dit-il, voici la jeune demoiselle que nos bons amis ont déterminée, j'espère, à nous faire une visite aussi longue qu'elle le pourra. Je serai bien heureux si vous pouvez rendre le séjour de Woodbourne aussi agréable pour miss Bertram que le fut pour moi celui d'Ellangowan quand son père voulut bien m'y recevoir.

Julie salua sa nouvelle amie, et lui serra la main. Mannering se tourna vers Dominus, qui, depuis leur arrivée, n'avait cessé de les saluer en étendant la jambe et courbant le dos, comme un automate qui répète le même mouvement jusqu'à ce que le ressort qui le fait mouvoir soit arrêté. — Voici, dit-il à sa fille, mon bon ami M. Sampson; et lui lançant un regard sévère pour réprimer l'envie de rire qu'il remarquait en elle, et dont il avait quelque peine à se défendre lui-même, — c'est lui, ajouta-t-il, qui veut bien se charger de mettre mes livres en ordre quand ils arriveront; et j'espère tirer beaucoup de fruit de ses nombreuses connaissances.

— Je suis sûre, papa, que nous aurons beaucoup d'obligations à monsieur; et, pour donner une forme ministérielle à mes remerciemens, je puis l'assurer qu'il a produit sur moi une telle impression, que je ne l'oublierai de ma vie. Mais, miss Bertram, ajouta-t-elle bien vite en voyant que son père commençait à froncer le sourcil, nous avons fait un assez long voyage, voulez-vous me permettre de me retirer dans ma chambre pour m'habiller avant le dîner?

Ce peu de mots dispersa toute la compagnie, excepté Dominus, qui, n'ayant pas l'idée que l'on eût besoin de se déshabiller, si ce n'est pour se lever et pour se coucher, resta à ruminer quelque démonstration mathématique jusqu'à ce que la compagnie se rassemblât dans le salon, et passât de là dans la salle à manger.

A la fin de la journée, Mannering voulut avoir un instant de conversation tête-à-tête avec sa fille.

— Hé bien! Julie, que pensez-vous de nos hôtes?

— Oh! j'aime infiniment miss Bertram; mais pour l'autre, c'est l'original le plus curieux. Vous conviendrez, papa, qu'il n'y aurait personne au monde qui fût capable de le regarder sans rire.

— Il faut pourtant que cela soit, Julie, tant qu'il sera dans ma maison.

— Mon Dieu, papa! mais les domestiques mêmes ne pourront garder leur sérieux.

— Hé bien! ils quitteront ma livrée, et pourront rire à leur aise. M. Sampson est un homme que j'estime pour sa simplicité, et, je puis dire, pour la générosité de son caractère.

— Oh! pour sa générosité, je n'en puis douter, répondit la jeune folle. Il ne peut mettre une cuillerée de soupe dans sa bouche sans en faire part à tous ses voisins.

— Julie, vous êtes incorrigible. Mais souvenez-vous de mettre de telles bornes à votre gaieté sur ce sujet, qu'elle ne puisse offenser ni ce digne homme ni l'amitié que lui porte miss Bertram. Une mortification éprouvée par M. Sampson lui serait plus sensible qu'à M. Sampson lui-même. Maintenant, ma chère amie, bonsoir. Mais rappelez-vous qu'il y a dans le monde une infinité de choses qui méritent beaucoup plus d'être tournées en ridicule que la simplicité et la gaucherie.

Deux jours après, M. et mistress Mac-Morlan quittèrent Woodbourne, après avoir fait à leur jeune amie des adieux pleins d'affection.

Chacun était alors établi dans la maison comme s'il l'eût habitée depuis long-temps. Le colonel fut agréablement surpris de voir que miss Bertram savait parfaitement le français et l'italien; ce qu'elle devait aux soins infatigables du silencieux Sampson. Pour la musique, elle en possédait à peine les premiers principes. Sa nouvelle amie entreprit de lui en donner des leçons; et en échange elle acquit petit à petit avec Lucy l'habitude de se promener à pied et à cheval, et le courage de braver la rigueur de la saison. Elles suivaient ensemble le cours de leurs études et de leurs amusemens. Mannering avait soin de leur choisir des livres qui réunissaient l'agréable à l'utile; et comme il lisait avec beaucoup de goût, la compagnie réunie au château ne s'aperçut pas de la longueur des soirées d'hiver.

On ne tarda pas à recevoir la visite de toutes les familles distinguées, établies dans les environs, et que plus d'un motif attirait à Woodbourne. Le colonel fut bientôt en état de choisir parmi ces visiteurs ceux dont le caractère convenait le mieux à ses goûts et à ses habitudes. Charles Hazlewood ne fut pas le dernier à se présenter chez lui, et il obtint une place distinguée dans son estime et dans son amitié. Il faisait de très-fréquentes visites au château, avec l'approbation de ses parens. — Qui sait, pensaient-ils, ce que peuvent produire des soins assidus? La belle miss Mannering, avec la fortune d'un Nabab, était un parti digne d'envie. Eblouis par une telle perspective, ils étaient loin de songer à la crainte qu'ils avaient conçue un instant que leur fils ne prît un attachement inconsidéré pour Lucy Bertram, la pauvre Lucy, qui n'avait pas un shilling, et dont toute la recommandation était une naissance noble, une jolie figure et un excellent caractère. Mannering était plus prudent. Il se considérait comme le tuteur de miss Bertram ; et, s'il ne croyait pas nécessaire de rompre toute liaison entre elle et un jeune homme pour qui elle était un parti très-convenable sous tous les rapports, si ce n'est du côté de la fortune, il y mit les bornes nécessaires pour qu'aucun engagement sérieux, aucune explication même ne pût avoir lieu entre eux, jusqu'à ce que le jeune homme eût vu le monde un peu davantage, et eût atteint un âge où l'on pût le croire en état de décider par lui-même d'un choix d'où dépend le bonheur de la vie.

Tandis que les autres habitans de Woodbourne passaient ainsi leur temps, Dominus Sampson était occupé, corps et ame, à arranger les livres qui composaient la bibliothèque du défunt prélat. Ils avaient été envoyés par mer de Liverpool, et dans le port où on les avait débarqués, on les avait chargés sur trente ou quarante chariots. On ne peut décrire la joie qu'il éprouva quand il vit arriver l'immense quantité de caisses qui les contenaient. Il grinça des dents comme un ogre, leva ses bras en l'air comme les mâts d'un vaisseau, fit retentir, d'une voix de tonnerre dans tous les appartemens du château, le mot *Prodigieux!* — Jamais, dit-il, il n'avait vu une si grande quantité de livres, si ce n'est dans la bibliothèque de l'université. Et maintenant, devenu surintendant de cette collection, cette dignité l'élevait dans son opinion presque au niveau du bibliothécaire de l'académie, qu'il avait toujours regardé comme le plus grand homme et le plus heureux de la terre. Ses transports furent loin de se calmer quand il eut jeté à la hâte un premier coup d'œil sur le contenu des caisses; à la vérité, il mit de côté, d'un air de dédain, quelques ouvrages de littérature moderne, comme des poëmes, des pièces de théâtre, des mémoires, et ne put s'empêcher de prononcer d'un ton d'oracle : — Frivole! Mais la plus grande partie étaient d'un genre différent : le défunt était un homme d'un profond savoir, un théologien érudit. Il avait chargé les rayons de sa bibliothèque de volumes qui étaient revêtus de ces vénérables attributs de l'antiquité qu'un poète moderne a décrits dans les vers suivans :

> . . . .
> « Ces livres dont le bois fournit la reliure,
> Ont encore du cuir pour double couverture;
> D'une agrafe en métal ces feuillets bien serrés,
> Que plus d'un siècle ainsi vit dormir ignorés;
> Ces marges que le temps macula de sa rouille
> . . . .
> Ces dos en relief bien conservés encor
> Où le titre se lit en caractères d'or [1]. »

On y voyait des livres de théologie et de controverse, les polyglottes, les saints pères, des sermons dont chacun aurait pu fournir assez de matériaux à un prédicateur de nos jours pour en composer une douzaine [2], des traités anciens et modernes sur toutes les sciences, les meilleures et les plus rares éditions de tous les auteurs anciens, etc., voilà sur quels livres l'œil de Dominus s'arrêtait avec enthousiasme. Il commença à en dresser le catalogue avec la plus grande attention, mettant le même soin à former chaque lettre qu'un amant qui écrit à sa maîtresse le jour de saint Valentin. Il les plaçait ensuite les uns après les autres sur le rayon qui leur était destiné, avec la même précaution que si c'eût été des porcelaines du Japon. Malgré tout son zèle, sa besogne n'avançait pas très-vite. Souvent en montant l'échelle pour placer un livre sur les tablettes d'en-haut, il lui arrivait de l'ouvrir, et sa lecture attachante le retenait dans cette posture jusqu'à ce qu'un domestique vînt le tirer par l'habit pour l'avertir que le dîner était servi. Il se rendait alors dans la salle à manger, bourrait son large gosier de bouchées épaisses, répondait

---
(1) CRABBE. *La Bibliothèque.*—ÉD.

(2) Les sermons manuscrits sont une propriété très-estimée en Angleterre, où les prédicateurs méritent souvent qu'on leur applique l'épigramme sur l'abbé Roquette :
> Moi qui sais qu'il les achète,
> Je soutiens qu'ils sont à lui.

—ÉD.

au hasard *oui* ou *non* aux questions qu'on lui faisait; et, dès qu'il avait dîné, courait promptement à la bibliothèque;

> Ah! combien pour Thalaba
> Etait douce cette vie[1]!

Les principaux personnages de notre histoire jouissant aussi d'un bonheur et d'une tranquillité qui les rend peu intéressans pour nos lecteurs, nous allons les oublier un moment pour nous occuper d'un homme que nous n'avons encore fait que nommer, et qui mérite tout l'intérêt que peuvent inspirer l'incertitude et le malheur.

CHAPITRE XXI.

> « Hé bien! que diras-tu, mon sage? — Que parfois
> « De l'amour la fortune a confirmé le choix;
> « Que souvent le mérite au mérite s'allie,
> « L'orgueil de la naissance à l'orgueil du génie. »
> CRABBE.

V. Brown — (je ne peux me résoudre à écrire en entier son nom trois fois malheureux) avait été depuis son enfance le jouet de la fortune. Mais la nature l'avait doué de cette force d'ame qui fait qu'on ne fléchit sous le malheur que pour s'élever plus haut. Il était d'une belle taille, actif, et avait l'air mâle. Ses traits, sans être réguliers, annonçaient l'esprit et la gaieté; et quand sa physionomie s'animait, elle avait une expression intéressante. Ses manières annonçaient la profession militaire, qu'il avait embrassée par goût et par choix. Il avait le grade de capitaine, le colonel qui avait remplacé Mannering s'étant

---

(1) Citation du *Thalaba*, poëme bizarre du lauréat Southey. — ED.

empressé de réparer l'injustice dont les préventions du père de Julie l'avaient rendu coupable envers ce jeune homme. Mais cette promotion n'avait eu lieu qu'après le départ de Mannering, Brown étant resté prisonnier jusqu'à cette époque. Son régiment ne tarda pas à être rappelé en Angleterre, et le premier soin de notre capitaine en y arrivant fut de s'informer du lieu qu'habitait son ancien colonel. Il apprit qu'il était dans le Westmoreland, chez sir Arthur Mervyn ; et il se dirigea de ce côté dans le dessein de chercher à revoir Julie. Il ne se croyait obligé à garder aucune mesure avec le colonel, parce que, ignorant les fâcheuses impressions qu'on lui avait fait concevoir sur son compte, il le regardait comme un tyran qui avait abusé de son autorité pour le priver de l'avancement qui était dû à ses services, et qui avait cherché l'occasion de lui faire une mauvaise querelle, pour le punir de ses assiduités auprès d'une jeune demoiselle qui était loin de s'en offenser, et dont la mère les avait permises. Il était donc déterminé à ne se laisser décourager que par Julie elle-même, et regardait la blessure qu'il avait reçue et la captivité qui en avait été la suite, comme des motifs suffisans pour le dispenser de tous égards vis-à-vis du colonel. Nos lecteurs savent jusqu'à quel point il avait réussi dans ses projets, lorsque ses visites nocturnes furent malheureusement découvertes par M. Mervyn.

Dans cette circonstance désagréable, le capitaine quitta l'auberge où il s'était installé sous le nom de Dawson, de manière que tous les efforts de Mannering pour découvrir l'auteur des sérénades sur le lac se trouvèrent inutiles. Il résolut cependant de chercher les moyens de revoir Julie, et de ne renoncer à son dessein qu'autant qu'elle lui ravirait elle-même jusqu'au dernier rayon d'espérance. Julie n'avait pas eu la force de lui cacher le sentiment qu'il lui avait inspiré, et il n'en avait que plus de constance et d'espoir. Mais le lecteur préférera peut-être apprendre de lui-même quelles étaient ses pensées et ses intentions.

Nous allons donc mettre sous ses yeux l'extrait d'une lettre qu'il écrivait à un capitaine nommé Delaserre, Suisse d'origine, qui servait dans le même régiment que lui, et qui était son meilleur ami et son confident.

EXTRAIT.

« Ne tardez pas à m'écrire, mon cher Delaserre : songez que ce n'est que par vous que je puis être instruit de ce qui se passe au corps. Je suis curieux de savoir ce qui s'est passé à la cour martiale d'Ayre, et si Elliot a obtenu la majorité. Je voudrais savoir aussi si le recrutement va bien, si nos jeunes officiers s'accoutument à la vie du régiment. Quant à notre bon ami le lieutenant-colonel, je ne vous en demande pas de nouvelles : en passant à Nottingham, j'ai eu le plaisir de le voir heureux au sein de sa famille. Quel bonheur pour nous autres pauvres diables, Philippe, de pouvoir jouir d'un petit intervalle entre la mort et les travaux de notre état, si nous venons à bout d'échapper aux maladies, au plomb et à l'acier! un vieux soldat retiré est toujours aimé et respecté. Il a quelquefois un peu d'humeur; mais on la lui pardonne. Si un médecin, un homme de loi, un ecclésiastique, se plaignait de gagner trop peu ou de ne pas obtenir d'avancement, cent bouches s'ouvriraient à la fois pour lui dire que son incapacité en est cause; mais le plus stupide vétéran, qui raconte pour la troisième fois le vieux récit d'un siège ou d'une bataille, ou quelque autre histoire à dormir debout, est sûr d'être écouté avec attention. On le plaint, on partage ses murmures quand, secouant ses cheveux blancs, il parle avec indignation des jeunes gens qui lui ont été préférés. Et vous et moi, Delaserre, étrangers tous deux (car, quand bien même je pourrais prouver que je suis Ecossais, c'est tout au plus si un Anglais me regarderait comme son compatriote), nous pouvons nous vanter de ne devoir notre avancement qu'à nous-mêmes, d'avoir gagné à la pointe de notre épée ce que nous n'avions pu obtenir autrement, faute d'argent et de protection. J'admire la sagesse des Anglais : ils se mettent au-dessus de toutes les autres nations, qu'ils affectent de mépriser; mais ils ont soin par bonheur de laisser ouvertes des portes de derrière par où nous autres étrangers, moins favorisés suivant eux par la nature, nous pouvons nous introduire pour partager leurs avantages. Ils sont en quelque sorte semblables à l'aubergiste adroit, qui vante la saveur et le bon goût d'un mets dont il est bien aise de servir des portions à toute la compagnie. En un mot, vous dont la famille orgueilleuse, et moi dont un destin rigoureux ont fait des officiers de fortune, nous nous souvenons avec plaisir qu'au service de la Grande-Bretagne, si nous n'avançons pas aussi loin que nous voudrions, ce ne sera point parce que la route nous sera interdite, mais parce que nous n'aurons pas le moyen de payer le droit de passage. Ainsi donc, si vous pouvez persuader au petit Weischel d'être des nôtres, pour l'amour de Dieu, dites-lui qu'il se borne à acheter une commission d'enseigne, qu'il soit prudent, qu'il remplisse ses devoirs, et qu'il s'en rapporte au sort pour son avancement.

« Maintenant j'espère que vous mourez d'envie de savoir la fin de mon roman. Je vous ai dit qu'après la découverte de mes rendez-vous nocturnes, j'avais jugé convenable de m'absenter quelques jours. J'employai ce temps à faire une tournée à pied dans les montagnes du Westmoreland. J'avais pour compagnon de voyage un jeune artiste anglais, nommé Dudley, dont j'ai fait la connaissance. C'est un homme fort aimable. Il peint joliment, dessine fort bien, cause agréablement, et joue parfaitement de la flûte : mais, ce qui est encore mieux, c'est que, loin de s'en faire accroire, il a autant de modestie que de talent.

« A notre retour de cette petite excursion, mon hôte m'apprit que l'ennemi était venu faire une reconnaissance.

M. Mervyn avait traversé le lac, et était revenu chez lui avec un étranger.

« — Et quelle espèce d'homme est cet étranger, mon cher hôte?

« — Oh! c'était un homme grave, ayant l'air d'un officier, et qu'on appelait colonel. Squire Mervyn m'a questionné comme si j'avais été aux assises. J'avais bien mes soupçons, M. Dawson (— je vous ai dit que c'est le nom que j'avais pris), — mais je ne lui ai pas touché un mot de vos courses ni de vos promenades sur le lac pendant la nuit. Non, non. Je sais ce que c'est que la discrétion; et Squire Mervyn est un fin questionneur : il me demande toujours le nom de tous ceux qui logent chez moi ; il veut savoir si on s'approche seulement de sa maison ; mais on ne tire pas les vers du nez comme ça à Joe Hodges.

« Vous jugez bien que je n'avais d'autre parti à prendre que de payer le mémoire de l'honnête Joe Hodges, et de partir ou d'en faire mon confident, ce qui n'entrerait pas dans mes projets. D'ailleurs je venais d'apprendre que notre ci-devant colonel effectuait sa retraite sur l'Ecosse, emmenant avec lui la pauvre Julie. J'ai appris de ceux qui conduisaient les bagages, qu'il va prendre ses quartiers d'hiver dans un endroit nommé Woodbourne, au sud-ouest de l'Ecosse. Il va maintenant être sur ses gardes, et je vais le laisser entrer dans ses retranchemens sans inquiéter sa marche. Mais alors, mon cher colonel, à qui je dois tant de reconnaissance, garde à vous!

« Je vous proteste, Delaserre, que je pense parfois que l'esprit de contradiction ajoute encore à l'ardeur de mes sentimens. Je crois que j'aurais plus de plaisir à forcer cet homme méprisant et orgueilleux à entendre nommer sa fille mistress Brown, que je n'en éprouverais en l'épousant avec son consentement, oui, quand même il m'assurerait toute sa fortune, quand même le roi m'accorderait la permission de prendre le nom et les armes de Mannering. Un seul motif m'arrête. Julie est jeune et romanesque; je ne vou_ _ _ l'entraîner dans une démarche dont elle aurait peut-être des regrets dans un âge plus mûr. Je ne pourrais supporter qu'elle me reprochât un jour, ne fût-ce que par l'expression de ses yeux, d'avoir ruiné sa fortune; qu'elle pût me dire, comme cela est arrivé plus d'une fois, que si je lui avais laissé le temps de la réflexion elle aurait agi différemment. Non, Delaserre, je ne puis m'exposer à ce danger. Il m'effraie trop. Je suis convaincu qu'une fille de l'âge et du caractère de Julie ne peut se former une idée nette et précise du sacrifice qu'elle me ferait. L'indigence ne lui est connue que de nom. Si elle rêve quelquefois de *l'amour dans une ferme*, c'est une ferme *ornée*, semblable à celles que l'on trouve dans un poëme ou dans les parcs des gens qui jouissent de douze mille livres sterling de rente. Son éducation ne l'a point préparée aux privations qui l'attendraient dans cette véritable chaumière de la Suisse dont nous avons si souvent parlé, et aux difficultés que nous aurions à surmonter avant d'arriver à ce port. C'est un point qui mérite grande attention. La beauté de Julie, ses qualités, la tendresse dont je crois qu'elle paie la mienne, ont fait sur mon cœur une impression qui ne s'effacera jamais; mais avant de souffrir qu'elle sacrifie pour moi les avantages qui lui sont assurés, je veux être certain qu'elle les connaît bien et qu'elle sait les apprécier.

« Ai-je trop d'amour-propre, Delaserre, en me flattant que cette épreuve se terminera d'une manière favorable à mes désirs? Suis-je trop vain de penser que le peu de qualités personnelles que je possède, une fortune très-médiocre, et la détermination de consacrer toute ma vie à son bonheur, pourront la dédommager suffisamment de tout ce qu'elle doit abandonner pour me suivre? La parure, la grandeur, les scènes du grand monde et du bon ton, comme on l'appelle, auront-elles plus d'attraits pour elle que la perspective du bonheur domestique, d'un attachement mutuel et inaltérable? Je ne parle pas de son père : son caractère est si bizarrement composé de bonnes et de mauvaises qualités, ces dernières neutralisent tellement les premières, que Julie doit avoir moins de regret de se séparer des unes que de satisfaction d'échapper aux autres. La nécessité de s'éloigner de son père est donc une circonstance qui, à mon avis, ne doit pas mettre pour elle un seul grain dans la balance. En attendant que mon sort se décide, je cherche à prendre courage. J'ai essuyé trop de malheurs, j'ai éprouvé trop de difficultés pour avoir une présomptueuse confiance dans le succès; mais j'ai vaincu tant d'obstacles, je suis sorti de tant de traverses, qu'il ne m'est pas possible de désespérer.

« Je voudrais que vous vissiez ce pays. Ses paysages pittoresques vous enchanteraient : ils me rappellent souvent les descriptions animées que vous m'avez faites de la Suisse. Presque tout ici a pour moi le charme de la nouveauté. Quoique né, à ce que l'on m'a toujours dit, dans les montagnes d'Ecosse, je n'en ai qu'un souvenir très-imparfait. L'étonnement avec lequel je vis pour la première fois les côtes plates de la Zélande s'est conservé dans ma mémoire mieux que tout ce qui a précédé ce moment. Mais cette sensation même, jointe à des souvenirs confus, me persuade que mon enfance s'est passée dans les montagnes et les rochers, tandis que la surprise que j'éprouvai en débarquant en Zélande venait de ce que je n'y apercevais pas les objets qui m'étaient familiers, et qui avaient produit sur ma jeune imagination une impression ineffaçable. Je me souviens que lorsque nous passâmes dans l'Inde cette fameuse montagne du Mysore, tandis que nos camarades ne se trouvaient que surpris de sa hauteur prodigieuse et du spectacle imposant qui s'offrait à leur vue, moi je partageais vos sentimens et ceux de Caméron : tout en admirant ces merveilles, vous sembliez prouver que vos yeux y avaient été habitués de bonne heure. Oui, quoique élevé dans la Hollande, un rocher azuré est un ami pour moi, le bruit d'un torrent me semble un chant dont on a bercé mon enfance. Jamais je n'ai si bien éprouvé ces sensations que dans ce pays de lacs et de montagnes, et je suis vraiment désolé que vos devoirs ne vous permettent pas de m'accompagner dans mes excursions. J'ai essayé d'en dessiner quelques vues, mais je n'ai pas réussi. Dudley, au contraire, dessine à ravir; son crayon, comme une baguette magique, semble donner la vie et le sentiment; tandis qu'en recommençant et corrigeant sans cesse, je mets trop de lumière d'un côté, trop d'ombre de l'autre, et ne viens à bout de produire qu'une croûte. Il faut que je retourne à mon flageolet. De tous les beaux-arts, la musique est le seul qui daigne me sourire.

« Saviez-vous que le colonel Mannering dessine? Je ne le crois pas. Il était trop fier pour faire connaître ses talens à un subalterne. Hé bien! il dessine parfaitement. Depuis que Julie et lui ont quitté Mervyn-Hall, Dudley y a été mandé. Sir Arthur désirait une suite de dessins dont le colonel avait fait les quatre premiers, mais son départ précipité l'avait empêché de s'occuper des autres. Dudley assure qu'on y reconnaît la touche d'un maître. Ce n'est pas le tout; au bas de chacun se trouve une petite pièce de vers qui en contient la description. Saül est-il donc au nombre des prophètes? me direz-vous: le colonel Mannering s'occuper de poésie! Oui vraiment; il faut que cet homme mette autant de soin à cacher ses talens que les autres en prennent pour les mettre au jour. Comme il était fier et insociable au milieu de nous! comme il se montrait peu disposé à prendre part à une conversation qui pouvait devenir intéressante pour chacun! Et son amitié pour ce misérable Archer, si au-dessous de lui sous tous les rapports! et pourquoi? parce que son frère le vicomte Archerfield est un pauvre pair d'Ecosse? Je crois que si Archer avait survécu aux blessures qu'il a reçues le jour de mon duel avec le colonel, il aurait dit des choses qui auraient jeté du jour sur le caractère de cet homme singulier. Il dit à un de mes amis: — Si je revois Brown, je lui apprendrai des choses qui changeront l'opinion qu'il a conçue de notre colonel. Mais la mort l'attendait, et s'il avait quelque explication à me donner, comme ces mots semblaient le faire entendre, elle ne lui en a pas laissé le temps.

« Je me propose de faire encore une course dans ce pays, et de profiter pour cela des beaux jours que le froid nous procure. Dudley, qui est presque aussi bon piéton que moi, se propose de m'accompagner. Nous nous séparerons sur les confins du Cumberland. Il retournera à Londres rejoindre son logement, au troisième étage, de Mary-le-bone-Street, et travailler à ce qu'il appelle la partie commerciale de sa profession. Suivant lui, il n'est aucun homme dont la vie offre deux époques entre lesquelles il y ait des disparates aussi tranchantes que celle d'un artiste, pour peu qu'il ait d'enthousiasme : tour à tour s'occupant des beautés de la nature, pour remplir son portefeuille de ses ouvrages; et obligé de l'ouvrir pour les montrer à l'indifférence ennuyeuse, ou à la critique encore plus insupportable de prétendus amateurs. — Pendant l'été, me dit-il, je suis libre comme un Indien sauvage, je jouis de moi-même et de ma liberté au milieu des grandes scènes de la nature : l'hiver, je suis lié, garotté, confiné dans une misérable chambre, et condamné à me plier aux fantaisies des autres; je me vois considéré véritablement comme un esclave attaché à la chaîne. — Je lui ai promis de lui procurer votre connaissance, Delaserre; vous serez aussi content de ses talens qu'il sera enchanté de votre enthousiasme pour les torrens et les rochers.

« Lorsque Dudley m'aura quitté, je pourrai, m'assure-t-on, gagner l'Ecosse en traversant un pays presque sauvage au nord du Cumberland. Je suivrai cette route afin de donner au colonel le temps de placer son camp avant que j'aille faire une reconnaissance. Adieu, mon cher Delaserre; je ne crois pas avoir occasion de vous écrire avant mon arrivée en Ecosse. »

CHAPITRE XXII.

« Allez, marchez jusqu'à demain,
« Sans craindre que l'ennui vous gagne :
« Quand la gaîté nous accompagne,
« Elle abrège notre chemin.
SHAKSPEARE. *Conte d'hiver.*

Que le lecteur se représente une belle matinée de novembre, qu'il se figure une plaine immense terminée par cette chaîne de montagnes escarpées parmi lesquelles prédominent surtout celles de Skiddaw et de Saddleback; qu'il jette les yeux sur cette route à qui l'on peut à peine donner ce nom, puisqu'elle n'est tracée que par les vestiges de quelques voyageurs. De loin elle offre une verdure différente des teintes plus sombres des fougères qui l'entourent, et de près on ne peut l'en distinguer.

C'est sur ce chemin à peine visible que s'avance notre jeune capitaine. Son pas assuré, sa démarche leste, son air militaire, sont en parfaite harmonie avec sa taille de plus de six pieds [1], et ses membres bien proportionnés. Ses vêtemens sont trop simples pour faire connaître son rang et son grade, car ce sont autant ceux d'un gentilhomme qui voyage ainsi pour s'amuser que ceux d'un homme du commun. Quant à son bagage, rien de plus léger. Un volume de Shakspeare dans une poche, dans l'autre un petit paquet contenant de quoi se changer une fois de linge, un bâton noueux à la main : tel est l'équipage dans lequel nous présentons notre piéton à nos lecteurs.

[1] Six pieds anglais; ce qui réduit la taille de Brown à cinq pieds six à sept pouces. — ÉD.

Brown avait quitté ce matin son ami Dudley, et avait commencé son voyage solitaire vers l'Ecosse.

Les deux ou trois premiers milles l'ennuyèrent un peu, parce qu'il se trouvait privé d'une société à laquelle il était habitué; mais cet état, peu naturel pour lui, céda bientôt à sa gaieté ordinaire, que le bon air et l'exercice ne tardèrent pas à ranimer. Il sifflait en marchant, non par distraction, mais parce qu'il n'avait pas d'autre moyen pour exprimer les sentimens qui l'animaient, puisqu'il ne pouvait les communiquer à personne. Chaque paysan qu'il rencontrait lui donnait un bonjour cordial, ou lui lâchait quelque quolibet. Les bons Cumberlandais riaient en passant près de lui. — Voilà un bon vivant! que Dieu le bénisse! La jeune fille qui allait au marché se retournait plus d'une fois pour considérer ses formes athlétiques, qui répondaient si bien à son air franc et décidé. Un basset, son compagnon fidèle, rival de son maître en gaieté, faisait mille courses dans la plaine, et revenait sauter autour de lui, comme pour l'assurer qu'il trouvait aussi du plaisir à voyager de cette manière.

Le docteur Johnson pensait qu'il y avait dans la vie peu de choses plus agréables que d'être doucement secoué dans une bonne chaise de poste; mais quiconque a éprouvé dans sa jeunesse le charme d'un voyage à pied, sans dépendre de personne, par un beau temps, et dans un pays intéressant, ne partagera pas tout-à-fait l'avis de ce célèbre moraliste.

Le principal motif qui avait déterminé Brown à prendre le chemin peu fréquenté qui conduit du Cumberland en Ecosse à travers une espèce de désert, avait été le désir de visiter les ruines de la fameuse muraille élevée par les Romains, et dont on voit encore de ce côté plus de restes que partout ailleurs. Son éducation avait été imparfaite, mais il avait toujours travaillé lui-même à augmenter le nombre de ses connaissances, et ni les plaisirs de la jeunesse, ni sa situation précaire, ni les occupations auxquelles il s'était successivement livré, ne lui avaient fait oublier le soin de cultiver son esprit. — Voilà donc, s'écria-t-il en gravissant une montagne d'où l'on pouvait suivre la direction de cette muraille, voilà donc ce mur célèbre élevé par les Romains ! Quel peuple que celui dont les travaux, exécutés à une des extrémités de son empire, couvrent une telle étendue de terrain, et annoncent tant de grandeur ! Dans quelques siècles, quand l'art de la guerre aura changé, qu'il restera à peine quelques vestiges des ouvrages des Vauban et des Coehorn, les ruines des monumens de ce peuple merveilleux continueront à intéresser et à surprendre la postérité : leurs fortifications, leurs aquéducs, leurs théâtres, leurs fontaines, tous leurs travaux publics portent le caractère grave, solide et majestueux de leur langage, tandis que nos édifices, comme nos langues modernes, semblent composés des débris laissés par ce peuple-roi ! Après cet essai de réflexions morales, il se souvint qu'il avait appétit, et continua sa route jusqu'à une auberge qu'il apercevait de loin, et où il avait dessein de prendre quelque nourriture.

Ce cabaret, car ce n'était rien de mieux, était situé au fond d'une vallée étroite, traversée par une petite rivière. Un hangar bâti en terre, et servant d'écurie, était appuyé contre un vieux frêne qui paraissait seul empêcher sa chute; la porte en était ouverte, et on y voyait un cheval sellé occupé à manger son avoine. Les habitations de cette partie du Cumberland ne sont pas construites avec plus d'élégance que celles de l'Ecosse. L'extérieur de la maison n'était pas un attrait pour le déterminer à y entrer, on y voyait pourtant sur une enseigne fastueuse un pot de bière versant dans un verre sa liqueur écumante: et une inscription, qui devenait hiéroglyphique grace aux fautes d'orthographe, promettait — un bon logis pour les hommes et les chevaux. — Brown n'était pas un voyageur dédaigneux; il s'arrêta donc, et entra dans le cabaret.

Le premier objet qui frappa ses regards, en entrant dans la cuisine, fut un homme d'une haute stature, robuste, vêtu d'une grande redingote, et qui avait l'air d'un fermier; il s'occupait à couper de larges tranches d'une pièce de bœuf froide, et jetait de temps en temps un coup d'œil par la fenêtre pour voir si son cheval s'occupait de sa provende, car c'était à lui qu'appartenait celui que Brown avait vu dans l'écurie. Un grand pot de bière était à ses côtés, et il avait soin de l'approcher de ses lèvres de temps en temps. La maîtresse de la maison était occupée à cuire son pain. Le feu, comme c'est l'usage dans ce pays, était allumé sur un foyer de pierre, au milieu d'une immense cheminée, sous le manteau de laquelle s'étendait un banc de chaque côté. Sur l'un était assise une femme que sa taille extraordinaire rendait remarquable. Elle était couverte d'un manteau rouge, portait la coiffure des montagnards d'Écosse, avait à la bouche une petite pipe noire, et semblait une mendiante, ou une raccommodeuse de vaisselle cassée.

Brown ayant demandé à dîner, la dame essuya avec son tablier couvert de farine un coin de la table où était assis le fermier, plaça devant lui une assiette de bois, un couteau, une fourchette, remplit une cruche de bière brune brassée au logis, et, lui montrant la pièce de bœuf, l'engagea à suivre l'exemple de M. Dinmont. Brown ne tarda pas à faire honneur à ce repas. Pendant quelque temps, son voisin et lui furent occupés trop sérieusement pour penser l'un à l'autre, si ce n'est par une inclination de tête chaque fois qu'ils portaient le pot de bière à la bouche. Enfin, lorsque Brown songea à pourvoir aux besoins de son fidèle Wasp, le fermier écossais, car telle était la profession de M. Dinmont, se trouva disposé à entrer en conversation.

— Voilà un joli basset, monsieur : il doit être excellent, pour le gibier, c'est-à-dire s'il a été bien dressé, car tout dépend de là.

— En vérité, monsieur, son éducation a été un peu négligée; sa meilleure qualité est sa fidélité.

—C'est dommage! je vous demande pardon; mais c'est un grand dommage de négliger l'éducation d'une bête ou d'un homme! J'ai six bassets chez moi, sans compter les autres chiens : j'ai le vieux Pepper et la vieille Moutarde, le jeune Pepper et la jeune Moutarde, et la petite Pepper et la petite Moutarde. Je les ai tous parfaitement dressés; je les ai d'abord habitués à attaquer des mannequins, ensuite je les ai lâchés contre les furets, les belettes, après cela contre les fouines et les blaireaux, enfin aujourd'hui ils n'ont peur d'aucun animal portant poil.

— Je vois, monsieur, que leur éducation a été très-soignée, mais, puisque vous avez tant de chiens, pourquoi ne variez-vous pas davantage leurs noms?

— Oh! c'est une idée que j'ai eue pour distinguer leur race. Savez-vous bien que le duc a envoyé jusqu'à Charlies-Hope pour avoir un Pepper et une Moutarde de Dandy Dinmont?

— Vous avez sans doute beaucoup de gibier?

—En quantité. Je crois qu'il y a sur ma ferme plus de lièvres que de moutons; et quant aux grouses, il y en a comme des pigeons dans un colombier. Avez-vous jamais tiré un coq noir?

— Je n'ai même jamais eu le plaisir d'en voir un, si ce n'est au musée de Keswick.

— Je vois bien que vous venez du côté du sud, je m'en étais douté à votre accent. C'est singulier; quand il vient des Anglais en Ecosse, presque aucun d'eux ne connaît un coq noir. Hé bien! vous avez l'air d'un brave garçon; si vous voulez venir chez moi, chez Dandy Dinmont, à Charlies-Hope, je vous ferai voir un coq noir, je vous en ferai tuer et manger aussi, l'ami!

—Oh! certes, on est sûr d'avoir tué le gibier quand on le mange; et je serai heureux, monsieur, si je puis trouver le temps d'accepter votre invitation.

— Comment, le temps! qui vous empêche de venir de suite avec moi? comment voyagez-vous?

— A pied; et si ce joli poney là-bas est à vous, je ne me crois pas de force à le suivre.

— Non, à moins que vous ne puissiez faire quatorze milles par heure. Mais vous pouvez gagner ce soir Riccarton, où vous trouverez une auberge; ou si vous voulez arrêter chez Jack Grieve, jusqu'au Heugh[1], on vous y recevra bien. J'ai moi-même à lui parler; je boirai un coup avec lui à sa porte, et l'avertirai que vous allez arriver. Mais un moment : — Bonne femme, pouvez-vous prêter à monsieur le galloway du bon homme[2]? Je vous le renverrai demain matin par un de mes garçons.

Le galloway était au vert sur la montagne, et ne se laissait pas aisément atteindre.

— Allons, allons! on ne peut qu'y faire; mais c'est égal, je vous attends demain. Maintenant, bonne femme, il faut que je parte, afin d'être à Liddel avant la nuit tombante, car vous savez que votre Waste[3] n'a pas une bonne réputation.

— Mon Dieu! M. Dinmont, c'est mal à vous de donner une mauvaise renommée à notre pays. Je vous assure que personne n'a été arrêté dans le Waste depuis que Sawney Culloch, le marchand forain, y a été volé par Rowley Overdees et Jack Penny, qui ont été pendus pour cela à Carlisle il y a deux ans. On n'entend plus parler de rien, et il n'y a que d'honnêtes gens dans les environs.

— Oui, Tib! cela sera vrai quand le diable sera aveugle, et il n'a pas encore mal aux yeux. Mais voyez-vous, bonne femme, j'ai été faire ma ronde dans le Galloway et dans le comté de Dumfries; je reviens de la foire de Carlisle; j'ai le gousset garni, et je ne me soucierais pas d'être volé, étant si près de chez moi; ainsi je m'en vais.

(1) *Heugh*, terme local pour dire la colline. — Éd.
(2) Du mari. — Éd.
(3) *Waste lands*, terre inculte. — Éd.

— Vous avez été dans le Galloway et le comté de Dumfries? dit la vieille femme qui fumait au coin de la cheminée, et qui n'avait pas encore proféré une parole.

— Oui, ma mère, et j'y ai fait une assez bonne tournée.

— Connaissez-vous un endroit nommé Ellangowan?

— Ellangowan! qui appartenait à Bertram? Sans doute je le connais. Le laird est mort il y a une quinzaine, à ce qu'on m'a dit.

— Mort! dit la vieille femme en ôtant sa pipe de sa bouche et en s'avançant vers lui; mort! en êtes-vous bien sûr?

— Sans doute, cela a fait assez de bruit dans le pays. Il est mort justement comme on allait vendre le château et les meubles. Cela a arrêté la vente, et bien des gens ont été attrapés. On dit qu'il était le dernier d'une ancienne famille, et on le regrettait, car le bon sang devient plus rare que jamais en Ecosse.

— Il est mort! répéta la vieille femme, que nos lecteurs ont peut-être déjà reconnue pour leur ancienne connaissance Meg Merrilies; hé bien, je lui pardonne tout, nos comptes sont réglés. Mais ne dites-vous pas qu'il est mort sans héritier?

— Sans doute, et c'est pour cela que le bien a été vendu; car on disait qu'on n'aurait pas pu le vendre s'il avait laissé un enfant mâle.

— Vendu! s'écria l'Egyptienne d'une voix perçante. Et qui a osé acheter Ellangowan sans être de la famille des Bertram? qui sait si l'héritier des Bertram ne viendra pas réclamer ses biens et son château? qui a pu oser faire cette acquisition?

— Ma foi, bonne femme, c'est un de ces... un ancien writer, qu'on nomme, je crois...; Glossin.

— Glossin! Gilbert Glossin! lui que j'ai porté cent fois dans mes bras; car sa mère n'était pas plus que moi: c'est lui qui a eu la hardiesse d'acheter Ellangowan! Que Dieu nous aide! Nous vivons dans un singulier monde.... Il est vrai, je lui ai souhaité malheur; mais non rien de semblable. Malheureuse! malheureuse! la pensée m'en donne des regrets. — Elle resta un moment réfléchissant en silence, mais le bras étendu pour empêcher le départ de Dinmont, qui, à chacune de ses réponses, faisait un mouvement pour s'en aller, mais qui, voyant le vif intérêt que cette femme semblait apporter à ses questions, était resté par complaisance.

— On en entendra parler; on le verra; la terre et l'eau ne seront pas en paix plus long-temps! pouvez-vous me dire si le shériff du comté dans lequel est situé Ellangowan est toujours le même qui était en place il y a quelques années?

— Non; il a eu une autre place à Edimbourg, dit-on. Mais adieu, bonne femme, il faut que je parte.

Elle le suivit jusqu'à son cheval, et, tandis qu'il serrait les sangles de sa selle, qu'il ajustait sa valise, qu'il passait la bride, elle lui fit encore, sur la mort de M. Bertram, et sur ce qu'était devenue sa fille, de nouvelles questions auxquelles le bon fermier ne put répondre que très-imparfaitement.

— Avez-vous jamais vu un endroit nommé Derncleugh, à environ un mille de la place d'Ellangowan?

— Hé oui! C'est une vallée sauvage; on y voit encore de vieilles murailles [1]. Je l'ai vu en visitant le pays avec quelqu'un qui voulait louer la ferme.

— Heureuse habitation autrefois! dit Meg Merrilies en se parlant à elle-même. — Y avez-vous remarqué un vieux saule abattu? Le tronc est mort, mais la racine vit encore dans la terre, et il en sortira un rejeton qui couvrira le toit brûlé. Que de fois j'ai travaillé accroupie sous son ombre!

— Elle a le diable au corps, avec son saule, sa racine et son Ellangowan! Allons, bonne femme, laissez-moi

---

(1) *Shealings*. Chaumières écossaises. Par la prononciation, ce mot a quelque analogie avec le mot *chalet* des montagnes suisses. — Ed.

partir. Voilà une pièce de six pences pour boire un verre de brandy. Cela vaudra mieux que toutes vos vieilles histoires.

—Grand merci, brave homme. Et maintenant que vous avez répondu si complaisamment à toutes mes questions, je vais vous donner un bon avis, mais ne cherchez pas à en savoir davantage. Tib Mumps va venir vous offrir le coup de l'étrier dans un instant ; elle vous demandera si vous prenez la route de Willie's brae ou celle de Conscowthart-Moss[1], de la montagne ou celle de la forêt : répondez-lui ce que vous voudrez ; mais ayez soin, ajouta-t-elle en baissant la voix et avec emphase, de faire le contraire de ce que vous lui aurez répondu.

Le fermier se mit à rire, lui dit qu'il suivrait son conseil ; et l'Egyptienne se retira.

—Et le ferez-vous ? lui dit Brown qui avait entendu tout ce dialogue.

— Non en vérité ; je craindrais davantage de lui indiquer le chemin que je vais prendre, que de le dire à Tib Mumps, quoiqu'il n'y ait pas non plus une grande confiance à avoir en Tib ; et je ne vous conseillerais pas de passer la nuit ici.

Un moment après, Tib Mumps, l'aubergiste, vint offrir à Dinmont un verre d'eau-de-vie qu'il accepta. Elle lui fit la question dont Meg Merrilies l'avait prévenu ; il lui répondit qu'il s'en allait par la bruyère. Et, après avoir répété à Brown qu'il l'attendait le lendemain à Charlies-Hope, il partit et s'éloigna d'un bon pas.

(1) La route de la colline de Willie, ou celle des marais de Conscowthart. — Ep.

CHAPITRE XXIII.

« L'un sur le grand chemin
« Attrape quelques coups, et l'autre la potence. »
SHAKSPEARE. *Conte d'hiver.*

BROWN n'avait pas oublié les dernières paroles du fermier hospitalier ; mais, tandis qu'il payait son écot, il ne put s'empêcher de fixer ses regards sur Meg Merrilies. Elle avait l'aspect d'une sorcière, et c'était toujours la même figure que nous avons essayé de décrire quand nous l'introduisîmes la première fois à Ellangowan-Place. Le temps avait fait grisonner ses cheveux noirs, et sillonné de rides ses traits sauvages ; mais sa taille n'était pas voûtée, et sa vivacité était encore la même. On avait remarqué que la vie active, quoique non laborieuse, que menait cette femme, lui donnait, comme à plusieurs de ses pareilles, un tel pouvoir sur sa physionomie et ses mouvemens, que toutes les attitudes qu'elle voulait prendre étaient naturelles, aisées et pittoresques. En ce moment elle était debout près d'une croisée, placée de manière à laisser voir sa taille vraiment masculine. Sa tête était un peu penchée en arrière, afin que le chapeau qui la couvrait ne pût l'empêcher de voir Brown, qu'elle semblait examiner avec une sérieuse attention. A chaque geste qu'il faisait, à chaque parole qu'il prononçait, elle semblait agitée par un tressaillement imperceptible. De son côté il était étonné de ne pouvoir regarder cette figure singulière sans une certaine émotion. — Ces traits, pensait-il, se sont-ils offerts à moi en songe, ou rappellent-ils à mon souvenir quelques-unes des étranges figures que j'ai vues dans les pagodes des Indes.

Tandis qu'il s'occupait de ces pensées, et que l'hôtesse était allée chercher de l'argent pour lui changer une demi-guinée, l'Egyptienne fit tout à coup deux grands pas pour se rapprocher de lui, et lui prit la main. Il pensa qu'elle voulait lui donner une preuve de ses talents dans la chiromancie ; mais elle semblait agitée par d'autres sentimens.

— Au nom du ciel, jeune homme, dites-moi quel est votre nom, et d'où vous venez.

— Mon nom est Brown, la mère, et j'arrive des Indes orientales.

— Des Indes orientales! dit-elle en lâchant sa main, ce n'est donc pas cela. Je suis une vieille folle. Tout ce que je vois me semble ce que je désire voir. Mais les Indes orientales! cela ne se peut pas. Quoi qu'il en soit, votre figure et le son de votre voix m'ont rappelé mon ancien temps. Adieu ; ne vous arrêtez pas en route ; et, si vous rencontrez quelques-uns de nos gens, ne vous mêlez pas de leurs affaires, et ils ne vous feront pas de mal.

Brown, qui, dans ce moment, venait de recevoir la monnaie de sa demi-guinée, lui mit un shilling dans la main, dit adieu à son hôtesse ; et, suivant la même route qu'avait prise Dinmont, se mit à marcher à grands pas avec l'avantage d'être guidé par les traces récentes qu'avaient laissées sur la terre les pieds du cheval du fermier.

Meg Merrilies le suivit des yeux jusqu'à ce qu'elle le perdît de vue.

— Il faut, dit-elle alors, que je revoie ce jeune homme ; il faut que je revoie aussi Ellangowan. Le laird est mort. Hé bien, la mort règle tous les comptes. Il fut un temps où il était bon et humain. Le shériff n'est plus dans le pays. Je peux bien me glisser dans le bois sans qu'on m'aperçoive, ou sans qu'on me reconnaisse. Après tout, je ne risque que de passer par les verges. C'en est fait ! je veux revoir Ellangowan, ou j'en mourrai.

Pendant ce temps, Brown continuait sa route sans perdre un instant. Il était déjà dans le sentier tracé dans la plaine de bruyères nommée le Waste du Cumberland. Il vit une maison écartée dans laquelle Dinmont avait sans doute été faire une visite, soit d'amitié, soit d'affaire; car les pas de son cheval suivaient cette direction, et un peu plus loin il en retrouva les traces qui lui annoncèrent qu'il s'était remis en route. — Je voudrais, pensa Brown, que le bon fermier fût resté ici jusqu'à mon arrivée; je n'aurais pas été fâché de lui faire quelques questions sur le chemin; plus j'avance, plus tout ce qui m'entoure paraît sauvage.

A la vérité la nature, comme si elle avait destiné ce pays à servir de barrière entre deux nations, semblait y avoir empreint un caractère de désolation et d'horreur. Les montagnes ne sont ni hautes ni escarpées; mais tout est couvert de mousse et de bruyère, le petit nombre de cabanes que l'on y voit sont pauvres et misérables, et à une grande distance les unes des autres. A l'entour on aperçoit les traces des efforts que l'on a faits pour procurer à la terre une apparence de végétation. Mais deux ou trois poulains errans çà et là, les jambes de derrière attachées ensemble, pour épargner les frais d'une écurie, annoncent que la principale ressource du paysan est d'élever des chevaux. Le peuple y est moins hospitalier et plus grossier que dans le reste du Cumberland. Ces dispositions sont le résultat, tant de sa manière de vivre que de ses liaisons avec les vagabonds et les brigands qui viennent chercher dans cette contrée sauvage un refuge contre les poursuites de la justice.

Les habitans de ce pays étaient, dès autrefois, tellement en butte aux soupçons et au mépris de leurs voisins plus policés, qu'il existait, et qu'il existe peut-être encore dans Newcastle, un réglement qui défend à tout maître ouvrier de cette ville de prendre pour apprenti un homme né dans ces environs. Un proverbe dit que, lorsqu'on veut tuer son chien, on dit qu'il est enragé. On peut ajouter que, si l'on donne à un homme ou à une classe d'hommes une mauvaise renommée, il est très-vraisemblable qu'ils finiront par la mériter. Brown n'ignorait pas ces détails ; et les discours de l'Égyptienne et de Dinmont avaient encore augmenté ses soupçons. Mais il ne connaissait pas la crainte, il n'avait rien sur lui qui pût tenter un voleur, et il se flattait d'avoir traversé le désert avant la chute du jour. Il s'était pourtant trompé dans son calcul. Le chemin se trouva plus long qu'il ne l'avait pensé, et l'horizon commençait déjà à s'obscurcir lorsqu'il entrait seulement dans de vastes landes.

Doublant la vitesse de sa marche, il suivait un étroit sentier qui serpentait à travers d'épaisses bruyères ou dans de profonds ravins bordés ici de fossés remplis d'une matière qui tenait le milieu entre l'eau et la boue, là de monceaux de pierres et de sable que quelque torrent avait détachés des montagnes voisines et accumulés en différens endroits. Il s'étonnait qu'un homme à cheval pût passer dans un pareil chemin ; et cependant il voyait encore les traces de celui de Dinmont, il croyait même entendre à quelque distance le bruit de ses pas. Il se convainquit que le fermier ne pouvait s'avancer dans les bruyères aussi vite que lui, et marcha encore plus rapidement, dans l'espérance de le rejoindre, et de profiter de la connaissance qu'il avait du pays.

En ce moment son basset le quitta pour courir en avant, en aboyant d'une manière extraordinaire. Brown se hâta de gagner une petite éminence qui n'était qu'à deux pas, et vit ce qui avait donné l'alarme à son chien. Dans un chemin creux, à une portée de fusil de lui, un homme qu'il reconnut aisément pour Dinmont se défendait contre deux scélérats qui l'attaquaient. Il était à bas de son cheval, et s'escrimait de son mieux du manche de son fouet. Notre voyageur se hâta de courir à son secours ; mais, avant qu'il fût arrivé sur le lieu du combat, un coup sur la tête avait renversé le malheureux fermier, que l'un des deux coquins continuait à frapper impitoyablement. L'autre misérable, courant au-devant de Brown, appela son camarade, en lui disant : — Celui-là est content ! voulant dire probablement qu'il n'était plus en état de résister ni de se plaindre. L'un d'eux était armé d'une espèce de couteau de chasse, l'autre d'un gourdin. Mais comme le sentier était fort étroit, — S'ils n'ont pas d'armes à feu, pensa Brown, je leur en ferai voir de belles. Les brigands vomissaient contre lui, en l'attaquant, des menaces et des imprécations; mais ils s'aperçurent qu'ils avaient affaire à un homme aussi vigoureux que résolu, et, après en avoir reçu deux ou trois coups bien assénés, l'un d'eux lui cria : — De par tous les diables, que ne passes-tu ton chemin? ce n'est pas à toi que nous en voulons.

Brown ne se payant pas de cette monnaie, et ne voulant pas laisser à leur merci le malheureux qu'ils voulaient voler, et peut-être achever d'assassiner, le combat recommençait lorsque Dinmont, revenu de son étourdissement, se remit sur ses jambes, saisit son bâton, et vint pour se mettre de la partie. Comme nos deux coquins n'en étaient pas venus à bout aisément, même quand il était seul, et dans la surprise où l'avait jeté leur attaque imprévue, ils ne crurent pas devoir attendre qu'il vînt joindre ses forces à celles d'un homme qui paraissait en état de leur tenir tête à tous deux; ils s'enfuirent de toutes leurs jambes à travers le bois, poursuivis par Wasp, qui avait pris une part glorieuse à l'action en harcelant l'ennemi sur les derrières, et opérant par-là une utile diversion en faveur de son maître.

—Diable ! votre chien entend bien la chasse à présent ! Tels furent les premiers mots du fermier en arrivant la tête tout ensanglantée, lorsqu'il reconnut son libérateur.

—J'espère que vous n'êtes pas blessé dangereusement?

—Oh! ce n'est rien. Ma tête est à l'épreuve de quelques contusions; je la conserverai, grace à vous. Mais il faut que vous m'aidiez à chercher mon cheval, et vous monterez en croupe; car il faut gagner du terrain avant que toute la bande ne vienne tomber sur nous, le reste n'est peut-être pas bien loin.

Le hasard voulut heureusement que le cheval se trouvât à deux pas, et Brown fit quelque difficulté de trop charger la pauvre bête.

— Ne craignez rien, répondit Dinmont, Dumple porterait six hommes si sa croupe était assez longue. Mais, pour l'amour de Dieu, dépêchons-nous. Je vois venir du monde là-bas ; je crois prudent de ne pas les attendre.

Brown pensa de son côté que la vue de cinq à six hommes qui effectivement accouraient vers eux devait abréger les cérémonies. Il sauta donc sur la croupe de Dumple, et le bidet plein d'ardeur, chargé de deux hommes grands et vigoureux, partit avec la même vitesse que s'il eût porté deux enfans de cinq à six ans. Son maître, qui connaissait parfaitement la route, l'excitait encore, et avait soin de choisir le meilleur chemin, en quoi il était parfaitement secondé par l'instinct admirable de l'animal, qui, dans tous les mauvais pas, ne manquait jamais de choisir le passage le moins difficile.

Malgré tous ces avantages, la route était tellement entrecoupée, ils étaient si souvent forcés de s'écarter de la ligne droite, qu'ils ne gagnaient que peu de terrain sur ceux qui les poursuivaient. — Ne craignez rien, dit l'intrépide Ecossais à son compagnon ; si nous parvenons une fois au-delà du ruisseau de Witthershin, la route change de face, ils auront de bonnes jambes s'ils nous attrapent.

Ils arrivèrent bientôt à ce ruisseau : l'eau paraissait à peine couler, et ressemblait à celle d'un étang fangeux. Il était couvert de roseaux, et de différentes herbes aquatiques. Dinmont conduisit son poney vers l'endroit qui lui parut offrir un gué plus facile ; mais Dumple s'arrêta tout à coup, baissa la tête comme pour reconnaître de plus près l'eau qu'on voulait lui faire traverser, frappa la terre de ses pieds de devant, et resta comme s'il eût été de marbre.

— Ne ferions-nous pas mieux, dit Brown, de mettre pied à terre, et de laisser l'animal à son sort, ou de le forcer à traverser le gué?

— Non, non, dit le pilote. Il faut laisser manœuvrer Dumple comme il l'entend : il a plus de bon sens que bien des chrétiens. En parlant ainsi, il lâcha la bride, et s'adressant à son cheval : — Allons, mon garçon, lui dit-il, choisis ton chemin, vois où tu peux aller.

Dumple, ayant la liberté du choix, gagna un autre endroit, où le ruisseau, à ce que pensait Brown, ne paraissait pas offrir un passage si facile, mais que l'instinct ou l'expérience de l'animal lui faisait préférer. Là, il entra dans l'eau de lui-même, et atteignit l'autre bord sans difficulté.

— Nous voilà hors des fondrières, dit Dinmont; j'en suis bien aise. On y trouve plus d'écuries pour les chevaux que d'auberges pour les hommes. Maintenant il nous faut atteindre le *Maiden-Way*[1], et nous serons sauvés. Effectivement ils se trouvèrent bientôt sur un pavé rompu, reste d'une chaussée construite par les Romains, et qui traverse ces contrées sauvages dans la direction du nord; dès lors ils firent de neuf à dix milles par heure, Dumple ne demandant d'autre relâche que de quitter le galop pour se mettre au trot.

— Je pourrais bien le faire aller plus vite, dit son maître, mais il faut considérer qu'il a sur les flancs deux paires de longues jambes, et ce serait une pitié de forcer Dumple. Il n'avait pas son pareil dans toute la foire de Carlisle.

Brown était bien d'avis de ménager le pauvre animal, et, comme ils étaient à l'abri de toute crainte, il dit à M. Dinmont qu'il ferait bien de bander sa tête avec un mouchoir, de crainte que l'air n'envenimât sa blessure.

— Et à quoi bon? dit le fermier résolu; le plus court est de laisser le sang se figer : cela épargne un emplâtre.

---

(1) La route des Filles. — Ed.

Brown, dans le cours de ses campagnes, avait vu recevoir bien des blessures, mais il ne put s'empêcher de remarquer que jamais il n'en avait vu supporter avec un pareil sang froid.

— Bah! bah! faudrait-il faire la poule mouillée pour une petite entaille à la tête? Mais, dans cinq minutes, nous sommes en Ecosse, et il faut que vous veniez avec moi à Charlies-Hope; c'est une chose arrêtée.

Brown accepta avec plaisir l'hospitalité qu'il lui offrait. La nuit commençait à s'épaissir quand ils arrivèrent près d'une petite rivière qui serpentait à travers un paysage champêtre. Les montagnes qui s'offraient à la vue étaient plus vertes et plus escarpées que celles qu'ils venaient de quitter, et leurs pentes garnies de gazon s'abaissaient jusqu'aux rives de la petite rivière. Sans étonner les yeux par ses monts aux sommets ambitieux, sans offrir un aspect romantique et pittoresque, cette contrée plaisait par son air champêtre et solitaire. On n'y voyait ni routes, ni enclos, ni terres labourées; on aurait cru être dans un vallon choisi par un patriarche pour y faire paître ses troupeaux. Les ruines de quelques tours démantelées prouvaient que ce pays avait été le séjour d'habitans bien différens de ceux qui s'y trouvaient alors, ces maraudeurs dont les guerres entre l'Ecosse et l'Angleterre virent les exploits.

Dumple prit un sentier qui aboutissait à un gué qu'il connaissait bien, traversa l'eau, et, hâtant le pas, cotoya la rivière pendant environ un mille. Il s'avança alors vers deux ou trois bâtimens peu élevés, et couverts en chaume, dont les angles, opposés l'un à l'autre, indiquaient un grand mépris pour les règles de l'architecture. C'était la ferme de Charlies-Hope. A leur approche, les trois générations des Pepper et des Moutarde, et un grand nombre de leurs alliés dont les noms nous sont inconnus, se mirent à aboyer à qui mieux mieux. Le fermier fit entendre sa voix; elle fut reconnue, et l'ordre se rétablit.

La porte s'ouvrit : une fille à demi nue, qui avait le soin de traire les vaches, et qui venait de s'acquitter de cette fonction, s'y montra un instant, et la referma aussitôt pour rentrer dans l'intérieur, d'où on l'entendit crier :— Mistress ! mistress ! c'est notre maître, et un autre homme avec lui.

Dumple, abandonné à lui-même, gagna la porte de l'écurie, frappa du pied pour se la faire ouvrir, et salua de quelques hénissemens ses amis qui s'y trouvaient, et qui lui rendirent ses salutations. Pendant ce temps, Brown avait beaucoup de peine à préserver son pauvre Wasp des empressemens de toute la meute rassemblée autour de lui, et qui ne paraissait pas disposée à le recevoir avec l'hospitalité que montrait le maître du logis.

Un moment après, un valet de charrue vint introduire Dumple dans l'écurie, tandis que mistress Dinmont, femme de bonne mine et de bonne humeur, vint recevoir nos voyageurs; et montrant à son mari un plaisir de le revoir dont la sincérité se peignait sur son visage : — Mon Dieu ! s'écria-t-elle, avez-vous été absent assez longtemps [1].

CHAPITRE XXIV.

« Heureux Liddell, jamais la poésie
« N'a soupiré sur ta rive fleurie :
« Tu n'es connu qu'aux bergers d'alentour,
« Ton onde est pure ainsi que leur amour. »
ARMSTRONG. *L'art de conserver la santé.*

LES fermiers actuels du sud de l'Ecosse connaissent mieux que leurs pères les raffinemens de la civilisation, et

---

(1) Nous sommes transportés ici par le romancier dans le Liddesdale, canton du comté de Roxburgh, où sir Walter Scott a son château, et dont il est le *deputy-lieutenant* et le shériff. — ED.

les mœurs que j'ai à décrire ont cessé d'exister, ou du moins sont considérablement changées. Sans perdre leur antique simplicité, ils cultivent des arts qui étaient inconnus à la génération qui les a précédés. Ils ont adopté de nouvelles méthodes de culture, et savent apprécier tout ce qui peut rendre la vie plus confortable. Leurs maisons sont plus commodes, leurs habitudes les mettent de niveau avec le monde civilisé, et le luxe le plus louable, le luxe du savoir, s'est introduit dans leurs montagnes, et a fait beaucoup de progrès depuis trente ans : leur plus grand défaut, celui de boire outre mesure, diminue tous les jours. Leur franchise, leur hospitalité est toujours la même; mais elle a, en général, un caractère plus poli, et sait se restreindre dans de justes bornes.

— Hé, diable! ma femme, dit Dinmont en la poussant, mais avec douceur et en la regardant d'un air d'amitié, — un moment donc, Aylie, ne voyez-vous pas un étranger?

Aylie se tourna vers Brown pour lui faire ses excuses. — C'est que, voyez-vous, j'étais si aise de revoir mon mari..... Mais, Dieu du ciel! qu'avez-vous donc tous les deux?

Ils venaient d'entrer dans un petit salon où la lumière fit voir le sang qui avait coulé de la tête de Dinmont, et qui avait assez copieusement arrosé ses habits et ceux de son compagnon.

— Je parierais, Dandy, que vous vous serez encore battu avec quelque maquignon de Bewcastle! En conscience, un homme marié, ayant une nombreuse famille comme vous, devrait mieux connaître de quel prix est la vie d'un père. Et, en parlant ainsi, les yeux de la bonne femme laissaient échapper quelques larmes.

— Oui, vraiment! dit le mari en l'embrassant avec plus d'affection que de cérémonie, il s'agit bien de cela! Demandez à monsieur, il vous dira qu'en sortant de chez Lourie Lowther, où je m'étais arrêté un instant, et avec qui j'avais bu deux ou trois coups, comme je venais d'entrer dans les bruyères, et que je me pressais pour arriver ici, deux coquins, sortant du bois sans que je les aperçusse, se jetèrent sur moi, me renversèrent de cheval, me donnèrent sur la tête un fameux coup qui m'étourdit et me fit tomber, le tout avant que je pusse leur frotter les reins avec mon fouet. Si ce brave homme n'était pas venu à mon secours, je n'étais pas hors de leurs mains, et ils m'auraient pris plus d'argent qu'il n'est facile d'en gagner. C'est donc à lui, après Dieu, que vous êtes redevable de me revoir.

En parlant ainsi, il tira de sa poche une bourse de cuir assez enflée, et la donna à sa femme en lui disant de la serrer.

— Que Dieu le bénisse et le récompense! dit-elle; mais comment lui témoigner notre reconnaissance? lui offrir la table et le gîte, c'est ce que nous n'avons jamais refusé à personne. S'il y avait, ajouta-t-elle en jetant un regard sur la bourse, mais avec un air de délicatesse et de timidité qui empêchait qu'on ne pût s'en offenser, — s'il y avait quelque autre moyen... Brown vit et apprécia le mélange de simplicité et de générosité qui respirait dans le discours de cette digne femme, et il ne pouvait se dissimuler que l'habit très-modeste dont il était revêtu, et qui se trouvait déchiré et couvert de sang, pouvait le faire regarder comme un objet de compassion et peut-être même de charité. Il se hâta donc de dire qu'il se nommait Brown, qu'il était capitaine de cavalerie, et qu'il voyageait à pied pour son plaisir autant que par économie; enfin il engagea son hôtesse à visiter la blessure de son mari, qu'il n'avait pas voulu lui permettre d'examiner.

Mistress Dinmont était plus accoutumée à voir des trous à la tête de son mari qu'à se trouver en présence d'un capitaine de dragons. Elle prit une serviette de table à peu près blanche, et, oubliant pour quelques minutes le souper auquel elle songeait déjà, elle frappa son mari sur l'épaule : — Allons, lui dit-elle, asseyez-vous, mauvaise tête, qui cherchez toujours quelque fâcheuse affaire pour vous et pour les autres!

Dinmont fit deux ou trois cabrioles, commença une danse montagnarde pour montrer combien peu sa blessure l'inquiétait; et, s'étant enfin décidé à s'asseoir, confia à l'inspection de sa femme sa tête ronde, noire et chevelue. Brown avait vu le chirurgien du régiment exprimer de l'inquiétude à l'inspection de blessures plus légères. Aylie montra cependant assez d'intelligence dans son pansement. Elle commença par couper avec ses ciseaux les mèches de cheveux remplies de sang figé; elle mit de la charpie sur les blessures, les bassina avec une eau vulnéraire qui passait pour souveraine dans tout le canton, et dont on faisait une grande consommation le jour de la foire; après quoi elle fixa son emplâtre avec un bandage, et, en dépit de la résistance du patient, couvrit le tout d'un bonnet de nuit pour bien l'assujettir. Elle fomenta avec de l'eau-de-vie quelques contusions qu'il avait sur le front et sur les épaules, ce que Dinmont ne voulut permettre qu'après que le remède eut payé un ample tribut à sa bouche.

Mistress Dinmont offrit alors ses services à Brown avec autant de franchise que de naïveté; mais il lui répondit qu'il n'avait besoin que d'un peu d'eau dans un bassin, et d'une serviette.

— C'est à quoi j'aurais dû penser plus tôt, dit-elle; mais je n'ai pas osé ouvrir la porte, car tous les enfans sont là, pauvres innocens! qui meurent d'embrasser leur père.

Cela expliqua à Brown les cris et le tapage que l'on entendait à la porte du salon, ce dont il avait été un peu surpris, quoique mistress Dinmont n'y eût fait d'autre attention que de pousser le verrou après qu'ils y furent entrés. Mais, lorsqu'elle ouvrit la porte pour aller chercher le bassin et la serviette, car il ne lui vint pas seulement à l'idée d'offrir à Brown de passer dans une autre chambre, un essaim d'enfans à tête blanche se précipita dans le salon, les uns arrivant de l'écurie où ils avaient été visiter leur ami Dumple; les autres de la cuisine où ils écoutaient les contes et les chansons de la vieille Elspeth; et les plus jeunes à moitié nus, ayant quitté leurs lits, tous criant à qui mieux mieux qu'ils voulaient voir papa, et savoir ce qu'il leur avait rapporté des différentes foires où il avait été dans son voyage.

Notre chevalier de la tête blessée commença par embrasser toute la bande à la ronde, et fit ensuite une distribution de flûtes, de trompettes et de pain d'épices. Enfin, quand leur joie devint si bruyante qu'on ne pouvait plus y tenir,—C'est la faute de la bonne femme, dit-il à Brown; elle laisse toujours les enfans faire tout ce qui leur plaît.

— Hé, mon Dieu! dit Aylie, qui arrivait en ce moment tenant d'une main un bassin plein d'eau, et une serviette de l'autre, que voulez-vous? Puis-je faire autre chose pour ces pauvres enfans?

Dinmont alors se mit en mouvement, et, moitié prières, moitié menaces, un peu aussi en les poussant, il parvint à débarrasser la chambre de toute la marmaille, n'y laissant que les deux aînés, un garçon et une fille, qui étaient capables de se conduire, dit-il, raisonnablement. Pour la même raison, et avec moins de cérémonie, il mit à la porte toute la meute, excepté les véritables patriarches, le vieux Pepper et la vieille Moutarde, à qui des châtimens répétés, et l'amour de la paix qui accompagne souvent la vieillesse, avaient inspiré des sentimens si hospitaliers, qu'après avoir grondé quelque temps contre Wasp, qui en faisait autant de son côté, et qui s'était retranché sous la chaise de son maître, ils consentirent paisiblement à partager avec lui une peau de mouton où la laine était restée, et qui valait pour eux le plus beau tapis de Bristol.

L'activité de la maîtresse de la maison, qu'on appelait *mistress* à la cuisine, et *la bonne femme* au salon, avait déjà coûté la vie à deux poulets, qui, à défaut de temps pour mieux faire, parurent bientôt cuits sur le gril. Une grosse pièce de bœuf froid, des œufs, des gâteaux et un pudding de farine d'orge, avec d'excellente ale brassée à la maison, le tout arrosé d'une bouteille d'eau-de-vie, composèrent un souper auquel Brown était disposé à faire honneur. Peu de soldats, après un jour de route et une escarmouche par-dessus le marché, ne s'en seraient pas contentés. Quand l'appétit de son mari et de son hôte fut satisfait, mistress Dinmont donna ses ordres à une jeune et vigoureuse servante, dont les joues étaient aussi rouges que le ruban de ses cheveux, et l'aida à enlever les restes du souper. Enfin, tandis que la dame s'occupait à placer sur la table le sucre et l'eau chaude, ce qu'elle craignait de voir oublié par la suivante, tant celle-ci était occupée à regarder un capitaine en activité de service, Brown demanda à son hôte s'il ne se repentait pas de ne point avoir suivi les avis de l'Egyptienne.

— Qui le sait? répondit-il; ce sont des diables bien rusés. Peut-être n'aurais-je échappé à un danger que pour tomber dans un autre. Et cependant j'ai tort de parler ainsi, car si jamais la vieille sorcière vient à Charlies-Hope, je lui donne une pinte d'eau-de-vie et une livre de tabac pour son hiver. Oui, ce sont des diables bien rusés, disait mon vieux père; mais elles vont mal quand on les guide mal, et il y a du bon et du mauvais dans ces Egyptiennes.

Cette conversation fit encore vider une pinte d'ale, et exigea un nouveau renfort d'eau-de-vie, d'eau et de sucre. Mais Brown se refusa enfin à prolonger plus long-temps la séance pour ce soir; il allégua la fatigue que lui faisait éprouver son voyage, ainsi que le combat qu'il avait soutenu, car il savait qu'il aurait été inutile de remontrer au bon fermier que trop de libations pourraient avoir des inconvéniens pour sa blessure. On le conduisit dans une très-petite chambre, où il trouva un excellent lit, et les draps lui prouvèrent que son hôtesse avait eu raison de se vanter qu'on n'en pouvait trouver nulle part de meilleurs, parce que le lin en avait été filé par Nelly et par elle-même, qu'ils avaient été blanchis sur sa prairie, savonnés dans la belle eau de son puits; et qu'est-ce qu'une femme pourrait faire de plus, fût-elle reine?

Il est très-vrai qu'ils égalaient la neige en blancheur, et que la manière dont ils avaient été blanchis leur avait communiqué une odeur suave.

Wasp, après avoir léché la main de son maître pour lui dire bonsoir, se coucha au pied de son lit, et un doux oubli du monde entier s'empara bientôt des sens de notre voyageur.

CHAPITRE XXV.

« Si la chasse, Bretons, a pour vous tant de charmes,
« Montez sur vos coursiers, et dirigez vos armes
« Sur le rusé brigand par qui, dans une nuit,
« De votre basse-cour tout l'espoir est détruit :
« Suivez-le en ses détours jusque dans sa tanière,
« Et faites contre lui gronder votre tonnerre. »
THOMSON. *Les Saisons.*

BROWN se leva de fort bonne heure le lendemain, et sortit de sa chambre pour examiner l'établissement de son nouvel ami. Tout dans le voisinage de la ferme semblait négligé et presque inculte. Le jardin semblait misérable : aucun soin pour le rendre productif, nulle précaution pour en bannir des eaux qui en inondaient une partie, et absence totale de cette élégance qui donne un aspect si agréable aux fermes d'Angleterre. On voyait cependant que ces défauts ne pouvaient s'attribuer à la pauvreté, ni à la négligence qui en est la suite, et qu'ils n'avaient pour cause que le manque de goût et de connaissances. L'étable pleine de belles vaches, la laiterie remplie de lait, de crème, de beurre et de fromages, dix bœufs qu'on engraissait, deux bons attelages de chevaux, sans compter deux chevaux de selle, des domestiques nombreux, actifs, industrieux, et paraissant contens de leur sort, enfin partout un air d'abondance, annonçaient un fermier à son aise.

La maison, située sur une petite éminence qui dominait la rivière, n'avait pas à craindre les influences dangereuses de son voisinage. Non loin de là, il vit la bande d'enfans qui étaient déjà à jouer, et qui s'occupaient à bâtir une petite maisonnette en terre autour d'un gros chêne, que l'on nommait le buisson de Charlies, en mémoire d'un ancien maraudeur de ce nom qui avait jadis demeuré dans cet endroit. Entre la ferme et les pâturages de la montagne était un marécage qui avait, dit-on, servi autrefois à la défense d'un château-fort dont il ne restait aucun vestige, mais qui avait été la résidence du même héros dont nous venons de parler. Brown voulut lier connaissance avec les enfans, mais ils « *s'échappèrent de ses mains comme du vif-argent* [1]. » Cependant les deux aînés, quand ils furent à quelque distance, furent assez braves pour se retourner et le regarder. Il dirigea sa course alors vers la montagne, et y arriva en traversant le marais. On y avait placé des pierres pour la commodité du passage, mais elles n'étaient ni aussi larges, ni aussi bien assurées qu'on aurait pu le désirer. A peine il commençait à la gravir qu'il aperçut un homme qui la descendait.

Il reconnut bientôt son hôte, quoique le plaid gris des bergers écossais eût remplacé son costume de voyage. Un bonnet, fait avec la fourrure d'un chat sauvage, couvrait sa tête plus commodément que n'aurait pu le faire un chapeau, à cause du bandage qui l'enveloppait. Brown, en sa qualité de capitaine, était accoutumé à juger des hommes par leur force, et il ne put s'empêcher d'admirer

---

(1) Citation d'une locution familière. — Éd.

la taille, les larges épaules et les muscles bien prononcés de Dinmont. Celui-ci, de son côté, faisait intérieurement le même compliment à Brown, dont il examinait l'air de vigueur plus à loisir qu'il ne l'avait encore fait. Après s'être réciproquement salués, le capitaine demanda à son hôte si sa blessure ne lui laissait aucune inquiétude.

— Je n'y songeais plus, dit le fermier; mais, ce matin que je suis frais et à jeun, je pensais, en vous regardant, que, si vous et moi nous avions chacun un bon gourdin de chêne noueux, nous ne reculerions pas devant une demi-douzaine de ces coquins.

— Mais n'auriez-vous pas agi sagement en restant une heure ou deux de plus au lit, après de telles contusions?

— Confusion, capitaine! jamais je n'ai de confusion dans la tête. Un jour je suis tombé du haut du rocher de Christenbury : hé bien, sans avoir de confusion pour cela, je me suis relevé, et j'ai été rejoindre mes chiens qui couraient le renard. Non, non, je ne sais ce que c'est que confusion, à moins que par hasard un petit coup de trop... vous m'entendez? D'ailleurs j'avais besoin de visiter mes troupeaux ce matin, de voir si tout était en ordre : quand le maître est absent, les domestiques se négligent, ils pensent à leurs plaisirs plus qu'à leurs devoirs. Je viens de rencontrer Tom de Todshaw et quelques fermiers de nos environs. Ils vont chasser le renard ce matin. Voulez-vous vous joindre à eux? je vous donnerai Dumple, et je monterai ma grande jument.

— Mais, M. Dinmont, je crains d'être obligé de vous quitter.

— Me quitter! du diable si vous me quittez avant quinze jours d'ici! non, non, on ne trouve pas toutes les nuits un ami comme vous dans les bruyères de Bewcastle.

Brown n'avait pas dessein de faire un voyage expéditif, il entra donc en composition avec son hôte, et lui promit de passer huit jours à Charlies-Hope.

En arrivant à la ferme ils trouvèrent un ample déjeuner

qui les attendait, grace aux soins d'Aylie. En apprenant la partie de chasse projetée, elle n'y donna pas une approbation complète, mais elle ne témoigna ni surprise ni alarme. — Vous êtes toujours le même, dit-elle; rien ne vous rendra sage, jusqu'à ce qu'on vous rapporte ici les pieds en avant.

—Taisez-vous, bonne femme, dit son mari; vous savez bien qu'après toutes mes caravanes je n'en vaux pas une épingle de moins.

En parlant ainsi, il engagea Brown à déjeuner promptement, parce que la gelée commençant à passer, on se mettrait en chasse de bonne heure.

Ils se mirent donc en route, le fermier ouvrant la marche. Ils quittèrent bientôt la petite vallée, et se trouvèrent dans des montagnes escarpées quoique sans précipices. Des deux côtés on voyait souvent des ravines qui, pendant l'hiver, après une pluie d'orage, servaient de lit à des torrens impétueux. Quelques brouillards couvraient encore le sommet des montagnes; c'était le reste des nuages du matin, une pluie douce avait contribué à la fonte de la gelée, et formé cent petits ruisseaux qui semblaient couper la verdure par autant de filets argentés. Dinmont trottait hardiment sur les étroits sentiers tracés par les pas des bestiaux; et enfin ils commencèrent à voir d'autres personnes à pied et à cheval, qui cheminaient comme eux vers le lieu du rendez-vous. Brown ne concevait pas comment on pouvait chasser le renard sur des montagnes où un cheval, accoutumé à la plaine, n'aurait osé prendre le trot, et où le cavalier qui se serait écarté du sentier seulement de la longueur d'un pied, aurait couru le risque de tomber dans une fondrière ou d'être brisé sur des rochers. Son étonnement ne diminua point quand il fut arrivé à l'endroit où la chasse devait avoir lieu.

Après avoir monté long-temps, ils se trouvèrent sur un plateau qui dominait un glen[1] très-long, mais extrême-

(1) Vallée, ravine. — ED.

ment étroit. Là étaient rassemblés les chasseurs avec un appareil qui aurait choqué un véritable amateur. En effet l'objet de leur réunion n'était qu'un simple amusement, mais surtout le désir de détruire quelques-uns de ces animaux nuisibles à leurs poulaillers. Aussi le pauvre renard ne pouvait-il disputer sa vie aussi long-temps que dans une plaine. Cependant la nature même du pays lui donnait quelques ressources qu'il ne devait pas à la courtoisie des chasseurs. La vallée était entourée de bancs de terre coupés à pic et d'énormes rochers jusqu'à un ruisseau qui la traversait vers son extrémité, et dont les bords étaient couverts de quelques touffes de bruyères ou de genêt épineux. Les chasseurs à pied et à cheval se placèrent de distance en distance le long de cette vallée : chaque fermier avait avec lui au moins deux de ces gros levriers, de cette race de limiers pour courre le daim, autrefois si estimée en Ecosse, mais qui a dégénéré par son mélange avec d'autres espèces. Le veneur, espèce de garde-bois, à qui l'on accorde une récompense pour chaque renard qu'il détruit, était déjà au fond du vallon, dont les échos retentissaient des aboiemens d'une demi-douzaine de chiens qui l'accompagnaient, et dressés à la chasse du renard. Les trois générations des Pepper et des Moutarde n'avaient pas été oubliées, et un berger avait été chargé de les conduire d'avance au lieu du rendez-vous. Un nombre immense de dogues, de barbets, de chiens de toute espèce et de toute couleur, étaient aussi rassemblés et jappaient en chœur. D'autres spectateurs, placés sur le haut des montagnes qui bordaient la ravine, tenaient leurs chiens en lesse, prêts à les lâcher sur le renard, s'il tentait de gagner les hauteurs pour s'échapper.

Le spectacle eût été peu attrayant pour un chasseur de profession ; mais il offrait quelque chose de pittoresque et de séduisant. Ceux qui occupaient le sommet des montagnes semblaient se mouvoir dans les airs. Les chiens, impatiens d'être en chasse, bondissaient çà et là, et mordaient les courroies qui les empêchaient d'aller joindre leurs camarades dans le fond la vallée, où le tableau n'était pas moins animé. Le soleil n'avait pas entièrement dissipé le brouillard, le vent en chassait de côté et d'autre quelques restes ; et tantôt on apercevait comme à travers une gaze les mouvemens des chasseurs qui poursuivaient leur proie, tantôt on les voyait distinctement courir sans la moindre crainte sur des rochers presque impraticables, et excitant les chiens à suivre la voie du renard. Quelques-uns dans le lointain paraissaient de véritables pygmées. Un brouillard plus épais venait-il à les couvrir, les cris des hommes, les hennissemens des chevaux, les aboiemens des chiens, semblaient sortir des entrailles de la terre dans cette chasse invisible. Le renard, poursuivi d'un bout à l'autre de la vallée, l'abandonnait-il pour gagner les montagnes ; ceux qui, placés sur leur sommet, suivaient tous ses mouvemens, lâchaient sur lui leurs lévriers, qui, plus agiles que le renard, qu'ils égalaient en courage et en force, réduisaient bientôt le pillard aux abois.

C'est ainsi que, sans aucune attention aux règles ordinaires de cette chasse, mais à la grande satisfaction, à ce qu'il parut, de tous les bipèdes et quadrupèdes qui y prirent part, on mit à mort quatre renards dans cette matinée. Brown lui-même avoua qu'il n'avait pas vu ce spectacle sans plaisir, quoiqu'il eût assisté aux chasses royales de l'Inde, et qu'il eût chassé le tigre, monté sur un éléphant avec le nabab d'Arcot. Lorsque cette partie fut terminée, plusieurs des chasseurs, suivant les règles de l'hospitalité établies dans ce pays, furent engagés à venir dîner à Charlies-Hope.

En y retournant, Brown se trouva un moment à côté du veneur. Il lui fit quelques questions sur la manière dont il exerçait sa profession ; mais cet homme semblait éviter de rencontrer ses yeux, et chercher à se débarrasser de sa compagnie et de sa conversation, ce dont Brown ne put concevoir la raison. C'était un homme d'une taille élancée, d'un teint fort basané, très-leste, et semblant fait pour l'état qu'il avait embrassé. Mais sa figure n'annonçait pas la franchise et la gaieté d'un chasseur. Il avait l'air soucieux, embarrassé, et cherchait à éviter les yeux de ceux qui le regardaient en face. Après quelques réflexions sur le succès dont la chasse avait été suivie, Brown lui donna une petite gratification, et alla rejoindre Dinmont.

La ménagère avait tout disposé pour leur réception. L'étable et la basse-cour firent les frais du dîner, et le bon cœur suppléa abondamment à ce qui pouvait manquer du côté de l'élégance et de la cérémonie.

CHAPITRE XXVI.

« On y vit bonne compagnie,
« Les Elliot, les Armstrong..... »
Ballade de Jean Armstrong.

Les occupations des deux jours suivans consistèrent dans les amusemens que peut offrir la campagne, comme la chasse, la promenade à cheval; et nous nous dispenserons d'en parler, parce qu'ils n'offriraient rien d'assez intéressant pour le lecteur. Mais nous ne pouvons passer sous silence un des plaisirs dont on régala notre capitaine, et qui est en quelque sorte particulier à l'Ecosse. C'est la pêche du saumon. On lance sur le poisson une espèce de long trident, ou de pique à trois pointes, que l'on nomme un waster [1]; et cette espèce de chasse [2] est surtout en usage à l'embouchure de l'Esk et des autres rivières d'Ecosse où les saumons sont abondans. On la fait le jour ou la

---

(1) Harpon. — ED.
(2) *Salmon-hunting.* — ED.

nuit, mais la nuit de préférence. Le poisson, étant alors à fleur d'eau, se découvre aisément à la lueur de torches ou de feux qu'on allume dans des grilles en fer remplies de fragmens de bois goudronnés.

Les principaux acteurs de cette petite fête, embarqués dans un vieux bateau, s'étaient rendus dans un endroit où la rivière, resserrée par l'écluse d'un moulin, rend cette chasse plus facile. Les autres, dispersés sur la rive, semblaient, en brandissant leurs torches et leurs harpons, vouloir donner une idée des anciennes bacchanales. Les saumons cherchaient à s'échapper, les uns en remontant le cours de l'eau, les autres en se cachant près du rivage sous des racines ou des rocs avancés. Mais le moindre indice suffisait pour annoncer leur présence à ceux qui étaient dans la barque. L'agitation d'une herbe, le moindre mouvement, indiquaient à l'adroit pêcheur l'endroit où il devait lancer son arme.

Ceux qui étaient accoutumés à cette pêche semblaient y prendre un grand plaisir; mais Brown, n'étant pas habitué à manier le harpon, fut bientôt las de voir que ses coups, au lieu de percer le saumon, ne frappaient que les rocs qui bordaient le rivage. Il ne pouvait même voir sans quelque peine ce malheureux poisson se débattant contre la mort, tiré dans la barque qu'il emplissait de son sang. Il se fit donc mettre à terre, et, s'étant placé sur un *heugh* ou banc escarpé qui avançait un peu dans la rivière, il jouit davantage du spectacle qu'il avait devant les yeux. Il pensa plus d'une fois à son ami Dudley, en voyant les divers effets de lumière que la lueur des torches produisait sur la surface de l'eau. Tantôt il semblait qu'une étoile éloignée réfléchissait dans l'onde un rayon scintillant semblable à celui que les kelpies ou génies des eaux envoient, d'après les légendes du pays, pour indiquer la tombe humide de leurs victimes. Tantôt la lumière, doublant d'éclat, rendait visibles tous les objets, et donnait une teinte rougeâtre aux arbres, aux rochers et même à la verdure, jusqu'à ce qu'elle se changeât en un faible crépuscule auquel succédait parfois une profonde obscurité. Par intervalles, la clarté portant sur la barque faisait apercevoir les pêcheurs, tantôt immobiles, cherchant à découvrir leur proie, tantôt le bras levé pour la percer, et donnait à leur figure une couleur rouge cuivré qui faisait paraître la barque comme une espèce de Pandémonium.

S'étant amusé quelque temps de ces divers effets d'ombre et de lumière, il suivit le cours de l'eau pour retourner à la ferme, regardant, chemin faisant, les autres personnes qui, sur les bords de la rivière, s'occupaient de cette pêche. Trois pêcheurs sont ordinairement ensemble : l'un tient la torche, et les deux autres sont armés du harpon qui doit percer le poisson. Il aperçut un homme qui cherchait inutilement à tirer sur le rivage un gros saumon qu'il avait percé. Brown s'avança pour voir cette capture. Celui qui tenait la torche était le veneur, dont la conduite lui avait causé quelque surprise. — Venez, monsieur, venez ici, lui crièrent quelques spectateurs ; venez voir ce saumon, il se débat comme un pourceau.

— Tenez bien le harpon ! tirez-le à terre ! vous n'avez pas la force d'un chat ! tels étaient les cris que les assistans adressaient au pêcheur qui cherchait à tirer son saumon, et qui, ayant à lutter contre la force du courant et la vigueur d'un poisson monstrueux, ne savait comment faire pour s'assurer de sa proie. Brown étant arrivé, dit au veneur : — L'ami, approchez votre torche de votre camarade : il n'y voit pas suffisamment. Il avait reconnu sur-le-champ les traits et la figure basanée de cet homme ; mais celui-ci n'eut pas plus tôt entendu la voix de Brown, et vu qu'il s'avançait, qu'au lieu de chercher à éclairer son compagnon, il laissa tomber sa torche dans l'eau, comme par accident.

— Gabriel a le diable au corps ! dit le pêcheur en voyant flotter sur l'eau la torche à demi éteinte. Il a le diable au corps! je ne viendrai jamais à bout d'avoir ce saumon sans lumière, et cependant, si je pouvais l'amener à terre, je suis sûr qu'on n'en aurait jamais vu un plus beau! Quelques personnes entrèrent dans l'eau pour l'aider, le poisson fut enfin tiré sur le rivage, et on trouva ensuite qu'il pesait près de trente livres.

La conduite du veneur frappa Brown. Il ne se souvenait pas de l'avoir jamais vu, et il ne pouvait concevoir pour quel motif il évitait ses regards. Il commença à penser qu'il pourrait bien être un de ceux qu'il avait rencontrés quelques jours auparavant. Cette supposition n'était pas sans quelque vraisemblance, quoiqu'elle ne fût appuyée sur aucune observation relative à sa figure et à ses traits. Les coquins qui l'avaient attaqué avaient de grands chapeaux enfoncés sur leurs yeux, portaient de grandes redingotes, et leur taille ne lui avait offert rien d'assez remarquable pour l'assurer que le veneur était l'un d'eux. Il résolut de faire part de ses soupçons à Dinmont; mais, pour plusieurs raisons, il attendit pour cela le lendemain matin.

Les pêcheurs revinrent chargés du butin; près de cent saumons avaient été tués. Les plus beaux furent réservés pour les fermiers, et on distribua les autres aux bergers, aux paysans, en un mot, à toute la classe inférieure, dont ce poisson, séché à la fumée de leurs cabanes, faisait avec des ognons et des pommes de terre la principale nourriture pendant l'hiver. On les régala aussi d'ale et de whiskey, indépendamment de deux ou trois saumons qu'on fit bouillir pour leur souper. Brown suivit son hôte et ses amis dans la cuisine, où le repas fut servi sur une table qui aurait été assez grande pour réunir Jean Armstrong et toute sa joyeuse compagnie; bientôt on n'entendit plus que les expressions d'une franche cordialité, exclamations et rires bruyans. L'un se vantait de ses exploits dans la soirée, l'autre en plaisantait; mais notre capitaine chercha en vain la figure du sombre veneur, il ne put l'apercevoir.

Enfin il se hasarda à faire une question sur son compte.

— Il est arrivé, mes amis, dit-il, un singulier accident à l'un de vous, qui a laissé tomber sa torche dans l'eau quand son camarade cherchait à en retirer un énorme saumon.

— Accident! répondit un jeune berger, celui qui avait harponné le saumon; il n'y a pas là d'accident; je suis bien convaincu que Gabriel l'a fait tout exprès. Il n'aime pas à voir qu'un autre fasse mieux que lui.

— C'est vrai! dit un autre, et il faut qu'il en soit honteux, sans quoi il serait ici; car Gabriel aime les bonnes choses autant qu'aucun de nous.

— Est-il de ce pays?

— Non, il y a peu de temps qu'il y demeure. Mais c'est un bon chasseur! Je crois qu'il est des environs du comté de Dumfries.

— Et quel est son nom, s'il vous plaît?

— Gabriel.

— Mais Gabriel qui?

— Ma foi, Dieu le sait: nous ne nous embarrassons pas beaucoup des surnoms ici; le même sert pour toute une famille.

— Il faut que vous sachiez, monsieur, dit un vieux berger en se levant, et lui parlant à demi-voix, que tous ceux que vous voyez ici sont des Armstrong, des Elliot, ou d'autres noms semblables; aussi, pour se distinguer, les lairds et leurs fermiers prennent le nom de l'endroit où ils demeurent. C'est pour cela qu'on dit Tom de Todshaw, Hobbie de Sorbietrees, et notre bon maître que voilà, de Charlies-Hope. Ensuite, monsieur, les inférieurs sont connus par quelques sobriquets, comme Christy le fou, Dewke le bossu, ou par le nom de leur profession, comme, par exemple, Gabriel du renard, ou Gabriel le veneur. Il n'y a pas long-temps qu'il demeure ici, et je ne crois pas que personne le connaisse sous un autre nom. Mais ce n'est pas bien de parler ainsi de lui en arrière, et c'est un excellent chasseur, quoiqu'il ne soit peut-être pas aussi adroit à la pêche du saumon que quelques-uns de nos gens.

Dinmont et quelques-uns de ses amis se retirèrent alors dans une autre salle pour terminer la soirée à leur manière, laissant les autres se livrer à une joie bruyante qui n'était plus retenue par leur présence. Cette soirée, comme toutes celles que Brown vit à Charlies-Hope, se passa dans une innocente gaieté entretenue par de fréquentes libations. Peut-être même aurait-on poussé celles-ci trop loin, sans les efforts de quelques *bonnes femmes*; car le désir de voir si la pêche serait heureuse avait amené à la ferme chaque maîtresse (*mistress*) du voisinage, titre qui avait là une signification bien différente de celle qu'on lui donne dans le grand monde. Trouvant que l'on remplissait trop souvent le bowl de punch, et qu'il y avait quelque danger que l'on ne finît par oublier leur gracieuse présence, elles fondirent vaillamment sur les buveurs révoltés, sous la conduite de notre bonne Aylie; et Vénus mit Bacchus en déroute. Un joueur de violon et un joueur de cornemuse parurent dans la salle, et une bonne partie de la nuit se passa à danser au son de leur musique.

Une chasse à la loutre, une autre au blaireau, firent encore passer gaiement les deux jours suivans. J'espère que notre voyageur ne perdra pas l'estime du lecteur, quelque passionné qu'il puisse être pour la chasse, si je lui apprends que, dans cette dernière partie, le petit Pepper ayant perdu une patte de devant, et la jeune Moutarde ayant été presque étranglée, il demanda à M. Dinmont, comme une grace particulière, qu'on laissât retirer dans son terrier, sans l'inquiéter davantage, le pauvre blaireau qui avait fait une si belle défense. Le fermier se serait moqué d'une telle demande, si elle lui eût été adressée par toute autre personne; mais, faite par Brown, il se contenta d'exprimer son étonnement en lui disant : —

Tout de bon! quelle drôle d'idée! Mais, puisque vous prenez son parti, pas un de mes chiens ne l'attaquera de mon vivant; je remarquerai son terrier. Je l'appellerai le Blaireau du capitaine. Bien certainement je n'ai rien à vous refuser. Mais qui croirait que vous vous intéressiez à un blaireau [1]?

Après avoir ainsi consacré une semaine à des amusemens champêtres, après avoir reçu de son hôte toutes les marques d'une franche amitié, Brown dit adieu aux rives du Liddel et à la ferme hospitalière de Charlies-Hope. Les enfans, dont il était devenu le favori, jetèrent les hauts cris quand il partit, et il fut obligé de leur promettre vingt fois qu'il reviendrait bientôt, et qu'il leur jouerait sur son flageolet tous les airs qui leur feraient plaisir, jusqu'à ce qu'ils les eussent appris. — Revenez, capitaine, dit une jeune éveillée, et Jenny sera votre femme. Jenny avait environ onze ans, et elle courut se cacher derrière sa mère.

— Revenez, capitaine, dit une grosse petite fille de six ans, en avançant la bouche pour l'embrasser, c'est moi qui serai votre femme.

Il serait pétri d'un limon plus dur que je ne le suis, celui qui pourrait quitter d'aussi bons cœurs avec une froide indifférence! La *ménagère* aussi offrit sa joue au voyageur, en joignant à une modestie non affectée cette affection simple et touchante qui caractérisait les anciens temps. — Ce que nous pouvons faire, lui dit-elle, est bien peu de chose; mais cependant, s'il y avait quelque chose que nous pussions faire pour vous...

— Hé bien! ma chère mistress Dinmont, permettez-moi de vous adresser une demande. Faites-moi un plaid gris tout pareil à celui que porte le *bonhomme*. Pendant le peu de temps qu'il était resté à Charlies-Hope, Brown s'était habitué au langage et aux mœurs du pays, et il savait

---

(1) Dans le code de la vénerie le blaireau est un animal roturier de la classe de ceux que les Anglais appellent *vermine*. — Éd.

tout le plaisir que causerait cette demande à celle à qui il l'adressait.

— Il faudrait que nous n'eussions pas un peloton de laine, dit la bonne femme d'un air rayonnant, si je ne vous en faisais pas un aussi beau qu'on en ait jamais porté. Dès demain je parlerai à John-Goodsire, tisserand à Castletown. Adieu, capitaine; puissiez-vous avoir tout le bonheur que vous désirez aux autres ! C'est un souhait qu'on ne pourrait pas adresser à tout le monde.

Je ne dois pas oublier de dire que Brown laissa son fidèle Wasp à Charlies-Hope, prévoyant que sa compagnie le gênerait dans quelques occasions où il pourrait avoir besoin de silence et de mystère. Le fils aîné promit d'en prendre soin, de lui *donner un petit coin au lit, un petit coin à table*, comme dit une vieille ballade, et de ne le laisser engager dans aucune de ces expéditions périlleuses dans lesquelles la race des Pepper et des Moutarde avait souffert de fréquentes mutilations. Brown, ayant donc fait aussi ses adieux pour quelque temps à son fidèle compagnon, se disposa à partir.

Tous les fermiers dans ces montagnes montent volontiers et montent bien à cheval, restant quelquefois des jours entiers en selle. Peut-être la vaste étendue de leurs fermes, contenant ordinairement d'immenses pâturages, et la nécessité de les parcourir souvent pour surveiller leurs troupeaux et leurs bergers, ont-elles introduit cet usage. Un antiquaire zélé le ferait peut-être remonter aux temps du *Lai du dernier ménestrel*, où vingt mille cavaliers se rassemblaient autour du feu qui leur servait de signal. Quoi qu'il en soit, le fait est incontestable, et il en résulte un préjugé qui leur fait penser que l'on ne peut voyager à pied que par économie et par nécessité. Dinmont insista donc fortement pour que Brown acceptât un cheval. Il voulut même l'accompagner jusqu'à la première ville du comté de Dumfries, où il avait donné ordre que son bagage lui fût adressé, et d'où il se proposait de continuer son voyage à Woodbourne, résidence de Julie Mannering.

Chemin faisant, le capitaine fit quelques questions à son compagnon de voyage sur la réputation dont jouissait le veneur; mais il n'en put rien apprendre, car il n'était arrivé dans le pays que pendant l'absence de Dinmont pour faire sa tournée de foires. — Il a bien l'air d'un vaurien, dit le fermier, et je jugerais qu'il y a du sang égyptien dans ses veines; mais il n'était pas un des coquins qui nous ont attaqués. Si jamais je les retrouve, je suis bien sûr de les reconnaître. Et quand il serait Egyptien, tout n'est pas mauvais parmi eux. Si jamais je vois cette grande perche de femme, je lui donnerai de quoi acheter du tabac, car, après tout, je crois qu'elle m'avait donné un bon avis.

A l'instant de quitter Brown, le bon fermier le tint longtemps par la main, et lui dit enfin : — Capitaine, les laines ont bien été cette année, mes fermages sont payés; quand Aylie aura une robe neuve, et qu'elle aura habillé ses enfans, je n'ai rien à faire du reste de mon argent. Je voudrais le placer en mains sûres, cela vaudrait mieux que de l'employer en sucre et en eau-de-vie. On m'a dit que vous autres militaires vous pouvez avec de l'argent vous procurer de l'avancement. Si deux ou trois cents livres[1] vous étaient utiles, un billet de vous vaudrait de l'argent pour moi, et vous prendriez le temps qui vous conviendrait pour me le rendre. Voyez, ce serait vraiment m'obliger.

Brown apprécia la délicatesse de ce brave homme, qui, en désirant lui rendre service, avait l'air de lui en demander un. Il le remercia vivement, et l'assura qu'il aurait recours à sa bourse sans scrupule, si quelque circonstance lui rendait ce secours nécessaire. Enfin ils se séparèrent en se donnant des témoignages mutuels d'estime et d'amitié.

---

(1) 4,800 liv. et 7,200 liv. — Ed.

CHAPITRE XXVII.

« Si la pitié chez toi peut avoir quelque accès,
« Soulève-moi la tête, et que je meure en paix ! »
JEANNE BAILLIE.

Notre voyageur loua une chaise de poste dans la ville où il se sépara de Dinmont. Son projet était de se rendre à Kippletringan. Là il comptait prendre les informations nécessaires sur la famille réunie à Woodbourne, avant de faire connaître à miss Mannering son arrivée dans le pays. Il avait dix-huit à vingt milles à parcourir dans un pays où la route est à peine tracée, et, pour ajouter aux difficultés du voyage, il commençait à tomber une neige assez épaisse. Le postillon parcourut cependant plusieurs milles sans exprimer ni doute ni embarras; ce ne fut que lorsque la nuit fut tombée qu'il commença à avouer qu'il ne savait où ils étaient. La neige, qui était tombée toujours plus abondante, rendait cette situation d'autant plus inquiétante que le vent la dirigeait précisément sur le visage du postillon, et que, tout étant blanc autour de lui, la connaissance qu'il avait du pays ne pouvait lui être d'aucune utilité. Enfin toutes les traces étant effacées par la neige, il devenait d'autant plus difficile de reconnaître la véritable route. Brown descendit de voiture, regarda de tous côtés, sans autre espérance que de découvrir quelque habitation où l'on pût s'informer du chemin de Kippletringan; il n'en aperçut aucune : il fallut donc continuer à marcher au hasard. Ils étaient environnés de plantations assez considérables, ce qui leur fit croire qu'ils devaient être dans le voisinage de quelque château. Enfin, après avoir parcouru environ un mille, le postillon s'arrêta en jurant que ses chevaux ne voulaient plus avancer, mais il ajouta qu'il voyait une lumière à travers les arbres, qu'elle venait sûrement de quelque maison, et qu'il allait y demander des renseignemens sur la route. Il descendit de cheval, et, avec une paire de bottes dont le cuir aurait pu disputer d'épaisseur avec le bouclier sept fois doublé d'Ajax, il commença son voyage de découverte. Brown, bouillant d'impatience, vit qu'il ne pouvait marcher dans cet équipage aussi promptement qu'il l'aurait voulu; il le rappela donc, lui dit de rester à la voiture, et qu'il irait lui-même s'informer du chemin.

Le postillon obéit à cet ordre avec grand plaisir, et Brown se dirigea vers la lumière qu'il apercevait. Une haie l'empêchait de s'y rendre en droite ligne. Il la cotoya quelque temps; enfin il y trouva une ouverture, et puis un sentier pratiqué au travers de plantations qui, en cet endroit, étaient d'une étendue considérable: il paraissait devoir le conduire vers la lumière qui était l'objet de sa recherche, et sur laquelle il dirigeait ses pas; mais bientôt des arbres lui en dérobèrent la vue. Le sentier, qui en entrant dans le bois paraissait droit et large, faisait alors beaucoup de détours, et à peine Brown le reconnaissait-il, quoique la neige réfléchît une certaine lueur blanche qui éclairait sa marche. Il fit ainsi près d'un mille, tâchant de suivre toujours la même direction, et se frayant un passage dans les endroits où le bois était moins épais; mais la lumière ne reparaissait pas à ses yeux, et il ne voyait aucune trace d'habitation. Il ne pouvait croire que ce qu'il avait vu ne fût qu'un feu follet; la clarté avait brillé trop long-temps, était restée trop constamment à la même place, pour que cela fût possible. Il fallait donc que cette lumière eût été allumée dans la cabane de quelque garde forestier qui pouvait l'avoir éteinte; et sans ce secours comment découvrir sa demeure? Le terrain sur lequel marchait en ce moment notre voyageur descendait assez rapidement et était fort inégal; la neige couvrant ces inégalités, il en résulta pour lui deux ou trois chutes. Aussi commença-t-il à songer à retourner en arrière, d'autant plus que la neige ne cessait de tomber, et avec plus de force que jamais.

Comme il faisait un dernier effort pour avancer encore quelques pas, la lumière, à sa grande satisfaction, reparut tout à coup à ses yeux. Elle n'était pas éloignée, et paraissait de niveau avec lui. Il reconnut pourtant bientôt que cette dernière conjecture était trompeuse ; car la pente du terrain, continuant à être fort rapide, lui donna lieu de craindre qu'il ne se trouvât quelque précipice ou au moins quelque fossé ou rivière entre lui et l'objet de sa recherche. Il marcha donc avec plus de précaution, et continua à descendre jusqu'au fond d'une petite vallée dans laquelle circulait un ruisseau, dont le cours était interrompu en plusieurs endroits par la glace et la neige. Autour de lui, il aperçut les débris de plusieurs chaumières, dont quelques pans de mur encore debout se faisaient remarquer par le contraste d'une teinte noire. Les toits avaient été détruits par le temps, et les ruines amoncelées et couvertes de neige mettaient souvent obstacle à la marche de notre voyageur. Il ne se rebuta pourtant point, passa le ruisseau sur la glace, non sans quelque appréhension, et enfin il se trouva près de la lumière qu'il cherchait.

Il était difficile, par une si faible clarté, de distinguer la nature de l'édifice qu'elle éclairait. Il paraissait être un bâtiment quadrangulaire, de moyenne grandeur, qui pouvait avoir servi autrefois de demeure à un propriétaire du second rang, ou de retraite et de place de défense à quelque seigneur. La voûte du plus bas étage, qui seule subsistait encore, formait le toit de cette demeure en ruines. Brown s'approcha de l'issue d'où la lumière s'échappait. C'était une fente ou espèce de meurtrière comme on en voit dans les vieux châteaux. Curieux de reconnaître l'intérieur de cette habitation avant d'y entrer, il regarda par cette fente, et une scène de désolation s'offrit à ses regards. Un grand feu était allumé dans la chambre, et la fumée, après y avoir circulé, s'échappait par un trou pratiqué au haut du plafond ; les murs semblaient appartenir à une ruine de deux ou trois siècles au moins. Deux tonneaux, quelques caisses brisées et différens paquets étaient dispersés sans aucun ordre dans l'appartement. Mais l'attention de notre voyageur se fixa principalement sur ceux qui habitaient ce séjour. Sur un lit de paille dont une couverture de laine formait tout l'appareil, était couché un homme que la pâleur de son visage aurait fait prendre pour un cadavre s'il eût été couvert des vêtemens qui annoncent la mort. Du moins le moment de sa dissolution approchait ; car Brown distingua cette respiration lente et pénible, symptôme précurseur de la séparation de l'ame d'avec le corps. Une femme, couverte d'un grand manteau, était assise sur une pierre à côté de cette misérable couche, ses coudes appuyés sur ses genoux, et sa figure tournée du côté du moribond, de manière que la lampe placée derrière elle ne permettait pas de distinguer ses traits. Elle mouillait de temps en temps les lèvres du mourant avec une liqueur contenue dans une tasse ébréchée ; dans les intervalles elle chantait à voix basse, et sur un ton monotone, une de ces prières, ou, comme on les appelle, un de ces charmes que le bas peuple d'Ecosse et du nord de l'Angleterre récite près du lit des mourans. On espère par ces chants rendre moins pénible le passage dans une autre vie, en leur attribuant la même vertu que les catholiques attribuaient jadis au son des cloches. La femme accompagnait cette lugubre harmonie d'un balancement de corps, comme si elle eût voulu marquer la mesure. Voici à peu près ce qu'elle chantait :

>De ce corps périssable, esprit, pourquoi veux-tu
>Habiter plus long-temps la dépouille mortelle?
>Pourquoi lutter encor? n'as-tu pas entendu?
>Le chant des morts t'appelle.

> Osant briser enfin des liens odieux,
> Quitte ce corps usé, termine sa souffrance.
> Ton espoir, ton secours c'est la vierge des cieux :
> Dans l'air la cloche se balance.
>
> Crains-tu le froid, la neige et les vents furieux
> Pour ce corps dont tu fus la compagne fidèle?
> Quand le dernier sommeil aura fermé ses yeux,
> La nuit des morts est éternelle.
>
> L'aurore va paraître. Allons, il faut partir.
> Retourne d'où tu viens; vole vers qui t'envoie.
> La mort n'attend que ton dernier soupir,
> Afin de rendre aux vers leur proie.

Ici la chanteuse s'arrêta. Une espèce de gémissement du moribond sembla lui répondre, et annoncer sa dernière agonie.—Non, dit-elle à demi-voix, cela ne se peut pas, il ne peut pas mourir avec cela dans son esprit : cela l'arrête encore.

> Le ciel ne peut le recueillir,
> La terre ne veut pas non plus l'ensevelir,

Se levant alors, elle avança vers la porte, en ayant grand soin de ne pas tourner la tête en arrière; et, tirant deux verrous, car, malgré le misérable état de l'appartement, la porte en était soigneusement fermée, elle leva le loquet en disant :

> Ouvre-toi loquet. — Pour finir,
> Entre, Mort; ame en peine, il est temps de sortir.

Brown, qui venait de quitter son poste, se trouva précisément en face d'elle quand elle ouvrit la porte. Elle recula d'un pas, et Brown entra dans la chambre, quoique peu flatté de reconnaître la même Égyptienne qu'il avait rencontrée à Bewcastle. Elle le reconnut aussi sur-le-champ; et son attitude, ses traits, l'inquiétude qui parut sur son visage, donnèrent à sa physionomie l'expression que devait avoir celle de la bonne ogresse d'un conte de fées, qui avertit un étranger de ne pas entrer dans la demeure dangereuse de son mari. Les premiers mots qu'elle dit, en étendant la main de son côté d'un air de reproche, furent : — Ne vous avais-je pas dit, Ne vous mêlez pas de leurs affaires ? — Prends garde de séparer les combattans ! tu n'es pas venu dans une maison où la mort soit naturelle !

En parlant ainsi, elle prit la lampe, en tourna la lumière du côté du visage du mourant, dont les traits durs et défigurés étaient alors dans les convulsions de l'agonie. Une bande de linge entourait sa tête : elle était couverte de sang, et la paille ainsi que la couverture en montraient aussi des traces. Il était clair que ce misérable ne périssait pas d'une mort naturelle. Brown recula à la vue de cet affreux spectacle, et se tournant vers l'Egyptienne : — Malheureuse femme ! s'écria-t-il, qui a donné la mort à cet homme ?

— Celui que le destin en avait chargé, dit Meg Merrilies en fixant toujours ses yeux ardens sur le moribond. Il a une longue et cruelle agonie, mais en voilà la fin. Je savais qu'il allait mourir quand vous êtes entré. C'était son dernier soupir. Le voilà mort !

En cet instant on entendit au loin le bruit de quelques voix. — Ils arrivent ! dit-elle à Brown. Eussiez-vous autant de vies qu'il y a de cheveux sur votre tête, vous êtes un homme mort. Brown parcourut des yeux toute la chambre pour y chercher quelque arme défensive, il n'y en avait aucune : il se précipita vers la porte, dans l'espoir de s'enfoncer dans le bois, et de s'échapper d'un endroit qu'il ne pouvait regarder que comme un repaire d'assassins. Meg Merrilies l'arrêta d'une main ferme : — Vous vous perdez, lui dit-elle ; restez, restez, et vous êtes sauvé. Mais quoi que vous voyiez, quoi que vous entendiez, ne faites pas un geste, ne dites pas un mot.

Dans ce danger pressant, Brown pensa qu'il n'avait d'autre parti à prendre que de suivre aveuglément les avis de cette femme. Elle le fit coucher sur de la paille qui était par terre, dans un coin de la chambre, en face du lit sur lequel était étendu le cadavre; elle l'en recouvrit avec soin, et jeta encore par-dessus deux ou trois sacs vides qui se trouvaient dans la salle. Désirant voir ce qui allait se passer, Brown s'arrangea de manière à ce que rien ne lui échappât, et attendit avec inquiétude la fin de cette aventure aussi singulière que peu agréable.

Pendant ce temps la vieille Egyptienne arrangeait le corps du défunt, étendait ses membres, plaçait les bras de chaque côté, disant à demi-voix qu'il valait mieux le faire avant qu'il devînt raide. Elle mit une assiette de bois pleine de sel sur sa poitrine, plaça une chandelle à sa tête, une autre à ses pieds, les alluma, et se remit à chanter, attendant l'arrivée des gens dont on avait entendu la voix.

Brown était militaire, il était plein de bravoure; mais il était homme, et il se sentit couvert d'une sueur froide en songeant qu'il risquait d'être découvert par ces misérables, qui ne pouvaient être que des brigands, et qu'il n'avait aucune arme ni aucun moyen de défense à leur opposer. Ses cris ne pourraient être entendus de personne; ses prières ne seraient pour eux qu'un sujet de dérision. Enfin il n'avait d'espoir qu'en la compassion précaire d'un être associé à ces scélérats. Il s'efforça de chercher sur cette figure noire et ridée quelques-uns de ces traits qui annoncent l'humanité, la pitié, et que la nature grave toujours plus ou moins sur le visage d'une femme, même la plus dégradée. Rien de semblable ne s'y pouvait lire. Quel que fût l'intérêt que parût prendre cette Egyptienne à son sort, il ne semblait pas avoir sa source dans la compassion. Peut-être ne le devait-il qu'à un caprice, à une bizarre et inexplicable sympathie, à une ressemblance imaginaire, telle que celle que lady Macbeth crut trouver avec son père dans la personne du roi endormi [1].

---

(1) Lady Macbeth n'a pas la force de frapper elle-même Duncan, parce que ses cheveux blancs lui rappellent ceux de son père. — ED.

Telles étaient les réflexions qui se succédaient rapidement dans l'esprit de Brown. Personne n'arrivait encore; bien des fois il fut tenté de se lever, et d'essayer de fuir cet abominable repaire, comme il en avait d'abord conçu le dessein. Il maudit son irrésolution qui l'avait fait consentir à se cacher dans un endroit où la fuite lui devenait aussi impossible que la résistance.

Meg Merrilies paraissait aussi sur le *qui-vive*. Elle prêtait l'oreille au moindre son qui se faisait entendre; elle retournait au cadavre, trouvait toujours quelque chose à y arranger ou à changer dans sa position. — C'est un beau corps, disait-elle à demi-voix, et il mérite bien qu'on l'ensevelise avec soin. Elle semblait repaître ses yeux de cet affreux spectacle avec un certain plaisir, et y apporter le même intérêt qu'aurait pu y prendre un professeur d'anatomie. Un large manteau noir qu'elle tira d'un coin obscur fut disposé en linceul; elle laissa la tête exposée à l'air, ferma la bouche et les yeux, et arrangea le tout de manière à cacher les traces du sang, afin, ajouta-t-elle, de donner au corps une apparence plus décente.

Enfin quelques hommes, dont l'air et les habits annonçaient la profession, entrèrent brusquement : — Meg, dit l'un d'eux, fille de Satan, comment osez-vous laisser la porte ouverte?

— Et qui a jamais entendu dire qu'il fallût laisser une porte fermée quand un homme est sur le point de mourir? Est-ce que son esprit pourrait s'en aller à travers ces barres de fer et ces verroux?

— Il est donc mort? dit l'un d'eux en s'approchant du lit pour l'examiner.

— Oui, oui, bien mort, dit un autre, et voilà de quoi lui faire nos adieux. En parlant ainsi, il tira d'un coin de la chambre un baril d'eau-de-vie, tandis que Meg se hâtait de leur préparer des pipes et du tabac. L'activité qu'elle y mettait fit concevoir quelques espérances à Brown : il pensa qu'elle voulait exciter ces coquins à la débauche, afin d'empêcher qu'ils ne pussent le découvrir, si quelqu'un d'eux s'approchait de trop près de l'endroit où il était caché.

CHAPITRE XXVIII.

> « Nous n'avons rien : maisons, portes, verrous,
> « Toits et greniers sont inconnus pour nous.
> « Chez nous jamais une femme attentive
> « N'a tressailli quand son époux arrive.
> « Un antre obscur est notre seul séjour,
> « C'est de la nuit que nous faisons le jour.
> « Levez-vous donc! alerte, camarades!
> « Voilà, minuit, l'heure des embuscades. »
> JEANNE BAILLIE.

BROWN pouvait alors compter ses ennemis. Ils étaient cinq. Deux d'entre eux étaient des hommes vigoureux qui paraissaient des marins, ou qui du moins en avaient pris l'habit pour se déguiser. Les trois autres étaient un vieillard et deux jeunes gens qui, par leurs cheveux noirs et leur teint basané, semblaient appartenir à la tribu de Meg Merrilies. Ils se passaient l'un à l'autre la tasse dans laquelle ils buvaient leur eau-de-vie.

— A son voyage, dit un des matelots en buvant; il a rencontré une tempête sur sa route. Le voilà au port.

Nous ferons grace au lecteur des juremens et des imprécations dont ces honnêtes gens assaisonnaient leurs discours; et nous n'en rapporterons que ce qui pourra le moins blesser ses oreilles.

— Il a senti plus d'une fois le vent du nord, dit un autre; mais à présent il ne songe plus au vent ni à l'orage.

— Il a fait hier sa dernière course, reprit le premier; et maintenant la vieille Meg peut prier pour lui, afin qu'il ait le vent favorable.

— Je ne prierai ni pour lui ni pour toi, vaurien, dit

Meg ; tout est bien changé depuis le temps où je veillais les morts. Les hommes étaient des hommes alors, ils savaient se battre en plein jour : on n'allait pas piller la nuit. Les nobles avaient bon cœur, ils n'auraient pas refusé le gîte et un morceau de pain à une pauvre Egyptienne; il n'y avait pas un de nous, depuis le grand John Faa jusqu'au petit Christie que je portais dans mes bras, qui aurait voulu leur arracher un haillon. Mais vous ne suivez plus nos bonnes règles d'autrefois ; et il n'est pas étonnant que les verges et le carcan vous attrapent si souvent. Oui, vous n'êtes plus les mêmes; vous mangez le pain d'un brave homme, vous buvez sa bière, vous couchez dans sa grange, et pour le remercier vous forcez sa porte, et vous lui coupez le cou. Il y a sur vos mains plus de sang que sur celles d'un homme qui s'est battu loyalement toute sa vie. Aussi, voyez comme vous mourrez (leur montrant le cadavre); il n'est pas mort tout d'un coup. Il a combattu long-temps, il ne pouvait ni vivre ni mourir; mais, vous autres, la moitié du pays vous verra figurer à la potence.

La prophétie de Meg Merrilies fit beaucoup rire l'honnête compagnie.

— Et pourquoi êtes-vous revenue ici, vieille folle? dit un des Egyptiens : ne pouviez-vous pas rester où vous étiez, et dire la bonne fortune dans les sables du Cumberland? Allez voir ici autour, vieille diablesse, si personne ne rôde dans les environs. Vous n'êtes plus bonne qu'à cela.

— Ne suis-je plus bonne qu'à cela? J'étais bonne à autre chose dans la grande bataille entre nos gens et la troupe de Patrico Salmon; et si ces deux bras ne vous eussent sauvé, Jean Baillie vous aurait écrasé comme du verre, pauvre garçon!

Un autre éclat de rire suivit cette réponse; mais il était aux dépens du héros qui avait été secouru en cette occasion par notre amazone.

— Allons, la mère, dit un des matelots, buvez un coup, et oubliez cette querelle.

Meg prit la tasse, la vida; et, ne se mêlant plus de la conversation, alla s'asseoir près de l'endroit où Brown était caché, de manière qu'il n'aurait pas été possible d'approcher de lui sans la faire lever, et personne de la bande ne paraissait avoir envie de la déranger.

Ils s'assirent autour du feu, et parurent tenir conseil sur quelque affaire importante; mais, comme ils parlaient à voix basse, et qu'ils employaient une espèce d'*argot* inintelligible, Brown ne put qu'en entendre assez pour conclure qu'ils faisaient des menaces contre quelqu'un.

— Il aura son reste, dit l'un à l'oreille de son voisin.

— Je ne m'en mêle point, répondit celui-ci.

— Est-ce que vous devenez une poule mouillée, Jack?

— Non, pardieu! pas plus que vous; mais c'est quelque chose de semblable qui a arrêté tout le commerce il y a environ vingt ans. N'avez-vous pas entendu parler du saut du jaugeur?

— Oui, il m'a conté cette histoire, dit l'autre en indiquant par un geste de la tête le cadavre du défunt. Pardieu! comme il riait en nous expliquant de quelle manière il l'avait traîné jusqu'à la cime.

— Hé bien, c'est ce qui interrompit le commerce assez long-temps.

— Et pourquoi cela?

— Quoi! on eut peur; on ne voulut plus nous rien acheter.

— Hé bien, malgré tout cela, il faut nous venger de lui, et si nous le rencontrons quelque soir, qu'il prenne garde à lui.

— Voilà la vieille Meg endormie, dit un autre. Elle commence à radoter, elle a peur de son ombre; avec toutes ses vieilles rapsodies elle finira par nous faire découvrir, si on ne la veille.

—Ah! ne craignez rien, dit le vieux Egyptien. Meg est

de la bonne souche ; c'est la dernière de la troupe dont je me méfierais. Mais elle a ses manières et ses façons de parler.

La conversation continua encore quelque temps, mais en termes qui devinrent tout-à-fait inintelligibles pour Brown. Ils employaient un langage qui leur était propre, sans que ni les termes dont ils se servaient, ni les gestes dont ils les accompagnaient, pussent faire deviner le sujet de leur entretien. Enfin l'un d'eux, voyant Meg Merrilies bien endormie, ou feignant de l'être, dit à un des jeunes gens d'aller chercher Pierre le Noir [1], afin de lui ouvrir le ventre.

Le jeune homme sortit un instant, et rapporta un porte-manteau que Brown reconnut sur-le-champ pour le sien. Il pensa d'abord au malheureux postillon qui était resté avec la voiture, et craignit que ces scélérats ne l'eussent assassiné. Cette idée affreuse le tourmentait, et redoubla encore son attention. Il écouta donc avec grand soin tous leurs discours pendant qu'ils vidaient le porte-manteau, et qu'ils passaient en revue ses habits et son linge. Mais les brigands étaient trop satisfaits de leur prise, trop empressés d'examiner ce qui était tombé entre leurs mains, pour entrer dans des détails sur la manière dont ils s'en étaient emparés. Il s'y trouvait quelques bijoux, une paire de pistolets, un porte-feuille en cuir contenant des papiers, un peu d'argent, etc. En tout autre moment Brown n'aurait pu supporter la manière dont ils se partageaient sans cérémonie ses dépouilles, en s'égayant aux dépens du propriétaire ; mais sa position était trop critique pour qu'il pût songer à autre chose qu'aux moyens de sauver sa vie.

Après avoir entièrement vidé le porte-manteau, et avoir fait entre eux le partage de ce qu'il contenait, conformément aux lois de la plus rigoureuse justice, nos coquins

---

[1] Dans l'argot des voleurs on appelle *Peter*, Pierre, une malle ou un porte-manteau. Un *biter of Peters* (un mord-Pierre) est celui qui détache adroitement les malles des voitures. L'étymologie de ce mot est douteuse. — Éd.

se remirent à boire. Brown espéra quelque temps qu'ils s'enivreraient tout-à-fait, et qu'alors il lui serait possible de s'échapper. Mais leur métier dangereux les obligeait à ne se livrer à la boisson qu'avec précaution, et ils surent se garantir de l'ivresse. Quatre d'entre eux se disposèrent à dormir, pendant que le cinquième montait la garde. Après une faction de deux heures, un autre prit sa place; et, après la seconde veille, la sentinelle éveilla toute la troupe, qui, à la grande satisfaction de Brown, parut faire des préparatifs pour partir. Chacun fit un paquet de ce qui lui était échu en partage. Mais il restait encore autre chose à faire. Deux d'entre eux, après avoir cherché de différens côtés, non sans donner à Brown quelques alarmes, prirent une bêche et une pelle; un autre prit une pioche derrière la paille sur laquelle était étendu le corps du défunt, et tous les trois, munis de ces outils, sortirent de la chambre; les deux autres y restèrent en garnison; c'étaient les deux vigoureux marins.

Une demi-heure après, un de ceux qui étaient sortis revint, et dit quelques mots à ceux qui étaient restés. Alors ceux-ci prirent cadavre que Meg avait enveloppé comme nous l'avons dit, et l'emportèrent. La vieille sibylle se réveilla aussitôt de son sommeil feint ou véritable. Elle alla d'abord à la porte, comme pour s'assurer du départ des brigands. Elle rentra aussitôt, et dit à Brown, d'une voix basse mais ferme, de la suivre sur-le-champ. On juge bien qu'il ne se fit pas prier. Il avait quelque envie de reprendre au moins ses pistolets, son argent et ses papiers; mais la vieille s'y opposa fermement. Il réfléchit sur-le-champ que, s'il reprenait quelque chose de ce qui lui appartenait, les soupçons des brigands tomberaient sans doute sur cette femme, à qui, suivant toutes les probabilités, il allait être redevable de la vie. Il renonça donc à son dessein, mais il ne put résister à la tentation de ramasser, sans qu'elle s'en aperçût, un couteau de chasse qu'un de ces coquins avait jeté sur la paille. Muni de cette arme qu'il cacha sous son habit, il respira plus librement, et se crut déjà à moitié hors de danger. Le froid et la position gênante qu'il avait gardée toute la nuit avaient engourdi ses membres; il suivit cependant la vieille, et le grand air, joint à l'exercice, rétablit bientôt sa circulation et lui rendit toute son énergie.

La pâle clarté d'une matinée d'hiver était un peu augmentée par l'éclat de la neige que la gelée avait conservée sur la terre. Brown jeta un coup d'œil rapide sur tout ce qui l'entourait, afin d'être en état de reconnaître le local. La petite tour, dont il ne restait que la voûte sous laquelle il avait passé la nuit, était appuyée sur l'extrémité d'un rocher, et dominait le ruisseau dont nous avons parlé. On ne pouvait en approcher que du côté de la petite vallée. Des trois autres côtés l'abord en était défendu par des ravins si profonds, qu'il reconnut qu'il avait échappé cette nuit à plus d'une espèce de dangers. S'il avait voulu faire le tour du bâtiment, comme il en avait formé le projet, il se serait brisé infailliblement en tombant dans un précipice. La vallée était si étroite, que les arbres qui la bordaient de chaque côté se touchaient en quelques endroits, et leurs branches, chargées alors de neige au lieu de feuilles, semblaient la couvrir d'un berceau de glace sous lequel coulait le ruisseau dans les endroits où son cours n'était pas encore interrompu par la gelée. Un peu plus loin, le vallon s'élargissait, et c'est là qu'étaient situées, entre le ruisseau et la colline, les ruines du hameau que Brown avait traversé la veille. Ces débris enfumés et couverts de mousse lui parurent encore plus noirs, et contrastaient avec la neige, que le vent avait accumulée contre eux.

Il ne put regarder qu'à la hâte ce paysage triste et sombre. Sa conductrice, après s'être arrêtée un instant comme pour lui permettre de satisfaire sa curiosité, marcha devant lui à grands pas et s'avança dans le vallon. Il ne put s'empêcher de concevoir quelques soupçons, en voyant qu'elle suivait un chemin où la neige portait l'empreinte récente de plusieurs pieds d'hommes ; et tout devait lui faire penser que c'étaient les brigands près desquels il avait passé la nuit qui y avaient laissé ces vestiges. Un instant de réflexion le tranquillisa. Etait-il croyable qu'une femme qui pouvait le livrer sans défense à ces scélérats quand toute la bande était réunie, songeât à le trahir maintenant que, se trouvant en pleine campagne, il avait tant de chances pour leur échapper ? Enfin l'arme dont il s'était muni achevait de lui donner de la confiance. Il continua donc à la suivre en silence. Ils traversèrent le petit ruisseau à la même place où ceux dont ils reconnaissaient les traces l'avaient traversé. Ces traces continuèrent quelque temps jusqu'à un endroit où le vallon se rétrécissait de nouveau ; alors la vieille, abandonnant ce chemin, prit un sentier inégal et raboteux jusqu'à la colline qui dominait les ruines : quoique la neige cachât le chemin et le rendît souvent très-glissant, Meg marchait d'un pas ferme et assuré; prouvant par là qu'elle connaissait parfaitement le pays. Enfin elle gagna le sommet de la colline par un passage si escarpé, que Brown, quoique convaincu que c'était par ce chemin qu'il était venu la veille, put à peine concevoir comment il ne s'était pas tué cent fois en le descendant. Là régnait une plaine d'environ deux milles de longueur, au bout de laquelle on voyait des plantations d'une étendue considérable.

Elle continua à le conduire quelque temps le long de la colline, en cotoyant le vallon, jusqu'à ce qu'on entendît, dans le creux de la vallée, le bruit de quelques voix : alors, s'avançant dans la plaine : — Marchez droit devant vous, lui dit-elle, et derrière ces plantations vous trouverez la route de Kippletringan. Ne perdez pas de temps, éloignez-vous promptement, votre vie est plus précieuse que celle de bien d'autres. Mais vous avez tout perdu : attendez! — Elle fouilla dans une énorme poche d'où elle tira une grosse bourse grise. — Meg et les siens, ajouta-t-elle, ont reçu bien des aumônes de votre famille. Elle a vécu assez pour vous en rendre une partie. — Elle lui mit la bourse entre les mains.

— Cette femme est folle, pensa Brown. Mais le moment n'était pas convenable pour une explication; on entendait toujours du bruit dans le fond de la vallée, et il ne pouvait douter que ce ne fussent les brigands. — Comment pourrai-je vous rendre cet argent, lui dit-il, et comment reconnaîtrai-je le service signalé que vous m'avez rendu?

— J'ai deux demandes à vous faire, répondit la sibylle en parlant très-bas et très-vite : l'une, que vous ne parliez jamais de ce que vous avez vu cette nuit; l'autre, que vous ne quittiez pas le pays sans me revoir; que vous laissiez aux *Armes de Gordon* l'adresse du lieu où je pourrai vous trouver, et que, lorsque je paraîtrai devant vous, soit à l'église ou au marché, à une noce ou à un enterrement, un samedi ou un dimanche, à jeun ou après le repas, vous quittiez tout pour me suivre à l'instant.

— Tout cela ne vous sera pas d'une grande utilité, bonne mère!

— Non, mais bien pour vous, et c'est à quoi je pense. Je ne suis pas folle, quoique j'aie de quoi le devenir. Non, je ne suis ni folle, ni ivre, ni une radoteuse. Je sais ce que je vous demande. La volonté de Dieu vous a sauvé de bien des dangers, et sa volonté est que je serve d'instrument pour vous rétablir dans les biens de vos ancêtres. Donnez-moi donc votre parole, et souvenez-vous que vous me devez la vie cette nuit.

— Certainement, pensa Brown, il y a quelque chose d'extraordinaire dans cette femme, mais c'est plutôt une sorte d'enthousiasme que de la folie.

— Hé bien! ma mère, puisque vous vous bornez à me demander des choses de si peu d'importance, je vous fais la promesse que vous désirez; au moins vous me fournirez par là l'occasion de vous rendre votre argent avec quelque addition. Vous êtes sans doute une espèce de créancière peu commune, mais...

— Partez, partez ! dit-elle en étendant la main, mais ne pensez pas à cette bourse, c'est votre propre bien. Souvenez-vous seulement de votre promesse, et gardez-vous de me suivre, même des yeux.

En parlant ainsi, elle reprit le chemin du vallon, et descendit la côte avec rapidité, entraînant après elle des flocons de neige et des fragmens de glaçons.

Malgré sa défense, Brown chercha un endroit d'où il pût la voir sans courir le risque d'être vu, car il sentait combien la précaution lui était nécessaire. Une roche qui s'élevait au milieu des arbres, sur le bord du vallon, lui en offrit le moyen. Il mit le genou à terre, et, avançant doucement la tête, il vit la vieille s'enfoncer dans la vallée et rejoindre la compagnie de la nuit précédente, qui était alors composée de deux ou trois hommes de plus. Ils avaient enlevé la neige au pied d'une roche, et y avaient creusé une fosse assez profonde. Ils étaient placés tout autour, et y descendaient, enveloppé dans une toile grise, quelque chose que Brown reconnut pour être le corps qu'il avait vu ensevelir la veille. Ils restèrent immobiles et en silence environ une minute, comme s'ils donnaient quelques regrets à la perte de leur compagnon; mais, s'ils éprouvaient ce sentiment, il ne fut pas de longue durée : toutes les mains s'occupèrent bientôt à remplir la fosse, et Brown, voyant que leur besogne ne tarderait pas à être finie, crut que ce qu'il avait de mieux à faire était de suivre l'avis de l'Égyptienne. Il se mit donc en marche, et ne s'occupa que de gagner le plus promptement possible la plantation qu'il avait devant les yeux.

Lorsqu'il y fut arrivé, ses pensées se reportèrent sur la bourse qu'il avait reçue de l'Égyptienne. Il se sentait un peu humilié de devoir un pareil secours à une telle personne. Il avait pourtant été forcé de l'accepter, et il se trouvait par là hors d'un grand embarras : il n'avait en poche que quelques shillings ; son argent était dans son porte-manteau, et en la possession des amis de Meg. Il lui fallait quelque temps pour écrire à son agent, ou même pour s'adresser à son bon hôte de Charlies-Hope, qui se ferait un plaisir de lui avancer ce dont il aurait besoin. Il résolut donc de recourir à la bourse de Meg, comptant avoir bientôt l'occasion de la lui rendre, en y ajoutant quelque chose. — Ce ne peut être qu'une bagatelle, pensait-il, et je crois bien d'ailleurs que la brave femme aura, pour s'en dédommager d'avance, une part dans mes billets de banque.

En faisant ces réflexions, il ouvrit la bourse, comptant y trouver tout au plus trois ou quatre guinées. Mais quelle fut sa surprise en y voyant, indépendamment d'une assez grande quantité de pièces d'or de toute espèce et de tous pays, et qui pouvaient monter à environ cent livres, des bagues et des bijoux dont la valeur paraissait beaucoup plus considérable !

Brown n'éprouva pas en ce moment moins d'embarras que d'étonnement. Il voyait entre ses mains des objets dont la valeur apparente excédait celle de tout ce qu'il possédait. Mais comment l'Egyptienne en était-elle propriétaire ? Sans doute par les mêmes moyens qui avaient mis son porte-manteau au pouvoir de ses associés. Il conçut d'abord le dessein de s'informer de la demeure du juge de paix le plus voisin, de lui faire la déclaration de ce qui lui était arrivé, et de remettre entre ses mains le trésor dont il se trouvait dépositaire d'une manière si inopinée. Un moment de réflexion lui fit trouver des inconvéniens à cette démarche. D'abord ce serait manquer à la promesse qu'il avait faite de garder le silence sur les événemens de cette nuit ; ensuite c'était compromettre la sûreté, peut-être même la vie d'une femme à qui il était redevable de la sienne, qui lui avait volontairement remis ce trésor, et dont la générosité même pouvait occasioner la perte. Il lui était impossible de s'y déterminer. Enfin il était étranger, inconnu dans ce pays; la perte de ses papiers le mettait même dans l'impossibilité de se faire connaître, d'établir sa qualité au magistrat, peut-être ignorant et stupide, auquel il pouvait s'adresser. — Je réfléchirai à cela plus à loisir, pensa-t-il ; peut-être se trouve-t-il quelque régiment cantonné dans ces environs. En ce cas ma connaissance du service, mes liaisons avec un grand nombre d'officiers de l'armée, ne peuvent manquer de m'assurer un crédit que je n'obtiendrais peut-être pas d'un juge civil. Alors je puis compter que l'officier commandant m'aidera à arranger les choses de manière à préserver de tout danger cette malheureuse folle, dont la méprise m'a si bien servi en cette occasion. Un magistrat civil se croirait obligé de décerner sur-le-champ contre elle un mandat de prise de corps, et je serais la cause de tout ce qui pourrait s'ensuivre. Non, fût-elle le diable en personne, elle a bien agi avec moi, et je dois bien agir avec elle. Je dois lui accorder les mêmes droits dont fait jouir une cour martiale, où le point d'honneur modifie la sévérité de la loi. D'ailleurs je dois la voir aux *Armes de Gordon*, je crois ; et alors, ma foi, je lui rends sa bourse, et que la justice tâche de s'en emparer si elle le peut.

Brown prit dans la bourse, pour fournir à ses besoins du moment, quatre guinées qu'il se promit bien de ne pas tarder à y remettre, et la ferma, bien décidé à ne plus l'ouvrir que pour la rendre à celle qui la lui avait donnée, ou pour la déposer entre les mains de quelque fonctionnaire public. Il pensa ensuite au couteau de chasse qu'il avait emporté de ce repaire de scélérats. Son premier mouvement fut de le jeter dans la plantation où il se trouvait ; mais la crainte de rencontrer quelqu'un de ces brigands fut cause qu'il ne put se décider à s'en défaire. Quoiqu'il ne fût pas en uniforme, son habit avait une coupe militaire, et il pouvait y ajouter une arme sans se donner un air ridicule. D'ailleurs, quoique la coutume de porter l'épée commençât à se perdre parmi les personnes qui ne suivaient pas la profession des armes, cet usage n'était pas encore assez tombé en désuétude pour faire remarquer les personnes qui persistaient à s'y conformer. Il attacha donc le couteau de chasse à son côté, et continua son chemin dans l'espoir de rencontrer bientôt la route qui lui avait été annoncée.

CHAPITRE XXIX.

« Te souviens-tu de notre heureuse enfance,
« De ces beaux jours marqués par l'innocence?
« Le même ouvrage occupait nos loisirs ;
« Même chanson faisait tous nos plaisirs ;
« La même fleur naissait sous notre aiguille.
« Toujours en paix, sans humeur ni castille,
« La même chambre et la même maison
« Voyaient nos cœurs, nos voix à l'unisson. »
SHAKSPEARE. *Le Songe d'une nuit d'été.*

JULIE MANNERING A MATHILDE MARCHMONT.

«COMMENT pouvez-vous me dire, ma chère Mathilde, que mon amitié se refroidit, que mon affection change d'objet? Est-il possible que j'oublie l'amie que mon cœur a choisie, dans le sein de qui j'ai déposé tous les sentimens que la pauvre Julie ose s'avouer à elle-même? Vous n'êtes pas moins injuste, en croyant que j'accorde à Lucy Bertram une préférence sur vous; je vous assure même que je ne lui ai fait aucune confidence. C'est une excellente fille, sans doute, et je l'aime beaucoup ; je dois même convenir que les occupations auxquelles nous nous livrons ensemble, matin et soir, ont laissé à ma plume moins de temps que n'en aurait exigé une correspondance aussi régulière que la nôtre; mais elle n'a aucun des agrémens du grand monde. Tout ce qu'elle sait se borne au français et à l'italien, qu'elle a appris du monstre le plus grotesque que vous ayez jamais pu voir, et que mon père a pris en quelque sorte pour son bibliothécaire, afin de faire voir, je crois, le peu de cas qu'il fait de l'opinion du monde. Le colonel Mannering semble s'être persuadé que l'on ne peut regarder comme ridicule rien qui lui appartienne, rien qui ait quelque liaison avec lui. Je me souviens que dans l'Inde il avait ramassé, je ne sais où, un petit chien hideux dont il avait jugé à propos de faire son favori; et qu'un de ses grands griefs contre le pauvre Brown était la liberté qu'il avait prise de plaisanter sur les jambes torses et les oreilles pendantes du charmant Bingo. Sur mon ame, Mathilde, ce ne peut être que d'après le même principe qu'il s'est formé une haute idée du plus ridicule de tous les pédans. Il le fait asseoir à sa table, où il prononce le *benedicite* du ton d'un homme qui crie des poissons dans la rue, entasse ses morceaux dans son gosier, comme on jette des paquets dans une charrette, et sans avoir l'air de savoir ce qu'il avale; dit les graces comme un musicien qui fait un faux ton à chaque note, et court s'ensevelir dans des tas d'énormes in-folios, rongés par les vers, et dont l'extérieur est à peu près aussi agréable que le sien. Ce n'est pas que je ne m'amusasse assez de cette créature, si j'avais quelqu'un avec qui je puisse en rire; mais, si je m'avise de commencer une plaisanterie sur M. Sampson (tel est le nom de ce charmant personnage), Lucy paraît si affligée que je n'ai pas le courage de continuer; et mon père fronce le sourcil, se mord les lèvres, me lance un coup d'œil terrible, et finit par me lâcher quelque sarcasme qui me déconcerte tout-à-fait

« Ce n'est pourtant pas de ce pédant que je voulais vous entretenir. Je voulais seulement vous dire que, comme il connaît très-bien les langues anciennes et modernes, il s'est chargé d'enseigner ces dernières à Lucy; et je crois que, si elle ne sait pas l'hébreu, le grec et le latin, il faut en rendre graces à son bon sens, qui lui a fait refuser les leçons que son aimable précepteur aurait voulu lui donner. Elle a véritablement beaucoup de connaissances; et je vous assure que je suis toujours surprise de voir comme elle a le talent de s'amuser toujours, en repassant et rangeant dans son souvenir ce qu'elle a précédemment appris. Nous lisons ensemble tous les matins, et l'italien commence à me plaire beaucoup plus que lorsque nous prenions les leçons de ce marchand d'esprit qu'on appelait Cicipici; car c'est ainsi qu'on doit écrire son nom, et non Chichipichi. Vous voyez que je commence à être savante.

« Mais je crois en vérité que j'aime miss Bertram plus encore à cause des talens qui lui manquent que pour les connaissances qu'elle possède. Elle ne connaît rien à la musique, et elle ne sait danser que comme une paysanne, c'est-à-dire avec plaisir et gaieté. Je deviens donc maîtresse à mon tour, je lui donne des leçons de harpe, et je lui ai déjà montré quelques-uns des pas que nous a appris La Pique : vous savez qu'il disait que je promettais beaucoup.

« Dans la soirée, papa nous fait quelque lecture, et jamais vous n'avez entendu lire des vers avec autant de goût: Ce n'est pas comme certains lecteurs de profession qui, confondant la lecture avec la déclamation, rident leur front, roulent les yeux, se détraquent la figure, et gesticulent comme s'ils étaient sur un théâtre et en grand costume : la manière de mon père est toute différente. Sans chercher à attirer l'attention sur lui par son ton et ses gestes, il se contente de vous faire sentir avec goût les sentimens exprimés par l'auteur qu'il vous lit. Lucy monte fort bien à cheval: son exemple m'a enhardie; et en dépit du froid nous faisons souvent ensemble une promenade le matin, tantôt à cheval, tantôt à pied. De tout cela, ma chère, il résulte qu'il ne me reste pas pour écrire autant de loisir que par le passé.

« Il faut d'ailleurs que je vous donne aussi l'excuse banale de tous les paresseux : c'est que je n'ai rien à vous dire qui puisse vous intéresser. Je ne parlerai pas de mes craintes, de mes inquiétudes relativement à Brown : elles sont bien moins vives depuis que je le sais libre et bien portant ; et, quant à mes espérances, je ne sais trop si je dois en concevoir. D'ailleurs je dois vous avouer que je suis un peu piquée contre lui. Il me semble qu'il aurait dû me faire connaître ses intentions. Il y avait peut-être quelque imprudence dans nos entrevues : mais était-ce à lui de s'en apercevoir? devait-il rompre ainsi brusquement? Si c'est là son opinion, je puis l'assurer que c'est aussi la mienne, et j'ai pensé plus d'une fois que j'avais agi avec un peu de légèreté. Cependant j'ai si bonne opinion du pauvre Brown, que je ne puis m'empêcher de croire qu'il a quelque motif pour garder ainsi le silence.

« Mais, pour en revenir à miss Bertram, soyez bien sûre, ma chère Mathilde, que votre jalousie est sans fondement. Jamais elle ne sera votre rivale dans mon affection. C'est une fille aimable, sensible, affectueuse ; il y a peu de personnes à qui j'aurais plus volontiers recours pour trouver des consolations dans les maux réels de la vie : mais il est rare que l'on éprouve ces grands malheurs, et l'on a besoin d'une amie qui sache compatir aux peines du cœur. Le ciel sait, et vous savez, Mathilde, que ces peines ont besoin des consolations de l'amitié, aussi-bien que les chagrins que l'on regarde comme d'une nature plus sérieuse. Lucy est étrangère à ce genre de sympathie, oui, tout-à-fait étrangère. Si j'avais la fièvre, elle passerait la nuit auprès de mon lit, et me prodiguerait ses soins avec une patience infatigable ; mais elle ne serait pas plus apte que son vieux précepteur à calmer le feu de la fièvre du cœur, comme l'a fait si souvent ma chère Mathilde.

« Savez-vous que je suis aussi piquée contre elle? La petite dissimulée a un amant, et leur amour mutuel, car je suis bien sûre qu'il est partagé, a quelque chose de romanesque et d'intéressant. Elle devait avoir une fortune considérable ; mais la prodigalité de son père et la friponnerie d'un homme d'affaires, un vrai coquin en qui il avait mis toute sa confiance, l'ont totalement ruinée. Un des jeunes gens les plus aimables et des mieux tournés de nos environs lui fait une cour assidue ; mais comme ses parens sont fort riches, et qu'il est leur unique héritier, elle ne lui donne aucune espèce d'encouragement, à cause de la disproportion de leur fortune.

« Cependant, malgré cette réserve, cette modestie, ce désintéressement, Lucy est une petite rusée. Je suis sûre qu'elle aime le jeune Hazlewood, et je ne doute pas davantage qu'il ne parvînt à le lui faire avouer, si mon père et elle-même voulaient lui en fournir l'occasion. Mais il est bon que vous sachiez que le colonel rend lui-même à miss Bertram ces petits soins qui peuvent fournir à un amant l'occasion de déclarer ses sentimens. Je désire que mon cher père, comme bien des gens qui se mêlent des affaires des autres, ne se laisse pas lui-même prendre au piège. Si j'étais Hazlewood, ses complimens, ses révérences, ses attentions, le soin qu'il prend de lui offrir la main, de l'accompagner partout, me donneraient quelque soupçon ; et j'ai surpris quelquefois le jeune amoureux plongé dans des réflexions qui me paraissaient partir de cette source. Imaginez quelle sotte figure fait alors votre pauvre Julie. Ici mon père fait l'agréable auprès de ma jeune amie ; là Hazlewood n'est occupé qu'à épier chaque mouvement de ses lèvres ou de ses yeux ; et moi, je n'ai pas la chétive consolation d'intéresser un être vivant, pas même le monstre à montrer à la foire dont je vous ai parlé plus haut, et qui, assis la bouche béante, a toujours ses gros yeux fixés sur miss Bertram, en restant muet comme une statue.

« Tout cela me donne quelquefois des crispations de nerfs, et dans d'autres instans ajoute un degré de plus à ma malignité naturelle. La conduite de mon père et des deux amans m'avait tellement ennuyée dernièrement ; j'étais si lasse de voir qu'on ne pensât pas plus à moi que si j'étais encore aux Grandes-Indes, que je dirigeai une attaque assez vive contre Hazlewood, et à laquelle il ne pouvait sans incivilité s'empêcher de riposter. Il s'échauffa peu à peu en voulant se défendre. Je vous assure, Mathilde, que c'est un fort joli homme, et je ne l'avais pas encore vu sous un jour aussi avantageux. La conversation s'animait, quand un soupir de Lucy frappa mon oreille. J'étais trop généreuse pour poursuivre plus loin ma victoire, quand même je n'aurais pas eu peur de papa, qui, heureusement pour moi, était fort occupé en ce moment. Il faisait à miss Bertram une longue description des mœurs et des usages d'une caste d'Indiens, et l'ornait de dessins dont il chargeait les modèles de broderie de Lucy, si bien qu'il gâta les trois plus beaux, en les barbouillant de costumes orientaux. Mais je crois qu'elle ne pensait pas plus en ce moment à la robe qu'elle se brodait qu'aux turbans et aux vêtemens des sujets du Grand-Mogol. Cependant il n'a pas été malheureux pour moi qu'il n'ait pas vu le mérite de ma petite manœuvre; car il a l'œil perçant de l'aigle, et il est l'ennemi déclaré de l'ombre même de la coquetterie.

« Hé bien, Mathilde, ce soupir fut entendu aussi par Hazlewood; il se repentit à l'instant des attentions momentanées qu'il avait prodiguées à un objet qui les mérite si peu que votre Julie, et s'approcha de la table près de laquelle Lucy travaillait, avec une expression de chagrin vraiment comique, peinte sur sa figure. Il lui fit une observation assez insignifiante; et il fallait l'oreille attentive d'un amant, ou d'une observatrice curieuse comme moi, pour distinguer dans la réponse que lui fit Lucy un ton plus froid et plus cérémonieux qu'à l'ordinaire : mon héros, qui s'accusait lui-même, y trouva un reproche, et prit un air abattu et consterné. Vous avouerez qu'il convenait à ma générosité d'intervenir comme médiatrice. Je me mêlai donc à la conversation, et je pris le ton d'une personne désintéressée, qui n'a rien vu, rien entendu;

je les remis peu à peu dans le ton habituel de leurs entretiens; et, après avoir pendant quelque temps servi de canal de communication par lequel ils se transmettaient mutuellement leurs pensées, je plaçai un échiquier entre eux; et, pendant que ce jeu sérieux les occupait, je me disposai à tourmenter papa qui était encore à griffonner ses dessins. Vous saurez que les joueurs d'échecs étaient assis près de la cheminée, les coudes appuyés sur une petite table sur laquelle était placé l'échiquier; le colonel était près d'une table chargée de livres, à l'autre bout de la salle, qui est fort grande, d'une forme irrégulière, et garnie d'une tapisserie si bizarre, que l'artiste qui l'a travaillée aurait, je crois, grand'peine à en expliquer le sujet.

« Je commençai avec lui, à demi-voix, la conversation suivante :

« — Les échecs sont-ils un jeu bien intéressant, papa?

« — On le dit, me répondit-il sans m'honorer d'un regard.

« — Je suis téntée de le croire d'après l'attention qu'y donnent miss Lucy et M. Hazlewood.

« Il leva promptement la tête, et son crayon cessa un moment de se promener sur le papier. Apparemment il ne vit rien qui pût lui donner quelque inquiétude, car il se remit à dessiner fort tranquillement les plis du turban d'un Maratte. Mais je l'interrompis encore.

« — Quel âge a miss Bertram, papa?

« — Que sais-je? à peu près le vôtre.

« — Oh! elle est plus âgée. Vous me dites toujours qu'elle s'entend mieux que moi à faire les honneurs de la table à thé. Mon Dieu, papa, et que ne lui donnez-vous donc une fois pour toutes le droit d'y présider?

« — Ma chère Julie, vous êtes tout-à-fait folle, ou vous avez encore plus de malice que je ne vous en supposais.

« — Tout ce que vous voudrez, cher papa, mais pour rien au monde je ne voudrais passer pour folle.

« — Et pourquoi parlez-vous comme si vous l'étiez?

« — Mais ce que je vous disais n'est pas si déraisonnable. Chacun convient que vous êtes un bel homme... (un sourire se montra sur ses lèvres) pour votre âge.... (il fronça le sourcil), qui n'est pas bien avancé. Pourquoi ne suivriez-vous pas votre goût, si cela peut vous rendre heureux? Je sais que votre Julie a la tête un peu légère; une femme d'un caractère plus grave et plus rassis ajouterait peut-être à votre bonheur.

« Il y avait, dans la manière dont il me prit la main, une espèce de reproche tendre qui me fit sentir que j'avais eu tort de plaisanter avec ses sentimens.

« — Julie, me dit-il, je pardonne beaucoup de chose à votre légèreté naturelle. C'est une punition que je juge avoir méritée pour n'avoir pas veillé d'assez près à votre éducation; cependant vous n'auriez pas dû vous y abandonner sur un sujet si délicat. Si vous ne respectez pas les sentimens que conserve votre père pour la mémoire de la mère que vous avez perdue, n'oubliez pas du moins les droits sacrés de l'infortune, et songez qu'un seul des mots que vous venez de prononcer, parvenu à l'oreille de miss Bertram, l'obligerait à renoncer à son asile, et à s'exposer, sans protecteur, dans un monde qui, jusqu'à présent, s'est montré si dur à son égard.

« Que pouvais-je répondre à cela, Mathilde? Je reconnus que j'avais tort; je demandai pardon, et je promis de devenir une bonne fille.

« Ainsi, me voilà complètement neutralisée. Je ne puis, en honneur et en conscience, tourmenter la pauvre Lucy en jouant le rôle de coquette avec Hazlewood, malgré le peu de confiance qu'elle me témoigne; après la grave mercuriale de mon père, je n'ose plus le plaisanter sur un sujet aussi délicat. Savez-vous à quoi je passe mon temps? Je fais des découpures, que je m'amuse ensuite à brûler; j'esquisse des têtes de Turcs avec des cartes de visite dont je brûle le bout, et qui me servent de crayon; et vraiment j'ai fait hier soir un superbe Hyder-Ali; je promène mes doigts au hasard sur ma lyre infortunée; je prends un livre bien sérieux, je commence par la dernière page, et continue ma lecture en remontant vers le commencement.

« Après tout, je commence à être véritablement inquiète du silence de Brown. S'il avait été obligé de s'éloigner, je suis sûre qu'il me l'aurait au moins écrit. Serait-il possible que mon père eût intercepté ses lettres? Non, cela serait contraire à tous ses principes. Il n'ouvrirait pas une lettre qui m'arriverait le soir, quand même il s'agirait de m'empêcher de décamper par la fenêtre le lendemain au point du jour. Quelle expression ma plume vient de laisser échapper! J'en suis presque honteuse, même avec vous qui êtes habituée à mes plaisanteries. Au surplus, je ne dois pas me faire un mérite d'agir comme je dois le faire, car M. Van-Beest Brown n'est pas un amant assez ardent pour entraîner l'objet de son amour dans une démarche précipitée. Il donne tout le temps de la réflexion, il faut en convenir. Cependant je ne le condamnerai pas avant de l'avoir entendu, et je ne veux pas révoquer en doute la franchise et la fermeté de son caractère, après vous en avoir fait l'éloge tant de fois. S'il était capable de crainte, d'hésitation ou de légèreté, il ne mériterait pas mes regrets.

« Et pourquoi, me direz-vous, quand j'exige de mon amant une fidélité si constante, si inébranlable, me donné-je les airs d'être piquée de ne pas être l'objet des attentions d'Hazlewood? Que m'importe à qui il prodigue ses soins? C'est une question que je me fais cent fois par jour. La seule réponse que j'y puisse faire, et dont je ne suis pas très-contente, c'est que sans vouloir encourager une infidélité sérieuse, on n'aime pas à se voir négligée.

« Je vous écris toutes ces folies, parce que je sais que vous vous en amusez, et cependant j'en suis étonnée. Quand nous faisions quelque voyage à la dérobée dans le pays des fictions, vous admiriez toujours le sublime, le romanesque. Il vous fallait des chevaliers, des nains, des géans, des belles persécutées, des magiciens, des visions, des revenans, des mains sanglantes. Moi je préférais les intrigues compliquées qui peuvent se rencontrer dans le cours de la vie, ou un merveilleux qui résultât du pouvoir d'un de nos génies de l'Orient, ou d'une fée bienfaisante. Vous aimiez à promener le vaisseau de votre vie sur le vaste Océan, à voir ses calmes et ses tempêtes, ses précipices entr'ouverts, et ses montagnes s'élevant jusqu'aux cieux. Moi je voulais que ma petite nacelle voguât sur un lac ou dans une baie, dont les eaux fussent agitées par un vent assez vif pour exiger quelque adresse du navigateur, mais non pour lui inspirer des craintes sérieuses. Ainsi, ma chère amie, je crois qu'au total vous auriez dû avoir pour père le mien, avec la fierté que lui inspire le nom de ses ancêtres, sa délicatesse chevaleresque sur le point d'honneur, ses talens distingués, ses connaissances profondes et mystérieuses; vous auriez dû avoir pour amie Lucy Bertram, qui compte des aïeux dont le nom est aussi difficile à retenir qu'à orthographier, et maîtres jadis de tout ce pays romantique; Lucy Bertram, qui a reçu le jour, à ce que j'ai entendu dire assez confusément, dans des circonstances aussi intéressantes qu'extraordinaires. Enfin vous auriez dû avoir notre vieux château entouré de montagnes, et nos promenades solitaires aux ruines de ses environs. Moi j'aurais eu en échange les vergers, les bosquets, les cabinets de verdure et les serres de Pine-Park, avec votre bonne tante aussi indulgente que paisible, sa chapelle le matin, sa méridienne après dîner, sa partie de whist le soir, sans oublier ses gros chevaux, et son cocher plus gros encore. Faites bien attention cependant que dans ce projet d'échange je ne comprends pas Brown. Sa bonne humeur, sa conversation animée, sa galanterie naturelle, conviennent à mon plan de vie, comme sa riche taille, ses beaux traits et sa fierté conviendraient au héros d'un roman de chevalerie. Au surplus, changer notre sort n'est pas en notre pouvoir; je pense donc qu'il faut tâcher de nous contenter de ce que nous avons. »

CHAPITRE XXX.

« Je n'accepte pas votre défi, et si vous me parlez
« encore de cette manière, je barricaderai ma porte
« pour vous empêcher d'entrer. — Voyez-vous cette
« fenêtre, Storm? — Que m'importe! Je ne crains
« rien. Je sers le bon duc de Norfolk. »

Le joyeux Diable d'Edmonton.

JULIE MANNERING A MATHILDE MARCHMONT.

« J'ai été malade, ma chère Mathilde. Je quitte mon lit pour vous faire part des scènes étranges et effrayantes qui viennent de se passer ici. Hélas! que nous devrions nous garder de plaisanter sur l'avenir! Je terminai ma dernière lettre par quelques remarques assez impertinentes sur vous et sur votre goût pour tout ce qui est romanesque et extraordinaire ; j'étais loin de m'attendre que j'aurais, peu de jours après, l'occasion de vous faire le récit d'un événement de ce genre. Ah! ma chère amie, il est aussi différent d'être témoin d'une scène de terreur ou d'en lire la description, qu'il le serait d'être suspendu sur le bord d'un abîme, n'ayant qu'un faible arbrisseau pour vous retenir, ou d'admirer ce même précipice dans un paysage de Salvator. Mais n'anticipons point sur ce que j'ai à vous raconter.

« Vous saurez que la situation de ce pays est très-favorable à un commerce de contrebande auquel se livre une bande d'hommes déterminés habitant l'île de Man. Ces fraudeurs sont redoutables et par leur nombre et par leur audace, et ils ont, à différentes époques, fait l'effroi de tous nos environs, lorsque quelqu'un voulait mettre des obstacles à leur trafic. Les magistrats, soit par timidité, soit par des motifs plus blâmables encore, ferment les yeux sur ce désordre, et l'impunité n'a fait que rendre ces coquins encore plus entreprenans. On croirait que mon père, étranger dans ce pays, n'y étant revêtu d'aucune autorité, n'avait rien à démêler avec ces gens-là; mais il faut croire, comme il le dit lui-même, qu'il est né sous l'influence de la planète de Mars; et au milieu d'une vie tranquille et retirée, il faut que l'image de la guerre et de ses horreurs vienne le chercher.

« Lundi dernier, vers onze heures du matin, mon père et Hazlewood se proposaient d'aller se promener sur les bords d'un petit lac situé à environ trois milles d'ici pour y chasser des canards sauvages. Lucy et moi nous arrangions nos plans d'étude pour toute la journée, quand nous entendîmes le bruit de plusieurs chevaux dans l'avenue : la terre était durcie par une gelée très-forte, et le pas des chevaux n'en retentissait que mieux. A l'instant nous vîmes trois hommes à cheval, armés de fusils; chacun d'eux conduisait en lesse un cheval chargé de bagage; sans suivre la route, qui faisait plusieurs coudes, ils prirent à travers champs la ligne la plus droite pour gagner la porte de la maison. Ils avaient l'air inquiet et en désordre; ils couraient au grand galop, et regardaient souvent derrière eux comme des gens qui craignent d'être poursuivis. Mon père et Hazlewood coururent à la porte, leur demandèrent qui ils étaient et ce qui les amenait au château. Ils répondirent qu'ils étaient des officiers de l'accise; qu'ils venaient de saisir, à environ trois milles d'ici, ces chevaux chargés de contrebande; mais que les fraudeurs, étant allés chercher du renfort, s'étaient mis à leur poursuite en jurant qu'ils reprendraient leurs marchandises, et qu'ils tueraient les officiers qui avaient osé les saisir; qu'enfin sachant que mon père avait servi dans les troupes de Sa Majesté, ils s'étaient déterminés à se réfugier à Woodbourne, persuadés qu'il ne refuserait pas sa protection à des serviteurs du roi menacés d'être assassinés pour avoir rempli leur devoir.

« Mon père, qui, dans son enthousiasme de loyauté militaire, accueillerait avec respect un chien qui se présenterait à lui au nom du roi, donna sur-le-champ des ordres pour faire entrer les marchandises dans la maison, y reçut les trois officiers, et fit armer tous ses domestiques afin de pouvoir se défendre si cela devenait nécessaire. Hazlewood le seconda avec beaucoup d'activité. L'animal sauvage qu'on appelle Sampson sortit lui-même de sa tanière, et s'empara d'un de ces fusils avec lesquels on chasse les tigres dans l'Inde. Mais c'était la première fois qu'il touchait une telle arme; elle partit dans les mains du maladroit, qui manqua de tuer un des douaniers. A cette explosion inattendue, Dominus (c'est le sobriquet de l'original) s'écria : *Prodigieux!* c'est son exclamation ordinaire quand quelque chose le frappe vivement. Cependant rien ne put le décider à se séparer du fusil. On fut donc obligé de le laisser entre ses mains; mais on eut soin de ne lui donner ni poudre ni balles. J'entendis le coup et j'en fus alarmée; mais vous jugez bien qu'on était alors trop occupé pour que l'on me régalât sur-le-champ du récit de cette aventure : ce n'est qu'après la scène que je vais vous décrire qu'Hazlewood nous amusa des détails du zèle et du courage dont le gauche Dominus avait fait preuve.

« Quand mon père eut mis la maison en état de défense, et qu'il eut placé aux fenêtres tout son monde armé de fusils, il nous dit de nous retirer.... dans la cuisine, je crois, afin que nous fussions hors de danger; mais rien ne put nous déterminer à quitter la chambre où il était. Quoique effrayée à la mort, j'ai assez du caractère de mon père pour préférer voir de mes propres yeux un péril qui me menace, plutôt que d'en entendre les effets sans pouvoir juger de sa nature et de ses progrès. Lucy, pâle comme une statue de marbre, avait toujours les yeux fixés sur Hazlewood, et ne semblait pas entendre les prières qu'il lui faisait de se retirer. Mais en vérité, à moins qu'on ne forçât la porte de la maison, notre péril n'était pas grand. Les fenêtres étaient presque bouchées avec des coussins et, au grand regret de Dominus, avec des piles de gros in-folios que l'on avait descendus à la hâte de la bibliothèque; enfin on n'avait laissé que l'espace nécessaire pour pouvoir au besoin faire feu sur les assaillans.

« Toutes les dispositions étant terminées, nous nous assîmes dans l'appartement devenu ténébreux; tous les hommes restèrent en silence, chacun à son poste, réfléchissant sans doute à l'approche du danger. Mon père, à qui une pareille scène ne semblait pas occasioner la moindre émotion, allait de l'un à l'autre, réitérait ses ordres, et recommandait surtout que personne ne tirât avant qu'il ne l'eût ordonné. Hazlewood, qui semblait puiser dans ses yeux un nouveau courage, lui servait d'aide-de-camp, portait avec activité ses ordres dans les autres parties de la maison, et veillait à leur exécution. Notre troupe montait à douze hommes en y comprenant les trois employés de l'accise.

« Le silence qui régnait pendant cette pénible attente ne tarda pas à être interrompu. Nous entendîmes un bruit qu'on aurait pris d'abord pour celui d'une chute d'eau, mais produit par des pieds de chevaux courant au grand galop. Je m'étais approchée d'une ouverture par où je pouvais voir l'ennemi s'avancer. Ils étaient au moins trente hommes à cheval. Jamais vous n'avez vu des figures si horribles : malgré la rigueur du froid, ils étaient presque tous en chemise et en pantalon, armés de fusils, de pistolets et de sabres. Moi, fille d'un militaire, accoutumée dès mon enfance à l'image de la guerre, je n'ai jamais été épouvantée comme à l'aspect de ces misérables, qui poussèrent des vociférations de rage en voyant qu'on leur avait ravi leur proie.

« Ils s'arrêtèrent cependant un instant, quand ils purent apercevoir les préparatifs que l'on avait faits pour les recevoir, et parurent tenir conseil entre eux. Enfin un d'eux se détacha; sa figure était noircie avec de la poudre à canon, sans doute pour se déguiser; il attacha un mouchoir blanc au haut de sa carabine, et demanda à parler au colonel Mannering. Mon père, à ma grande terreur, ouvrit la fenêtre près de laquelle il avait pris son poste, et lui demanda ce qu'il voulait.

« — Nous voulons les marchandises qui nous ont été enlevées, répondit le coquin : mon lieutenant m'a donné ordre de vous dire que si on nous les rend, nous voulons bien ne pas régler nos comptes aujourd'hui avec les brigands qui nous les ont volées; mais que, si on nous les refuse, nous mettrons le feu à la maison, et que pas un de ceux qui s'y trouvent ne sera épargné. Il répéta plusieurs fois cette menace en l'assaisonnant de juremens et des imprécations les plus affreuses.

« — Et quel est votre lieutenant ? lui demanda mon père.

« — L'homme monté sur le cheval gris, répliqua le drôle, et qui a autour du front un mouchoir rouge.

« — Hé bien ! dites-lui de ma part que, si lui et les misérables qui l'accompagnent ne se retirent à l'instant, je vais faire tirer sur eux sans cérémonie.

« En parlant ainsi, mon père ferma la fenêtre, et rompit la conférence.

« Le coquin n'eut pas plus tôt rejoint sa troupe, que tous poussant des cris, ou plutôt des hurlemens semblables à ceux d'une horde de sauvages, firent une décharge générale contre la maison. Les vitres de toutes les croisées furent brisées sans en excepter une; mais les précautions que l'on avait prises empêchèrent qu'aucune balle ne pénétrât dans l'intérieur. Deux autres décharges succédèrent à la première sans qu'on y ripostât par un seul coup de fusil. Mon père vit alors que quelques-uns d'eux prenaient des haches et des pioches, sans doute pour venir attaquer la porte de la maison : — Que personne ne tire qu'Hazlewood et moi! s'écria-t-il. Hazlewood, feu sur l'ambassadeur! Lui-même tira sur l'homme monté sur le cheval gris, qui tomba au même instant. Hazlewood ne fut pas moins adroit, il renversa aussi le parlementaire, qui était descendu de cheval, et qui s'avançait un levier à la main. Leur chute découragea leurs camarades, qui commencèrent à remonter à cheval. On fit alors sur eux une décharge générale qui leur fit prendre la fuite en emportant leurs morts ou blessés. Nous ne pûmes nous assurer s'ils avaient fait quelque autre perte que celle des deux hommes ajustés par mon père et par Hazlewood. Un instant après leur retraite nous vîmes arriver, à ma grande satisfaction, un nombreux détachement de soldats; ils étaient cantonnés dans un village peu éloigné, et s'étaient mis en marche aux premiers coups de feu qu'ils avaient entendus. Une partie d'entre eux escorta les officiers de l'accise et leur prise jusqu'à la ville voisine, et les autres restèrent deux jours au château pour le protéger contre les projets de vengeance qu'auraient pu avoir ces bandits.

« Je dois vous ajouter qu'on trouva sur la grande route, à peu de distance, le corps de l'homme dont le visage était noirci de poudre. On avait sans doute jugé impossible de le transporter plus loin. Il vivait encore, mais il mourut au bout d'une demi-heure. On le reconnut pour un paysan de nos environs qui était généralement regardé comme un fraudeur et un contrebandier.

« Nous reçûmes les félicitations des familles du voisinage, et on convint que quelques exemples semblables mettraient un terme à l'audace de ces brigands.

« Mon père fit le plus grand éloge du sang-froid d'Hazlewood, et distribua des récompenses à ses domestiques. Lucy et moi reçûmes aussi des complimens pour avoir soutenu le feu avec fermeté, et n'avoir pas troublé ses opérations par nos cris et nos plaintes. Quant à Dominus, mon père lui demanda de faire un échange de leurs tabatières. Celui-ci fut très-flatté de cette proposition, et vanta beaucoup la beauté de sa nouvelle boîte : — Elle est aussi belle, dit-il, que si c'était du véritable or d'Ophir. Il serait bien singulier que cela ne fût pas ainsi, puisqu'elle est véritablement de ce métal ; mais il faut rendre justice à cette bonne créature ; il connaîtrait sa valeur réelle qu'il n'y attacherait pas plus de prix que si elle n'était que du similor, comme il le croit. Son mérite à ses yeux est d'avoir appartenu à mon père. Il a eu une rude besogne à replacer les in-folios qui nous avaient servi de retranchement, et à réparer les dommages qu'ils ont soufferts pendant l'action. Il nous a rapporté quelques balles que ces volumes massifs ont reçues dans l'action, et qu'il en a retirées avec grand soin. Si j'étais en gaieté, je vous ferais une peinture comique de l'étonnement qu'il éprouvait en voyant avec quel sang-froid nous écoutions le récit des blessures qu'avaient soufferies saint Thomas d'Aquin ou le respectable saint Chrysostôme ; mais je ne me sens pas d'humeur à plaisanter, et il me reste à vous faire part d'un autre événement qui me touche de bien plus près. Cependant je me sens si fatiguée que je remettrai cette besogne à demain. Je vais faire partir cette lettre, afin que vous ne conceviez aucune inquiétude sur votre bonne amie

« Julie Mannering. »

CHAPITRE XXXI.

> « Dans quel monde nous vivons !... Connaissez-
> « vous cette belle histoire ? »
> SHAKSPEARE. *Le roi Jean.*

JULIE MANNERING A MATHILDE MARCHMONT.

« Je vais, ma chère Mathilde, reprendre le fil de ma narration à l'endroit où je l'ai interrompue hier.

« Pendant deux ou trois jours, nous ne parlâmes que du siège que nous avions soutenu, et des suites qui pouvaient en résulter. Nous proposâmes à mon père d'aller passer quelque temps à Edimbourg ou du moins à Dumfries, où il y a très-bonne société, de crainte que le ressentiment de ces coquins ne nous jouât quelque mauvais tour; mais ce projet n'obtint pas son agrément. Il nous répondit avec beaucoup de sang-froid qu'il n'avait pas dessein d'abandonner la défense de la maison de son propriétaire ni de son mobilier; que nous devions le croire en état de prendre les mesures convenables pour la sûreté de sa famille; qu'en restant tranquillement chez lui, il était convaincu que ces misérables y avaient été trop bien reçus la première fois pour y venir faire une seconde visite; mais qu'en paraissant les redouter, ce serait le moyen d'attirer sur nous le danger que nous craignions. Ses raisonnemens nous tranquillisèrent, et l'indifférence qu'il témoignait pour nos alarmes nous rendit assez de courage pour reprendre le cours de nos promenades ordinaires. Je remarquai cependant que mon père veillait à ce que la maison fût bien fermée toutes les nuits, et qu'il recommandait aux domestiques de tenir leurs armes en état, afin de pouvoir s'en servir sur-le-champ, en cas de besoin.

« Mais il y a trois jours, il nous arriva un événement qui m'alarma bien davantage que l'attaque des contrebandiers.

« Je vous ai dit qu'il se trouve, à peu de distance de Woodbourne, un petit lac où nos messieurs vont quelquefois chasser le canard sauvage. Je m'avisai en déjeunant de dire que je serais charmée d'aller voir les patineurs qui s'y rassemblent tous les jours depuis que la surface en est couverte d'une glace épaisse. Il y avait beaucoup de neige sur la terre; mais la gelée l'avait endurcie, et je pensai que Lucy et moi nous pouvions fort bien nous y rendre seules, d'autant plus que le chemin qui y conduit est rempli d'une foule de monde que le même motif de curiosité y attire. Hazlewood offrit aussitôt de nous accompagner, et de nouvelles terreurs étant venues nous assaillir, nous lui dîmes de prendre son fusil. L'idée d'aller en chasseur sur la glace le fit beaucoup rire; mais, par complaisance pour nos frayeurs, il se fit suivre par un valet qu'il chargea de son fusil. Quant au colonel, il n'aime pas la foule, les endroits où l'on ne va que pour voir des figures humaines, à moins qu'il ne s'agisse d'une revue; il ne voulut donc pas être des nôtres.

« Nous partîmes de très-bonne heure. La matinée était froide, mais superbe, et nous éprouvions l'influence qu'exerce un air pur sur le corps comme sur l'esprit. Notre promenade jusqu'au lac fut délicieuse, et les petites difficultés que nous rencontrâmes ne servirent qu'à nous la rendre encore plus agréable. Par exemple, une descente un peu glissante, un fossé à traverser sur la glace, nous rendaient le secours d'Hazlewood indispensable, et je crois que le chemin n'en devenait pas plus désagréable à Lucy.

« Le lac offrait un spectacle charmant; une de ses rives est bordée par un rocher escarpé, auquel étaient suspendus d'énormes glaçons étincelant au soleil. L'autre est un petit bois qui offrait le tableau fantastique de pins couverts de neige. Sur la surface du lac, on voyait une multitude de figures mouvantes occupées à patiner : les unes parcouraient la glace en ligne droite avec la rapidité de l'hirondelle, les autres y traçaient des cercles gracieux ; une foule de spectateurs étaient rassemblés sur les bords du lac, et s'occupaient à regarder les habitans de deux paroisses qui se disputaient le prix de l'agilité sur la glace, honneur auquel ils semblaient attacher une grande importance.

« Nous fîmes le tour du lac avec Hazlewood, qui nous donnait le bras; le pauvre jeune homme parlait avec bonté aux vieillards et aux enfans; il semblait véritablement aimé de tous ceux qu'il rencontrait. Enfin nous pensâmes à nous retirer.

« Pourquoi entré-je dans des détails si minutieux? Dieu sait que ce n'est point par l'intérêt que j'y prends maintenant; mais, semblable à l'homme qui, près de se noyer, saisit les plus faibles branches du rivage, je tâche d'arriver le plus tard possible à la catastrophe de mon récit. Il faut pourtant en venir là, si je veux obtenir au moins d'une amie la compassion à laquelle me donne droit ce malheur inattendu.

« Nous retournions au château par un sentier qui traverse un bois de sapins. Lucy avait quitté le bras d'Hazlewood, qu'elle n'accepte jamais qu'en cas d'absolue nécessité; moi j'étais toujours appuyée sur lui; Lucy marchait derrière nous, et le valet nous suivait à quelque distance. Telle était notre position, quand tout à coup, dans un des coudes du chemin, Brown parut devant nous, comme s'il était sorti de terre. Il était habillé fort simplement et plus que simplement, et il avait l'air inquiet et agité. Je jetai un cri de surprise. Hazlewood se méprit sur la nature de mon émotion, et tandis que Brown s'avançait comme pour me parler, il lui cria avec hauteur de se retirer et de ne pas alarmer la dame à qui il avait l'honneur de donner le bras. Brown répliqua avec aigreur que ce n'était pas lui qui lui apprendrait comment il devait se conduire à l'égard de cette dame ou de toute autre. Je crois qu'Hazlewood n'entendit sa réponse qu'imparfaitement, et que, la tête encore pleine des menaces des contrebandiers, il crut qu'il faisait partie de leur troupe, et qu'il avait quelque mauvais dessein. Il prit son fusil des mains de son domestique, qui s'était avancé près de nous, et en dirigea le canon vers Brown, à bout portant, lui jurant que, s'il ne s'éloignait pas à l'instant, il allait tirer sur lui. Mes cris ne firent qu'accélérer la catastrophe, Hazlewood les attribuait à la terreur, et il m'était impossible de proférer une parole articulée. Brown, se voyant menacé, saisit le bout du fusil, et lutta un instant avec Hazlewood, pour lui arracher son arme. Tout à coup la balle dont il était chargé perça l'épaule d'Hazlewood, qui tomba sur-le-champ. Je n'en vis pas davantage, tout disparut à mes yeux, et je perdis connaissance. Lucy m'informa depuis que le malheureux auteur de cette catastrophe resta quelques instans fixant sur cette scène des yeux qui semblaient égarés, jusqu'à ce que, ses cris ayant attiré du monde, il prit un autre sentier et s'enfonça dans le bois. — On n'en a plus entendu parler depuis ce temps. Le valet n'essaya pas de l'arrêter, et la manière dont il le dépeignit à ceux qui arrivaient les engagea à donner des preuves d'humanité en secourant le blessé, plutôt que de courage en poursuivant un homme qu'on leur représentait comme armé de toutes pièces, et d'une vigueur à toute épreuve.

« On conduisit Hazlewood à Woodbourne, dont nous étions beaucoup plus près que de la maison de son père. Il souffre beaucoup ; mais on assure que sa blessure n'est pas dangereuse. Quant à Brown, les suites de cet événement sont incalculables. Il était déjà l'objet du ressentiment de mon père ; maintenant le voilà exposé à la rigueur des lois et à la colère du père d'Hazlewood, qui menace de remuer ciel et terre pour découvrir celui qui a blessé son fils. Comment pourra-t-il se dérober aux poursuites actives de la vengeance d'un père? comment, s'il est découvert, échappera-t-il à la sévérité des lois, qui va, dit-on, jusqu'à menacer ses jours? Comment trouver un moyen pour le prévenir de ce danger? Le chagrin que cause à Lucy la blessure de son amant, et qu'elle ne peut parvenir à cacher, est pour moi une nouvelle source de tourmens. Tout, autour de moi, semble s'élever pour me reprocher une indiscrétion qui a causé tous ces malheurs.

« J'ai été vraiment malade pendant deux jours. Je n'ai retrouvé la santé qu'en apprenant qu'Hazlewood allait mieux, et que l'on ne pouvait découvrir celui qui l'a blessé, que l'on croit généralement être l'un des contrebandiers. Les recherches se dirigeant naturellement contre eux, il doit en être plus facile à Brown de s'échapper, et je me flatte qu'il est bien loin d'ici. Mais des patrouilles à pied et à cheval parcourent tous les environs, et je n'entends point parler d'un homme arrêté, sans éprouver de mortelles appréhensions.

« Cependant je trouve une grande consolation dans la conduite et la générosité d'Hazlewood, qui persiste à dire que, quelles que fussent les intentions de la personne qui l'a blessé lorsqu'elle s'est approchée de nous, le fusil n'est parti que par accident, et sans qu'elle eût l'intention de le blesser. Le valet, d'une autre part, dit que le fusil a été arraché des mains d'Hazlewood et dirigé contre lui, et Lucy répète la même opinion. Je ne les soupçonne pas de chercher à aggraver la faute de celui qu'on veut regarder comme coupable; mais quelle est donc l'incertitude des jugemens humains! Combien l'évidence même de nos sens peut nous tromper! car il est bien certain que le hasard seul, un malheureux hasard, a fait partir le fusil. Peut-être le meilleur parti serait-il de confier mon secret à Hazlewood; mais il est si jeune! et j'éprouve une répugnance invincible à lui faire part de ma folie. J'ai aussi pensé une fois à en faire confidence à Lucy, et, pour entrer en matière, je commençai par lui demander si elle se rappelait les traits de l'homme que nous avons si malheureusement rencontré. Elle m'en fit alors une si affreuse peinture, qu'elle m'ôta la force de lui avouer mon attachement pour lui. Il faut que miss Bertram soit bien aveuglée par la prévention, car peu d'hommes ont une meilleure tournure que le pauvre Brown. Je ne l'avais pas vu depuis quelque temps; et, quoique sa parure fût un peu négligée, quoique son apparition soudaine et la scène dont elle fut suivie ne dussent pas nous le montrer avec tous ses avantages, il me parut avoir encore plus de graces, plus de noblesse que jamais. Le reverrai-je? Qui peut répondre à cette question?

« Ecrivez-moi sans me gronder, ma chère Mathilde! Mais à quoi bon vous faire cette prière? N'êtes-vous pas la bonté même? Cependant, je vous le répète, écrivez-moi bien vite, et ne me grondez pas. Je ne suis pas dans une situation d'esprit à profiter des avis ni à supporter les reproches, et je ne me sens pas en état d'y répondre par la plaisanterie. J'éprouve les terreurs d'un enfant qui, voulant faire jouer une mécanique, ne peut voir, sans en être effrayé, l'appareil des roues, des leviers et de cylindres que sa faible main fait mouvoir.

« Je ne dois pas oublier de vous dire que mon père est rempli de tendresse et d'affection pour moi. Il attribue à la frayeur seule l'indisposition que j'ai éprouvée.

« J'espère que Brown aura trouvé le moyen de se rendre en Angleterre, en Irlande, ou dans l'île de Man. Il faut qu'il se tienne caché, et qu'il prenne patience jusqu'à ce qu'Hazlewood soit tout-à-fait guéri de sa blessure. S'il venait à être découvert en ce moment, les conséquences pourraient en être terribles pour lui. Heureusement les communications entre l'Ecosse et les pays voisins ne sont pas très-faciles, et je ne crois pas qu'on aille l'y chercher. Je cherche à fortifier mon esprit de tous les raisonnemens qui peuvent éloigner la crainte d'un tel malheur. Comme en peu de temps des maux et des chagrins bien réels ont succédé à cette vie tranquille et uniforme dont j'étais naguère disposée à me plaindre! Mais je ne veux pas vous fatiguer plus long-temps de mes lamentations.

« Adieu, ma chère Mathilde; aimez toujours votre sincère amie

« JULIE MANNERING. »

CHAPITRE XXXII.

> « Ce n'est pas avec les yeux qu'on peut voir clair
> « dans les choses de ce monde; regarde avec tes
> « oreilles. Voyez comme ce juge tourmente ce simple
> « voleur avec ses questions, — Ecoutez bien. —
> « Changez-les rôles. En un tour de main, quel est
> « le juge, quel est le voleur? »
> SHAKSPEARE. *Le Roi Lear.*

PARMI ceux qui se donnaient le plus de mouvement pour découvrir l'inconnu qui avait blessé le jeune homme, était Gilbert Glossin, Esq., ci-devant procureur à —, maintenant laird d'Ellangowan, et l'un des juges de paix du comté. Il avait plusieurs motifs pour mettre beaucoup d'activité dans cette recherche; mais nous pensons que nos lecteurs, qui connaissent déjà un peu le caractère du personnage, ne les attribueront pas au zèle et à l'amour désintéressé de la justice.

La vérité était que ce respectable personnage ne se trouvait pas aussi heureux qu'il se flattait de l'être, après être parvenu par ses manœuvres à se rendre propriétaire du domaine de son bienfaiteur. Quand il reportait ses pensées sur son ancien état, il ne se félicitait pas toujours du succès de ses intrigues. Il sentait qu'il était exclus de la société de la noblesse des environs, au niveau de laquelle il avait cru s'élever. Il n'était point admis dans ses réunions particulières ; et, dans les assemblées publiques, on le laissait de côté, et on le regardait avec froideur et mépris. C'était par principe et par préjugé qu'on le traitait ainsi. Les gentilshommes du comté le méprisaient à cause de l'obscurité de sa naissance, et le détestaient à cause des moyens infames auxquels il devait sa fortune. Il se trouvait encore bien plus maltraité par les gens de la classe du peuple. Loin de lui donner en lui parlant le nom de sa terre d'Ellangowan, ils ne le nommaient pas même monsieur Glossin ; il était toujours pour eux Glossin *tout court*. Sa vanité attachait pourtant un si grand prix au titre qu'il croyait lui être dû, qu'on le vit une fois donner une demi-couronne à un mendiant qui, en lui demandant l'aumône, l'avait appelé trois fois Ellangowan. Ce manque général d'égards lui devenait d'autant plus sensible, qu'il voyait M. Mac-Morlan, quoique beaucoup moins riche que lui, parfaitement bien reçu partout ; aimé et respecté du riche comme du pauvre, il jetait les fondemens d'une fortune médiocre, mais solide, avec l'approbation et l'estime de tous ceux qui le connaissaient.

Malgré le dépit que lui causait ce qu'il aurait bien voulu appeler les préventions et les préjugés de ses compatriotes, Glossin était trop prudent pour s'en plaindre tout haut. Il sentait que son élévation était trop récente pour qu'on pût la lui pardonner, et les voies par lesquelles il y était arrivé étaient trop odieuses pour être oubliées. Doué de toute la dextérité d'un homme qui ne doit sa fortune qu'à l'étude des faiblesses humaines, il épiait donc quelque occasion de pouvoir se rendre utile à ceux même qui le méprisaient. Les gentilshommes campagnards ont souvent des différends relativement à leurs propriétés : le secours d'un homme instruit dans la connaissance des lois pouvait devenir nécessaire à quelqu'un d'eux. Il était plein de confiance en ses talens ; enfin il ne doutait pas qu'avec de l'adresse et de la patience il ne parvînt à se rendre plus important et plus respecté dans son voisinage.

L'attaque de la maison du colonel Mannering, suivie quelques jours après de la blessure du jeune Hazlewood, lui parut une occasion favorable pour prouver de quelle utilité pouvait être au comté un magistrat versé dans la pratique du barreau, et qui saurait relancer les contrebandiers dans leurs retraites les plus cachées. Cela lui était plus facile qu'à personne. Il avait eu autrefois des liaisons très-étroites avec les principaux chefs de ces brigands. Il avait été associé à quelques-unes de leurs entreprises, et ses conseils avaient toujours été à leur service; mais il avait cessé depuis long-temps d'entretenir des relations avec eux. Il savait que la vie des grands hommes de cette espèce est sujette à beaucoup de chances, et que bien des motifs les obligent à changer souvent le lieu de la scène où ils font briller leurs talens : il n'avait donc aucune raison de croire que ses recherches pourraient compromettre quelqu'un de ses anciens amis, qui aurait peut-être entre les mains les moyens de se venger. La part qu'il avait prise autrefois dans ce même trafic ne devait pas, selon lui, l'empêcher de faire servir à l'utilité publique, ou, pour mieux dire, à ses intérêts particuliers, l'expérience qu'il avait acquise. Obtenir l'estime et la protection du colonel Mannering n'était pas peu de chose pour lui; et acquérir les bonnes graces du vieux Hazlewood, qui tenait le premier rang dans le pays, était encore bien plus important. Enfin s'il réussissait à découvrir, à saisir et à convaincre les coupables, il aurait la satisfaction de mortifier M. Mac-Morlan, et de porter un coup mortel à son crédit; car, comme substitut du shériff de ce comté, c'était lui qui devait naturellement s'occuper de cette recherche. Quel triomphe pour Glossin s'il venait à bout de faire par pur zèle ce que par devoir M. Mac-Morlan n'aurait pu exécuter!

Poussé par des motifs aussi puissans, il mit en mouvement tous les suppôts subalternes de la justice, et fit jouer tous les ressorts possibles pour découvrir et faire arrêter quelqu'un de la bande qui avait attaqué Woodbourne, et surtout l'individu qui avait blessé Charles Hazlewood. Il promit de fortes récompenses, indiqua la marche à suivre, employa son influence sur les personnes qu'il connaissait pour favoriser la contrebande, leur faisant sentir qu'il valait mieux sacrifier un ou deux de ces misérables, que de s'exposer à être soupçonnées elles-mêmes d'être leurs complices; mais pendant quelque temps tous ses efforts furent inutiles. Le bas peuple craignait ou favorisait trop les contrebandiers pour vouloir les trahir.

Enfin le digne magistrat parvint à être informé qu'un individu dont le signalement répondait à celui de l'homme qui avait blessé Hazlewood, avait logé, la veille de cette rencontre, aux *Armes de Gordon*, à Kippletringan. Il ne perdit pas un instant, et se rendit sur-le-champ dans ce bourg pour y interroger notre ancienne connaissance mistress Mac-Candlish.

Le lecteur peut se souvenir que M. Glossin n'était pas trop bien dans les papiers de cette bonne femme. Elle ne se pressa donc pas trop de se rendre dans son salon, où il l'attendait : enfin, y étant descendue, elle lui fit une révérence, la plus froide possible, et la conversation s'engagea de la manière suivante.

— Voici une belle matinée d'hiver, mistress Mac-Candlish.

— Oui, monsieur, la matinée est assez belle.

— Mistress Mac-Candlish, je voudrais savoir si les juges de paix dineront ici à l'ordinaire, après avoir tenu leur séance lundi prochain.

— Je le crois, monsieur; je l'imagine, c'est leur coutume.

Elle se disposait à quitter la chambre.

— Un instant, mistres Mac-Candlish, vous êtes prodigieusement pressée, ma bonne amie. J'ai pensé qu'un club qui s'assemblerait pour dîner chez vous une fois par mois serait une chose agréable pour vous.

— Sans doute, monsieur, un club de gens *respectables*.

— Certainement. J'entends des propriétaires, des hommes de poids. J'ai dessein de mettre ce projet sur le tapis.

Une petite toux sèche fut la seule réponse que mistress Mac-Candlish fit à cette proposition. Cette toux n'indiquait pas que ce projet déplût en lui-même à la bonne hôtesse, mais qu'elle doutait qu'il pût réussir sous les auspices de celui qui le proposait. En un mot, ce n'était pas une toux négative, mais une toux d'incrédulité. Glossin s'en aperçut fort bien, mais il était décidé à ne pas s'en offenser.

— La route est-elle bien fréquentée, mistress Mac-Candlish? Avez-vous grande compagnie? Oui, sans doute.

— Assez, monsieur. Mais j'ai besoin à mon comptoir.

— Non, non. Est-ce que vous ne pouvez donner un moment à une ancienne pratique? Dites-moi, vous souvenez-vous qu'un jeune homme d'une très-grande taille ait logé chez vous la semaine dernière?

— En vérité, monsieur, je n'en sais rien. Je ne m'inquiète pas si les gens qui logent chez moi ont la taille courte ou longue....., pourvu qu'ils me fassent faire un long mémoire.

— Et s'il n'est pas assez long, vous savez l'allonger, mistress Mac-Candlish? hem? Ha! ha! ha! Mais le jeune homme dont je vous parle avait un habit gris, des boutons de métal, les cheveux châtains et sans poudre, les yeux bleus, le nez long; il voyageait à pied, n'avait ni bagage ni domestique. Vous pouvez sûrement vous souvenir si un tel voyageur a logé chez vous.

— En vérité, monsieur, je ne charge pas ma mémoire de ces détails. J'ai autre chose à faire dans ma maison que d'examiner les cheveux, les yeux et le nez de ceux qui viennent y loger.

— Hé bien, mistress Mac-Candlish, je vous dirai donc maintenant que cet homme est soupçonné d'avoir commis un crime; que c'est en ma qualité de magistrat que je vous demande ces informations, et que je vais exiger de de vous le serment de me répondre la vérité.

— En vérité, monsieur, je ne suis point libre de faire des sermens; depuis que mon mari est allé dans un meilleur monde, je m'adresse au révérend M. Mac-Grainer; vous voyez bien que je ne puis faire de serment avant d'avoir consulté notre ministre, surtout quand il s'agit d'un pauvre jeune homme étranger et sans amis.

— J'apaiserai peut-être vos scrupules, et vous dispenserai d'aller déranger le ministre, en vous disant que l'homme dont je vous parle est celui qui a blessé votre jeune ami Charles Hazlewood.

— Bon Dieu! qui aurait pensé cela de lui? Si c'eût été pour dettes, pour quelque dispute avec le rat de cave, on aurait coupé la langue de Nelly Mac-Candlish avant de lui faire dire la moindre chose contre lui. Mais si c'est vraiment lui qui a blessé M. Hazlewood..... Mais je ne peux pas le croire, M. Glossin, c'est un tour de votre façon. Je ne peux pas croire une pareille chose d'un jeune homme qui a l'air si doux. Oui, c'est un de vos vieux tours, vous voulez me faire parler.

— Je vois que vous n'avez pas de confiance en moi, mistress Mac-Candlish; mais voyez ces déclarations signées par les personnes qui ont vu commettre le crime, et jugez vous-même si le signalement de l'assassin n'est pas celui du voyageur qui a logé chez vous.

Il lui mit entre les mains ces papiers; elle les lut avec attention, ôtant de temps à autre ses lunettes pour lever les yeux au ciel ou pour essuyer une larme, car le jeune Hazlewood était son favori. Après avoir fini sa lecture : — Puisque cela est ainsi, dit-elle, je l'abandonne, le misérable! Comme on est trompé dans ce monde! je n'ai jamais vu une figure qui me plût davantage, un air si doux, si tranquille. Je le prenais pour un homme qui avait quelque chagrin. Oui, je vous l'abandonne. Après avoir tiré contre Charles Hazlewood! et devant de jeunes demoiselles, pauvres innocentes! Demandez-moi tout ce que vous voudrez, monsieur Glossin.

— Ainsi vous convenez qu'un individu porteur de ce signalement a logé chez vous la nuit qui a précédé ce crime?

— Oui certainement, monsieur, et toute ma maison était enchantée de lui; chacun le trouvait un jeune homme charmant. Ce n'était pas pour ce qu'il dépensait ici, car il n'a pris qu'une côtelette de mouton, une demi-pinte de bière et un ou deux verres de vin. Je l'ai invité à prendre le thé avec moi, mais je ne l'ai pas mis sur son mémoire; et il n'a pas soupé, parce qu'il était fatigué, disait-il, d'avoir marché toute la nuit. Je crois bien à présent que c'était encore pour faire quelque autre coup.

— Sauriez-vous son nom, par hasard?

— Oui vraiment; car il m'a dit qu'une vieille femme, une sorte d'Egyptienne, viendrait sûrement le demander. « Dis-moi qui tu vois, et je te dirai qui tu es. » Ah! le misérable! Ainsi donc, monsieur, quand il s'en alla le matin, il paya son mémoire fort honnêtement, donna quelque chose à la fille; car, voyez-vous, ce sont là les gages de Grizzy; je ne lui donne que deux paires de souliers par an, et une petite gratification aux étrennes, de sorte que.....

Glossin jugea convenable d'interrompre ici la bonne hôtesse, et de la rappeler au point de la question.

— Si bien donc qu'il dit : — Si cette femme vient demander M. Brown, vous lui direz que je suis allé voir patiner sur le lac Creeran, et que je reviendrai dîner ici. Mais il n'est pas revenu, quoique je l'attendisse si fermement, que je préparai moi-même une fricassée de poulet à son intention, et c'est ce que je ne fais pas tous les jours, ni pour tout le monde, M. Glossin. Mais j'étais bien loin de songer au coup qu'il allait faire. Tirer sur Charles Hazlewood, cet innocent agneau!

M. Glossin, avec la sagacité d'un juge instructeur, avait laissé la bonne dame exhaler toute son indignation; alors il lui demanda s'il n'avait laissé chez elle ni effets ni papiers.

— Si vraiment. Il m'a confié un paquet, un bien petit paquet, et il m'a donné quelque argent pour lui faire faire une demi-douzaine de chemises à manchettes. Peg Pasley y travaille déjà. Elles lui serviront pour aller vous savez bien où, M. Glossin.

M. Glossin demanda à voir le paquet.

La figure de l'hôtesse se renfrogna. Elle ne voudrait pas, dit-elle, empêcher le cours de la justice; mais, quand quelque chose lui était confié, elle s'en regardait comme responsable. Elle allait faire venir le diacre Bearcliff. Alors si M. Glossin voulait faire un inventaire de ce qui se trouvait dans le paquet, et lui en donner un reçu en présence du doyen... Ou bien, ce qui lui conviendrait davantage, on mettrait le tout sous le scellé, et on le déposerait entre les mains du diacre Bearcliff. Elle ne voulait que ce qui était juste.

Rien ne pouvant vaincre la méfiance et la rigidité de mistress Mac-Candlish, Glossin fit prier le diacre de venir lui parler relativement au scélérat qui avait assassiné M. Charles Hazlewood. Le diacre arriva à l'instant, avec sa perruque de travers, ce qui venait de la précipitation avec laquelle, pour se rendre aux ordres de M. le juge de paix, il l'avait substituée au bonnet blanc qui couvrait sa tête quand il attendait le chaland dans sa boutique. Mistress Mac-Candlish produisit alors le paquet que Brown lui avait laissé, et on y trouva la bourse de l'Egyptienne. En voyant les objets précieux qu'elle contenait, mistress Mac-Candlish se félicita intérieurement des précautions qu'elle avait prises avant de la remettre à Glossin, tandis que celui-ci, avec une apparence de candeur désintéressée, fut le premier à proposer d'inventorier le tout, et d'en confier le dépôt au diacre Bearcliff, qui le garderait jusqu'à ce qu'il fût averti de le représenter au tribunal. Il ne se souciait pas, ajouta-t-il, de se rendre personnellement responsable d'objets qui paraissaient d'une assez grande valeur, et qui avaient sans doute été acquis par des voies illégitimes.

Il examina alors le papier dans lequel la bourse était enveloppée. C'était une feuille déchirée d'une lettre, mais qui ne contenait que l'adresse, et elle ne portait que ces mots : *A. V. Brown, Esquire*. L'hôtesse mettait à présent autant d'empressement à faire découvrir le coupable qu'elle avait d'abord apporté de soin à écarter de lui tout soupçon; car la vue du mélange de pièces d'or et de bijoux que contenait la bourse confirmait dans son esprit tout ce que disait Glossin. Elle l'informa donc que son postillon et son ostler avaient vu tous deux l'étranger sur le lac Creeran le jour où le jeune Hazlewood avait été blessé.

Une ancienne connaissance de nos lecteurs, Jack Jabos, fut averti. Il convint sur-le-champ qu'il avait vu dans cette matinée sur le lac Creeran un étranger qui avait logé la nuit précédente aux *Armes de Gordon*, et qu'il avait causé avec lui.

— Et quel tour prit votre conversation? dit Glossin.

— Comment, quel tour? nous n'avons pas fait de tour; nous marchions tout droit sur la glace.

— Mais de quoi parliez-vous?

— Quoi! il me fit des questions, comme aurait fait tout autre étranger.

— Et quelles questions?

— Il me demanda le nom de ceux qui patinaient, des dames qui les regardaient.

— Quelles étaient ces dames? Que vous demanda-t-il sur elles?

— Quelles étaient ces dames? C'étaient miss Julie Mannering et miss Lucy Bertram, que vous connaissez bien, M. Glossin. Elles se promenaient sur la glace avec M. Charles Hazlewood.

— Et que dites-vous sur ces dames?

— Quoi! Que celle-ci était miss Lucy Bertram d'Ellangowan, qui paraissait autrefois devoir hériter de beaux biens dans le pays; que celle-là était miss Julie Mannering, qui allait épouser le jeune lord Hazlewood, à qui elle donnait le bras. Nous ne parlions que de ce dont tout le pays parle.

— Et que vous répondait-il?

— Quoi! il ne cessait de regarder ces dames. Il me demanda si j'étais bien sûr que miss Mannering dût épouser M. Hazlewood, et je lui répondis que cela était sûr et certain. Je pouvais bien le dire; car ma cousine Jeanne Clavers (qui est aussi votre parente, M. Glossin; vous connaissez Jeanne depuis long-temps) m'a dit plus d'une fois qu'il n'y avait rien de plus probable, et elle doit le savoir puisqu'elle travaille pour la femme de charge du château de Woodbourne.

— Et que dit l'étranger à tout cela?

— Que dit l'étranger? rien du tout. Il les regardait se promener sur la glace; il avait l'air de les manger des yeux, et il ne me dit plus un mot quoiqu'il y eût alors sur le lac les meilleurs patineurs que nous eussions encore vus. Enfin il s'en alla, prit le chemin du côté du bois de Woodbourne, et je ne l'ai plus revu.

— Quel cœur il fallait avoir, dit mistress Mac-Candlish, pour vouloir tuer ce pauvre jeune homme sous les yeux de la demoiselle qu'il doit épouser!

— Oh! mistress Mac-Candlish, dit Glossin, l'histoire des tribunaux offre bien des exemples semblables. Il voulait se venger; et plus la vengeance est cruelle, plus elle semble douce au scélérat.

— Que Dieu nous protège, dit le diacre; nous sommes de pauvres créatures quand il nous abandonne à nous-mêmes! Cet homme avait donc oublié qu'il est écrit : — C'est à moi qu'appartient la vengeance, et c'est moi qui l'exercerai.

—Mais, messieurs, dit Jack, dont le gros bon sens et la droiture naturelle tombaient quelquefois sur le gibier, tandis que les autres battaient le buisson, il me semble que vous vous trompez. Je ne pourrai jamais croire qu'un homme forme le dessein d'aller prendre le fusil d'un autre pour s'en servir contre lui. Dieu me pardonne, j'ai été quelque temps aide du garde-chasse, et quoique je ne sois pas bien gros, et que je ne sois bon qu'à m'asseoir sur une selle, et à mettre mes jambes dans une paire de bottes, l'homme le plus fort de toute l'Ecosse ne serait pas venu à bout de m'arracher mon fusil; je lui aurais auparavant logé toute la charge dans le corps. Hé non! pas un homme raisonnable ne pourra le croire. Je gagerais mes meilleures bottes, et j'en ai une paire toute neuve que j'ai achetée à la foire de Kirkudbright, que tout cela n'est qu'un accident, un hasard. Mais, si vous n'avez plus besoin de moi, je vais donner à déjeuner à mes chevaux.

On ne s'opposa point à son départ, et il s'en alla.

L'ostler, qui vint ensuite, fit la même déclaration. On lui demanda, ainsi qu'à mistress Mac-Candlish, si Brown portait sur lui quelques armes. Ils répondirent qu'ils ne lui avaient vu qu'un couteau de chasse attaché à son côté.

—Mais après tout, dit le diacre à Glossin en le tenant par un bouton de son habit, car à force de réfléchir sur cette affaire compliquée il avait oublié la nouvelle dignité de ce juge; tout cela me semble bien équivoque. Est-il probable qu'un homme qui n'a qu'un couteau de chasse en aille attaquer un armé d'un fusil!

Glossin commença par dégager doucement son bouton; et comme son but était de ménager tout le monde, au lieu de répondre à cette observation, il lui demanda le prix du sucre et du thé, et parla d'en faire sa provision pour l'année. Il chargea mistress Mac-Candlish de préparer un joli dîner pour lui et cinq de ses amis pour le samedi de la semaine suivante; enfin il donna une demi-couronne à Jack Jabos, qui était venu lui tenir l'étrier quand il monta à cheval pour partir.

Après son départ, — Hé bien! dit le diacre à mistress Mac-Candlish en buvant sur le comptoir un verre de bière qu'elle lui avait offert, le diable n'est pas si noir qu'on le dit. N'est-ce pas un plaisir de voir Glossin s'occuper si vivement des affaires du comté?

— Sans doute, c'est vrai, dit l'hôtesse, et je m'étonne que les honnêtes gens du canton laissent faire par un homme comme lui une besogne dont ils devraient s'occuper eux-mêmes. Mais, tant que l'argent monnayé aura son cours, mon voisin, on ne s'inquiètera pas à quel coin il est frappé.

— Et moi, je crois, dit Jack qui traversait la cuisine en ce moment, que Glossin ne recueillera que de la honte de tout cela; mais en attendant, voilà toujours une bonne demi-couronne.

CHAPITRE XXXIII.

« Un homme qui croit que la mort n'est autre
« chose qu'un profond sommeil; sans souci du
« passé, sans inquiétude pour le présent, sans
« crainte pour l'avenir, et qui, par désespoir,
« croit que tout meurt avec son corps. »
SHAKSPEARE. *Mesure pour Mesure.*

GLOSSIN avait dressé la minute circonstanciée de ces diverses déclarations. Elles jetaient peu de jour sur cette affaire, et ne pouvaient pas lui être d'une grande utilité dans ses recherches. Mais le lecteur, mieux informé, se trouve instruit par cet interrogatoire de tout ce qu'a fait Brown depuis l'instant où nous l'avons laissé sur le chemin de Kippletringan, jusqu'au moment où, dévoré de jalousie, il se présenta si malheureusement devant Julie Mannering, et se vit engagé dans une querelle dont les suites furent si funestes.

Glossin retourna à Ellangowan en réfléchissant sur ce qu'il venait d'apprendre. Il se convainquit de plus en plus que s'il pouvait réussir dans ses recherches, ce serait un moyen sûr d'obtenir les bonnes graces du colonel et du laird d'Hazlewood, ce qui n'était pas à négliger. Il jouissait d'avance du plaisir qu'il aurait à pouvoir donner un telle preuve de son adresse et de sa sagacité. Il apprit donc avec bien de la joie, en rentrant chez lui, que Mac-Guffog, l'effroi des voleurs, accompagné de deux ou trois autres estafiers, avait arrêté un homme, et qu'ils étaient dans la cuisine attendant son retour.

Il descendit bien vite de cheval, et se hâta d'entrer chez lui. — Courez avertir mon clerc [1] de descendre, dit-il à un domestique; vous le trouverez dans la petite chambre verte, copiant le registre de mes domestiques. Mettez tout en ordre dans mon cabinet. Approchez du bureau un grand fauteuil de cuir, et préparez un tabouret pour M. Scrow.

— Scrow, dit-il à son clerc dès qu'il arriva, prenez l'ouvrage de sir George Mackenzie sur les crimes, ouvrez-le à la section *vis publica et privata*, et faites un pli au chapitre *sur ceux qui portent des armes défendues*. Maintenant aidez-moi à me débarrasser de ma redingote, suspendez-la dans l'antichambre, et dites qu'on amène le prisonnier. J'espère bien que c'est lui ! Un moment ! Envoyez-moi d'abord Mac-Guffog.

— Hé bien ! Mac-Guffog, où avez-vous trouvé ce compagnon ?

Mac-Guffog était un drôle robuste, avec un cou comme celui d'un taureau, la figure toute bourgeonnée, et louchant de l'œil gauche. Après quelques contorsions pour

(1) Greffier. — Ed.

saluer le juge, il commença son histoire dans un jargon accompagné de gestes et de clignotemens d'yeux qui indiquaient une parfaite intelligence entre le narrateur et celui qui l'écoutait. — Votre Honneur saura, dit-il, que je me suis rendu à la place dont Votre Honneur m'a parlé, dans ce cabaret, près du bord de la mer, qui est tenu par cette femme que Votre Honneur connaît. Hé bien! me dit-elle, qu'est-ce qui vous manque? vous faut-il quelqu'une de nos marchandises pour le château? Sans doute, lui répondis-je; vous savez que M. Bertram d'Ellangowan lui-même autrefois...

— C'est bien, c'est bien! supprimez les détails: passez à l'essentiel.

— Soit. Je m'assis, et je lui demandai de l'eau-de-vie que je feignis de vouloir acheter, jusqu'à ce qu'il arrivât.

— Qui?

— Lui (dit Mac-Guffog en tournant le pouce du côté de la cuisine où on gardait le prisonnier); il avait sur le corps un grand manteau, et je vis que je n'en viendrais pas à bout aisément. Je commençai à parler de manière à lui faire croire que j'étais de l'île de Man, et j'avais soin de me placer toujours entre l'hôtesse et lui, de peur qu'elle ne le détrompât. Nous nous mîmes à boire ensemble. Je gageai qu'il ne boirait pas le quart d'une pinte de genièvre d'Hollande sans reprendre haleine. Il accepta le défi, et l'avala sans sourciller. Mais en ce moment arrivèrent Slounging Jack et Dick Spur que j'attendais. Nous tombâmes tous trois sur lui à l'improviste; nous le garottâmes, lui mîmes les fers aux pieds et aux mains, et le rendîmes doux comme un agneau. Depuis qu'il est ici, il a dormi, et il est maintenant frais comme une marguerite du mois de mai, pour répondre aux questions que Votre Honneur voudra lui faire.

Ce récit, accompagné de gestes et de grimaces, fut accueilli avec les éloges auxquels s'attendait le narrateur.

— N'avait-il pas d'armes? demanda le juge.

—Si vraiment. Un sabre, des pistolets, comme ces gens-là en ont toujours.

—Avait-il quelques papiers?

—Les voilà. Et, en parlant ainsi, il mit sur la table un porte-feuille fort sale.

—Descendez donc, Mac-Guffog; faites monter le prisonnier, et ne vous éloignez pas.

Le subalterne quitta la chambre. L'instant d'après le retentissement des chaînes sur l'escalier se fit entendre, et, au bout de deux ou trois minutes, on fit entrer un homme soigneusement garotté, et ayant les fers aux pieds et aux mains.

C'était un homme robuste et musculeux; sa figure était basanée, et quoique les rides de son front et ses cheveux commençant à grisonner annonçassent un âge assez avancé, quoique sa taille ne fût pas très-élevée, tout en lui annonçait tant de vigueur que peu de gens auraient voulu lutter avec lui. Ses traits durs et sauvages étaient un peu enluminés, et ses yeux se ressentaient encore de l'excès de boisson qui avait facilité sa capture. Mais l'instant de sommeil dont Mac-Guffog l'avait laissé jouir, et surtout le sentiment du danger où il se trouvait, lui avaient rendu le libre exercice de toutes ses facultés. Le digne juge et son prisonnier, non moins estimable, se regardèrent quelque temps sans parler. Glossin reconnut l'homme qu'il avait devant les yeux, et sentit quelque embarras pour procéder à son interrogatoire. Enfin il rompit le silence.

—C'est donc vous, capitaine? Il y avait long-temps qu'on ne vous avait vu sur cette côte!

—Long-temps! sans doute; car que le diable m'emporte si ce n'est pas la première fois que j'y viens!

—Cela ne passera pas, monsieur le capitaine.

—Il faudra bien que cela passe, sapredié [1], monsieur le juge!

(1) *Saperment.* — Ed.

— Et quel est le nom que vous trouvez à propos de vous donner pour le moment, jusqu'à ce que je vous confronte avec des gens qui vous rafraîchiront la mémoire, vous diront qui vous êtes, ou du moins qui vous avez été?

— Qui je suis? mille tonnerres! Je suis Jans Janson, de Cuxhaven. Qui voulez-vous que je sois?

Glossin prit dans une armoire deux petits pistolets de poche, les chargea avec affectation, et dit à son clerc de se retirer, et d'attendre dans l'antichambre avec les constables.

Le clerc lui fit quelques représentations sur le danger de le laisser seul avec un pareil homme, quoiqu'il fût lié et enchaîné de manière à ne pouvoir remuer un de ses membres; mais Glossin lui réitéra l'ordre de sortir, avec quelque impatience.

Lorsque Scrow se fut retiré, le juge fit quelques tours dans l'appartement. Alors, plaçant son fauteuil en face du prisonnier, comme pour le mieux examiner, il mit ses pistolets devant lui sur son bureau, et lui dit d'une voix ferme : — Vous êtes Dirk Hatteraick de Flessing. Oserez-vous le nier?

Le prisonnier tourna les yeux du côté de la porte, comme s'il eût craint que quelqu'un n'écoutât. Glossin se leva, ouvrit la porte, de manière que le prisonnier, du banc sur lequel il était assis, pût se convaincre qu'il n'y avait pas là d'espions apostés. L'ayant ensuite refermée, il reprit sa place, et lui dit de nouveau : — Vous êtes Dirk Hatteraick, autrefois capitaine du *Jungfraw*. En conviendrez-vous?

— Mille diables! si vous saviez qui je suis, pourquoi me le demander?

— Parce que je suis surpris de vous voir dans le dernier endroit où vous devriez vous trouver si vous songiez à votre sûreté.

— Mille diables! un homme qui ose me parler ainsi ne songe guère à la sienne!

— Quoi! capitaine, sans armes, dans les fers, voilà comme vous parlez! Croyez-moi, le ton de menace ne vous convient pas. Vous aurez bien de la peine à quitter ce pays avant d'avoir rendu compte d'un petit accident arrivé il y a quelques années à la pointe de Warroch.

La figure d'Hatteraick devint sombre comme la nuit.

— Quant à moi, continua Glossin, c'est malgré moi que je me trouve obligé d'user de sévérité envers une vieille connaissance; mais mon devoir l'exige, et je vais vous envoyer dès aujourd'hui à Edimbourg, dans une bonne chaise de poste attelée de quatre chevaux.

— Mille tonnerres! vous ne le feriez pas si j'avais à vous donner, comme autrefois, une demi-cargaison de billets sur Van-Beest et Van-Bruggen.

— Cela est si vieux, capitaine, que je ne me souviens plus comment j'ai été récompensé de mes peines.

— De vos peines! de votre silence, voulez-vous dire.

— J'étais alors dans les affaires, mais depuis quelque temps j'y ai renoncé.

— Oui, mais j'ai dans l'idée que vous pourriez bien les reprendre, et marcher encore sur vos anciennes voies. Et tenez, que cinq cents diables me tordent le cou si je n'avais pas dessein de vous voir pour vous parler de quelque chose qui vous intéresse.

— De l'enfant? dit Glossin très-vivement.

— Ya, mein herr!

— Est-ce qu'il vit encore?

— Comme vous et moi!

— Bon Dieu! Mais il est aux Indes?

— Non, de par tous les diables! il est ici, sur cette côte.

— Mais, Hatteraick... ceci... si cela est vrai, ce que je ne puis croire, va nous ruiner tous deux. Il n'est pas possible que le coup dont il a été le témoin soit effacé de sa mémoire. Son retour peut aussi avoir pour moi les plus fâcheuses conséquences. Je vous le répète, cela nous ruinera tous deux!

— Je vous dis que cela ne ruinera que vous, car je le suis déjà ; et si je suis pendu, cela finira tout.

— Que diable! qu'êtes-vous venu faire, comme un fou, sur cette côte?

— La maison s'ébranlait, je n'avais plus d'argent. J'ai pensé que l'affaire était oubliée depuis long-temps.

— Voyons! Je n'ose pas vous relâcher; mais ne pouvez-vous pas vous faire délivrer en chemin? Sûrement; écrivez un mot à Brown, votre lieutenant, et je vous ferai conduire par la route qui borde la mer.

— Impossible! Brown est mort, tué, enterré; il est à tous les diables!

— Mort! tué! à Woodbourne, peut-être?

— Ya, mein herr!

Glossin s'arrêta un instant. Mille inquiétudes, mille craintes qui le dévoraient faisaient couler la sueur de son front, tandis que le misérable qui était devant lui mâchait son tabac d'un air d'insouciance imperturbable. — Je suis ruiné, dit Glossin en lui-même, complètement ruiné, si l'héritier reparaît; et ensuite quelles seraient les conséquences des liaisons que j'ai eues avec ces gens-là?—Ecoutez, Hatteraick, je ne puis vous remettre en liberté, mais je puis vous faciliter les moyens de vous sauver vous-même. Mon cœur me parle toujours pour un ancien ami. Je vais vous faire garder cette nuit dans une salle du vieux château, et je ferai donner à vos gardes double ration de grog. Mac-Guffog se laissera prendre dans le même piège qu'il vous a tendu. Les fenêtres et les barreaux de cette chambre ne tiennent à rien, vous n'aurez qu'un saut d'environ douze pieds à faire pour être libre, et il y a beaucoup de neige sur la terre.

— Mais cela, dit Hatteraick en montrant ses fers, qui m'en débarrassera?

— Voici, dit Glossin en allant prendre dans une armoire une petite lime qu'il lui donna, voici un bon ami qui travaillera pour vous. Vous connaissez l'escalier qui conduit des ruines à la mer.

Hatteraick agita ses chaînes avec transport, comme s'il se sentait déjà libre, et tâcha d'étendre la main vers son protecteur. Glossin mit un doigt sur sa bouche pour lui recommander la discrétion, et continua ses instructions.

— Une fois libre, vous vous rendrez à Derncleugh....

— Mille tonnerres! je n'en ferai rien. Cette mine est éventée!

— Diable! Hé bien! prenez mon esquif qui est sur le rivage, et servez-vous-en. Mais restez à la pointe de Warroch jusqu'à ce que je vous aie vu.

— A la pointe de Warroch! dit Hatteraick d'un air contrarié, et où vous attendrai-je? dans la caverne, sans doute? J'aimerais mieux que ce fût partout ailleurs. Cet endroit me répugne. On assure qu'il y revient. Mais, mille tonnerres! je ne l'ai jamais craint pendant sa vie, je n'en aurai pas peur après sa mort. Que l'enfer m'engloutisse si l'on peut dire que Dirk Hatteraick ait jamais eu peur d'un chien ou d'un diable! Ainsi donc je vous attendrai là.

— Oui, dit Glossin. Et alors il appela son monde.

— Je ne puis rien faire, Mac-Guffog, du capitaine Janson, comme il lui plaît de se nommer. Il est trop tard pour l'envoyer à la prison du comté. N'y a-t-il pas au vieux château une chambre où on pourrait l'enfermer?

— Oui, monsieur; mon oncle le constable y a gardé un homme pendant trois jours, du temps du vieux Ellangowan. Mais il doit y avoir bien de la poussière depuis cette affaire, qui fut jugée à la cour des sessions avant 1715.

— Je sais tout cela; mais ce n'est pas pour y faire un long séjour, il ne s'agit que d'une nuit. Il y a une petite chambre à côté, vous y allumerez du feu pour vous autres, et j'aurai soin de vous envoyer de quoi vous désennuyer, entendez-vous? Ayez soin de bien enfermer le prisonnier; mais faites-lui du feu, la saison l'exige. Peut-être que demain il se justifiera.

Munis de ces instructions et d'une ample provision de

comestibles et de liqueurs fortes, ils se rendirent au vieux château où ils devaient monter la garde toute la nuit; et le juge se flatta qu'ils ne la passeraient pas tout entière à veiller ni en prières.

On doit bien penser que Glossin lui-même ne jouit pas cette nuit d'un sommeil bien tranquille. Sa situation était on ne peut pas plus critique; toute la honte de sa vie semblait accumulée autour de lui et prête à le couvrir tout entier. Il se coucha cependant, et se retourna bien des fois sur son oreiller avant de pouvoir s'endormir. Enfin le sommeil s'empara de ses sens, mais ce fut pour lui présenter l'image de son ancien bienfaiteur, tel qu'il l'avait vu pour la dernière fois, avec la pâleur de la mort. Ensuite il le voyait, revêtu de la fraîcheur et de la force de la jeunesse, s'approcher de lui pour le chasser de la demeure de ses pères.

Il rêva ensuite qu'après avoir erré long-temps dans un désert, il venait près d'une auberge d'où semblaient sortir des cris de joie et de débauche, et qu'y étant entré, Frank Kennedy se présenta à ses yeux, couvert de sang et de blessures, tel qu'on l'avait trouvé près de la pointe de Warroch, mais tenant à la main un bowl de punch enflammé.

Il lui sembla enfin être dans une prison. Il y vit Dirk Hatteraick. Il venait d'être condamné à mort, et confessait ses crimes à un prêtre. — Après avoir commis ce crime, disait-il, nous nous retirâmes dans une caverne qui n'était connue que d'un seul homme dans le pays; nous discutions sur ce que nous ferions de l'enfant, et nous allions le donner à une Egyptienne, quand nous entendîmes les cris de ceux qui nous cherchaient, et qui étaient justement sur notre tête. Un homme entra en ce moment dans la caverne; c'était celui qui la connaissait. Mais nous achetâmes sa discrétion en lui donnant la moitié de tout ce que nous avions sauvé. Il nous fit emmener l'enfant en Hollande, où nous nous rendîmes la nuit suivante dans une barque qui vint nous prendre à la côte. Cet homme était.....

— Non! ce n'était pas moi! Je le nie! cria Glossin; et, en s'efforçant de mettre encore plus d'énergie dans son désaveu, il s'éveilla.

C'est à sa conscience qu'il était redevable de cette espèce de fantasmagorie mentale. La vérité est que, connaissant mieux que personne les retraites des contrebandiers, Glossin avait été tout droit à la caverne, tandis qu'on les cherchait de toutes parts. Il ne connaissait pas encore le meurtre de Kennedy, qu'il croyait leur prisonnier. Il faut même avouer qu'il avait dessein d'employer sa médiation en sa faveur. Mais il les trouva dans les transes d'une terreur profonde; la rage qui les avait entraînés au meurtre étant une fois assouvie, ne laissait plus de place dans leur cœur, excepté dans celui d'Hatteraick, que pour les remords et l'épouvante. Glossin était pauvre à cette époque, et il avait des dettes; mais il jouissait déjà de la confiance de M. Bertram, et connaissant son inexpérience et sa facilité, il voyait la possibilité de s'enrichir à ses dépens, de s'approprier même tous ses domaines, si l'enfant du malheureux laird venait à disparaître, et laissait à un père prodigue la faculté de dissiper des biens qui lui étaient substitués. Décidé par l'intérêt actuel et par ses projets pour l'avenir, il accepta ce qui lui fut offert par les contrebandiers, sa part des marchandises qu'ils avaient sauvées de leur lougre, et dont ils lui payèrent la valeur en traites sur Van-Beest et Van-Bruggen, sous la condition qu'il leur garderait fidèlement le secret; il les engagea à emmener l'enfant, qui, leur dit-il, était assez âgé pour donner des renseignemens sur l'assassinat dont il avait été le témoin. Le seul palliatif que Glossin put offrir à sa conscience fut la force de la tentation qui lui fit entrevoir à la fois tous les avantages d'une opération où il allait trouver le terme de son indigence. Il tâchait d'ailleurs de se persuader que le soin de sa propre sûreté l'avait forcé d'agir ainsi. N'était-il pas en quelque façon au pouvoir de ces brigands? S'il avait refusé leurs offres, le secours qu'il aurait pu appeler, quoique peu éloigné de lui en ce moment, ne serait peut-être pas arrivé à temps pour le sauver des mains de scélérats pour qui la vie d'un homme n'était rien.

Agité des noirs pressentimens qui naissent d'une mauvaise conscience, Glossin quitta son lit. Il était minuit. Il se mit à une fenêtre qui s'ouvrait du côté du vieux château. Tous les lieux que nous avons déjà décrits étaient couverts de neige, et la blancheur de la terre, brillante quoique triste, contrastait avec la mer, à laquelle elle semblait prêter une teinte noire et livide. On peut encore trouver quelques beautés dans la vue d'un paysage couvert de neige; mais le froid, la nuit, la solitude, lui donnent toujours un aspect sauvage ou de désolation. Les objets qui sont le mieux connus semblent avoir disparu, ou ne nous présentent plus les mêmes formes: c'est un nouveau monde qui s'offre à nos regards.

Ces réflexions n'étaient pourtant pas celles qui agitaient en ce moment l'esprit de cet homme méprisable. Ses yeux étaient fixés sur les ruines sombres et majestueuses du vieux château. A travers deux croisées percées dans les murs épais d'une tour massive, il voyait briller deux lumières qui partaient, l'une de la chambre où Hatteraick était enfermé, l'autre de l'appartement occupé par ses gardiens. — S'est-il échappé? s'échappera-t-il? Ces gens, incapables d'une surveillance exacte, en auront-ils aujourd'hui pour compléter ma ruine? S'il est encore là quand le jour va luire, il faut que je l'envoie en prison; Mac-Morlan ou quelque autre instruira son procès; on découvrira qui il est; il sera condamné; et, pour se venger de moi, il dira... il dira tout ce qu'il a à dire.

Tandis que ces pensées se succédaient rapidement dans l'imagination de Glossin, une des lumières disparut à ses yeux; il semblait qu'un corps opaque, placé à la croisée, interceptât sa clarté : quel moment d'anxiété ! —Sans doute il a brisé ses fers, et il travaille à détacher les barreaux de la croisée : il en viendra aisément à bout ; le mur est comme pourri. Ciel! ils sont tombés en dehors ! J'ai entendu le bruit qu'ils ont fait sur les pierres ! Les gardes vont s'éveiller ! que le diable emporte le maladroit Hollandais ! La lumière reparaît. Ils l'auront saisi, et ils l'enchaînent de nouveau. Non, il s'est sans doute retiré un instant par prudence, à cause de la chute des barreaux ; mais le voilà de nouveau à la fenêtre, car on ne voit pas la lumière. Il est sauvé !

Un bruit sourd, semblable à celui d'un corps qui tombe d'une certaine hauteur dans la neige, annonça en ce moment que l'évasion d'Hatteraick avait réussi. Bientôt après Glossin vit une figure se glisser le long des ruines et gagner le bord de la mer. Nouvelle cause d'inquiétudes. Sera-t-il en état de manœuvrer seul son esquif? Il faudra que j'aille au secours du misérable. Mais non, l'esquif est en mer, la voile est déployée, il gagne le large; il a pris le vent : que n'est-il assez fort pour exciter une tempête et l'engloutir !

Après ce vœu cordial, Glossin continua de suivre des yeux la barque jusqu'à ce qu'elle fût presque à la hauteur de la pointe de Warroch. Alors, malgré le clair de lune, il lui fut impossible de la distinguer des flots sur lesquels elle voguait. Satisfait d'avoir échappé au danger qu'il redoutait, il alla retrouver son oreiller, l'esprit un peu plus tranquille.

CHAPITRE XXXIV.

« Pourquoi me refuser ton secours favorable?
« Viens m'aider à sortir de cet antre effroyable. »
Titus Andronicus.

Le lendemain matin grandes furent l'alarme et la confusion parmi les officiers de justice chargés de veiller le prisonnier, quand ils virent qu'il leur avait échappé. Mac-Guffog parut devant Glossin, la tête troublée autant par la boisson que par la crainte. Il reçut une sévère réprimande pour avoir négligé son devoir. Le juge n'oublia sa colère que pour faire prendre les mesures en apparence nécessaires pour retrouver le fugitif. Il ordonna à sa troupe, qui ne demandait pas mieux que de s'éloigner de sa présence, de commencer sur-le-champ les recherches les plus exactes ; il la dispersa dans toutes les directions, excepté la bonne, et leur recommanda de visiter surtout Derncleugh, qui servait de retraite pendant la nuit à des vagabonds de toute espèce.

S'étant ainsi débarrassé d'eux, il se hâta de se rendre par des chemins détournés dans le bois de Warroch, pour avoir son entrevue avec Hatteraick. Il désirait apprendre de lui, plus à loisir qu'il n'avait pu le faire dans la conférence de la veille, toutes les circonstances relatives au retour de l'héritier d'Ellangowan dans son pays natal.

Imitant donc les manœuvres d'un renard qui veut donner le change aux chiens qui le poursuivent, Glossin tâcha d'arriver au lieu du rendez-vous de manière à laisser le moins de traces possible de sa marche. — Plût au ciel qu'il tombât de la neige ! pensa-t-il en regardant en arrière, et qu'elle pût effacer les empreintes de mes pas ! Si quelqu'un de ceux qui sont à la recherche du capitaine venait à les découvrir, il les suivrait à la piste comme un limier, et finirait par nous surprendre. Il faut que je descende sur le rivage, et que je tâche ensuite de me glisser à travers les rochers.

Il descendit donc non sans peine sur le bord de la mer, se dirigeant entre les rochers et la marée montante. Tantôt il jetait un regard inquiet sur le sommet des montagnes, d'où sa marche aurait pu être découverte, tantôt du côté de la mer, d'où quelques marins auraient pu l'apercevoir.

La crainte qu'il éprouvait par lui-même s'apaisa un moment quand il arriva à l'endroit où l'on avait trouvé le corps de l'infortuné Kennedy. Il était à jamais remarquable par le fragment de rocher qui avait accompagné ou suivi sa chute du haut du promontoire. Divers coquillages de mer s'étaient amoncelés près de là, et il était couvert d'algues et d'autres herbes marines. Mais il était encore bien différent, par sa forme et par sa nature, des autres rocs dont il était environné. On croira aisément que jamais Glossin n'avait pris ce lieu pour le but de ses promenades. Se trouvant là pour la première fois depuis cet affreux événement, le spectacle qu'il avait eu alors sous les yeux se présenta à son esprit dans toute son horreur. Il se souvint comment, semblable à un vil criminel, il s'était glissé hors de la caverne, et s'était mêlé avec précaution au groupe épouvanté qui entourait le cadavre, tremblant de crainte que quelqu'un ne lui demandât d'où il venait; enfin, comment il avait évité de jeter les yeux sur le corps de cette malheureuse victime. Les cris perçans de son bienfaiteur : — Mon enfant! mon enfant! — retentissaient encore à ses oreilles. — Grand Dieu! songeait-il en lui-même, tout ce que j'ai gagné vaut-il l'horreur que j'éprouve en ce moment, et toutes les craintes et les inquiétudes auxquelles je n'ai cessé d'être en proie depuis cette époque? Oh! que ne suis-je à la place de ce malheureux, et que n'est-il à la mienne, plein de vie et de santé! mais tous ces regrets viennent trop tard. Il faut suivre la route dans laquelle je me suis engagé.

Etouffant donc ses remords, il s'avança vers la caverne, qui était si voisine de cet endroit, que les assassins, après avoir commis leur crime, pouvaient entendre les diverses conjectures que formaient ceux qui avaient trouvé le corps de leur victime. Mais rien ne pouvait être mieux caché que l'entrée de ce repaire; l'ouverture n'en était pas plus grande que celle du terrier d'un renard. Elle se trouvait au bas d'un rocher. Un autre roc noir qui s'avançait dans la mer, servait à faire reconnaître cet endroit par ceux à qui il servait de refuge, et à en dérober la vue à tous les autres yeux. L'espace qui séparait les deux rochers était extrêmement étroit, et il était impossible de découvrir la bouche de la caverne, à moins de balayer les pierres et le sable qu'on avait eu le soin d'y amonceler, et qui semblaient y avoir été jetés par la marée. Pour y être mieux cachés, les contrebandiers avaient soin, quand ils y étaient entrés, d'en boucher l'ouverture avec des pierres et des herbes marines, que l'on pouvait croire apportées par les flots. Hatteraick n'avait pas négligé cette précaution.

Glossin, tout intrépide qu'il fût, sentit battre son cœur et trembler ses genoux en se préparant à entrer dans ce repaire du crime pour y avoir une conférence avec un misérable qu'il regardait avec raison comme un des plus grands scélérats que la terre eût portés. Il n'a nul intérêt à me nuire, pensait-il, et cette réflexion le rassurait. Il examina cependant ses pistolets, et les ayant trouvés en état, il dégagea l'ouverture et y pénétra en se mettant à genoux et marchant sur les mains. L'entrée en était si basse et si étroite, qu'il était impossible qu'un homme s'y introduisît autrement qu'en rampant; mais, à quelques pas plus loin, la voûte s'élevait à une hauteur considérable; et le sol, qui allait toujours en montant, était couvert d'un sable très-sec. Avant que Glossin se fût de nouveau remis sur ses pieds, il entendit retentir sous les voûtes de la caverne la voix rauque d'Hatteraick, qui ne lui donnait pourtant pas toute son étendue.

— Est-ce vous, mille tonnerres?
— Etes-vous donc dans l'obscurité?
— Et où diable aurais-je pris de la lumière?
— J'ai de quoi nous en procurer.

En même temps Glossin tira de sa poche un briquet, et alluma une bougie qu'il avait apportée.

— Mais il faut aussi allumer du feu. Que cinq cents diables m'emportent si je ne suis pas tout-à-fait gelé!

— Il est certain qu'il fait froid ici! Et, en disant ces mots, Glossin ramassait des débris de tonneaux et d'autres morceaux de bois qui étaient dans la caverne depuis la dernière fois qu'il y était venu.

— Froid? de par l'enfer, c'est une glacière! c'est pour y périr! Je ne me suis tenu en vie qu'en marchant toujours en long et en large sous cette chienne de voûte, et en me rappelant les joyeuses orgies que nous y avons faites.

La flamme commençait à briller. Hatteraick y exposa sa figure bronzée, en approcha ses mains dures et ridées avec un empressement semblable à celui d'un affamé qui se jette sur un morceau de pain. Cette lumière donnait à ses traits un aspect encore plus sombre et plus farouche. La fumée aurait dû le suffoquer, mais l'excès du froid dont il était pénétré semblait la lui faire supporter avec plaisir. Après avoir circulé autour de sa tête, elle s'élevait au haut de la voûte, et s'échappait sans doute par des fentes et des crevasses qui servaient aussi à renouveler l'air de la caverne pendant la marée montante.

— Je vous ai apporté de quoi déjeuner, lui dit Glossin en lui offrant quelques viandes froides et un flacon d'eau-de-vie.

Hatteraick saisit promptement la bouteille, l'appliqua

à sa bouche, et après en avoir vidé une bonne partie : — C'est cela, dit-il, voilà qui est bon! cela fait revivre un homme! Et il se mit à chanter ce fragment d'une chanson hollandaise :

> Le vin, la bière et l'eau de vie,
> Voilà les seuls biens que j'envie.
>   Le verre à la main,
>   Je chante un refrain;
> Qu'importe la foudre qui gronde?
>   Tu chantes aussi,
>   Nous sommes ainsi
> Les plus heureux coquins du monde.

— Bien dit! mon brave capitaine, s'écria Glossin; et, voulant se mettre à l'unisson, il chanta à son tour :

> Que l'on nous donne des rivières
> De rum, de genièvre et de vin,
> Quand nous en aurons vu la fin,
> Nous briserons gaîment nos verres.
> N'étions-nous pas trois bons vivans
> Qui faisions ripaille et bombance,
> Partageant les trois élémens,
> Toi l'onde, moi la terre, et Jacques la potence?

Voilà ce que c'est, mon camarade. Hé bien, êtes-vous remis à présent? Parlerons-nous de nos affaires?

— Nos affaires! dites les *vôtres!* Mille tonnerres! la mienne a été faite au moment où je me suis trouvé hors de cage.

— Patience! patience, mon bon ami! Je vais vous prouver que nos intérêts sont les mêmes.

Hatteraick toussa. Glossin poursuivit après un moment de silence :

— Comment avez-vous laissé échapper notre jeune homme?

— Malédiction! m'en étais-je chargé? Le lieutenant Brown le donna à un de ses cousins demeurant à Middelbourg, intéressé dans la maison Van Beest et Van Bruggen. Il lui fit quelque conte de ma Mère l'Oie, lui dit qu'il avait été fait prisonnier dans une escarmouche contre les requins de terre, et l'engagea à le prendre pour en faire son jockey. Moi, le laisser échapper! Le drôle aurait vu le fond de la mer, si je m'en étais mêlé.

— Bien! et en a-t-on fait un jockey?

— Non, non. Le vieux Van Beest le prit en amitié; il lui donna son nom, le mit au collège, et puis l'envoya dans les Indes. Je crois même qu'il l'aurait envoyé ici; mais Brown lui fit entendre que, s'il retournait en Ecosse, cela ferait tort à notre commerce.

— Croyez-vous qu'il connaisse sa naissance maintenant?

— Et comment diable voulez-vous que je le sache. Ce qui est certain, c'est qu'il a conservé long-temps quelques souvenirs. A l'âge de dix ans, ne persuada-t-il pas à un autre petit bâtard d'Anglais comme lui de s'emparer de la chaloupe de mon lougre pour retourner dans son pays? Ils étaient déjà bien loin quand je pus les rattraper; je craignais qu'ils ne fissent chavirer ma chaloupe.

— Plût au ciel qu'elle eût chaviré pendant qu'il y était!

— Comment! j'étais si colère moi-même, que, sapredié! je lui donnai un coup de poing qui le jeta par-dessus le bord; mais bah! le petit diable nageait comme un canard. Je le laissai nager pendant un mille pour lui apprendre à vivre. Enfin, comme il coulait à fond, je le fis reprendre à bord. Par les cornes de Nicolas[1]! il vous tracassera maintenant qu'il est revenu sur l'eau. Quand il n'était pas plus haut que ça, il avait la vivacité de l'éclair, l'impétuosité du tonnerre.

— Comment est-il revenu des Indes?

— Et comment le saurais-je? mille diables! La maison

---

(1) Nicolas, ou plutôt le diminutif Nick, est un des surnoms du diable parmi les voleurs d'Angleterre. On prétend que saint Nicolas eut un jour le diable sous sa main, et le fustigea d'importance. C'est depuis ce temps-là qu'il lui laissa son nom par moquerie. — Ed.

où il travaillait dans les Indes fit naufrage, et cela nous donna à Middelbourg une terrible voie d'eau. C'est pour cela que je suis revenu sur cette côte, afin de voir si je pourrais y renouer avec quelques vieilles connaissances. Car je croyais bien qu'on ne pensait plus à nos anciennes aventures. Je fis d'assez bonnes affaires dans mes deux premiers voyages; mais je crains bien que cet écervelé de Brown ne nous ait encore coulés à fond en se faisant tuer par le colonel.

— Pourquoi donc n'étiez-vous pas avec lui?

— Pourquoi? sapredié! je ne crains personne; mais l'expédition était trop avant dans les terres, et on aurait pu me donner la chasse.

— Cela est vrai. Mais pour en revenir à notre jeune homme...

— Oui, oui, mille tonnerres! c'est là qu'est *votre affaire*.

— Comment savez-vous qu'il est dans ce pays?

— Comment? Gabriel l'a vu dans les montagnes.

— Gabriel! qui est ce Gabriel?

— Un Egyptien. Il y a environ dix-huit ans que le vieux Ellangowan l'avait fait embarquer à bord d'un sloop de guerre, *le Shark*, commandé par ce damné capitaine Pritchard. C'est lui qui vint m'avertir que le maudit sloop allait me donner la chasse, et que c'était Kennedy qui me valait cette aubaine. Il fit la traversée des Indes orientales sur le même vaisseau que votre jeune homme, et sapredié! il le reconnut bien, quand il le vit il y a quelques jours. Mais il s'est caché de lui, parce qu'étant déserteur et ayant servi contre l'Angleterre, il ferait chaud pour lui si on le reconnaissait. Il me fit donc prévenir qu'il était dans ces environs, mais je m'en moque comme du bout d'un vieux câble.

— Ainsi donc, et entre amis, Hatteraick, il est bien réellement dans ce pays?

— Hé oui. Malédiction! pour qui me prenez-vous?

— Pour un coquin déterminé et altéré de sang, pensa tout bas Glossin ; mais, changeant de conversation : — Quel est donc, lui dit-il, celui de vos gens qui a blessé le jeune Hazlewood ?

— Mille tempêtes ? Nous prenez-vous donc pour des fous ? Ce n'est aucun de nous : quel bien nous en serait-il revenu ? Le coup de tête de Brown rend déjà le terrain assez glissant.

— Mais on m'a dit que c'était Brown qui avait attaqué Hazlewood.

— Hé non, mille diables ; je vous dis que Brown était à six pieds sous terre, à Derncleugh, la veille du jour de cet événement. Croyez-vous qu'il soit ressuscité pour aller lâcher cette bordée ?

Un trait de lumière commença à éclairer les idées confuses qui assiégeaient l'esprit de Glossin.

— Ne m'avez-vous pas dit que le jeune homme porte le nom de Brown ?

— Oui, Van Beest Brown ; le vieux Van Beest Brown de notre maison Van Beest et Van Bruggen lui a donné son nom, cela est sûr.

— Alors, dit Glossin en se frottant les mains, c'est lui qui a commis le crime.

— Hé bien ! qu'est-ce que cela nous fait ?

Glossin réfléchit un instant, et son esprit fertile en expédiens lui inspira sur-le-champ un nouveau projet. Il s'approcha d'Hatteraick d'un air triomphant. — Vous savez, mon cher capitaine, dit-il, que notre principale affaire est de nous débarrasser de ce jeune homme ?

— Oui-da ! répondit Hatteraick.

— Ce n'est pas que je désirerais qu'il lui arrivât quelque mal, si... si... cela ne nous était pas nécessaire. Mais, dans l'état où sont les choses, le voilà dans le cas d'être mis sous la main de la justice, d'abord comme portant le même nom que votre lieutenant, qui se trouvait à l'affaire de Woodbourne, et ensuite pour avoir tiré sur le jeune

Hazlewood avec intention de le blesser ou de le tuer.

— Hé bien! que vous en reviendra-t-il? La prise sera relâchée, dès qu'il pourra arborer son véritable pavillon.

— Cela est vrai, mon cher Dirk; la remarque est fort juste, mon ami Hatteraick; mais il y a de quoi le tenir en prison jusqu'à ce qu'il ait pu faire venir ces preuves, ou d'Angleterre ou de quelque autre pays. Je connais les lois, capitaine, et je prendrai sur moi, sur moi Gilbert Glossin d'Ellangowan, juge de paix du comté, de refuser toutes les cautions qu'il pourrait offrir, fussent-elles les meilleures de l'Ecosse, jusqu'après son second interrogatoire. Et maintenant, savez-vous dans quelle prison je le ferai conduire?

— Eh, mille tonnerres, que m'importe?

— Si, mon bon ami, cela vous importe beaucoup. Savez-vous que les marchandises que l'on vous a saisies, et qui avaient été conduites à Woodbourne, sont maintenant déposées dans le magasin des douanes de Portanfery (petite ville sur le rivage de la mer)? — Je ferai donc enfermer le jeune homme...

— Quand vous l'aurez pris.

— Oui, quand je l'aurai pris, ce qui ne sera pas long. Je le ferai enfermer, vous dis-je, dans la prison, dans le Bridewell de cette ville, dont le mur est mitoyen avec celui de la douane.

— Eh, mille bombes! je connais tout cela de reste!

— J'aurai soin d'en éloigner les soldats qui en font la garde, vous débarquerez la nuit avec l'équipage de votre lougre; vous reprendrez vos marchandises, et vous emmènerez le jeune homme avec vous à Flessingue. N'est-ce pas cela?

— Ou bien dans l'Amérique?

— Oui, mon bon ami.

— Ou bien... à Jéricho?

— Eh! où vous voudrez.

— Oui, ou bien... on lui fera faire le plongeon?

— Oh! mon cher capitaine, je ne demande pas cela!...

— Mais vous vous en rapportez à moi. Mille tempêtes! ce n'est pas d'aujourd'hui que je vous connais. Ecoutez-moi : que me reviendra-t-il de tout cela, à moi Dirk Hatteraick?

— Eh quoi! n'est-ce pas votre intérêt comme le mien? D'ailleurs, ne viens-je pas de vous délivrer?

— Vous m'avez délivré! mille diables et mille tonnerres! C'est bien moi qui me suis délivré. D'ailleurs, *cela est si vieux que je ne m'en souviens pas*, comme vous le disiez hier. Ah! ah! ah!

— Allons, allons, ne badinons pas. Je ne refuse pas de vous faire un joli présent; mais au fond, cette affaire vous intéresse autant que moi.

— Autant que vous! Et qui possède tout le bien du jeune drôle? n'est-ce pas vous? Dirk Hatteraick a-t-il jamais touché un shilling de ses revenus?

— Paix! paix! je vous dis que cette affaire nous est commune.

— J'aurai donc moitié du profit?

— Quoi! moitié du bien? auriez-vous envie de venir habiter Ellangowan avec moi, et de faire valoir la moitié des terres?

— Non, sapredié! mais vous pouvez me donner la moitié de leur valeur, la moitié des revenus. Demeurer avec vous! non, non; j'aurais une maison de plaisance à Middelbourg, un jardin fleuriste, ni plus ni moins qu'un bourgmestre.

— Oui! avec un lion de bois à la porte, et un grenadier peint sur le mur du jardin, la pipe à la bouche. Mais écoutez-moi, Hatteraick : à quoi vous serviront toutes les maisons de plaisance, toutes les tulipes et tous les jardins fleuristes de la Hollande, si vous êtes pendu en Ecosse?

La figure du capitaine se rembrunit. — Mille diables! pendu!

— Oui, pendu, mon cher capitaine! le diable même

ne pourrait sauver de la potence Dirk Hatteraick, si le jeune Ellangowan reste en ce pays, et si le brave capitaine veut y continuer son négoce; je pourrais même ajouter que, comme on parle beaucoup de paix, il serait possible que leurs Hautes Puissances, pour obliger un nouvel allié, consentissent à l'extradition d'un homme que l'on accuserait de meurtre et du vol d'un enfant, quand même il ne bougerait plus de la Hollande.

— Million de tonnerres et de malédictions! il peut y avoir du vrai dans tout cela!

—Ce n'est pas, ajouta Glossin qui s'aperçut que le coup avait porté; ce n'est pas que je me refuse à une honnêteté! En parlant ainsi, il glissa dans la main d'Hatteraick un billet de banque de quelque valeur.

— Et voilà tout? dit le contrebandier. Vous avez eu la moitié d'une cargaison de mon lougre pour ne point parler de notre expédition de Warroch, et encore avons-nous fait votre affaire en emmenant l'enfant!

— Mais, mon bon ami, vous oubliez que..... que je vous fais aussi retrouver les marchandises qu'on vous a saisies.

— Oui, au risque de nous faire casser le cou. Nous n'avons pas besoin de vous pour cela.

—J'en doute, capitaine, car sans les soins que je prendrai, vous pourriez trouver un fort détachement de soldats dans la maison de la douane. Allons, allons, je serai aussi généreux que je le pourrai; mais il faut que vous ayez de la conscience.

— Que le diable m'étrangle si cela n'est pas plus révoltant que le reste! Vous êtes un voleur et un assassin, puisque vous voulez que je vole et que j'assassine à votre profit; et mille millions de tonnerres, vous venez me parler de conscience! Trouvez donc un moyen plus honnête de vous débarrasser de ce pauvre diable.

—Non, mein herr, mais en le confiant à votre charge....

—A ma charge, sapredié! A une bonne charge de poudre

et de plomb. Allons, s'il le faut, il le faut; mais vous pouvez bien vous douter de ce que j'en ferai.

— Oh! mon cher ami, j'espère que vous n'emploierez pas les derniers moyens de rigueur........

— Rigueur! je voudrais que vous eussiez eu les rêves dont j'ai été régalé cette nuit dans cette niche à chiens. Je m'étais jeté sur un tas d'herbes sèches pour essayer d'y dormir. Hé bien! je n'eus pas plus tôt les yeux fermés qu'il me sembla voir là ce damné coquin, avec les côtes rompues, braillant comme il le faisait quand je le jetai du haut du rocher. Vous auriez juré qu'il était là, là, à la place où vous êtes, se tortillant comme une grenouille écrasée.

— Qu'est-ce que tout cela signifie, mon bon ami, c'est de la déraison toute pure. Si vous êtes devenu poule mouillée, la partie est perdue pour tous les deux!

— Poule mouillée! non, mille tonnerres! Je n'ai pas vécu si long-temps pour avoir peur d'un mort, d'un vivant ou d'un diable.

— Allons, buvons encore un coup; vous vous refroidissez. A présent, dites-moi, avez-vous encore beaucoup de monde de votre ancien équipage?

— Pas un! ils sont tous morts, pendus, noyés, au diable enfin! Brown était le dernier; il ne reste que Gabriel. On le déciderait à quitter le pays moyennant quelque argent. Mais il n'y a rien à craindre de lui; son propre intérêt l'empêchera de jaser; d'ailleurs, sa tante, la vieille Meg, saurait bien le faire taire.

— Qu'est-ce que cette Meg?

— Meg Merrilies, la vieille sorcière, l'Egyptienne, la fille de Satan!

— Elle vit donc encore?

— Ya!

— Et elle est dans ce pays?

— Et elle est dans ce pays. Elle était à Derncleugh l'autre nuit, quand deux de mes gens et moi y avons installé Brown dans un lieu où il restera, qu'il s'y trouve bien ou mal.

— Cette femme est à craindre, capitaine. Croyez-vous qu'elle ne parlera pas?

— Elle? jamais. Elle a juré que si nous ne faisions pas de mal à l'enfant, elle ne parlerait pas du Saut du Jaugeur. Hé bien, dans la chaleur de l'affaire, je lui ai fait une entaille au bras avec mon sabre ; cependant quand elle a été arrêtée, emprisonnée, chassée du pays, elle n'a pas soufflé un mot. Meg est aussi sûre que l'acier.

— Cela est vrai comme vous le dites. Cependant si on pouvait l'emmener à Hambourg...... ou en Zélande...... ou...... ailleurs...... vous savez, cela n'en vaudrait que mieux.

Hatteraick se leva sur la pointe des pieds, et promenant sa vue sur Glossin : — Je ne vois pas de pieds de bouc, dit-il, et pourtant il faut que vous soyez le diable en personne! Mais sachez que Meg Merrilies est encore mieux avec lui que vous ne l'avez jamais été. De ma vie je n'ai eu en mer un si chien de temps qu'en embarquant après la blessure que je lui avais faite. Non, non, je ne veux pas avoir affaire à elle, mille tonnerres! c'est une vraie sorcière, une amie du diable, son propre sang, je vous dis. Quant au reste, si cela ne peut pas faire de tort au commerce, je consens à vous débarrasser du jeune homme, si vous voulez m'avertir quand vous aurez mis sur lui un embargo.

Enfin les deux dignes associés convinrent de tous leurs faits, et prirent des mesures pour que Glossin pût correspondre avec Hatteraick. Son lougre ne courait aucun danger en restant auprès des côtes, parce qu'il n'y avait dans ces parages aucun bâtiment de la marine royale.

CHAPITRE XXXV.

« Vous êtes un de ces gens qui ne serviraient pas
« Dieu, quand le diable le leur ordonnerait. Parce
« que nous venons pour vous rendre service, vous
« nous traitez comme des coquins. »

SHAKSPEARE. *Othello.*

En entrant chez lui, Glossin, parmi plusieurs lettres arrivées pendant son absence, en trouva une qui fixa son attention. Elle était écrite par M. Protocole, procureur à Edimbourg. Il s'adressait à lui, comme à l'agent de feu M. Bertram d'Ellangowan et ses représentans, pour lui faire part de la mort subite de mistress Margaret Bertram de Singleside, et il le priait d'en communiquer la nouvelle à ses cliens, afin qu'ils pussent charger quelqu'un de les représenter s'ils le jugeaient convenable, dans les opérations relatives à la succession de la défunte.

Glossin comprit sur-le-champ que l'auteur de cette lettre ne savait pas un mot de la rupture qui avait eu lieu entre lui et son patron. Il n'ignorait pas que Lucy Bertram avait des droits à la succession de cette dame; mais il y avait mille contre un qu'un caprice de la vieille fille aurait dérangé les dispositions qu'elle avait autrefois faites en sa faveur. Après avoir bien cherché dans son imagination fertile s'il pouvait retirer de cet événement quelque avantage pour lui-même, il ne put trouver aucun moyen de le tourner à son profit. Il résolut donc de le faire servir au plan qu'il avait formé de rétablir ou plutôt de créer sa réputation. Il avait déjà senti en plus d'une occasion que ce trésor inestimable lui manquait, et il avait à craindre d'en avoir plus besoin que jamais. — Il faut, pensait-il, que je tâche de me placer sur un terrain bien solide, afin que si les projets du capitaine tournent mal, il y ait au moins quelques préjugés en ma faveur. D'ailleurs, il faut rendre justice à Glossin, tout méchant qu'il était, il voyait avec quelque plaisir que, sans qu'il lui en coûtât la moindre chose, miss Bertram allait trouver un dédommagement de tout le mal qu'il avait fait à sa famille. Il résolut donc de se transporter le lendemain matin à Woodbourne.

Ce ne fut pas sans hésiter qu'il se décida à cette démarche. Il se sentait autant de répugnance à paraître devant le colonel Mannering, qu'en éprouvent le crime et l'infamie à se montrer aux yeux de l'honneur et de la probité. Mais il avait beaucoup de confiance dans son *savoir-faire*. Il ne manquait pas de talent, et ses connaissances ne se bornaient pas à celles qu'exigeait sa profession. Il avait résidé en Angleterre assez long-temps à différentes époques, et il s'y était dépouillé de la rouille d'une rusticité campagnarde et du pédantisme de son état. Rempli d'adresse, sachant persuader, possédant une effronterie imperturbable, il couvrait tout cela par des manières simples et naturelles. Plein de confiance en lui-même il se rendit donc à Woodbourne vers dix heures du matin, et demanda à parler à miss Bertram.

Il ne dit son nom que lorsqu'il fut à la porte de la salle où l'on déjeunait. Là un domestique annonça, d'après sa demande, que M. Glossin désirait voir miss Bertram. Lucy, se rappelant la scène qui avait terminé les jours de son malheureux père, devint aussi pâle que la mort, et fut sur le point de perdre connaissance. Julie se hâta de la secourir, et quitta la salle avec elle. Il ne resta dans l'appartement que le colonel, Charles Hazlewood, dont le bras était en écharpe, et Dominus, dont le long visage et les yeux creux prirent une expression effrayante quand il reconnut Glossin.

L'honnête homme, quoique un peu étourdi de l'effet qu'avait produit son arrivée, ne se déconcerta pas. Il s'avança vers le colonel, et lui dit qu'il espérait que sa présence n'avait pas dérangé les dames. Mannering le reçut avec froideur et fierté, et lui dit qu'il ignorait à quoi il pouvait attribuer l'honneur d'une visite de M. Glossin.

— Hem! hem! j'ai pris la liberté, colonel, de venir chez vous pour parler à miss Bertram d'une affaire qui la concerne.

— Si vous pouvez la communiquer à M. Mac-Morlan, qui a toute sa confiance, je crois que cela sera beaucoup plus agréable à miss Lucy.

— Je vous demande pardon, colonel Mannering : vous êtes un homme du monde, il y a certains cas où il est beaucoup plus sage de traiter ses affaires soi-même.

— En ce cas, si M. Glossin veut se donner la peine d'expliquer dans une lettre l'affaire dont il veut parler, je lui réponds que miss Bertram y donnera toute l'attention convenable.

— Certainement, mais il y a des cas dans lesquels une conférence de vive voix... Je m'aperçois, je vois que le colonel Mannering s'est laissé influencer par des préjugés qui lui font regarder ma visite comme inconvenante. Mais je m'en rapporte à son excellent jugement. Doit-on refuser de m'entendre, sans connaître le motif qui m'amène ici, sans savoir quelle en peut être la conséquence pour la jeune dame qu'il honore de sa protection?

— Bien sûrement, monsieur mon intention n'est pas d'agir ainsi : je vais demander les intentions de miss Bertram à ce sujet, et, si M. Glossin peut attendre un instant, je reviendrai l'en instruire.

En disant ces mots il quitta l'appartement.

Glossin était resté debout au milieu de la chambre ; le colonel ne lui avait pas fait la moindre invitation de s'asseoir, et à la vérité il était lui-même resté debout pendant leur court entretien. Quand il fut sorti, Glossin prit une chaise, et s'y assit d'un air qui tenait le milieu entre l'embarras et l'effronterie. Le silence de ses deux compagnons lui parut dédaigneux et offensant; il voulut les forcer à le rompre.

—Une belle matinée, M. Sampson!

Dominus ne répondit que par une sorte d'exclamation inarticulée, qui tenait le milieu entre un oui affimatif et un murmure d'indignation.

—Vous ne venez jamais voir vos anciennes connaissances à Ellangowan, M. Sampson? Vous y trouveriez encore beaucoup de vieux tenanciers. J'ai trop de respect pour la famille qui possédait ce domaine avant moi, pour renvoyer d'anciens fermiers, même sous prétexte d'améliorations. D'ailleurs, ce n'est point ma manière, je n'aime pas cela. L'Ecriture sainte, M. Sampson, ne condamne-t-elle pas ceux qui oppriment le pauvre et reculent les limites de leurs champs.

— Ou qui dévorent la substance de l'orphelin, ajouta Dominus. *Anathema! Maranatha!* En proférant ces paroles, il se leva, mit sous son bras un in-folio qu'il lisait, fit un quart de conversion à droite, et sortit de la salle d'un pas de grenadier.

M. Glossin sans être déconcerté, ou du moins s'efforçant de ne pas le paraître, se tourna vers Charles Hazlewood, qui semblait occupé à lire un journal.— Y a-t-il des nouvelles, monsieur? lui dit-il.

Hazlewood leva les yeux sur lui, le regarda, lui présenta le journal sans lui répondre, comme il l'aurait fait dans un café à l'égard d'un étranger, se leva, et se disposait à quitter l'appartement.

— Je vous demande pardon, M. Hazlewood, mais je ne puis m'empêcher de vous témoigner la joie que j'éprouve en voyant que vous avez été si tôt rétabli de cet affreux accident.

Une inclination de tête, aussi légère, aussi froide que possible, fut tout ce qu'il obtint; il se sentit pourtant encouragé à continuer.

—Je puis vous assurer M. Hazlewood, que peu de personnes y ont pris autant d'intérêt que moi, et pour le bien général du pays, et surtout à cause du respect tout particulier que j'ai voué à votre famille, qui y tient un si haut rang. M. Featherhead devient vieux, il ne siègera plus long-temps au parlement, et vous feriez bien de prendre vos mesures d'avance. Je vous en parle en ami, M. Hazlewood, en homme qui connaît le terrain; et, si je pouvais vous être de quelque utilité...

— Je vous demande pardon, monsieur, mais je n'ai aucunes vues dans lesquelles votre assistance puisse m'être utile.

— Oh! fort bien! Vous avez peut-être raison. Il est encore temps. J'aime à voir un jeune homme prudent. Mais je vous parlais de votre blessure. Je crois que je suis sur les voies du drôle qui vous a attaqué. Oui, je suis sur ses voies, et si je ne le fais pas punir comme il le mérite...

— Je vous demande pardon encore une fois, monsieur, mais votre zèle va plus loin que je ne voudrais. J'ai toutes les raisons possibles pour croire que ma blessure n'a été que l'effet d'un accident. Bien certainement elle n'a pas été préméditée. Si vous connaissiez quelqu'un qui fût coupable d'ingratitude et de trahison préméditée, bien certainement vous me verriez partager votre ressentiment.

—Encore une rebufade! pensa Glossin, il faut que je l'attaque d'un autre côté. — On ne peut penser plus noblement, monsieur. Oui, je n'aurais pas plus de pitié pour un ingrat que pour une bécasse. Et, à propos de bécasse (Glossin avait appris de son ancien patron cette manière de changer de sujet de conversation), je vous vois souvent avec un fusil, et j'espère que vous ne tarderez pas à vous remettre en chasse : j'ai remarqué que vous vous renfermiez toujours dans les confins du domaine d'Hazlewood; j'espère, mon cher monsieur, que vous ne vous ferez pas un scrupule de suivre votre gibier sur celui d'Ellangowan. Je crois que c'est celui où l'on trouve le plus de bécasses, quoiqu'il y en ait passablement sur tous les deux.

Cette offre ne lui valut qu'une inclination de tête froide et réservée. Glossin cherchait à renouer la conversation, lorsqu'il fut tiré d'embarras par l'arrivée du colonel Mannering.

— Je crains, monsieur, de vous avoir retenu trop longtemps, dit-il à Glossin. Je désirais engager miss Bertram à vous voir, sa répugnance devant, à mon avis, céder à la nécessité de s'instruire des choses dont vous avez à l'informer ; mais je vois que des circonstances toutes récentes, et qu'il n'est pas facile d'oublier, lui rendent si pénible l'idée d'une entrevue avec M. Glossin, que ce serait une cruauté d'insister davantage. Elle m'a chargé de recevoir ses ordres, ses propositions ; ou enfin d'apprendre de lui ce qu'il peut avoir à lui communiquer.

— Hem ! hem ! Je suis fâché, monsieur, véritablement fâché, colonel, que miss Bertram puisse supposer..., que quelques préventions... ; en un mot, qu'elle pense qu'aucune chose de ma part... .

— Où il n'y a pas d'accusation, monsieur, toute justification est inutile. Trouvez-vous quelques difficultés à me communiquer comme au tuteur temporaire de miss Bertram, l'affaire dont vous veniez lui faire part ?

— Pas la moindre, colonel : elle ne pouvait choisir un ami plus respectable, un homme avec lequel, en mon particulier, j'eusse plus de plaisir à m'expliquer.

— Ayez la bonté d'en venir au but, monsieur, s'il vous plaît.

— Monsieur, c'est que... cela ne va pas tout seul. Mais M. Hazlewood n'a pas besoin de quitter la chambre. Je veux tant de bien à miss Bertram, que je désirerais que le monde entier pût entendre ce que j'ai à dire.

— Mon ami M. Hazlewood n'est certainement pas curieux, M. Glossin, d'entendre des choses qui ne le concernent point. Maintenant que nous voilà seuls, permettez-moi de vous prier d'être clair et précis dans ce que vous avez à me dire. Je suis un soldat, monsieur, et je n'entends rien aux formes ni aux préliminaires.

En parlant ainsi, il s'assit, et attendit la réponse de Glossin.

— Ayez la bonté de lire cette lettre.

Le colonel la lut, écrivit sur son agenda l'adresse de M. Protocole, et rendit la lettre à Glossin, en lui disant :
— Cette affaire, monsieur, ne me paraît pas exiger beaucoup de discussion. J'aurai soin de faire veiller aux intérêts de miss Bertram.

— Mais, monsieur, mais colonel, il s'agit de bien autre chose, et c'est ce que moi seul puis vous expliquer. Cette dame, mistress Margaret Bertram, lorsqu'elle demeurait à Ellangowan, chez mon ancien ami M. Bertram, a fait un testament par lequel elle a institué miss Lucy Bertram, pour son unique héritière. J'en ai la certitude, car Dominus, c'est le nom que mon vieux ami donnait au respectable M. Sampson, l'a signé avec moi comme témoin. Elle avait à cette époque plein pouvoir de disposer; car elle était déjà propriétaire du bien de Singleside, quoique sa sœur aînée eût le droit d'en jouir sa vie durant. C'était un singulier arrangement qu'avait fait là le vieux Singleside, monsieur; il animait par là ses deux filles l'une contre l'autre, comme deux chattes.

— Fort bien, monsieur, mais au fait. Vous dites que cette dame avait le droit d'instituer miss Bertram pour son héritière, et qu'elle l'a fait?

— Oui, colonel. Je crois connaître un peu les lois. J'en ai fait mon étude assez long-temps, et, quoique j'aie quitté les affaires pour jouir de quelque aisance, je n'ai pas oublié tout-à-fait une science préférable à tous les châteaux, à toutes les terres, la jurisprudence, cet art qui, comme le dit un de nos poètes,

« . . . . S'il est bien entendu,
« Fait retrouver le bien qu'on a perdu. »

Non, non; je sais encore faire claquer mon fouet, et il me reste quelque petit savoir-faire au service de mes amis.

Glossin s'étendait ainsi sur son mérite, dans l'espoir de faire une impression favorable sur l'esprit du colonel Mannering qui mourait d'envie de le jeter par la fenêtre, ou au moins à la porte ; mais il réfléchit que cette affaire pouvait avoir des suites avantageuses pour miss Bertram : il s'arma donc d'un peu de patience, et écouta aussi tranquillement qu'il le put les éloges que Glossin donnait à ses propres connaissances. Dès qu'il eut cessé de parler, il lui demanda s'il s'avait où était le testament.

— Je sais....., c'est-à-dire je pense....., je crois que je puis le trouver. Mais, en pareil cas, il arrive quelquefois que le dépositaire a quelque réclamation à faire.....

— Qu'à cela ne tienne, monsieur! dit le colonel en prenant son porte-feuille.

— Mais, mon cher monsieur, vous m'interrompez trop tôt. Je voulais vous dire que certains dépositaires pourraient réclamer les frais du testament, une indemnité pour eux-mêmes, etc., etc. Mais, quant à moi, je désire convaincre miss Bertram et ses amis que j'en agis honorablement avec elle. Voici ce testament, monsieur; j'aurais eu du plaisir à le remettre moi-même entre les mains de miss Bertram et à la féliciter de l'avenir plus heureux qui s'ouvre devant elle. Mais, puisque les préventions contre moi sont insurmontables, il ne me reste qu'à vous prier, colonel, de lui transmettre mes souhaits bien sincères pour son bonheur, et de l'assurer que je suis prêt à affirmer en justice la légitimité du testament, dès que mon témoignage sera requis. J'ai l'honneur, monsieur, de vous souhaiter le bonjour.

Ce discours d'adieu était bien imaginé, et il fut prononcé d'un ton qui imitait si bien celui de l'intégrité injustement soupçonnée, que le colonel Mannering se sentit ébranlé dans la mauvaise opinion qu'il avait conçue de Glossin. Il l'accompagna jusqu'à la porte, et, quoique toujours froid et réservé, prit congé de lui avec plus de politesse qu'il ne lui en avait témoigné pendant tout le cours de sa visite.

Glossin quitta le château, aussi satisfait de l'impression produite par ses dernières paroles, que mortifié de l'accueil peu flatteur qu'il avait reçu. — Le colonel Mannering, pensait-il, aurait pu se montrer plus poli. Tout le monde n'apporte pas quatre cents livres sterling de rente à une fille qui n'a pas un sou; car Singleside doit bien rapporter cela, puisque Reilageganbeg, Gillifidgat, et tant d'autres terres les valent. Bien des gens à ma place auraient cherché à tirer parti de cette affaire, quoique, à dire vrai, je ne voie pas trop comment ils auraient pu en venir à bout.

Glossin ne fut pas plus tôt parti, que le colonel envoya un de ses laquais chez M. Mac-Morlan, pour le prier de venir au château sans délai. Dès qu'il fut arrivé, il lui montra le testament, et lui demanda ce qu'il en pensait. Mac-Morlan le lut avec des yeux étincelans de joie, et se frottant les mains : — Inattaquable, s'écria-t-il; cela va comme un gant. Oh! personne ne travaille mieux que Glossin; et, quand sa besogne est mauvaise, c'est qu'il a ses raisons pour cela.

— Mais, ajouta-t-il en changeant de visage, la vieille folle, il faut que je la nomme ainsi, pourrait bien avoir changé ses dispositions.

— Et comment le savoir?

— En chargeant quelqu'un de représenter miss Bertram à son inventaire.

— Pouvez-vous y aller?

— Hélas! non; il faut que j'assiste à un jugement par jurés devant notre cour.

— Alors, j'irai moi-même. Je partirai demain matin. J'emmènerai Sampson; il a été l'un des témoins du testament, sa présence pourra être nécessaire. Mais j'aurai besoin de quelqu'un pour me diriger.

— Je vous donnerai une lettre pour l'ancien shériff de ce comté. Il demeure à Edimbourg, et jouit d'une réputation aussi bonne que méritée.

— Ce que j'aime en vous, M. Mac-Morlan, c'est que vous allez toujours droit au but. Faites-moi cette lettre sur-le-champ. Dirons-nous à miss Lucy qu'elle a l'espérance de recueillir cet héritage?

— Cela est indispensable : il faut qu'elle vous donne un pouvoir pour la représenter, et je vais le préparer. D'ailleurs, je vous réponds de sa prudence. Elle ne considérera cet espoir que comme une chance incertaine.

Mac-Morlan avait bien jugé. Miss Bertram, en apprenant cette nouvelle, montra une modération qui prouvait qu'elle ne regardait pas encore comme une réalité l'apparence de fortune qui s'offrait à ses yeux. Seulement elle fit dans le cours de la soirée quelques questions à Mac-Morlan sur le revenu que pouvait produire le domaine d'Hazlewood. Nous laissons à nos lecteurs le soin de décider si son but était de voir si une héritière, ayant quatre cents livres de rente [1], était un parti convenable pour le jeune laird.

CHAPITRE XXXVI.

> « Versez-moi un bon verre de vin, afin de donner
> « du feu à mes yeux; il faut que je sois en colère. Je
> « veux parler comme le roi Cambyse. »
> SHAKSPEARE. *Henry IV*, part. I.

MANNERING, ayant pris Sampson pour compagnon de voyage, ne perdit pas de temps pour se rendre à Edimbourg. Il s'était mis avec lui dans sa chaise de poste, parce que, connaissant ses distractions habituelles, il ne voulait pas le perdre de vue, encore moins le faire voyager à che-

---

[1] 9,600 liv. — ED.

val, où un garçon d'écurie un peu malicieux aurait pu le placer le visage tourné du côté de la queue. Avec l'aide de son valet de chambre, qui le suivait à franc étrier, il parvint à débarquer M. Sampson dans une auberge de la capitale de l'Ecosse, car les hôtels y étaient encore inconnus. Au surplus, la surveillance de Barnes n'eut dans toute la route que deux occasions de s'exercer sur Dominus. A Moffat, pendant que le colonel déjeunait, il avait élevé une discussion avec le maître d'école de ce bourg, à propos d'un mot de la septième ode du deuxième livre d'Horace, sur la quantité duquel ils n'étaient pas d'accord. Il s'ensuivit une autre dissertation sur le sens du mot *malobathro* [1], dans la même ode. Enfin le colonel était depuis un demi-quart d'heure dans sa voiture, que l'on ne savait encore où était Sampson, qui, tout en discutant, avait accompagné le maître d'école dans sa maison, où heureusement Barnes le suivait à la piste. Une autre fois, ayant vu à peu de distance de la route un monument funèbre, il témoigna le désir de l'aller visiter. Le colonel consentit à s'arrêter quelques instans. Mais quand Dominus eut satisfait sa curiosité, au lieu de venir rejoindre la voiture, il continua à marcher dans une direction tout opposée, et il avait déjà fait près d'un mille quand Barnes l'arrêta dans sa course. Il avait oublié son voyage et son patron aussi complètement que s'il eût été dans les Grandes-Indes. Quand la présence de Barnes lui eut rendu la mémoire : — Prodigieux ! s'écria-t-il ; je n'y pensais plus ! et il retourna à son poste. Barnes fut surpris de la patience que son maître montra dans ces deux occasions. Il savait par expérience combien la lenteur et la négligence lui était insupportables ; mais Dominus était pour lui un être privilégié. Rien n'était plus différent que leurs caractères, et la nature semblait pourtant les avoir faits l'un pour l'autre. Quelque livre que désirât Mannering, Sampson

---

[1] *Malobathrum*, dans l'ode d'Horace citée, est un arbrisseau odorant originaire de l'Inde, qui croît dans les marais : on exprimait de sa feuille un suc qui servait à parfumer les cheveux des riches Romains. — ED.

le trouvait sur-le-champ. Avait-il un compte à régler, ou à vérifier, Sampson était toujours prêt. Voulait-il se rappeler un passage des auteurs anciens, Sampson était un dictionnaire qu'il n'avait qu'à feuilleter. Et au milieu de tout cela, cette statue ambulante n'éprouvait ni orgueil quand on avait besoin d'elle, ni humiliation quand on paraissait l'oublier. Pour un homme fier, froid et réservé comme Mannering, cette sorte de catalogue vivant, ou automate doué de la vie, avait tous les avantages d'un domestique littéraire muet.

Dès qu'ils arrivèrent à Edimbourg, ils s'installèrent dans l'auberge du *Roi Georges*, près de Bristo-port (j'aime à citer exactement les choses). Le colonel demanda quelqu'un pour le conduire chez M. Pleydell, l'avocat pour lequel M. Mac-Morlan lui avait donné une lettre. Il recommanda à Barnes d'avoir l'œil sur Dominus, et partit avec son guide.

La guerre contre l'Amérique tirait alors vers sa fin. Le besoin d'avoir des appartemens plus spacieux, plus aérés, mieux distribués, ne s'était pas encore fait sentir dans la capitale de l'Ecosse. On commençait, dans la partie du sud, à bâtir *des maisons dans des maisons*, comme on les appelle emphatiquement; et les premières maisons de la nouvelle ville du côté du nord, aujourd'hui si étendue, s'élevaient seulement. Mais tous les gens distingués, et notamment tous ceux qui appartenaient à la justice, habitaient encore les rez-de-chaussée ou les donjons de l'ancienne ville. Deux ou trois des avocats les plus en réputation continuaient à recevoir leurs cliens à la taverne, suivant l'ancien usage; et quoique leurs jeunes confrères affectassent de décrier cette vieille coutume, cependant l'habitude de mêler le vin ou la bière aux affaires les plus sérieuses était conservée par leurs doyens, soit qu'ils la crussent bonne, soit qu'elle fût trop invétérée chez eux pour être changée.

Parmi ces partisans des *us* antiques qui se faisaient une

sorte de gloire de conserver les mœurs du bon vieux temps, on comptait Paul Pleydell, homme estimable d'ailleurs, rempli de connaissances, et excellent avocat.

Suivant les pas de son guide, Mannering, après avoir parcouru quelques rues étroites et obscures, se trouva dans High-Street, qui retentissait des cris des marchandes d'huîtres et du bruit des sonnettes des marchands de pâtés; car, comme le lui fit observer son conducteur, huit heures venaient de sonner à l'horloge de Tron [1]. Il y avait long-temps que le colonel ne s'était trouvé dans les rues d'une métropole populeuse. Les cris des métiers, le bruit des tavernes, la variété des lumières et l'éternel mouvement des groupes, offrent, dans la nuit surtout, un spectacle qui, quoique composé des élémens les plus vulgaires, quand on les considère chacun séparément, produit par leur réunion un effet aussi singulier qu'imposant sur l'imagination. La hauteur extraordinaire des maisons se faisait remarquer par les lumières placées irrégulièrement aux fenêtres de chaque étage, et dont les plus élevées semblaient se confondre avec les étoiles du firmament. Ce *coup d'œil*, qui subsiste encore en partie, était produit par les maisons de la grand'rue, qui n'offrent d'interruption qu'à l'endroit où le pont du Nord forme une place aussi belle qu'uniforme; dont la longueur et la largeur répondent à la hauteur extraordinaire des édifices de chaque côté [2].

Mannering n'avait pas beaucoup de temps pour regarder et admirer toutes ces choses. Son conducteur le précédait d'un pas leste, et le fit tourner tout à coup par une petite rue fort étroite. Là, étant montés avec précaution par un escalier obscur dans lequel un des sens de Mannering ne fut pas agréablement flatté, et se trouvant déjà à une hauteur que le colonel trouvait prodigieuse, ils entendirent frapper à une porte, à deux étages au-dessus

---

[1] *Tron-Church*, église près d'High-Street. — Ed.
[2] Il y a eu à Edimbourg des maisons qui comptaient jusqu'à quatorze étages. — Ed.

d'eux ; la porte s'ouvrit, et il s'ensuivit aussitôt un quatuor exécuté par un chien qui aboyait, un chat qui se défendait, une femme qui criait, et la voix forte et dure d'un homme qui s'écriait :—Ici, Moutarde, ici ! tout beau ! à bas !

—Dieu du ciel ! dit la femme, s'il avait tué notre chat, M. Pleydell ne me l'aurait jamais pardonné.

— N'ayez pas peur, ma chère, dit l'homme, il n'en mourra point. Ainsi donc il n'est pas chez lui ?

— Non, il n'y est jamais le samedi.

— Ni le dimanche, sans doute. Je ne sais que faire.

En ce moment Mannering arrivait, et vit une espèce de fermier couvert d'un habit couleur de poivre et de sel mêlés ensemble, avec de larges boutons de métal, un chapeau verni, un gros fouet sous le bras, et s'entretenant avec une fille en pantoufles, qui tenait d'une main la porte comme pour la fermer, et de l'autre un poêlon plein d'eau préparée pour un savonnage ; ce qui, à Edimbourg, annonce le samedi soir.

— M. Pleydell n'est donc pas chez lui, ma bonne fille ? dit Mannering.

— Il est bien comme chez lui, mais il n'est pas à la maison. Il n'y est jamais le samedi soir.

— Mais, ma chère, je suis étranger, je viens de bien loin ; j'ai besoin de le voir : pouvez-vous me dire où je le trouverai ?

— Eh ! dit le conducteur du colonel, il est bien sûrement à la taverne de Clerihugh. Elle aurait bien pu vous le dire : elle croit peut-être que c'est sa maison que vous venez voir.

— Hé bien, conduisez-moi à cette taverne. J'espère qu'il voudra bien me recevoir, car j'ai à lui parler d'une affaire importante.

—Je n'en sais rien, monsieur, car il n'aime pas à être dérangé ni à parler d'affaires le samedi soir. Cependant il est toujours honnête pour les étrangers.

— J'irai aussi à la taverne, dit notre ami Dinmont,

je suis aussi étranger, et j'ai aussi à lui parler d'affaires.

— Ah! s'il reçoit le gentilhomme, il recevra de même le simple. Mais, au nom du ciel, n'allez pas lui dire que c'est moi qui vous y ai envoyés.

— Je ne suis qu'un simple, dit Dinmont un peu piqué, mais je ne viens pas employer son temps pour rien ; — et il descendit l'escalier, suivi par Mannering et son conducteur.

Mannering ne put s'empêcher d'admirer l'air déterminé avec lequel l'étranger fendait la presse, écartant, par le seul mouvement de sa marche, tout ce qui se trouvait sur son chemin.

— Il n'ira pas loin comme cela, dit le conducteur ; je parierais qu'il ne sera pas au bout de la rue sans qu'on lui ait cherché noise.

Cette prédiction ne se vérifia point. En voyant la taille colossale de Dinmont, la vigueur qu'il annonçait, chacun le jugeait d'un métal trop dur pour se frotter à lui, et on préférait se déranger pour lui faire place. Profitant de cet avantage, Mannering le suivait pas à pas, jusqu'à ce que le fermier s'arrêtant se retourna vers le guide, et lui dit :
—Je crois que ce passage sera fermé, camarade?

— Oh! oui, il est fermé à cette heure-ci.

Dinmont avança plus loin, prit une rue fort sombre, monta un escalier obscur, et entra dans une chambre dont la porte était ouverte. Tandis qu'il sifflait pour faire venir le garçon, comme s'il eût été un de ses chiens, Mannering, regardant autour de lui, pouvait à peine concevoir comment un homme qui exerçait une profession honorable, et qu'on lui avait dépeint comme instruit et bien élevé, choisissait un pareil endroit pour en faire le théâtre de ses parties de plaisir. La maison semblait tomber en ruines ; l'entrée était affreuse, et l'intérieur misérable. La pièce dans laquelle ils étaient avait une fenêtre donnant sur une petite cour qui procurait un peu de clarté pendant la journée et d'où s'exhalait en tous temps, et surtout dans la soirée, un composé d'odeurs qui ne sortaient pas de la boutique d'un parfumeur. Vis-à-vis, et de l'autre côté de la pièce, était une seconde croisée donnant sur la cuisine, qui n'avait aucune communication avec l'air extérieur, et qui ne recevait même dans le jour d'autre lumière que celle qui lui parvenait de la seconde main par la première fenêtre dont nous avons parlé. En ce moment, un grand feu allumé dans la cuisine en rendait l'intérieur visible. C'était une sorte de Pandémonium où des hommes et des femmes à demi vêtus s'occupaient à ouvrir des huîtres, à faire de la pâtisserie, à rôtir, à bouillir des viandes. La maîtresse de la maison avait ses souliers en pantoufles; ses cheveux, semblables à ceux de Mégère, s'échappaient de dessous un petit bonnet rond qui lui couvrait les oreilles; elle courait ainsi de l'un à l'autre, grondait, donnait des ordres, en recevait, commandait et obéissait tour à tour, et semblait la magicienne régnant sur ces régions ténébreuses.

Des éclats de rire bruyans et répétés, qui se faisaient entendre dans toutes les parties de la maison, prouvaient que les travaux de la dame n'étaient pas infructueux, et qu'un public généreux lui en apportait la récompense. Ce ne fut pas sans peine qu'un garçon se décida à introduire le colonel et Dinmont dans la chambre où l'avocat Pleydell célébrait son orgie hebdomadaire. Le spectacle qu'elle offrait, et surtout la figure de l'avocat, qui y jouait le principal rôle, frappèrent de surprise ses deux cliens.

M. Pleydell était un homme fort vif; ses yeux étaient malins et perçans; son regard et ses manières avaient quelque chose qui annonçait d'abord sa profession; mais c'était une forme extérieure qu'il pouvait mettre de côté, aussi-bien que sa perruque à trois marteaux et son habit noir, chaque samedi soir, quand il était entouré de joyeux compagnons, et disposé à prendre ce qu'il appelait ses *attitudes* [1]. En ce moment on était à table, et cela depuis

---

[1] Son grand essor serait peut-être l'équivalent de ce mot. — Ed.

quatre heures. Sous la direction d'un vénérable ami de la bouteille, qui avait partagé de semblables plaisirs avec trois générations, la bande joyeuse se divertissait à l'ancien jeu actuellement oublié des *high jinks* [1]. Ce jeu se jouait de différentes manières : le plus souvent on jetait les dés; et celui qui était désigné par le sort était obligé de choisir un caractère, et de le soutenir pendant un temps convenu, ou bien de répéter dans un ordre particulier un certain nombre de vers fescennins [2]; s'il sortait du caractère dont il avait fait choix, ou si sa mémoire le trahissait, il était condamné à boire. On pouvait se racheter par une amende applicable au paiement de la dépense de la soirée. C'est ainsi que s'amusaient nos convives quand Mannering entra dans la chambre.

M. l'avocat Pleydell représentait en ce moment un monarque. Le fauteuil qui lui servait de trône était placé sur la table; sa perruque était de côté et sa tête était ceinte d'une couronne faite avec des bouchons. Ses yeux brillaient d'un éclat qu'on pouvait attribuer soit à la gaieté, soit aux fumées du vin. Ses courtisans récitaient autour de lui des fragmens de vers ridicules, comme ceux-ci :

> Qu'est devenu Géronde? Hélas! plaignez son sort;
> S'il avait su nager, il ne serait pas mort.

Tels étaient autrefois, ô Thémis! les amusemens de tes enfans d'Ecosse.

Dinmont était entré le premier dans la salle; il resta un instant la bouche béante, et s'écria ensuite : — C'est lui! c'est bien lui! Qui diable pourrait le reconnaître?

---

(1) *High jinks*, les grands tours. Ces jeux de buveurs étaient autrefois fréquens et variés dans la Grande-Bretagne : aussi le *whigmeleerie* était une variété des *high jinks*. On fixait sur une table circulaire une épingle à laquelle étaient attachés plusieurs fils divergeant comme les rayons d'une roue : un *index* mobile placé au-dessus de l'épingle était mis en mouvement, et s'arrêtait tantôt sur un fil, tantôt sur un autre. Chaque convive avait choisi son fil, et était condamné à boire chaque fois que l'index le désignait en s'arrêtant. — Ed.

(2) Vers libres : des vers ainsi nommés qu'on chantait à Rome les jours de fête, etc.
— Ed.

Lorsque le garçon eut annoncé que M. Dinmont et le colonel Mannering demandaient à parler à M. Pleydell, celui-ci se retourna, et parut d'abord un peu déconcerté en voyant le colonel; mais il était de l'avis de *Falstaff:* — Dehors, malveillans, laissez finir la pièce. — Il jugea donc avec raison que le plus sage était de ne point paraître embarrassé.

— Où sont mes gardes? s'écria ce second Justinien: ne voyez-vous pas un chevalier étranger qui arrive d'un pays lointain dans notre cour d'Holy-Rood? ne voyez-vous pas notre intrépide André Dinmont, qui a succédé à la garde des troupeaux de notre couronne dans la forêt de Jedwood, où, grace à nos soins pour l'administration de la justice, ils paissent aussi paisiblement que s'ils étaient dans notre parc de Fise? Où sont nos hérauts, nos rois d'armes, nos chambellans? Qu'on admette à notre banquet ces deux étrangers; qu'ils soient reçus comme leur qualité l'exige, et conformément à l'esprit de la solennité que nous célébrons! Demain nous entendrons leurs requêtes.

— Votre Majesté me permettra de lui faire observer, dit un des convives, que c'est demain dimanche.

— Est-ce dimanche? En ce cas, pour ne pas scandaliser l'assemblée de l'Eglise, nous remettrons l'audience à lundi.

Mannering, qui était d'abord resté près de la porte, incertain s'il devait avancer ou reculer, se décida à entrer pour le moment dans l'esprit de la scène, quoiqu'il en voulût intérieurement à Mac-Morlan, qui lui avait donné pour conseil un homme dont l'esprit paraissait si grotesque. Il s'avança donc vers lui, après lui avoir fait trois profondes salutations, et demanda la permission de déposer ses lettres de créance aux pieds de Sa Majesté écossaise, afin qu'elle pût en faire lecture quand elle en aurait le loisir. La gravité avec laquelle il se prêta à la plaisanterie du moment, et l'humble inclination avec laquelle il refusa d'abord, et accepta ensuite un siège qui lui fut présenté par le maître des cérémonies, lui valurent les applaudissemens trois fois réitérés de toute la compagnie.

— Le diable m'emporte s'ils ne sont pas tous fous! dit Dinmont en s'asseyant avec moins de cérémonie à un coin de la table; ou bien ils ont avancé le carnaval, et c'est une mascarade.

On offrit un grand verre de vin de Bordeaux au colonel, qui le but à la santé du prince régnant. — Vous êtes sans doute, lui dit le monarque, le célèbre Miles Mannering, qui s'est acquis tant de gloire dans nos guerres contre la France? Vous devez être en état de prononcer si les vins de la Gascogne perdent de leur saveur quand ils sont transportés dans nos climats du nord.

Mannering se trouva flatté de cette allusion à l'un de ses plus illustres ancêtres; il répondit qu'il n'était que parent éloigné de ce preux chevalier, et ajouta qu'à son avis le vin était excellent.

— Il est trop froid pour mon estomac, dit Dinmont en replaçant son verre sur la table après l'avoir vidé.

— Nous corrigerons cette qualité, répondit le roi Paul, premier de ce nom; nous n'avons pas oublié que l'air humide de notre vallon de Liddel exige des boissons plus réchauffantes. Sénéchal, qu'on serve à notre fidèle agriculteur un verre d'eau-de-vie! cela lui conviendra mieux.

— Maintenant, dit Mannering, puisque nous sommes venus si maladroitement déranger Votre Majesté dans un des momens qu'elle donne à ses plaisirs, lui plaira-t-il de donner audience à un étranger qu'une affaire importante a amené dans la capitale?

Le monarque ouvrit la lettre de Mac-Morlan; et, la parcourant rapidement des yeux, s'écria du ton de voix qui lui était ordinaire : — Lucy Bertram d'Ellangowan! pauvre chère fille!

— A l'amende! à l'amende! s'écrièrent une douzaine de voix; Sa Majesté a oublié son caractère.

— Pas un instant, répondit le monarque : ce courtois

chevalier me jugera. Un roi ne peut-il aimer une fille au-dessous de lui? Le roi Cophetua et la fille mendiante[1] ne nous offrent-ils pas une cause analogue, qui établit un précédent en ma faveur?

— Phrase qui sent le barreau! s'écria toute la noblesse en tumulte; encore une amende!

— Nos prédécesseurs, dit le monarque en élevant la voix pour couvrir les cris désordonnés de ses sujets, n'ont-ils pas eu leurs Jeanne Logies, leurs Bessie Carmichaëls, leurs Oliphants, leurs Sandilaws, leurs Weirs? N'aurons-nous pas le droit de nommer une dame pour laquelle nous nous faisons gloire de notre attachement? Hé bien, périsse l'Etat! périsse la souveraineté! Tel qu'un second Charles-Quint, nous abdiquerons notre puissance, et nous chercherons dans l'obscurité d'un simple particulier les plaisirs que nous refuse l'éclat du trône.

En parlant ainsi, il déposa sa couronne sur la table, descendit, ou plutôt se leva de son trône, demanda des lumières, de l'eau, un bassin; dit au garçon de préparer du thé dans une autre chambre, se lava la figure et les mains, remit sa perruque devant une glace, le tout avec plus d'agilité qu'on n'aurait pu l'attendre d'un homme qui semblait déjà d'un âge un peu avancé; et, en moins de deux minutes, il parut à Mannering, à la grande surprise de celui-ci, un homme tout différent de celui qu'il venait de voir célébrant de puériles bacchanales.

— Il y a des gens, M. Mannering, devant lesquels on doit prendre garde de se permettre de faire des folies, parce qu'ils ont, comme dit le poète: — ou trop de malice ou trop peu d'esprit. — La meilleure manière de prouver mon estime pour le colonel Mannering était de lui faire voir que je ne rougis pas de me montrer à lui tel que je

---

[1] *Le roi Cophetua et la mendiante* est une ancienne ballade à laquelle il est souvent fait allusion chez les vieux auteurs du temps de Shakspeare. On trouve cette histoire dans le recueil de Percy, où l'on voit comment le roi devient amoureux de la mendiante, la mène à la cour, l'épouse, vit heureux avec elle, et meurt regretté comme notre bon roi d'Ivetot. — Ed.

suis; et en vérité, je crois que vous en avez vu ce soir bien assez. Mais que me veut ce grand gaillard?

Dinmont, qui avait suivi Mannering, commença par se frotter la jambe d'une main, et se gratter la tête de l'autre; puis, — Vous m'avez bien reconnu, monsieur, lui dit-il; je suis Dandy Dinmont de Charlies-Hope. C'est pour moi que vous avez gagné ce grand procès.

— Quel procès, tête sans cervelle? croyez-vous que je me souvienne de tous les fous qui viennent me tourmenter?

— Quoi! c'était ce grand procès sur le droit de pâturage dans les prés de Langtae-Head!

— Bien : n'en parlons plus. Donnez-moi vos pièces, et venez me voir lundi à dix heures.

— Mais je n'ai pas de pièces.

— Quoi! pas une note pour expliquer l'affaire?

— Hé non; ne m'avez-vous pas dit que pour nous autres gens de campagne, vous aimiez mieux que nous l'expliquions de vive voix?

— Maudite soit ma langue, si elle a dit cela! Mes oreilles paieront l'amende. Hé bien, dites-moi votre affaire en deux mots; vous voyez que monsieur attend.

— Oh, mais si monsieur veut vous expliquer la sienne d'abord, cela m'est égal.

— Et vous ne concevez pas que votre affaire est certainement bien indifférente pour lui, mais qu'il peut ne pas se soucier de régaler vos longues oreilles du récit de la sienne?

— Hé bien, monsieur, comme vous le voudrez tous les deux. Voici donc mon affaire. Nous sommes toujours en querelle, Jack de Dawston-Cleugh et moi, sur nos limites. Charlies-Hope doit être séparé de Dawston-Cleugh par le ruisseau qui prend sa source à Touthoprigg. Jack prétend au contraire que la ligne de démarcation est la vieille route qui va de Knot o'Gate à Keeldar-Ward. Or cela fait une très-grande différence.

— Et quelle est cette différence? Combien nourrirait-on de bestiaux sur le terrain qui vous manque?

— Oh! pas beaucoup. C'est un mauvais terrain, situé bien haut; on pourrait y nourrir un mouton, peut-être deux les bonnes années.

— Et pour un pâturage qui peut valoir cinq shillings par an, vous voulez jeter à l'eau une centaine de livres, peut-être le double?

— Oh! monsieur, ce n'est pas pour la valeur de la chose, mais c'est pour la justice.

— La justice est comme la charité, mon cher ami; il faut commencer à l'exercer envers soi-même : croyez-vous être juste envers votre femme et vos enfans, en jetant votre argent par la fenêtre? Ne pensez plus à cela.

Dinmont restait toujours; il tournait son chapeau entre ses mains. — Ce n'est pas cela, monsieur, ce n'est pas cela. Je ne veux pas que Jack se moque de moi; il se vante d'avoir plus de vingt témoins pour lui; hé bien, j'en amènerai encore davantage, et des plus anciens de Charlies-Hope, qui jugeront que nos limites sont comme je le dis, et qui ne voudront pas que nous perdions une partie de notre territoire.

— Diable! c'est un point d'honneur! Mais alors pourquoi les propriétaires de la terre ne s'en mêlent-ils point?

— Les lairds sont voisins, dit-il en se grattant la tête, et ni Jack ni moi n'avons pu les décider à se mettre de la partie. Mais ne pensez-vous pas que je pourrais retenir la rente?

— Allons donc! pas possible! que le ciel vous confonde! Savez-vous comment il faut régler cette affaire? prenez chacun un bon gourdin.

— Bah! nous l'avons déjà essayé trois fois; deux fois sur l'endroit en litige, et une fois à la foire de Lockberye; mais nous nous sommes toujours trouvés de même force.

— Hé bien, prenez de bonnes lames, et allez-vous-en au diable, comme l'ont fait vos pères avant vous.

— Mais enfin, monsieur, ce procès est-il contraire aux lois? Voilà ce que je vous demande.

— Ecoutez-moi bien, écervelé; je veux vous faire comprendre qu'il est fou, ridicule, de s'engager dans un procès pour une telle misère.

— Ainsi donc, monsieur, vous ne voulez pas vous charger de mon affaire?

— Moi! non, en vérité; retournez chez vous, buvez une pinte de bière, et arrangez cela.

Dandy ne paraissait qu'à demi satisfait, et ne bougeait point.

— Avez-vous encore quelque autre chose à me dire, mon camarade?

— Seulement un mot sur la succession de cette dame qui vient de mourir, mistress Margaret Bertram de Singleside.

— Bah! quel intérêt avez-vous dans cette affaire? dit l'avocat un peu surpris.

— Ce n'est pas que nous soyons parens des Bertram; ce sont bien d'autres gens que nous. Mais Jeanne Liltup, qui était économe du vieux Singleside, et qui était la mère des deux dames qui sont mortes (et la dernière était bien mûre), Jeanne Liltup, dis-je, était native de Liddel-Water, et n'était pas moins que cousine au deuxième degré de la sœur consanguine de ma mère. Elle vivait avec Singleside bien certainement quand elle était son économe; et ce n'était pas un petit chagrin pour tous ceux qui lui tenaient par la chair et le sang; mais il a reconnu ses enfans, et satisfait aux lois de l'Eglise : ainsi je voudrais savoir si la loi nous donne quelque droit sur sa succession.

— Pas le moindre.

— Hé bien, nous n'en serons pas plus pauvres. Mais elle peut avoir pensé à nous dans son testament, si elle a songé à en faire un. Enfin, monsieur, voilà tout ce que je voulais vous dire, je vous souhaite le bonsoir, et...

Il mettait la main à la poche.

— Non, mon cher ami, non; je ne prends jamais d'honoraires le samedi soir, surtout quand on ne me donne pas de précis. Adieu, Dandy.

Dandy fit sa révérence, et prit congé de la compagnie.

CHAPITRE XXXVII.

« L'art ni la vérité ne brillent dans ces jeux.
« Ils ne peuvent toucher ni le cœur ni les yeux.
« Dans ce spectacle obscur, sans gaîté, sans noblesse,
« Je n'entends que du bruit, je ne vois que bassesse,
« Par aucun sentiment n'étant intéressé,
« Du froid le plus mortel mon esprit est glacé. »
CRABBE. *Le Registre de Paroisse.*

— Votre Majesté, dit Mannering en souriant, a signalé son abdication par un acte de charité. Je crois bien que ce brave homme ne pensera plus à plaider.

— Vous vous trompez. La seule différence, c'est que je perds un client, et les honoraires que l'affaire m'aurait valus. Il ne restera pas en repos qu'il n'ait trouvé quelqu'un qui l'encourage à la folie qu'il est décidé à faire. Non! je n'ai fait que vous montrer encore un de mes côtés faibles. Le samedi soir, je parle toujours vrai.

— Je serais tenté de croire, dit Mannering toujours sur le même ton, que cela vous arrive aussi quelquefois pendant la semaine.

— Mais, oui... autant que mon état me le permet. Je suis, comme dit Hamlet, passablement honnête, quand mes cliens et leurs solliciteurs ne me font pas débiter à la barre du tribunal leurs doubles mensonges. Mais, *oportet vivere* [1] *!* C'est bien une triste chose! Maintenant passons à votre affaire. Je suis ravi que mon ancien ami Mac-Morlan vous ait adressé à moi. C'est un homme actif, honnête, intelligent. Il a été long-temps mon substitut, quand j'étais shériff du comté qu'il habite, et il conserve encore la même

[1] Il faut vivre. — TR.

place. Il sait combien j'estime la malheureuse famille d'Ellangowan. Quant à la pauvre Lucy, elle n'avait que douze ans la dernière fois que je l'ai vue. C'était une petite fille bien douce, et qui veillait déjà sur un père dont la tête n'était pas bien saine. Mais l'intérêt que je prends à elle date de plus loin. Ce fut moi, M. Mannering, qui fus appelé, comme shériff du comté, le jour même de sa naissance, pour constater un meurtre qui venait d'être commis près d'Ellangowan, et qui, par une étrange complication d'événemens, causa la mort ou la disparition de son frère enfant, d'environ cinq ans. Non, colonel, je n'oublierai jamais le spectacle déchirant qu'offrait en ce moment le château d'Ellangowan : un père n'ayant plus la tête à lui ; une mère qui venait de périr dans les douleurs de l'enfantement ; un fils disparu tout à coup, et une fille arrivant dans ce misérable monde, poussant des cris auxquels on avait à peine le temps de faire attention ! — Il ne faut pas croire, monsieur, que nous autres praticiens nous ayons dans le cœur plus d'airain et de bronze que vous autres militaires ne portez de plomb et d'acier dans le vôtre. Nous sommes habitués aux malheurs et aux crimes qu'offre trop souvent le tableau de la société, comme vous l'êtes aux maux qui sont les suites inévitables de la guerre. Il en résulte peut-être un peu d'indifférence dans l'un comme dans l'autre cas. Mais au diable soit le soldat dont le cœur est du même métal que son épée ; et qu'il emporte aussi l'avocat dont le cœur est aussi dur que la tête. Mais allons au but : je perds ma soirée du samedi. Voulez-vous avoir la bonté de me confier ces papiers relatifs à l'affaire de miss Bertram ? Un moment ! Demain vous voudrez bien accepter un dîner de garçon chez un vieux avocat. J'insiste sur cela. A trois heures précises ; et venez une demi-heure plus tôt. On doit enterrer la vieille dame lundi. C'est la cause d'une orpheline, nous pouvons donc emprunter une heure au dimanche pour en causer. Cependant si elle a changé son testament, je crains qu'il n'y ait rien à faire, à moins que sa date ne soit dans les soixante jours. Alors si miss Bertram peut prouver qu'elle a la qualité d'héritière légale... Mais mes sujets sont impatiens d'un si long interrègne. Je ne vous engage pas à vous réunir à nous, colonel, ce serait abuser de votre complaisance. Il faudrait pour cela que vous vous fussiez mis à table avec nous, et que vous eussiez passé insensiblement du sérieux à la gaieté, et de la gaieté à... à... à l'extravagance! Adieu! Harry, reconduisez le colonel à son logis. M. Mannering, je vous attends demain vers deux heures.

Mannering se retira, non moins surpris des folies de l'avocat, que du bon sens qu'il avait montré au même instant en raisonnant sur les matières relatives à sa profession, et du ton de sensibilité qu'il avait pris en parlant de la malheureuse orpheline.

Le lendemain matin, le colonel et le plus silencieux des voyageurs logés alors dans l'auberge, Dominus Sampson, finissaient le déjeuner que Barnes avait préparé et servi; Dominus venait de s'échauder deux fois la bouche en prenant son thé, lorsqu'on annonça M. Pleydell.

Une perruque élégante, poudrée à blanc par un perruquier soigneux, un habit noir bien brossé, une manière de se présenter réservée, mais qui ne laissait voir qu'une honnête décence sans mélange d'embarras : tout annonçait un être bien différent de celui que le colonel avait vu la veille. Un œil vif et plein de feu était le seul trait qui rappelât *l'homme du samedi soir*.

— Je viens, dit-il du ton le plus poli, essayer d'user de mon autorité royale sur vous, tant au spirituel qu'au temporel. Vous accompagnerai-je à l'assemblée des presbytériens, ou à l'église épiscopale? *Tros Tyriusve....* Vous savez qu'un avocat est de toutes les religions. J'aurais dû dire de toutes les formes de religion. Ou puis-je vous aider à passer votre matinée d'une autre manière? Vous excuserez mon importunité : elle n'est peut-être plus à la mode ; mais je suis né dans un temps où un Ecossais aurait cru ne pas connaître les lois de l'hospitalité, s'il avait laissé un étranger seul un instant, excepté pendant le temps de son sommeil. Au surplus, j'attends que vous me disiez franchement si je vous gêne.

— Nullement, mon cher monsieur; je serai enchanté de vous avoir pour pilote. Je serais charmé d'entendre prononcer un sermon par un de vos prédicateurs dont les talens ont fait tant d'honneur à l'Ecosse; Blair, Robertson, ou votre Henry. J'accepte donc vos offres de tout mon cœur. Une seule chose m'embarrasse, ajouta-t-il en tirant Pleydell à part; j'ai là un digne ami qui est sujet à de grandes distractions. Il a témoigné le désir d'aller dans une de vos églises les plus sombres et les plus éloignées d'ici, et Barnes, qui est ordinairement son guide, ne peut l'accompagner.

L'avocat jeta un coup d'œil sur Dominus. — Certainement, dit-il, c'est une curiosité qui mérite d'être gardée avec soin, et je vous procurerai un bon gardien. Garçon! ah! allez chez la mère Finlayson, dans Cowgate, et dites-lui qu'elle m'envoie sur-le-champ Miles Mac-Fin : j'ai besoin de lui parler.

Miles Mac-Fin ne tarda pas à arriver. — Vous pouvez, dit Pleydell, confier votre ami aux soins de cet homme; il le conduira ou le suivra partout où il voudra aller; au marché, ou à la cour de justice, à l'église, ou... ou partout ailleurs, et vous le ramènera sain et sauf à l'heure que vous aurez fixée. Ainsi vous n'avez pas besoin de M. Barnes.

Tout fut arrangé de cette manière, et le colonel chargea Miles Mac-Fin de surveiller Dominus tant qu'il resterait à Edimbourg.

— Maintenant, colonel, si vous avez envie d'entendre prêcher l'historien de l'Ecosse, du continent et de l'Amérique, nous nous rendrons à l'église des Frères-Gris.

Ils furent trompés dans leur attente. Il ne prêchait pas ce matin-là.

—Patience! dit l'avocat, nous ne serons pas sans dédommagement.

Le collègue du docteur Robertson monta dans la chaire. Son extérieur ne prévenait point en sa faveur. Un teint fort blême contrastait avec une perruque sans poudre; une taille courbée; un air de se trouver à l'étroit dans sa chaire; des mains placées sur chacun des côtés, comme deux étais destinés à soutenir son corps plutôt qu'à accompagner du geste le discours qu'il allait prononcer; point de robe, pas même celle des prédicateurs genevois; un rabat à demi détaché, un geste qui semblait à peine volontaire : telles furent les premières remarques de colonel.

—Ce prédicateur semble un peu gauche, dit-il tout bas à son nouvel ami.

—Ne craignez rien : c'est le fils d'un excellent avocat écossais; vous reconnaîtrez le sang, je vous en réponds.

M. Pleydell ne se trompait pas ; le discours était nourri de vues nouvelles et remarquables sur l'Ecriture-Sainte. Les principes du calvinisme de l'Eglise d'Ecosse y étaient bien développés; et cependant la base en était un excellent système de cette morale pratique qui ne couvre pas le pécheur du manteau d'une foi purement spéculative, mais qui ne le laisse pas s'égarer dans les détours du schisme ou de l'incrédulité. Son style et ses métaphores avaient un tour antique qui servait à donner plus de force et d'onction à son sermon. Il ne lut pas son discours. Un morceau de papier, qui contenait les principales divisions de son sujet, était le seul secours de sa mémoire. Sa prononciation, qui, à son début, semblait embarrassée, finit par devenir distincte et animée. Enfin, quoique son discours ne pût être cité comme un des chefs-d'œuvre de l'éloquence de la chaire, Mannering convint qu'il en avait rarement entendu qui continssent autant de savoir, une métaphysique aussi subtile et des argumens si victorieux.

—Tels doivent avoir été, dit-il en sortant de l'église,

ces anciens prédicateurs à l'ame intrépide desquels nous devons la réformation.

— Et cependant, dit Pleydell, celui-ci que j'aime, tant à cause de son père qu'à cause de lui-même, n'a rien de la morgue et de l'orgueil pharisaïque que l'on reproche avec quelque raison aux premiers apôtres du calvinisme en Ecosse. Son collègue et lui diffèrent d'opinion sur quelques points de discipline; mais ils n'ont jamais perdu de vue les égards qu'ils se doivent respectivement, et n'ont jamais souffert que l'aigreur vînt troubler des sentimens qui sont chez l'un et chez l'autre une affaire de conscience.

— Et vous, M. Pleydell, que pensez-vous des objets sur lesquels ils ne sont pas d'accord?

— Ma foi! colonel, j'espère qu'un honnête homme peut aller au ciel sans trop s'embarrasser de ces points-là. D'ailleurs, entre nous, je suis un membre de l'église épiscopale et souffrante d'Ecosse, qui n'est plus que l'ombre d'une ombre; et c'est peut-être un bonheur; mais j'aime à prier où priaient mes pères, sans pour cela penser plus mal de ceux qui agissent différemment.

Après cette remarque, ils se séparèrent jusqu'à l'heure du dîner.

D'après l'entrée épouvantable de la maison de l'avocat écossais, Mannering avait conçu une idée fort médiocre de la manière dont il allait être reçu chez lui. En la revoyant en plein jour, elle lui parut encore plus affreuse que la veille. Les maisons des deux côtés de la rue étaient si rapprochées, que de deux fenêtres opposées on aurait pu se donner la main. La rue, en plusieurs endroits, était traversée par des galeries en bois qui conduisaient du premier étage d'une maison à celle qui était en face. Le passage qui donnait entrée dans la maison était bas et étroit; enfin l'escalier était d'une malpropreté dégoûtante. Mais la bibliothèque, dans laquelle le fit entrer un vieux domestique, loin de répondre à ces tristes apparences, offrait un contraste frappant. C'était une grande et belle salle où il admira d'abord les portraits de deux célèbres évêques d'Ecosse, peints par Jamieson, le Vandyck de la Calédonie. Tout autour étaient rangés sur des tablettes élégantes un grand nombre de livres, parmi lesquels il remarqua les meilleures éditions des meilleurs auteurs.

— Vous trouverez là, dit Pleydell, les outils de mon métier. Un avocat qui ne connaît ni l'histoire ni la littérature, n'est, à mon avis, qu'un misérable manœuvre; s'il possède l'une et l'autre, il peut s'appeler architecte.

Mannering fut enchanté de la vue dont on y jouissait. De ses fenêtres on dominait sur tout le terrain qui s'étend entre Edimbourg et la mer, le détroit du Forth et ses îles, la baie terminée par le pic de Berwick, et les côtes variées de Fife, vers le nord, qui se dessinaient sur un horizon d'azur [1].

Lorsque M. Pleydell eut suffisamment joui de la surprise de son hôte, il appela son attention sur les affaires de miss Bertram. — J'avais quelque espoir, lui dit-il, de trouver des moyens qui lui auraient donné des droits incontestables à cette propriété de Singleside; mais ces recherches ont été inutiles, et la vieille dame pouvait disposer de ses biens. Tout ce que nous avons à espérer, c'est que le diable ne l'aura pas tentée de changer ce testament, qui est fort bon s'il n'y en a pas un postérieur. Il faudra demain que vous assistiez aux funérailles de la vieille fille: vous recevrez une invitation. J'ai prévenu celui qui est chargé de ses affaires que vous êtes ici pour représenter miss Bertram. Je vous rejoindrai ensuite dans la maison de la défunte, afin de voir ce qui arrivera quand nous montrerons ce testament. La vieille demoiselle avait auprès d'elle une jeune fille, une orpheline, sa parente éloignée : j'espère qu'elle aura eu la conscience de lui laisser quelque chose après sa mort, pour la dédommager de ce qu'elle lui a fait souffrir pendant sa vie.

(1) Telle est à peu près la situation de la maison de Walter Scott dans Castle-Street.
—Ed.

Trois convives arrivèrent pour dîner : ils furent présentés à l'étranger. C'étaient des hommes aimables, de bon sens, et ne manquant pas de connaissances. La journée se passa donc fort agréablement, et le colonel resta jusqu'à huit heures, caressant la bouteille de son hôte, bouteille qui, comme de raison, était un *magnum*[1].

En arrivant à son auberge, il y trouva une invitation à assister au convoi de miss Bertram : il devait partir de sa maison pour le cimetière des Frères-Gris à une heure après midi.

A l'heure indiquée, Mannering se rendit dans une petite maison du faubourg du sud de cette ville. Il la reconnut aisément en voyant à la porte deux figures malencontreuses revêtues d'un long manteau noir, les manches couvertes de crêpe blanc, le chapeau entouré du même ornement, et tenant en mains de longs bâtons portant aussi les insignes du deuil. Deux autres muets, dont la figure lugubre semblait accablée sous le poids d'un malheur inouï, l'introduisirent dans la salle à manger de la défunte, où se rassemblaient les personnes invitées.

On a conservé en Ecosse l'usage, tombé aujourd'hui en désuétude en Angleterre, d'inviter tous les parens du décédé à son enterrement. Cette coutume produit quelquefois des effets singuliers et frappans, mais souvent aussi elle ne donne lieu qu'à quelques grimaces de forme, quand le défunt meurt sans être regretté, comme il a vécu sans être aimé. Le cérémonial de l'église anglicane pour les inhumations, une des parties les plus belles, les plus imposantes de son rituel, aurait du moins ici l'avantage de fixer l'attention, en forçant en quelque sorte les assistans à s'unir de cœur et d'esprit aux prières prononcées. Mais, d'après le rite écossais, s'il n'existe pas une véritable douleur, rien ne peut y suppléer, rien ne touche le cœur, n'exalte l'imagination: un ton de formalité ennuyeuse, je

---

[1] Synonyme de grande pinte d'Ecosse. — Ep.

dirai même un masque d'hypocrisie, voilà tout ce que l'on peut y trouver. Mistress Margaret Bertram était un de ces êtres qui ne laissent après eux aucun ami pour les regretter : elle n'avait pas de proches parens à qui la nature seule aurait pu arracher quelques larmes; on ne trouvait donc parmi les personnes réunies pour son convoi que les marques extérieures du chagrin.

Mannering, au milieu de cette lugubre assemblée de cousins depuis le troisième jusqu'au sixième degré, chercha à mettre sa physionomie à l'unisson de toutes celles qui l'entouraient, et à paraître regretter mistress Margaret Bertram comme si la défunte dame de Singleside eût été sa sœur ou sa mère. Après avoir gardé long-temps un morne et profond silence, on commença à s'entretenir de différens côtés, mais à voix basse, comme si l'on eût été dans la chambre d'un mourant.

— Notre pauvre amie, dit un homme grave, osant à peine ouvrir la bouche de peur de déranger le sérieux mélancolique qu'il avait cherché à donner à ses traits notre pauvre amie a au moins vécu dans l'affluence des biens de ce monde.

— Sans doute, répondit son voisin les yeux à demi fermés et sans changer de posture; la pauvre mistress Margaret avait grand soin de ce qu'elle possédait.

— Y a-t-il quelques nouvelles aujourd'hui, colonel? dit à Mannering un des messieurs qui avaient dîné la veille avec lui, d'un ton aussi solennel que s'il eût eu à lui annoncer la mort de toute sa génération.

— Je n'ai rien appris, dit Mannering en cherchant à mettre sa voix en accord parfait avec le ton qui régnait dans l'appartement.

— On m'assure, continua en parlant avec emphase celui qui avait le premier rompu le silence, et de l'air d'un homme bien informé; on m'assure qu'il y a un testament.

— Et qu'aura la petite Jenny Gibson?

— Cent livres, et la vieille montre à répétition.

— C'est peu de chose. La pauvre fille n'a pas toujours eu du bon temps auprès de la vieille dame. Mais il ne faut pas compter sur les souliers des morts pour se chausser.

— Je crains, dit le politique qui était près de Mannering, que nous n'ayons pas encore réglé tous nos comptes avec notre ancien ami Tippoo-Saïb. Je crois qu'il donnera encore du fil à retordre à la Compagnie des Indes. On m'a dit, et vous pouvez regarder cela comme certain, que ses actions ne montent pas.

— J'espère, monsieur, qu'elles ne tarderont pas à monter.

— Mistress Margaret, dit une autre personne se mêlant à la conversation, avait quelques actions de la Compagnie des Indes : j'en suis sûr, car j'en ai touché les intérêts pour elle. Il serait bien à désirer pour les héritiers et les légataires que le colonel voulût leur donner son avis sur les moyens de les convertir en argent, et sur le temps à choisir pour cette opération. Quant à moi, je pense que... Mais voici M. Mortcloke qui vient nous avertir de nous mettre en marche.

M. Mortcloke, entrepreneur des funérailles, arrivait effectivement avec un visage allongé comme il convenait à son rôle. Il distribua à ceux qui allaient porter le drap funéraire des petites cartes qui leur indiquaient la place qu'ils devaient occuper. Comme cette fonction appartient aux plus proches parens d'un défunt, l'entrepreneur, quoique très-expert dans ces lugubres cérémonies, ne put contenter tout le monde : être proche parent de mistress Bertram, c'était l'être des terres de Singleside, et chacun des assistans était jaloux de cette parenté. Quelques murmures se firent donc entendre. Notre ami Dinmont fut un des négligés. Il était incapable de déguiser son mécontentement, ou de l'exprimer sur un ton qui ne fît pas un contraste parfait avec celui généralement employé dans cette cérémonie lugubre. — Je pensais, s'écria-t-il à très-haute voix, que vous m'auriez donné au moins une de ses jambes à porter. J'aurais porté la défunte tout seul, si on l'avait voulu! Vingt regards de travers et des sourcils froncés se tournèrent aussitôt vers le fermier, qui, ayant donné carrière à son humeur, descendit avec le reste de la compagnie, sans faire la moindre attention aux murmures de ceux que sa remarque avait scandalisés.

La pompe funèbre s'avança. Les deux spectres noirs ouvraient la marche avec leurs bâtons ornés de vieux crêpe blanc, en honneur de la virginité si long-temps conservée par la défunte. Six chevaux efflanqués, emblème vivant de la mort, harnachés de noir, et la tête ornée de plumes blanches, traînaient le char funéraire, décoré des armes des Bertram, et marchaient à pas lents vers le lieu de l'inhumation, précédés par James Duff, espèce d'idiot qui, avec des pleureuses et un jabot de papier blanc, ne manquait pas un convoi. Le cortège était terminé par six voitures de deuil, remplies de tous ceux qui avaient été invités à cette cérémonie. Là, plusieurs d'entre eux, lâchant la bride à leur langue, se mirent à disserter sur la valeur de la succession, et sur ceux entre les mains de qui il était probable qu'elle allait passer. Les principaux prétendans gardaient un silence prudent, craignant de laisser apercevoir des espérances que l'événement pouvait démentir. Quant à l'agent ou l'homme d'affaires de la défunte, il savait seul à quoi s'en tenir, mais il conservait un air d'importance mystérieuse, comme s'il voulait prolonger l'intérêt de l'attente et de l'incertitude.

Enfin on arriva à la porte du cimetière, et de là le cortège, grossi d'une douzaine de femmes fainéantes et d'une vingtaine d'enfans qui le suivaient en criant, se rendit à l'endroit qui était destiné à recevoir les dépouilles mortelles des membres de la famille des Singleside. C'était une enceinte carrée, gardée d'un côté par un ange vétéran qui n'avait plus de nez et à qui il ne restait qu'une aile, mais qui avait le mérite d'être resté à son poste pendant un siècle, tandis que de l'autre côté un chérubin, son camarade, n'avait plus que le tronc; encore était-il gisant par terre parmi les orties, les chardons et les autres plantes qui croissaient en abondance autour du mausolée. Une inscription à demi brisée, et couverte par la mousse, annonçait au lecteur qu'en l'année 1650 le capitaine André Bertram, premier propriétaire de cette famille, descendu de l'ancienne et honorable maison d'Ellangowan, avait fait ériger ce monument pour lui et pour ses descendans. Un nombre raisonnable d'horloges funèbres, de têtes de morts et d'os en croix, décoraient la pièce de poésie sépulcrale qu'on va lire, et qui servait d'épitaphe au fondateur de ce mausolée.

« Si jamais homme eut en partage
Le cœur d'un sage et le bras d'un héros,
On trouva ce double avantage
Dans celui dont la terre ici couvre les os. »

Ce fut en ce lieu, dans une terre grasse et noire, composée des restes de ses ancêtres, que le corps de mistress Bertram fut déposé. Semblables à des soldats qui reviennent d'un enterrement militaire, les plus proches parens de cette dame, qui avaient intérêt de connaître les dispositions qu'elle pouvait avoir faites, pressèrent les cochers de les conduire chez la défunte avec toute la vitesse dont les chevaux étaient capables, afin de mettre fin à leur incertitude sur un objet si intéressant.

CHAPITRE XXXVIII.

« Dote en mourant un collège ou ton chat. »
POPE.

Lucien raconte que tandis qu'une troupe de singes, bien dressés par un entrepreneur habile, exécutaient une tragédie, aux grands applaudissemens de tous les spectateurs, les acteurs, oubliant le décorum des personnages qu'ils représentaient, rentrèrent à l'envi dans leur caractère naturel, à l'instant où un plaisant s'avisa de jeter une poignée de noix sur le théâtre.

C'est ainsi que la crise qui s'approchait faisait naître dans le cœur des prétendans des sentimens bien différens de ceux dont ils avaient essayé de prendre le masque sous la direction de M. Mortcloke. Ces yeux, qui étaient dévotement levés vers le ciel, ou baissés à terre avec humilité, étaient alors occupés à examiner les coffres, les tiroirs, les cassettes, les armoires et tous les coins de l'appartement de la vieille fille. Ces recherches ne laissèrent pas de les intéresser, quoiqu'il ne parût pas encore de testament.

Ici on trouva un billet de vingt livres [1], souscrit par le ministre de la chapelle des insermentés, avec une note constatant que les intérêts en avaient été payés jusqu'à la Saint-Martin précédente. Il était enveloppé avec soin dans une chanson nouvelle sur le vieux air :

> De l'autre côté de la mer
> Charlot t'attend, Charlot t'appelle [2].

Là on vit une curieuse correspondance d'amour entre

---
(1) 480 liv. — ED.
(2) Chanson jacobite en l'honneur de Charles Stuart. — ED.

la défunte et un certain M. O'Kean, lieutenant dans un régiment d'infanterie. Parmi ces lettres il se trouva une pièce qui expliqua sur-le-champ aux parens comment une liaison qui ne leur présageait rien de bon avait été rompue tout à coup. C'était un billet de deux cents livres [1], souscrit par le lieutenant, et dont rien n'annonçait que les intérêts eussent jamais été payés.

Dans un autre endroit se trouvèrent des bons et des billets revêtus de signatures beaucoup meilleures (en style de commerce) que celles du digne ecclésiastique et du galant militaire. On déterra aussi un amas de monnaies de différentes espèces, et une quantité de débris de bijoux d'or et d'argent, comme des montures de lunettes, de vieilles boucles d'oreilles, des tabatières cassées, etc., etc.

Cependant aucun testament ne paraissait, et le colonel Mannering commençait à espérer que celui que lui avait remis Glossin recevrait son exécution, et contenait les dernières mesures prises par cette dame pour l'arrangement de ses affaires. Mais son ami Pleydell, qui venait d'arriver, lui conseilla de ne pas se flatter. — Je connais, lui dit-il, celui qui conduit cette affaire, et je vois à son air qu'il est mieux instruit que nous.

Tandis que l'on continue la recherche, jetons un coup d'œil sur les personnes de la compagnie qui paraissent y prendre le plus d'intérêt.

Il est inutile de parler de Dinmont, qui, son gros fouet sous son bras, avance sa grosse tête ronde par-dessus l'épaule de l'homme d'affaires.

Ce petit vieillard si maigre, vêtu d'un habit de deuil assez propre, est M. Mac-Casquil. Il a été ruiné par un legs qu'on lui avait fait de deux actions de la banque d'Ayr. Le produit avantageux de ces deux actions l'avait engagé à vendre une petite terre qu'il possédait, pour en placer le produit de la même manière; et cet établissement fit banqueroute deux mois après. Ses espérances en ce mo-

---

(1) 4,800 liv. — Ed.

ment sont appuyées sur sa parenté, quoique un peu éloignée, sur l'attention qu'il avait de se placer tous les dimanches à l'église dans le même banc que la défunte, et de venir faire sa partie chaque samedi au soir, en ayant soin de ne jamais gagner son argent.

Cet autre dont l'air est assez commun, qui porte ses cheveux gris enfermés dans un bourse de cuir plus grise encore, est un marchand de tabac, parent de mistress Bertram. Il avait en magasin beaucoup de tabacs étrangers quand la guerre avec l'Amérique éclata : à l'instant il tripla pour tout le monde le prix de sa marchandise ; mais, toutes les semaines, mistress Bertram avait le privilège de voir remplir sa tabatière d'écaille de tortue du meilleur *rapé* de la boutique de M. Quid, parce que la servante qui venait faire la provision avait soin de lui faire des complimens de la part de *sa cousine* mistress Bertram.

Et ce jeune homme qui n'a pas même eu la décence de quitter ses bottes, il aurait pu aussi bien qu'un autre s'insinuer dans les bonnes graces de la vieille, qui arrêtait ses yeux avec assez de plaisir sur un jeune homme bien fait. Mais il a manqué sa fortune en négligeant de se rendre chez elle quand il était invité à prendre le thé, et en y venant quelquefois après un dîner qui l'avait un peu trop échauffé. Enfin, il avait eu la maladresse de marcher deux fois sur la queue de son chat et de mettre une fois en colère son perroquet.

La personne la plus intéressante de la compagnie, aux yeux de Mannering, était la pauvre jeune fille qui avait été plusieurs années l'humble compagne de la défunte, et celle sur qui elle déchargeait sa mauvaise humeur. Elle avait été amenée, pour la forme, par la femme de chambre favorite de mistress Bertram ; et se cachant dans un coin autant qu'elle le pouvait, elle était en quelque sorte scandalisée de voir des étrangers porter des yeux et des mains profanes sur des objets qu'elle était habituée, depuis son enfance, à regarder avec une espèce de respect. Tous les compétiteurs, excepté l'honnête Dinmont, jetaient sur elle des regards de travers, parce qu'ils la regardaient comme une personne qui, suivant toute vraisemblance, devait diminuer la masse de la succession. Elle était pourtant la seule qui parût regretter sincèrement la défunte. Mistress Bertram avait été sa protectrice, et quoique l'égoïsme seul l'eût déterminée à la prendre chez elle, sa tyrannie et ses caprices étaient oubliés en ce moment, et des larmes abondantes coulaient le long des joues de la jeune personne, désormais sans amis, sans ressources.

— Il y a beaucoup d'*eau salée* ici, Mac-Casquil, dit le marchand de tabac : cela ne nous présage pas grand'chose de bon. On ne pleure de la sorte que lorsqu'on sait pourquoi. Un clin d'œil de Mac-Casquil lui annonça qu'il partageait son opinion; mais il ne voulut pas, devant le colonel, paraître entrer en conversation avec un homme de cette espèce.

— Il serait bien singulier après tout qu'il ne se trouvât pas de testament, dit à l'homme d'affaires Dinmont qui commençait à s'impatienter.

— Patience, je vous prie. Mistress Bertram était une femme sage et prudente; sage, prudente et prévoyante; — elle savait choisir ses amis. Elle aura déposé ses dernières volontés, son testament, ou pour mieux dire ses dispositions à cause de mort, entre les mains de quelque ami sûr.

— Je gage tout ce que l'on voudra, dit tout bas Pleydell au colonel, qu'il a le testament dans sa poche. S'adressant à l'homme d'affaires : — Monsieur, lui dit-il, il est temps d'en finir. Voici un testament qui a reçu toutes les formalités il y a déjà plusieurs années, et par lequel la testatrice a légué son domaine de Singleside à miss Lucy Bertram. (Ici la consternation se peignit sur le visage de tous les assistans.) — Je crois, M. Protocole, que vous pouvez nous informer s'il existe des dispositions postérieures.

—Voulez-vous me permettre, M. Pleydell....? Et en parlant ainsi, il prit le testament et se mit à l'examiner.

—Il prend la chose trop froidement, dit tout bas Pleydell à Mannering, beaucoup trop froidement! Il a un autre testament en poche!

— Qu'il le montre donc, et qu'il s'en aille à tous les diables! dit le militaire dont la patience ne tenait plus qu'à un fil. Qu'attend-il?

—Que sais-je? dit l'avocat. Pourquoi un chat ne tue-t-il pas une souris à l'instant où il la prend? Le désir de tourmenter, d'exercer son pouvoir. Hé bien! M. Protocole, que dites-vous du testament?

— Qu'il est très-bien fait, fort régulier, revêtu de toutes les formes légales.

— Mais qu'il est révoqué par un autre de date postérieure, que vous avez entre les mains?

— Quelque chose comme cela, M. Pleydell, j'en conviens. Et en disant ces mots, il tira de sa poche un paquet attaché avec des rubans, et scellé en plusieurs endroits du cachet de la défunte. Il procéda à son ouverture.—Le testament que vous produisez, M. Pleydell, est daté du 1er juin 17.., et celui-ci est du 20; non, je vois qu'il est du 21 avril de la présente année ; il lui est donc postérieur de dix ans.

— Que le ciel la confonde! dit l'avocat au colonel. C'est justement l'époque où les malheurs du vieux Ellangowan furent généralement connus ici. Mais voyons ses dispositions.

M. Protocole, ayant demandé du silence, commença la lecture du testament d'une voix lente, haute et intelligible. Le groupe qui l'entourait, laissant voir dans tous les yeux les alternatives de la crainte et de l'espérance, cherchant à découvrir les intentions de la testatrice sous les termes techniques dont elles étaient enveloppées, formait un tableau qui aurait pu servir d'étude à Hogarth.

Personne ne s'attendait aux dispositions de ce testament. Il conférait la pleine et entière propriété du domaine de Singleside et de toutes ses dépendances (ici la voix du lecteur baissa insensiblement, et ne s'éleva plus au-dessus du piano), à Pierre Protocle, procureur à Edimbourg ; ayant, disait la testatrice, pleine et entière confiance dans sa capacité et dans son intégrité. — Tels sont les mots dont ma digne amie voulut qu'on se servît. — Mais sous charge de fidéi-commis (ici la voix du lecteur remonta à son premier ton, et les visages des auditeurs, qui s'étaient allongés de manière à exciter l'envie de M. Mortclocke, commencèrent à se rapprocher de l'ovale); mais sous charge de fidéi-commis, et pour en faire l'usage et l'emploi ci-après mentionnés.

Dans ces usage et emploi était la fleur de l'acte.

La testatrice commençait par établir, dans un assez long préambule, qu'elle descendait de l'ancienne famille d'Ellangowan; son respectable bisaïeul André Bertram, d'heureuse mémoire, étant le fils cadet d'Allan Bertram, quinzième baron d'Ellangowan. Elle disait alors qu'Henry Bertram, fils et héritier de Godefroy Bertram d'Ellangowan, alors existant, avait été enlevé à ses parens dans son enfance; *mais qu'elle était assurée qu'il vivait encore, et qu'il était dans un pays étranger, et que la providence divine le remettrait en possession des biens de ses ancêtres*; qu'en conséquence, et ce cas échéant, M. Protocole serait obligé, comme il s'y était engagé par l'acceptation qu'il avait faite, et qui était mentionnée sur le testament, de faire audit Henry Bertram, aussitôt son retour dans son pays, la remise et la délivrance du domaine de Singleside et de tous les autres biens de la testatrice, à l'exception d'une gratification convenable pour le dédommager de ses soins.

Tant qu'il résiderait en pays étranger, comme aussi dans le cas où il ne reparaîtrait jamais en Ecosse, tous ses revenus, toujours déduction faite d'une indemnité raisonnable pour les peines de M. Protocole, devaient être partagés, par égales portions, entre quatre établissemens de bienfaisance indiqués par la testatrice. Elle donnait à son fidéi-commissaire les pouvoirs les plus amples pour agir comme l'aurait pu faire le propriétaire lui-même; et, dans le cas où il serait mort avant elle, une autre personne était indiquée pour remplir les mêmes fonctions.

Le surplus du testament ne contenait que deux legs de cent livres [1] chacun, l'un au profit de Rebecca, sa femme de chambre favorite, l'autre en faveur de Jenny Gibson, qu'elle avait prise chez elle par charité, disait le testament, pour lui faire apprendre quelque honnête métier.

Une disposition en faveur de gens de main-morte s'appelle en Écosse une *mortification*. Dans une des grandes villes de ce royaume (c'est à Aberdeen, je crois), il y a un officier chargé de veiller à l'exécution de ces sortes de legs, et on le nomme *le maître des mortifications*. On pourrait croire que cette dénomination a pris son origine dans l'effet que de telles dispositions produisent sur les héritiers présomptifs de ceux qui les ont faites. Une mortification bien réelle, bien sentie, fut le partage de tous ceux qui venaient d'entendre lire un testament au résultat duquel ils s'attendaient si peu.

Personne ne semblait disposé à rompre le silence, quoique la lecture fût terminée. M. Pleydell parla le premier, et demanda à voir le testament. S'étant assuré que toutes les formes légales avaient été observées, il le rendit sans faire aucune observation, et dit à l'oreille de Mannering : — Je crois Protocole aussi honnête qu'un autre ; mais la vieille dame a voulu que, s'il ne devient pas fripon, il ait le mérite de résister à la tentation.

— Je pense, dit M. Mac-Casquil, qui, tout en dissimulant la moitié de son dépit, ne put s'empêcher de faire paraître le reste ; je pense que voilà un testament bien extraordinaire. M. Protocole, se trouvant seul fidéi-commissaire, et avec des pouvoirs si étendus, doit avoir

---

[1] 2,400 liv. — Éd.

été consulté par la testatrice avant qu'elle fît de si étranges dispositions. Je voudrais donc qu'il nous apprît comment mistress Bertram a pu croire à l'existence d'un enfant que tout le monde sait avoir été assassiné il y a bien des années?

— En vérité, monsieur, dit Protocole, je ne puis vous expliquer les motifs mieux qu'elle ne l'a fait elle-même. Notre défunte amie était une femme vertueuse, une femme pieuse; elle devait avoir, pour croire à l'existence de cet enfant, des motifs que nous ne pouvons pénétrer.

— Oui! dit le marchand de tabac, de beaux motifs! je les connais, moi : voilà mistress Rebecca qui m'a dit vingt fois dans ma boutique qu'on ne pouvait savoir comment sa maîtresse arrangerait ses affaires, parce qu'une vieille sorcière d'Égyptienne lui avait fourré dans la tête, à Gilsland, que le jeune.... n'est-ce pas Henry Bertram qu'elle l'appelle?... reviendrait un jour ou l'autre en Écosse. Vous ne nierez pas cela, mistress Rebecca, quoique j'ose vous dire que vous ayez oublié de parler de moi à votre maîtresse, comme vous me le promettiez chaque fois que je vous donnais une demi-couronne: cela n'est-il pas vrai, la belle?

— Je ne sais rien de tout cela! répondit Rebecca avec aigreur, en le regardant fixement de l'air d'une femme qui ne veut pas être forcée à avoir plus de mémoire qu'elle n'en veut montrer.

— Bien dit, Rebecca, bien dit! on voit que vous êtes contente de votre lot.

Notre petit-maître subalterne, car il n'était pas de la première classe, jouait avec une houssine qu'il tenait à la main, en frappait ses bottes, et ressemblait à un enfant à qui l'on vient d'enlever son souper. Il ne faisait pas sonner ses plaintes bien haut, et se contentait de murmurer tout bas : — C'est un vilain tour, goddam! je me suis donné un mal de chien pour elle. J'ai quitté un soir, goddam! King et Will-Hack, le coureur du duc, pour venir prendre le thé avec elle. J'aurais mieux fait, goddam! de me lier avec eux: j'aurais pu me mêler des courses comme tant d'autres. Ne pas me laisser seulement une centaine de livres!

— J'aurai soin de faire payer tous les frais, dit Protocole qui ne voulait pas ajouter à l'odieux que les dispositions de la testatrice semblaient jeter sur lui. Maintenant je crois, messieurs, que nous n'avons plus rien à faire ici, et que.... Demain je déposerai le testament au tribunal, afin que chacun puisse en aller prendre connaissance, et en lever des extraits si bon lui semble. En même temps il commença à fermer les armoires et les tiroirs avec beaucoup plus de promptitude qu'il n'en avait mis à les ouvrir. Mistress Rebecca, ayez la bonté de tenir ici tout en ordre jusqu'à ce que la maison soit louée; on m'a déjà fait des offres ce matin pour sa location.... dans le cas où je m'en trouverais chargé.

Notre ami Dinmont, qui n'était pas plus content que les autres de voir ses espérances renversées, s'était étendu dans le grand fauteuil à bras de la défunte, qui n'aurait pas été peu scandalisée d'y voir ce colosse masculin couché ainsi tout de son long, roulant et déroulant la corde de son fouet autour du manche. Les premiers mots qu'il prononça quand il eut digéré son désappointement, contenaient une déclaration magnanime qu'il ne croyait pas sans doute faire à si haute voix : — Hé bien! c'était mon sang après tout. Je ne regrette pas mes fromages et mes jambons!

Mais quand M. Protocole eut insinué aux assistans qu'il était temps de se retirer, et parla de louer sur-le-champ la maison, le brave fermier se leva brusquement, et étourdit la compagnie par cette question imprévue : — Et que va devenir cette pauvre diablesse, Jenny Gibson? Quand il s'agissait de partager l'héritage, nous étions tous les parens de la défunte: hé bien! cotisons-nous pour faire quelque chose pour cette malheureuse fille! Cette proposition fut pour les assistans un avis de partir beaucoup plus efficace que celui de M. Protocole. Mac-Casquil dit à voix basse quelques mots sur ce que l'on devait à sa propre famille, et prit le premier le chemin de la porte. Le marchand de tabac, d'un air un peu plus assuré, répondit que la petite en avait bien assez, et que d'ailleurs c'était à M. Protocole à s'en inquiéter, puisqu'il avait la charge de son legs : après avoir prononcé ce peu de mots d'un ton brusque et décisif, il se tourna vers la porte. Le petit-maître voulut faire une plaisanterie grossière sur le métier honnête que la testatrice voulait qu'on fît apprendre à la jeune personne. L'ignorance où il était du ton de la bonne société lui faisait chercher une approbation dans les yeux du colonel, dont les sourcils froncés et le regard foudroyant le glacèrent jusqu'au fond de l'ame, et lui laissèrent à peine la force de gagner l'escalier.

Protocole, qui était réellement un assez bon homme, exprima alors son intention de prendre soin provisoirement de la jeune personne, en faisant entendre cependant qu'il regardait cela comme une espèce d'aumône.

Dinmont s'approcha de lui, ayant secoué sa grande redingote, comme un chien barbet sa crinière quand il sort de l'eau, et s'écria : — Que le diable m'emporte, M. Protocole, si vous avez quelque embarras pour elle si elle veut venir avec moi. Aylie et moi, voyez-vous, nous ne serions pas fâchés que nos filles en sussent un peu plus que nous, qu'elles fussent comme quelques-unes de leurs voisines. Hé bien ! cette jeunesse qui a demeuré si long-temps avec cette vieille dame doit connaître les belles manières ; elle doit savoir lire, bien manier l'aiguille. Ne sait-elle rien de tout cela ? mes filles ne l'en aimeront pas moins. Je lui fournirai tout ce dont elle aura besoin ; elle ne touchera ni au capital ni aux intérêts des cent livres qui sont entre vos mains, M. Protocole, et j'y ajouterai tous les ans quelque chose, jusqu'à ce qu'elle trouve dans les environs un jeune homme à qui il manque quelque argent pour acheter une petite ferme, et une femme pour en prendre soin. Hé bien! mon enfant, que dites-vous à cela? Je prendrai une place pour vous dans la diligence jusqu'à Jeddart; mais il faudra faire le reste du chemin à cheval; car du diable si une voiture pourrait entrer dans la vallée de Charlies-Hope!

Jenny ayant accepté cette proposition, et en ayant témoigné sa reconnaissance au bon fermier : — Je serai bien charmé, ajouta-t-il, si miss Rebecca veut nous accompagner, et passer avec nous une couple de mois, jusqu'à ce que vous soyez faite au train de la maison.

Tandis que Rebecca lui faisait une belle révérence, et qu'elle en faisait faire autant à la jeune fille dont elle s'efforçait d'essuyer les larmes; tandis que le bon Dinmont les encourageait toutes deux à sa manière, un peu rustique, mais franche et loyale, Pleydell avait souvent recours à sa tabatière. — J'ai plus de plaisir, dit-il au colonel, à voir ce brave fermier qu'à me trouver en face du meilleur festin! Allons, il faut que je lui serve un plat à son goût. Il n'y a pas de remède. Il faut que je l'aide à manger son argent. Hé! Dandy, Charlies-Hope, Dinmont, écoutez-moi.

Le fermier se retourna, très-flatté que Pleydell lui adressât la parole; car, après son propriétaire, un avocat était ce qu'il respectait le plus dans le monde.

— Vous ne voulez donc pas renoncer à ce procès sur vos limites?

— N... non, monsieur; on n'aime pas à perdre ses droits, à se faire rire au nez; mais, puisque vous ne voulez pas vous en charger, il faudra bien que j'en cherche un autre.

— Voyez-vous, colonel? ne vous l'avais-je pas dit? Hé bien! puisque vous voulez faire une sottise, il faut vous donner le plaisir d'un procès aux moindres frais possibles, et tâcher de vous le faire gagner. Dites à M. Protocole de m'envoyer vos papiers, et je lui dirai comment il faudra mener cette affaire. Je ne vois pas d'ailleurs pourquoi vous n'auriez pas vos débats à la cour des sessions, comme vos ancêtres avaient leurs batailles et leurs incendies.

— Sans doute, monsieur, c'est juste. Si la loi n'était pas là, nous nous ferions encore justice à nous-mêmes ; et comme la loi nous lie, la loi nous délierait. D'ailleurs, dans nos environs, un homme n'en est que mieux vu quand on sait qu'il a paru devant ses juges.

— Très-bien raisonné, mon ami ; adieu, et envoyez-moi vos papiers. — Partons-nous, colonel? notre présence ici n'est plus nécessaire.

— Ah ! nous allons donc voir ce que fera Jack de Dawston-Cleugh ! dit Dinmont en frappant sur sa cuisse d'un air de triomphe.

CHAPITRE XXXIX.

« Je m'en vais au palais, mon sac est assez lourd ;
« Mais n'importe, avez-vous en ce lieu des affaires ?
« Je vous écoute, allons, parlez, mais soyez court,
« Et surtout payez-moi d'abord mes honoraires. »
Le petit Avocat français.

— Croyez-vous gagner la cause de ce brave homme? dit le colonel à Pleydell en sortant.

— Ma foi ! je n'en sais rien. Ce n'est pas toujours le plus fort qui gagne la bataille ; au surplus, j'y donnerai tous mes soins, bien certainement. Le malheur de notre profession est que nous ne voyons que bien rarement le beau côté de la nature humaine. Les plaideurs arrivent chez nous hérissés de colère et d'égoïsme ; les pointes de leurs préventions, de leurs haines sont tournées en dehors, comme celles des clous qui attachent les fers de nos chevaux dans un temps de gelée. J'ai vu entrer bien des fois dans mon cabinet des gens que je mourais d'envie de jeter par la fenêtre, en commençant à les entendre; et je finissais par reconnaître que j'aurais agi comme eux si j'avais été à leur place, c'est-à-dire en colère, et par conséquent très-déraisonnable. Je suis bien convaincu que de toutes les professions la mienne est celle qui fait voir de plus près la folie et la méchanceté des hommes; et c'est en quelque sorte leur canal de décharge. Le barreau est, dans une société civilisée, la cheminée par où s'évapore la fumée qui remplirait l'appartement, et finirait par faire perdre la vue. Faut-il donc s'étonner que le tuyau soit quelquefois un peu engorgé de suie? Mais j'aurai soin que l'affaire de notre homme soit bien conduite avec le moins de frais possible; enfin qu'il ait son boisseau d'avoine à juste prix.

—Voulez-vous me faire le plaisir, dit Mannering en le quittant, de venir dîner aujourd'hui avec moi? Mon hôte m'a prévenu qu'il a d'excellente venaison et quelques bouteilles de bon vin.

—De la venaison? Eh! mais non, cela est impossible. Je ne puis même vous engager à venir chez moi; le lundi et le mardi sont des jours sacrés. Mercredi, je dois être entendu dans une affaire importante. Mais un instant, le froid est fort vif, si la venaison pouvait se garder jusqu'à jeudi, et si vous ne quittiez pas plus tôt Edimbourg...

—Vous voudriez dîner avec moi ce jour-là?

— Bien certainement.

— Hé bien! vous me décidez à exécuter le projet que j'avais conçu de passer la semaine dans cette ville. Si la venaison ne peut pas se garder, nous aurons quelque autre chose.

—Oh! elle se gardera fort bien. Mais à présent, voici quelques billets que vous pourrez remettre à leurs adresses, si elles vous conviennent. Ce sont des lettres d'*introduction* que j'ai préparées pour vous ce matin. Adieu; mon clerc m'attend depuis une heure pour une information de tous les diables. Et M. Pleydell disparut avec agilité, prenant des allées et des passages qui, pour aller à la grande rue, étaient à la route ordinaire ce que le détroit de Magellan est au cap Horn.

En regardant les adresses des lettres que M. Pleydell lui avait laissées, Mannering vit avec plaisir qu'elles portaient les noms des hommes les plus illustres de l'Ecosse : David Hume, Esq.[1], John Home[2], le docteur Ferguson[3], le docteur Black[4], lord Kaimes[5], John Clerk, Esq. d'Eldin[6], Adam Smith[7], le docteur Robertson[8].

— D'honneur, mon ami l'avocat a des connaissances choisies, pensa Mannering. Tous ces noms-là ont fait du bruit dans le monde. Un homme qui revient des Indes orientales doit tâcher de mettre un peu d'ordre dans sa tête et dans ses idées avant de se présenter devant eux.

Il ne tarda pourtant pas à leur rendre sa visite ; et nous regrettons de ne pouvoir détailler à nos lecteurs les plaisirs dont il jouit dans une société où l'on recevait toujours avec distinction les étrangers à qui leur esprit et leurs connaissances donnaient le droit d'y être admis. Peut-être dans aucun temps l'Ecosse n'avait-elle offert une semblable réunion de talens aussi variés.

Le jeudi, M. Pleydell ne manqua pas de se rendre à l'auberge où logeait le colonel. La venaison était fort bonne, le vin excellent, et l'avocat, aussi bon convive que légiste éclairé, fit honneur à tous deux. Je ne sais pourtant si la présence de Sampson ne lui fit pas plus de plaisir encore que la bonne chère, sa tournure d'esprit lui ayant fourni le moyen, sans l'offenser en rien, de tirer de lui un véritable amusement, dont le colonel même ne put s'empêcher de prendre sa part, ainsi que deux amis

---

[1] Ces noms historiques sont trop connus pour qu'il soit besoin de leur consacrer une longue note. David Hume est l'historien philosophe. — ED.

[2] L'auteur de *Douglas*, etc. — [3] Le moraliste. — [4] Le chimiste. — [5] Auteur d'une histoire de Rome. — [6] Le jurisconsulte. — [7] L'économiste. — [8] L'historien. — ED.

qu'il avait aussi invités. La simplicité grave et laconique des réponses de Sampson aux questions insidieuses de l'avocat plaça la bonhomie de son caractère sous un point de vue qui ne s'était pas encore présenté aux yeux de Mannering. Il lui fit faire étalage d'une foule de connaissances profondes et abstraites et, généralement parlant, sans utilité réelle. L'avocat compara la tête de Dominus au magasin d'un prêteur sur gages, où l'on trouve des marchandises de toute espèce, mais si encombrées, et dans un tel désordre, que le propriétaire ne peut trouver jamais l'article dont il a besoin.

Mais si Sampson procura quelque amusement à l'avocat, celui-ci donna à son tour beaucoup d'exercice aux facultés réfléchissantes de Sampson. Plus Pleydell s'abandonnait à son esprit naturellement vif et caustique, plus il devenait gai et pressant, plus Dominus le considérait avec la surprise qu'éprouve l'ours apprivoisé en voyant pour la première fois le singe qui va devenir son compagnon.

M. Pleydell se faisait un plaisir d'amener dans la conversation quelque sujet grave et sérieux sur lequel il prévoyait que Dominus voudrait prendre part à la discussion. Il le voyait avec délices préparer intérieurement l'artillerie de ses idées pour lui riposter, et ce que nous appellerons réduire en poudre, par le lourd attirail de son érudition, quelque proposition schismatique ou hérétique que l'avocat avait mise en avant; et tout à coup, lorsque Dominus faisait face à l'ennemi, celui-ci avait quitté son poste, et l'attaquait sur les flancs ou à l'arrière-garde. — Prodigieux! s'écria-t-il plusieurs fois, quand croyant marcher à une victoire certaine il trouvait le champ de bataille évacué. On juge bien qu'il ne lui en coûtait pas peu de travail pour former dans son esprit de nouvelles lignes de défense; il était, disait le colonel, comme une armée d'Indiens, formidable par le nombre, mais que l'on met facilement en désordre en faisant le mouvement de les attaquer par le flanc. Au total, Dominus, quoiqu'un peu fatigué par ces escarmouches continuelles, qui tenaient sur le qui-vive toutes les facultés de son esprit, regarda cette journée comme une des plus belles et des plus glorieuses de sa vie, et parla toujours de M. Pleydell comme d'un homme très-érudit et facétieux.

Peu à peu les autres convives prirent congé, et laissèrent ensemble nos trois amis. Leur conversation retomba sur le testament de mistress Bertram.

— Qui diable, dit l'avocat, a pu faire entrer dans la cervelle de cette vieille haridelle de déshériter la pauvre Lucy, sous prétexte d'instituer pour héritier un prétendu jeune homme mort dès son enfance? Je vous demande pardon, M. Sampson; je ne faisais pas attention combien ce sujet vous affecte. Je me rappelle à présent que j'ai reçu de vous une déclaration dans cette affaire. Jamais, dans toute ma vie, je n'ai eu autant de peine à arracher trois mots de suite à une personne que j'interrogeais! Vous pouvez vanter vos bramines pythagoriciens ou silencieux, colonel, allez! je vous réponds que ce savant leur donnerait des leçons de taciturnité. Mais les mots du sage sont précieux, et ne doivent pas être lâchés inconsidérément.

— Il est sûr, dit Dominus en frottant ses yeux avec son mouchoir bleu, que ce jour a été bien triste pour moi. J'ai regretté l'heure de ma naissance; mais celui qui envoie le fardeau donne la force de le supporter.

Mannering saisit cette occasion pour prier M. Pleydell de lui faire part des circonstances qui avaient accompagné la disparition de l'enfant; et celui-ci, qui aimait beaucoup à parler d'affaires de jurisprudence criminelle, surtout quand il y avait joué un rôle, lui en fit un détail exact et presque minutieux.

— Et, au résultat, quelle est votre opinion? dit le colonel.

— Oh! que Kennedy a été assassiné. Ce n'est pas la première fois que l'on a vu sur cette côte des contrebandiers tuer un excise-man [1].

— Mais quelles conjectures formez-vous sur le sort de l'enfant?

— Qu'il a été tué aussi. Il avait assez d'intelligence pour pouvoir rapporter ce qu'il avait vu, et ces misérables ne se feraient pas un scrupule de recommencer le massacre de Bethléem si leur intérêt l'exigeait.

Dominus poussa un profond gémissement, et s'écria :
— Enorme.

— Cependant il est question aussi d'Egyptiens dans cette affaire; et, suivant ce que nous disait, après les funérailles de mistress Bertram, cet homme qui a l'air si grossier, si commun...

— Au fait, l'idée de mistress Margaret, que l'enfant vit encore, était fondée, disait-il, sur le rapport d'une Egyptienne. Je suis jaloux colonel, de cet enchaînement d'idées. C'est une honte pour moi de ne pas avoir tiré cette conclusion. Il faut nous occuper à l'instant de cette affaire. Garçon! ah! courez vite chez la mère Wood dans Cowgate. Vous y trouverez Driver, mon clerc. Il est bien sûrement dans cette taverne avec quelques amis (car sachez, colonel, que mes employés sont, de même que moi, très-réguliers dans leurs irrégularités); vous lui direz de venir me trouver ici sans perdre une minute. S'il lui en coûte quelque amende avec ses convives, je la paierai.

— S'il est chargé de soutenir un caractère, le conservera-t-il ici?

— Ne parlons plus de cela, je vous prie. Il n'est pas temps de plaisanter : il faut que nous ayons des nouvelles de la terre d'Egypte. Que je tienne le fil le plus délié de cette trame compliquée, et vous verrez comme je saurai la débrouiller; je saurai faire sortir la vérité de la bouche de votre Bohémienne, comme on les appelle en France,

---

[1] Un employé de l'*accise* ou *excise*. — Ed.

mieux qu'un *monitoire* ou une *plainte de Tournelle*. Ah ! je sais comment il faut se conduire avec un témoin réfractaire.

Pendant que M. Pleydell s'étendait ainsi sur ses connaissances dans son état, le garçon revint avec M. Driver. Sa bouche était encore grasse du jus d'un pâté de mouton, et l'on voyait encore sur sa lèvre inférieure un reste de mousse du two-penny qu'il venait de boire, tant il avait mis d'empressement à se rendre aux ordres de M. l'avocat.

— Driver, il faut que vous me trouviez à l'instant même un femme, nommée Rebecca, qui demeurait chez mistress Bertram. Cherchez-la partout. Prenez des informations; mais, si vous avez besoin de M. Protocole, de Quid, le marchand de tabac, ou de quelque autre de ces gens, ne paraissez pas vous-même, envoyez-y quelque femme de votre connaissance; il y en a plus d'une qui ne demande qu'à vous obliger, n'est-ce pas? Lorsque vous l'aurez trouvée, dites-lui de se rendre chez moi, demain matin, à huit heures très-précises.

— Et quel motif lui donnerai-je? dit l'aide-de-camp.

— Celui que vous voudrez : est-ce à moi à vous fournir des mensonges? — Mais ayez bien soin qu'elle y soit à huit heures, comme je vous l'ai dit.

Le clerc sourit en grimaçant, fit un salut, et partit.

— C'est un gaillard intelligent. Il n'a pas son pareil pour suivre un procès. Il est en état d'écrire trois nuits de suite sous ma dictée sans dormir; ou, ce qui revient au même, il écrit en dormant aussi bien et aussi correctement que quand il est éveillé. Le drôle est rangé; ce n'est pas un de ces clercs qui changent de cabaret à chaque instant, aux trousses desquels il faut mettre vingt personnes pour les trouver. Non, il est très-rangé; il a établi chez la mère Wood ses quartiers d'hiver près du feu, et son siège d'été près de la fenêtre; il ne fait pas d'autres voyages que d'aller d'une table à l'autre. C'est là qu'on le trouve toutes les fois qu'il n'a pas d'ouvrage. Je crois qu'il ne se déshabille jamais et ne se couche point. La bière lui tient lieu de tout, de nourriture, de boisson, de vêtemens, de lit, de bain, de.....

— Mais, d'après le lieu où il passe l'hiver et l'été, je craindrais fort qu'il ne fût pas toujours très en état de remplir ses fonctions.

— Lui! jamais la boisson ne l'en empêche, colonel; il écrirait des heures entières après qu'il ne peut plus parler. Je me rappelle qu'un soir on me fit appeler pour une affaire pressée. C'était un appel dont le délai allait expirer. J'avais bien dîné; c'était un samedi, et je n'étais pas trop disposé à commencer cette besogne. Cependant je me laissai persuader; je préparai papier, plumes et encre; j'examinai les pièces, mais il nous fallait Driver. C'est tout ce que purent faire deux hommes que de l'apporter où nous étions; car il n'avait plus ni mouvement ni parole. Hé bien! dès qu'on eut mis une plume entre ses doigts, placé du papier devant lui, et qu'il entendit ma voix, il se mit à écrire. Il est vrai qu'il fallut avoir quelqu'un auprès de lui pour tremper sa plume dans l'encre, parce qu'il ne voyait pas l'écritoire. Mais de ma vie je n'ai vu une pièce d'écriture plus nette.

— Mais le lendemain matin, dit le colonel en souriant, vous parut-elle encore aussi bien?

— Aussi bien? parfaite. Il n'y avait pas trois mots à y changer, et je la fis partir par la poste de ce jour. Mais vous viendrez demain déjeuner avec moi, pour entendre ce que nous dira cette femme.

— Vous avez fixé l'heure bien matin!

— Je ne pouvais faire autrement. Si je n'étais pas à la chambre extérieure [1] à neuf heures précises, on me croirait frappé d'une attaque d'apoplexie, le bruit s'en répandrait, et je m'en ressentirais toute la session.

— Allons, je ferai un effort pour m'y rendre.

Ici la compagnie se sépara pour cette soirée.

---

(1) Tribunal d'un des juges de la cour des sessions, espèce de tribunal de première instance. — Éd.

Le lendemain, Mannering se trouva chez l'avocat à l'heure indiquée, tout en maudissant l'air humide de l'Ecosse dans les matinées de décembre. Mistress Rebecca était déjà installée au coin du feu de M. Pleydell, avait devant elle une tasse de chocolat, et la conversation était engagée.

—Non, mistress Rebecca, je vous le proteste, mon dessein n'est nullement d'attaquer le testament de votre maîtresse, et je vous donne ma parole d'honneur que votre legs ne court aucun risque : vous l'avez mérité par votre conduite avec mistress Bertram, et je voudrais qu'il fût du double.

—Sûrement, monsieur, il n'est pas bien de répéter ce que l'on a entendu. Vous avez vu comment ce malhonnête Quid m'a fait de mauvais complimens, et a répété des propos en l'air que j'avais tenus devant lui. Mais si je me permettais de parler librement devant vous, qui sait ce qui pourrait en résulter ?

—Soyez tranquille, ma bonne Rebecca, mon caractère est votre sauvegarde ; et votre âge, votre extérieur, vous permettent de parler aussi librement qu'un poète érotique, sans courir aucun danger.

—Hé bien, monsieur, puisque vous m'assurez que je ne cours aucun risque, voici l'histoire dont il s'agit. Vous saurez qu'il y a un an, non, un peu moins, je crois, on conseilla à ma maîtresse d'aller passer quelque temps à Gilsland pour dissiper une mélancolie qui la tourmentait. On commençait à parler dans le monde de la ruine de M. Ellangowan, et cela la chagrinait beaucoup, parce qu'elle était fière de sa famille, quoiqu'elle ne fût pas toujours d'accord avec M. Bertram, et surtout depuis deux ou trois ans. Il lui demandait souvent à lui emprunter de l'argent, et elle ne se souciait pas de lui en prêter, parce qu'il ne lui était pas facile de le rendre, de manière qu'ils avaient à peu près rompu ensemble. Quelqu'un lui dit à Gilsland que le bien de M. Bertram allait être vendu ; et

vous auriez dit depuis ce moment-là qu'elle avait conçu de l'aversion pour miss Lucy; car elle me répétait souvent:
— Ah! Rebecca, si cette sotte créature de Lucy, qui ne sait pas empêcher son imbécile de père de faire des sottises, était aussi bien un garçon, on ne pourrait pas vendre ce domaine pour payer les dettes du vieux fou! Et elle me le répétait tant et tant, que j'étais lasse de l'entendre. Un jour, en nous promenant dans une prairie, sur le bord d'une rivière, elle vit comme un troupeau d'enfans; leur père se nommait Mac-Crosky. Elle s'écria: — N'est-ce pas une honte que chaque manant ait un fils et un héritier et qu'il n'y ait pas un descendant mâle dans la famille d'Ellangowan! Il y avait derrière nous une vieille Egyptienne, une femme d'un air..... je n'ai jamais vu sa pareille.
— Et qu'est-ce qui ose dire, s'écria-t-elle, qu'il n'y a pas d'héritier mâle dans la famille d'Ellangowan? Ma maîtresse se retourna sur-le-champ: elle avait le verbe très-haut, et sa réponse était toujours prête. — C'est moi, dit-elle, qui le dis, et qui le dis avec bien du chagrin. La vieille Egyptienne lui prit la main. — Je vous connais, lui dit-elle, quoique vous ne me connaissiez pas; mais, aussi sûr que le soleil est dans les cieux, que l'eau de cette rivière coule dans la mer, et qu'une oreille est là qui nous entend toutes deux, Henry Bertram, que l'on croit avoir été tué à la pointe de Warroch, n'y a point péri. Il avait des dangers à courir jusqu'après sa vingt-unième année. Cela est vrai; mais, s'il vit et si je vis, vous entendrez parler de lui cet hiver, avant que la neige couvre pendant deux jours le mont de Singleside. Ma maîtresse mettait la main dans sa poche. — Je n'ai pas besoin de votre argent, dit l'Egyptienne, vous croiriez que je veux vous tromper. Adieu, jusqu'après la Saint-Martin. Alors elle s'en alla.

— N'était-ce pas une femme d'une très-grande taille? dit le colonel.

— N'avait-elle pas les cheveux noirs, les yeux noirs et une cicatrice sur le front? dit l'avocat.

—C'était la plus grande femme que j'aie vue. Ses cheveux étaient aussi noirs que la nuit, si ce n'est aux endroits où ils commençaient à grisonner; et elle avait au-dessus du sourcil une entaille où vous auriez pu mettre le bout du doigt. Je défie bien qu'on l'oublie quand on l'a vue une fois. Je suis moralement sûre que c'est d'après ce que lui a dit cette Egyptienne que ma maîtresse a fait son testament; car elle avait pris un dégoût pour miss Lucy, et cela ne fit qu'augmenter quand elle lui eut envoyé une somme de vingt livres [1]; car elle disait que c'était peu que miss Bertram, n'étant qu'une fille au lieu d'être un garçon, laissât passer le domaine d'Ellangowan en des mains étrangères; qu'elle allait encore, par sa pauvreté, devenir une charge et une honte pour les Singleside. J'espère, malgré cela, que le testament de ma maîtresse est bon. Il serait bien dur pour moi de perdre mon petit legs. Je n'avais d'elle que des gages très-minces, je vous le jure.

L'avocat l'assura de nouveau qu'elle n'avait rien à craindre à ce sujet, et lui demanda des nouvelles de Jenny Gibson. Il apprit qu'elle allait partir avec Dinmont. — Et j'en vais faire autant, ajouta-t-elle, puisqu'il a été assez honnête pour m'y engager. Ce sont de braves gens, ces Dinmont, quoique ma maîtresse n'aimât point beaucoup à parler de cette parenté. Mais elle aimait infiniment les jambons qu'ils lui envoyaient, et les fromages, et les canards, et les chaussons et les mitaines de laine d'agneau. Oh! pour cela, elle le recevait avec plaisir.

M. Pleydell ayant congédié Rebecca. — Je crois, dit-il au colonel dès qu'elle fut partie, je crois que je connais l'Egyptienne.

— J'allais vous en dire autant, dit le colonel.

— Et son nom? dit l'avocat.

— Est Merrilies, dit Mannering en l'interrompant.

— Comment savez-vous cela? dit l'avocat au militaire en le regardant avec un air de surprise comique.

(1) 480 liv. — Éd.

Mannering répondit qu'il avait connu cette femme quand il avait été à Ellangowan, vingt ans auparavant, et il fit part à son ami le légiste de toutes les particularités remarquables de cette visite.

M. Pleydell écouta avec une grande attention.

— Je me félicitais, lui dit-il, d'avoir fait la connaissance d'un théologien profond en M. Sampson; mais je ne m'attendais pas à trouver dans son patron un disciple des Albumazar et des Messhala. J'ai pourtant la ferme persuasion que cette Egyptienne pourrait nous en dire plus que ce qu'elle sait par l'astrologie ou la seconde vue. Je l'ai eue entre mes mains dans le temps, et je n'en pus rien tirer; mais je vais écrire à Mac-Morlan de remuer ciel et terre pour la trouver. J'irai volontiers à Kippletringan pour assister à son interrogatoire. Je suis toujours membre de la justice de paix de ce comté, quoique je ne sois plus shériff. Je n'ai jamais eu rien plus à cœur que de pouvoir découvrir et les auteurs du meurtre de Kennedy, et le sort du malheureux enfant. Je vais écrire aussi au shériff de Roxburghshire, et à un juge de paix très-actif dans le Cumberland.

— J'espère que, quand vous viendrez dans ce pays, vous établirez votre quartier-général à Woodbourne.

— Bien certainement! je craignais que vous ne m'en fissiez la défense. Mais déjeunons promptement, ou j'arriverai trop tard.

Le lendemain les nouveaux amis se séparèrent, et le colonel retourna chez lui sans qu'il lui arrivât en chemin aucune aventure qui mérite d'être rapportée.

CHAPITRE XL.

« Où chercher un asile, où trouver le repos ?
« Faudra-t-il succomber sous le poids de mes maux ?
« Jeune homme infortuné, quel chemin vas-tu suivre ?
« Chacun d'eux au trépas, à tes bourreaux te livre. »
Les Femmes contentes.

Notre histoire nous rappelle un moment à l'époque où le jeune Hazlewood fut blessé. Dès que cet accident fut arrivé, les suites qui pouvaient en résulter pour Julie et pour lui-même se présentèrent en foule à l'esprit de Brown. Se croyant bien certain de pouvoir établir que ce malheur était arrivé sans le concours de sa volonté, il n'en craignait pas pour lui des conséquences bien sérieuses ; mais être arrêté dans un pays étranger, sans aucun moyen de prouver qui il était, ni quel rang il occupait dans l'armée, était un inconvénient auquel il jugeait à propos de se soustraire. Il résolut donc de se retirer sur la côte de l'Angleterre la plus voisine, et d'y rester caché jusqu'à ce qu'il eût reçu des fonds de son agent, et des lettres de ses amis du régiment. Alors il était déterminé à se montrer, pour offrir au jeune Hazlewood et à ses amis toutes les explications qu'ils pourraient désirer.

Dans ce dessein, après avoir quitté l'endroit où était arrivé ce funeste événement, il marcha sans s'arrêter jusqu'à la petite ville que nous avons nommée Portanferry, mais que le lecteur chercherait en vain sous ce nom sur la carte d'Ecosse. Une grande barque découverte allait en partir pour le petit port d'Allonby, dans le Cumberland. Brown s'y embarqua, et résolut de se fixer dans cette dernière ville jusqu'à ce qu'il eût reçu d'Angleterre des lettres et de l'argent.

Pendant ce court trajet, il entra en conversation avec le pilote, qui était aussi le propriétaire de la barque : c'était un vieillard encore vert qui, comme tous les pêcheurs de cette côte, avait de temps en temps pris part au commerce de contrebande. Après avoir parlé de divers objets d'un intérêt secondaire, Brown parvint à faire tomber l'entretien sur le colonel Mannering et sa famille. Le marinier avait entendu parler de l'affaire des contrebandiers, et il blâmait leur conduite.

— Ce n'est pas là bien jouer, disait-il ; ils se mettront tout le pays sur les bras. Non, non, ce n'est pas ainsi que je me conduisais avec les officiers du roi. Ils me saisissaient une cargaison ! hé bien, tant mieux pour eux. En amenais-je une à bon port, tant mieux pour moi. Non, il ne faut pas que les faucons se mangent.

— Et le colonel Mannering ?.....

— Il n'a pas été trop sage de s'en mêler ; ce n'est pas que je le blâme d'avoir sauvé la vie des jaugeurs ; il a bien fait. Mais convient-il à un gentilhomme de se battre pour faire perdre à de pauvres gens quelques balles de thé et quelques barils d'eau-de-vie ? Ah ! c'est un homme riche ; c'est un officier, et ces gens-là font tout ce qu'ils veulent avec de pauvres diables comme nous.

— Et sa fille, dit Brown dont le cœur battait vivement, va épouser, m'a-t-on dit, un jeune homme d'une famille distinguée de ces environs ?

— Quoi ! M. Hazlewood ? Non, non ; c'est du bavardage. Tous les dimanches, autrefois, il reconduisait chez elle, après l'office, la fille du feu lord Ellangowan ; et ma fille Peggy, qui sert à Woodbourne, m'a assuré qu'il ne pense pas plus que vous à miss Mannering.

Regrettant amèrement la précipitation avec laquelle il avait cru cette fausse nouvelle, Brown apprit cependant avec un bien vif plaisir que les soupçons qu'il avait conçus sur la fidélité de Julie étaient sans fondement. Mais combien ne devait-il pas avoir perdu dans son opinion ! Que pensait-elle? Il devait être à ses yeux un homme qui ne savait ménager ni sa sensibilité ni les intérêts de leur tendresse mutuelle! Les liaisons du vieillard avec la famille Woodbourne parurent lui offrir un assez bon moyen pour correspondre avec Julie, et il se décida à en profiter.

— Votre fille sert à Woodbourne, m'avez-vous dit? J'ai connu miss Mannering dans les Indes; et, quoique je me trouve à présent dans une situation bien inférieure à la sienne, j'ai tout lieu d'espérer qu'elle voudrait bien s'intéresser en ma faveur. J'ai eu le malheur d'avoir une querelle avec son père, sous les ordres de qui je servais, et je suis sûr que sa fille s'emploierait volontiers pour me réconcilier avec lui. Votre fille pourrait peut-être se charger de lui remettre une lettre sans que son père en fût informé.

Le vieillard promit que la lettre serait remise secrètement. En conséquence, dès qu'ils furent arrivés à Allonby, Brown écrivit à miss Mannering pour lui témoigner tous ses regrets de la scène qui s'était passée devant ses yeux, et la supplier de lui fournir les moyens de plaider sa cause devant elle, et d'obtenir son pardon. Il ne jugea pas à propos d'entrer dans le détail des circonstances qui l'avaient induit en erreur, et tâcha de s'exprimer en termes assez équivoques pour que sa lettre, si elle venait à tomber en d'autres mains, ne pût être ni comprise, ni faire deviner quel était celui qui écrivait. Le vieillard se chargea de la remettre à sa fille; et comme lui ou sa barque devait faire incessamment un nouveau voyage à Allonby, il lui promit en outre de lui faire tenir la réponse, si miss Mannering jugeait à propos d'en faire une.

Notre voyageur persécuté chercha alors à Allonby un logement convenable à l'état momentané de ses finances, et au désir qu'il avait de n'être pas remarqué. Dans cette vue, il prit le nom de son ami Dudley, et se fit passer pour peintre, sachant assez bien manier le pinceau pour que son hôte ne pût concevoir aucun doute à cet égard. Il dit qu'on lui enverrait son bagage de Wigton, et, se tenant renfermé autant que possible, il attendit impatiemment la réponse aux lettres qu'il avait écrites à son agent, à son ami Delaserre, et à son lieutenant-colonel. Il mandait au premier de lui envoyer de l'argent, conjurait le second de faire tout au monde pour venir le joindre, et priait le troisième de lui envoyer un certificat constatant le grade qu'il occupait dans son régiment, et la conduite qu'il y avait tenue, désirant par là se mettre en état de prouver son rang comme militaire, et sa moralité comme homme privé.

L'inconvénient résultant du défaut d'argent qu'il était sur le point d'éprouver le frappa si vivement, qu'il écrivit aussi à Dinmont à ce sujet, pour lui demander un prêt momentané de quelques guinées. Il n'était éloigné de sa demeure que de soixante à soixante-dix milles, et il ne doutait pas qu'il n'en reçût une réponse aussi prompte que favorable. Il n'avait pas oublié de lui marquer qu'il avait été volé de tout son bagage depuis qu'il l'avait quitté.

Pour excuser le retard qu'éprouvèrent les réponses qu'il attendait avec tant d'impatience, il est bon de faire observer que le service de la poste se faisait alors avec bien moins d'activité que depuis les améliorations qu'y a introduites M. Palmer. Quant au brave Dinmont, comme il ne recevait tout au plus qu'une lettre tous les trois mois, sa correspondance restait quelquefois des mois entiers sur le comptoir du buraliste, avec des petits pains, des pamphlets, du pain d'épices ou des chansons, selon le commerce que faisait le maître de la poste aux lettres. Ce n'était que lorsqu'il avait quelque procès qu'il envoyait très-exactement chercher les paquets qui pouvaient arriver à son adresse; et il n'en avait aucun en ce moment, son affaire contre Jack de Dawston-Cleugh n'étant pas encore entamée. Enfin, pour faire parvenir une lettre à la distance d'environ trente milles, on était alors en usage de la promener pendant plus de deux cents, ce qui réunissait les avantages d'ajouter quelques sous aux produits des postes, de faire prendre l'air à la lettre, et d'exercer la patience des correspondans. Toutes ces circonstances firent que Brown resta plusieurs jours à Allonby sans recevoir de réponse; et sa bourse, quoique ménagée avec la plus stricte économie, commençait à devenir fort légère, lorsqu'un jeune pêcheur lui remit la lettre suivante :

« Vous vous êtes conduit avec la plus cruelle indiscrétion; vous m'avez prouvé quelle confiance je dois avoir en vos protestations : Rien ne vous est plus cher, disiez-vous, que mon repos et mon bonheur. Votre impardonnable vivacité a failli coûter la vie à un jeune homme plein d'honneur et de mérite. N'en est-ce pas assez? Dois-je ajouter que moi-même j'ai été malade des suites de votre violence? Ai-je besoin de vous dire que les conséquences qui pouvaient en résulter pour vous n'étaient pas ce qui m'alarmait le moins, quelque peu de raison que vous m'eussiez donné pour m'en inquiéter. Le C. est absent pour quelques jours. M. H. est presque entièrement guéri, et j'ai lieu de penser que les soupçons ne se portent pas du côté où ils devraient tomber. Cependant gardez-vous de paraître ici. Nous avons éprouvé des accidens d'une nature trop violente, pour que je puisse songer à renouer une liaison qui nous a plusieurs fois menacés d'une catastrophe funeste. Adieu donc : croyez que personne ne désire plus sincèrement votre bonheur que

J. M. »

Cette lettre contenait cette espèce d'avis qui souvent paraît calculé pour nous inspirer la résolution de faire tout le contraire de ce qu'on nous recommande. Tel est au moins l'effet qu'elle produisit sur l'esprit de Brown. A peine l'eut-il lue qu'il demanda au jeune pêcheur s'il venait de Portanferry.

— Sans doute. Je suis le fils du vieux William Johnston, et cette lettre m'a été donnée par ma sœur Peggy, qui a soin du linge à Woodbourne.

— Et quand y retournez-vous, mon cher ami?

— Ce soir à la marée.

— Je partirai avec vous; mais je ne veux pas aller jusqu'à Portanferry. Pourrez-vous me mettre à terre sur la côte?

— Rien n'est plus facile.

Quoique le prix des denrées de toute espèce ne fût pas très-cher à cette époque, lorsque Brown eut acquitté son loyer, ses dépenses, et se fut pourvu d'un nouvel habit, emplette indispensable autant pour être moins facilement reconnu, que parce que le sien n'était plus dans un état présentable, sa bourse se trouva presque à sec. Il laissa au bureau de la poste un avis pour qu'on lui renvoyât ses lettres à Kippletringan, et il se disposa à se rendre en cette ville pour y réclamer ce qu'il avait laissé entre les mains de mistress Mac-Candlish. Il sentait aussi que son devoir exigeait qu'il cessât de se cacher aussitôt qu'il aurait en main les preuves de son nom et de son état, et son dessein était alors d'offrir au jeune Hazlewood toutes les réparations qu'il se croirait en droit d'exiger d'un officier au service du roi. — A moins qu'il ne soit aveuglé par un injuste ressentiment, disait-il, il doit convenir que ma conduite a été la suite nécessaire des menaces qu'il m'avait faites.

Le voilà donc encore une fois embarqué sur le détroit de Solway. Il pleuvait, le vent était contraire, et la marée ne leur était pas d'un grand secours; la barque était pesamment chargée d'un grand nombre de marchandises, dont une bonne partie était sans doute de contrebande, et tirait beaucoup d'eau. Le voyage n'était donc pas sans danger. Brown, élevé dans la marine, mit la main à la manœuvre, et fut d'autant plus utile au pilote pour gouverner son bâtiment, que le vent augmentait et qu'il soufflait en sens contraire aux courans rapides qui règnent sur cette côte. Enfin, après avoir manœuvré toute la nuit, ils se trouvèrent le matin dans une jolie baie sur le rivage d'Ecosse. Le ciel s'était éclairci, le temps était plus doux, et la neige qui avait long-temps couvert la terre était entièrement fondue. Les montagnes que l'on apercevait dans le lointain conservaient encore leur blanche parure; mais la plaine n'en offrait plus aucune trace, et en dépit de l'hiver la vue du rivage n'était pas sans intérêt. A droite et à gauche la côte, variant à l'infini sa courbure, formait différentes anses, et décrivait une ligne agréablement diversifiée. Ici elle était bordée de roches escarpées qui s'avançaient dans la mer; là les sables de la mer, s'élevant graduellement, semblaient vouloir se confondre avec les prairies qu'ils allaient joindre. Divers bâtimens réfléchissaient les rayons obliques du soleil de décembre, et des bois, quoique dépouillés de feuilles, ajoutaient encore un charme à la beauté de ce paysage. Brown sentit s'éveiller en lui ce vif intérêt que le spectacle de la nature ne manque jamais de faire naître dans une ame délicate, quand il s'ouvre tout à coup à vos yeux après l'ennui d'un voyage fait pendant une nuit obscure. Peut-être, car qui peut analyser ce sentiment inexplicable qui fait qu'une personne née dans les montagnes est toujours attachée à ces amis de son enfance? peut-être quelques souvenirs confus, produisant sur lui un effet dont il avait oublié la cause, se mêlaient-ils au plaisir que lui faisait éprouver le tableau qu'il avait devant les yeux.

— Et quel est, dit Brown au pilote de la barque, le nom de ce beau cap qui, tout couvert de bois, avance jusque dans la mer ses rivages en pente, ses collines boisées, et ferme le côté droit de la baie?

— C'est la pointe de Warroch, répondit-il.

— Et ces ruines, au bas desquelles j'aperçois une maison? elles paraissent considérables.

— C'est la vieille Place; et la maison au-dessous est la Place neuve. Voulez-vous aborder en cet endroit?

— Oui, de tout mon cœur. Je serai charmé de visiter ces ruines ; et alors je continuerai mon voyage.

— Elles ne sont pas là pour rien. Vous voyez cette grosse tour ; hé bien, elle sert à guider les marins, aussibien que Ramsay dans l'île de Man, et la pointe d'Ayr. On dit qu'on s'y est bien battu, il y a long-temps.

Brown voulait lui demander d'autres détails, mais un pêcheur n'est pas un antiquaire ; il ne put répéter que ce qu'il avait dit.

— J'en apprendrai davantage, dit Brown, quand je serai à terre.

La barque continua sa course jusqu'au cap sur le sommet duquel était située la vieille tour, qui, du milieu des ruines qui l'entouraient, semblait encore vouloir dominer la baie, dont les eaux étaient toujours un peu agitées. — Je crois, dit le jeune pêcheur, que vous pourrez aborder ici sans risquer de vous mouiller les pieds. Il y a là un endroit qui était destiné à leurs barques et à leurs galères il y a bien long-temps ; et de là on trouve un escalier étroit qui conduit sur le roc. La lune m'a vu plus d'une fois débarquer là des marchandises.

Pendant qu'il parlait ainsi, ils tournèrent une pointe de rocher et trouvèrent un petit port, formé par la nature et agrandi par les soins des anciens propriétaires du château, qui, comme l'avait dit le pêcheur, avaient jugé nécessaire d'avoir une espèce de havre pour leurs barques et leurs chaloupes, car aucun vaisseau marchand n'aurait pu y aborder. Les deux pointes de rocher qui en formaient l'entrée étaient si voisines l'une de l'autre, qu'elles ne donnaient passage qu'à une seule barque à la fois. De chaque côté on voyait encore deux énormes anneaux de fer, solidement fixés dans le roc. Suivant la tradition, on y passait toutes les nuits une grosse chaîne retenue par un fort cadenas, pour mettre en sûreté le havre et la flottille qu'il renfermait. A l'aide du ciseau et de la pioche une espèce de quai avait été construit. Le roc était si dur, qu'un homme travaillant à cet ouvrage aurait pu, disait le pêcheur, rapporter le soir dans son bonnet tout ce qu'il en avait détaché pendant la journée. Ce petit quai communiquait à l'escalier dont nous avons déjà parlé, et qui montait au vieux château; on pouvait même du rivage gagner le quai en grimpant sur les rochers.

— Vous ferez bien de descendre à terre en cet endroit, dit le pêcheur; la côte est belle, et plus loin elle est fort escarpée. Non, non! ajouta-t-il en refusant l'argent que Brown lui offrait, vous avez bien gagné votre passage! vous avez travaillé plus fort que pas un de nous! Adieu! bon voyage! En parlant ainsi il gagna le large, alla débarquer sa cargaison de l'autre côté de la baie, et laissa Brown sur le rivage au-dessous des ruines, ayant sous le bras un petit paquet contenant les objets de toilette les plus nécessaires et qu'il avait été obligé d'acheter à Allonby.

C'était ainsi qu'inconnu à lui-même, dans des circonstances pénibles, sinon alarmantes, n'ayant pas un ami à plus de cent milles à la ronde, accusé d'un crime capital, et, ce qui n'était pas le moindre inconvénient, se trouvant presque sans argent, notre voyageur errant s'approchait des débris d'un château où ses ancêtres avaient joui d'une puissance presque royale.

CHAPITRE XLI.

> « Je vous revois enfin, antiques monumens,
> « Tours superbes jadis, murs détruits par le temps ;
> « Qu'est devenue, hélas ! votre ancienne puissance,
> « Tout ce bruit, cet éclat, cette magnificence
> « Dont vous étiez témoins quand un voisin baron
> « Rendait dans votre enceinte hommage à ma maison ?»
> WALPOLE. *La Mère mystérieuse.*

Brown, ou pour mieux dire Bertram, car nous lui donnerons désormais ce nom, puisqu'il a mis le pied sur le domaine de ses ancêtres, entra dans le vieux château par une poterne, où l'on voyait encore des traces de la fermeture solide dont elle était garnie autrefois. Il admira la force des murs qui subsistaient encore, la magnificence qu'annonçaient les ruines, et l'immense étendue de terrain que ces bâtimens avaient couverte. Il remarqua dans deux chambres voisines l'une de l'autre des traces qui indiquaient qu'elles avaient été récemment habitées. Dans la moins large étaient des bouteilles vides, des os à demi rongés, des restes de pain ; dans l'autre, dont la porte encore très-solide était restée ouverte, il trouva une assez grande quantité de paille. Dans toutes deux il vit qu'on avait allumé du feu depuis peu de temps. Comment aurait-il pu s'imaginer que des circonstances si triviales pussent avoir un rapport si direct à son bonheur, à son honneur, à sa vie ?

Après avoir satisfait sa curiosité en visitant à la hâte tout l'intérieur, Bertram sortit par la grande porte qui donnait du côté du nouveau château, et s'arrêta pour jouir un instant de la belle vue qui s'offrait à ses yeux. Ayant inutilement cherché à deviner la position de Woodbourne, et s'étant à peu près assuré de celle de Kippletringan, il se retourna pour jeter un dernier regard sur les ruines majestueuses qu'il allait quitter. Il admira l'effet pittoresque que produisaient les tours dont les murs massifs semblaient rendre encore plus ténébreux le passage de la porte voûtée par laquelle on sortait du château. Les armes de la famille des Ellangowan étaient encore gravées sur la pierre du fronton. C'étaient trois têtes de loup placées diagonalement sur un fond d'azur, et sous lesquelles était un loup percé d'une flèche. Ils avaient pour support de chaque côté un sauvage tenant à la main un chêne déraciné.

Suivant le cours des idées que ce spectacle devait naturellement faire naître : — Les descendans des anciens barons qui ont bâti ce château, pensait Bertram, en sont-ils encore propriétaires, ou sont-ils errans, ignorant peut-être le nom et le pouvoir de leurs aïeux? Leur héritage a-t-il passé en des mains étrangères? Pourquoi la vue de certains objets éveille-t-elle des idées qui semblent appartenir à des songes vagues et à d'obscurs souvenirs, tels que mon vieux bramine Moonshie les aurait attribués à une vie précédente? Est-ce que les visions que nous offre confusément le sommeil sont rappelées à notre mémoire par les objets qui ressemblent aux fantômes qu'il a présentés à notre imagination? Combien de fois, en nous trouvant dans une société tout-à-fait nouvelle pour nous, n'arrive-t-il pas que les interlocuteurs, le sujet dont ils parlent, le lieu où ils se trouvent, nous paraissent ne pas être tout-à-fait nouveaux pour nous, et nous font même pressentir ce que nous allons entendre? C'est précisément ce qui m'arrive en contemplant ces ruines. Je ne puis m'empêcher de penser que ces tours massives, cette porte voûtée, ces débris, ces montagnes, ne me sont pas étrangers! Serait-il possible que je les eusse vus dans mon enfance? Serait-ce dans leurs environs que je dois chercher ces amis dont mon cœur a conservé un tendre souvenir, quoique bien imparfait, et que j'ai changés si jeune encore

23.

pour des maîtres si durs? Cependant Brown, qui, je crois, ne m'aurait pas trompé, m'a toujours dit que j'avais été enlevé sur les côtes de l'est, après une escarmouche dans laquelle mon père a péri, et à l'appui de son assertion une scène sanglante s'est toujours présentée à mon imagination.

Le hasard voulut que l'endroit où s'était arrêté Bertram pour se livrer à ces réflexions fût précisément celui où son père était mort : il était remarquable par un gros et vieux chêne, le seul qui se trouvât en ce lieu, et que les habitans appelaient le chêne de la justice, parce que c'était là que les barons d'Ellangowan faisaient faire leurs exécutions. Il voulut aussi, et cet incident est remarquable, que Glossin se promenât le matin dans le même endroit avec un homme qu'il consultait sur des réparations et des augmentations qu'il avait dessein de faire au nouveau château. Ne trouvant pas un grand plaisir à voir des ruines qui ne servaient qu'à lui en rappeler les anciens propriétaires, il avait le projet de faire servir une partie de ces débris à ses nouvelles constructions. Il s'avança donc, suivi de l'arpenteur qui l'accompagnait le jour de la mort du vieux Ellangowan, et qui était aussi une espèce d'architecte que Glossin employait sous ses ordres, car pour dresser les plans, etc., il ne s'en rapportait qu'à lui-même. Bertram avait le dos tourné de leur côté, et était caché par le tronc du vieux chêne, de manière qu'ils ne purent le voir avant d'être près de lui.

— Oui, monsieur, disait Glossin à son compagnon, ce qui subsiste encore des murs du vieux château forme, comme je vous l'ai dit, un carré parfait ; et, quand tout sera détruit, cela n'en vaudra que mieux pour le pays, car ce n'était plus qu'une retraite pour les contrebandiers. A ces mots, Bertram, qui n'était qu'à deux pas, se retourna vers lui. — Quoi! monsieur, lui dit-il, vous voudriez détruire ce château ?

Sa taille, sa figure, sa voix, tout son extérieur offrait

un portrait si frappant de son père dans sa jeunesse, que Glossin, entendant cette exclamation, et voyant l'image de son ancien patron apparaître tout à coup sur le lieu même où il avait presque en sa présence rendu le dernier soupir, crut un instant que la tombe avait lâché sa proie. Il recula deux ou trois pas, comme frappé d'un coup mortel et imprévu. Il retrouva cependant bientôt sa présence d'esprit, et reconnut sur-le-champ que ce n'était pas une ombre qui s'offrait à ses yeux, mais un homme dont il avait causé les malheurs, et que la moindre inattention de sa part pouvait conduire à la connaissance de ses droits, et aux moyens de les faire valoir contre lui. Mais ses idées étaient tellement troublées par le choc qu'il avait reçu, que les premiers mots qu'il prononça se ressentirent de ses alarmes.

— Au nom du ciel, comment êtes-vous venu ici?

— Ici, monsieur? j'ai débarqué il y a un quart d'heure dans la petite baie qui est au bas de ce roc, et je consacrais un moment de loisir à examiner ces belles ruines. Je me flatte qu'il n'y a pas d'indiscrétion?

— D'indiscrétion? Non, monsieur, dit Glossin, qui était parvenu à réprimer les mouvemens qui l'agitaient; vous êtes bien le maître, comme toute personne honnête, de satisfaire votre curiosité. En même temps il dit un mot à l'oreille de son compagnon, qui disparut à l'instant.

— Je vous remercie, monsieur. On m'a dit que ces bâtimens se nommaient la vieille Place?

— Oui, monsieur, pour la distinguer du nouveau château dans lequel je demeure là-bas.

On remarquera que pendant le dialogue qui va suivre, Glossin avait d'une part un grand désir de s'assurer si Bertram avait conservé quelque souvenir des lieux où il avait passé les premières années de sa vie, et de l'autre une crainte excessive d'aider sa mémoire par une phrase, un nom, une anecdote qui pût réveiller ses idées encore endormies. Il souffrit pendant cet entretien toutes les tortures qu'il méritait si bien; mais semblable à ces Indiens de l'Amérique septentrionale, son orgueil et son intérêt lui donnèrent la force de supporter les souffrances que lui faisaient endurer la haine, le soupçon, la crainte, et les remords de sa conscience.

— Je voudrais savoir le nom de la famille à qui cette propriété appartient.

— Elle est à moi, monsieur, et mon nom est Glossin.

— Glossin! Glossin! répéta Bertram, comme si ce nom n'eût pas été celui auquel il se serait attendu. Pardonnez-moi, monsieur, je suis sujet à de grandes distractions. Oserais-je vous demander s'il y a long-temps que ce domaine est dans votre famille?

— Ce château a été construit anciennement par une famille nommée Mac-Dingawaie, dit Glossin qui ne voulut pas prononcer le nom de Bertram, de peur d'éveiller des souvenirs qu'il était si intéressé à laisser assoupis, et cherchant à éluder la question par une réponse évasive.

— Et comment lisez-vous la devise à demi effacée qui est gravée sur cet entablement au-dessous de ces armoiries?

— Je... je... ne saurais trop vous dire.

— Il me semble que j'y lis : *Notre droit fait notre force.*

— Oui, quelque chose de semblable.

— Puis-je vous demander, monsieur, si c'est la devise de votre maison.

— N... non... non; ce n'est pas la mienne..., c'est, je crois, celle des anciens propriétaires. La mienne... car j'ai eu une correspondance à ce sujet avec M. Cumming, généalogiste à Edimbourg, et il m'a mandé que la devise des Glossin était autrefois : *Notre force fait notre droit*[1].

— S'il y a quelque incertitude sur ce sujet, monsieur, vous devriez prendre l'ancienne devise, qui me paraît la meilleure des deux.

---

(1) Celui qui *le* prend *le* rend légitime. — Tr.

Glossin, dont la langue commençait à s'attacher à son palais, ne répondit que par un signe de tête.

— La mémoire, dit Bertram en contemplant toujours les armoiries et la devise, et ayant l'air tantôt de s'adresser à Glossin, tantôt de se parler à lui-même; la mémoire produit quelquefois des effets bien singuliers. Cette devise vient de me rappeler tout à coup un fragment d'une vieille prophétie, chanson ou ballade, que je ne sais où j'ai apprise. Tenez, le voilà :

> « Il faut que la nuit s'éclaircisse,
> Et le bon droit triomphera
> Avec la force et la justice,
> Lorsque Bertram. . . . . . . »

Je ne puis me rappeler le dernier vers, c'est une rime en *a*; mais je ne me souviens pas du mot qui précède.

— Au diable soit ta mémoire! pensa Glossin; elle ne te sert que trop bien.

— Il y a d'autres vers que je cherche à me rappeler. Dites-moi, monsieur, connaît-on dans ces environs une vieille ballade où il est question de la fille d'un roi de l'île de Man qui épouse un chevalier écossais?

— Je suis le dernier homme du monde à consulter pour les légendes et les antiquités.

— Bien certainement, j'ai su cette ballade d'un bout à l'autre dans mon enfance. Il faut que vous sachiez, monsieur, que j'ai quitté l'Ecosse étant bien jeune, et ceux qui m'ont élevé ont toujours travaillé à effacer de ma mémoire toutes les traces qu'elle pouvait conserver de mon pays natal, probablement parce qu'un désir d'enfant me poussait toujours à m'échapper.

— Fort naturel! dit Glossin en faisant les plus grands efforts pour procurer à sa bouche une ouverture de quelques lignes, de manière que le son de sa voix ressemblait à un murmure étouffé, et était bien éloigné du ton plein et élevé avec lequel il s'exprimait habituellement. Sa taille se rapetissait; il ne semblait plus que l'ombre de lui-même. Il avançait un pied, s'arrêtait, regardait derrière lui d'un air d'impatience, levait les épaules, s'amusait avec les boutons de son gilet, croisait les bras; enfin il offrait tout l'extérieur d'un vil coquin craignant à chaque instant l'arrivée du rayon qui doit éclairer sa bassesse. Entraîné par le cours de ses propres réflexions, Bertram n'y faisait pas la moindre attention, et tout en lui parlant il n'était occupé que des souvenirs et des sensations confuses qui l'agitaient. — Quoique élevé en Hollande, dit-il, je n'ai pas perdu l'habitude de ma langue maternelle, parce que la plupart des marins que je voyais étaient anglais, et je me souviens que quand j'étais seul je chantais cette ballade d'un bout à l'autre, mais j'ai tout oublié. Cependant je crois que je pourrais me rappeler l'air, et je ne sais ce qui le retrace si vivement à ma mémoire.

Il tira son flageolet de sa poche; et après avoir cherché quelques instans, il joua l'air dont il parlait. La mélodie réveilla les mêmes idées dans l'esprit d'une jeune fille occupée à laver du linge à une fontaine peu éloignée, qui fournissait autrefois de l'eau au château. Elle se mit à chanter sur-le-champ :

« Quel est ce rivage enchanteur ?
Disait sur le vaisseau la timide princesse :
Est-ce Warroch, où ma tendresse
Doit rejoindre un époux qui fera mon bonheur ? »

— Par le ciel, dit Bertram, voilà tout juste la ballade. Il faut que cette jeune fille me l'apprenne!

— Malédiction! pensa Glossin; si je ne coupe court à cela tout est perdu! que le diable emporte les ballades, ceux qui les font, ceux qui les chantent, et cette sotte avec son gosier! Il vit fort à propos revenir son émissaire avec trois hommes qui l'accompagnaient. Vous aurez le temps une autre fois, lui dit-il, d'apprendre des chansons. Il faut maintenant que nous ayons un entretien plus sérieux.

— Que voulez-vous dire, monsieur? dit Bertram, offensé du ton qu'avait pris Glossin.

— Monsieur, quant à cela..... je pense que vous vous nommez Brown?

— Que vous importe, monsieur?

Glossin jeta un coup d'œil derrière son épaule pour voir si le renfort approchait, et il était sur le point d'arriver. — Van Beest Brown, je crois?

— Et de quoi vous mêlez-vous, monsieur, dit Bertram d'un ton qui annonçait la surprise et le mécontentement.

— C'est qu'en ce cas, dit Glossin, qui vit que ses affidés n'étaient qu'à deux pas, je vous arrête au nom du roi.

En même temps il le saisit au collet, tandis que deux de ses affidités s'emparaient chacun d'un de ses bras. Bertram se débarrassa pourtant de leurs mains par un effort vigoureux qui renversa un des assaillans; et tirant son couteau de chasse, il se mit sur la défensive, tandis que ceux qui avaient déjà fait l'épreuve de ses forces le regardaient à une distance respectueuse. — Faites attention, leur dit-il, que je n'ai nul dessein de me révolter contre une autorité légale. Montrez-moi un mandat qui vous autorise à m'arrêter, je suis prêt à vous obéir. Mais que personne ne s'avise de s'approcher de moi avant de m'avoir justifié par quel ordre et pour quel crime on prétend m'arrêter.

Glossin ordonna alors à un de ses suppôts de lui montrer le mandat d'arrêt délivré contre Van Beest Brown, pour avoir volontairement et avec préméditation blessé Charles Hazlewood, avec intention de le tuer, et pour répondre sur d'autres faits qui lui seront allégués. Le mandat contenait l'ordre de le traduire, aussitôt après son arrestation, devant un magistrat, pour subir un interrogatoire.

Le mandat étant en bonne forme et le fait ne pouvant être nié, Bertram jeta son arme à terre, et ses vaillans adversaires tombèrent sur lui avec une ardeur égale à la pusillanimité qu'ils avaient d'abord montrée. Ils se disposaient à lui mettre les fers aux pieds et aux mains, alléguant, pour justifier cette voie de rigueur, la force dont il avait déjà donné des preuves ; mais Glossin, honteux de permettre cette insulte inutile, leur ordonna de se conduire envers le prisonnier avec décence et respect, et de se contenter de veiller sur lui. Ne se souciant pas de le faire entrer dans sa maison, où de nouveaux souvenirs pouvaient encore se présenter à son esprit, et voulant mettre sa conduite à couvert sous l'abri de l'autorité d'un autre, il fit mettre les chevaux à sa voiture, car il en avait pris une depuis peu, et fit rester le prisonnier et ses gardiens dans une des salles, où il donna ordre qu'on leur portât des rafraîchissemens.

CHAPITRE XLII.

« Appelez les témoins, on ouvre l'audience.
« Vertueux président, daignez prendre séance;
« Et vous, dont on connaît la rigide équité,
« Vous êtes juge aussi, siégez à son côté. »
SHAKSPEARE. *Le roi Lear.*

Tandis qu'on préparait sa voiture, Glossin avait à composer une lettre qui ne lui demanda pas peu de temps : c'était pour son voisin, comme il aimait à l'appeler, sir Robert Hazlewood, chef d'une ancienne et puissante famille dont l'influence s'était accrue de toute celle qu'avaient successivement perdue les Ellangowan. Sir Robert était un homme âgé, excessivement fier, aimant passionnément sa famille, qui n'était composée que d'un fils et d'une fille, du reste se conduisant avec honneur et équité, autant par principe que par crainte de la censure du monde. Rien ne pouvait égaler l'orgueil et l'importance qu'il attachait à son nom, qui venait d'être illustré par un

titre de baronnet qu'il avait recueilli dans une succession.
Il avait toujours nourri une secrète animosité contre les
Ellangowan, parce que la tradition rapportait qu'un baron de cette famille avait obligé le fondateur de la maison
des Hazlewood à lui tenir l'étrier pour monter à cheval.
Il affectait une espèce de style pompeux et fleuri, qui devenait souvent ridicule par la manière dont il arrangeait
ses périodes.

Tel était le personnage à qui Glossin écrivait, et dont
il voulait par son style satisfaire la vanité et l'orgueil.
Voici le billet qu'il lui adressa.

« M. Gilbert Glossin (il avait grande envie d'ajouter
d'*Ellangowan*, mais la prudence l'en empêcha, et il supprima cette qualification territoriale) : M. Gilbert Glossin
a l'honneur d'offrir ses complimens respectueux à sir Robert Hazlewood, et de l'informer qu'il a été assez heureux
pour faire arrêter ce matin la personne qui a blessé
M. Charles Hazlewood. Comme sir Robert Hazlewood désirera sûrement procéder lui-même à l'interrogatoire du
coupable, M. G. Glossin le fera conduire à l'auberge de
Kippletringan, ou au château d'Hazlewood, suivant les
ordres que sir Robert Hazlewood voudra lui donner; et
avec la permission de sir Robert Hazlewood, M. G. Glossin aura l'honneur de se rendre à l'un ou à l'autre de
ces deux endroits avec les preuves et les déclarations
qu'il a été assez heureux pour recueillir dans cette affaire
atroce.

« Ellangowan, ce mardi.

« A sir Robert HAZLEWOOD, d'Hazlewood, Baronnet,
au château d'Hazlewood. »

Il envoya ce billet par un domestique à cheval à qui il
recommanda de faire grande diligence. Peu de temps
après il fit monter dans sa voiture deux de ses satellites
avec Bertram, et les suivit à cheval, au petit pas, jusqu'à
un endroit où la route se divise en deux branches, dont

l'une conduit au château d'Hazlewood et l'autre à Kippletringan. Là, il attendit le retour de son messager, la réponse de sir Robert devant décider quel chemin il suivrait. Environ une demi-heure après, le domestique revint avec un billet bien plié, scellé d'un cachet aux armes d'Hazlewood et qui portait des marques de la nouvelle dignité de sir Robert.

« Sir Robert Hazlewood d'Hazlewood remercie M. G. Glossin des peines, soins et embarras qu'il a pris dans une affaire qui touche de si près la famille de sir Robert. Il le prie d'amener le prisonnier au château d'Hazlewood, et d'apporter les preuves et documens dont il parle. Lorsque l'affaire sera finie, si M. G. Glossin n'a pas d'autre engagement, sir Robert et lady Hazlewood seront charmés d'avoir sa compagnie à dîner.

« Au château d'Hazlewood, ce mardi.

« A M. Gilbert Glossin. »

—Ah! pensa Glossin, j'y ai mis un doigt enfin, la main passera bientôt tout entière. Mais d'abord débarrassons-nous d'un personnage qui me gêne considérablement. Je sais comment m'emparer de l'esprit de sir Robert. Il est fier, présomptueux, il profitera de toutes les suggestions que je lui donnerai, et en ayant l'air d'agir d'après ses propres lumières il suivra aveuglément toutes mes impulsions. Ainsi j'aurai l'avantage d'être le véritable magistrat, et je n'encourrai pas le risque d'une odieuse responsabilité.

Pendant que Glossin formait tous ces projets, la voiture s'approchait du château d'Hazlewood à travers une belle avenue de vieux chênes. Cet édifice, qui ressemblait à une ancienne abbaye, avait été bâti à différentes époques. Une partie servait de prieuré du temps de la reine Anne, et, lors de sa suppression, Hazlewood en avait obtenu la concession de la couronne, avec les terres qui en dépendaient. Il était situé dans une position très-agréable, sur le bord de la rivière dont nous avons déjà parlé. Un parc d'une étendue considérable y était joint. Les environs avaient un air sombre, majestueux, et un peu mélancolique, qui s'accordait parfaitement avec l'architecture antique du bâtiment. Tout y paraissait dans le plus grand ordre, et annonçait le rang et l'opulence du propriétaire.

Lorsque la voiture de M. Glossin s'arrêta à la porte du château, sir Robert examina d'une de ses fenêtres quel était l'équipage qui arrivait. En reconnaissant Glossin, il ne put réprimer un sentiment d'indignation contre un homme qui, naguère simple procureur, se donnait les tons d'un homme de qualité. Mais son courroux s'apaisa en remarquant que les panneaux de la voiture n'étaient ornés que d'un chiffre formé par deux G. Il faut avouer cependant que cette modestie apparente n'était due qu'à M. Cumming le généalogiste, qui, étant très-occupé en ce moment à fabriquer des armoiries pour deux commissaires de l'Amérique du Nord, trois pairs irlandais, et deux gros négocians de la Jamaïque, n'avait pas eu le temps de s'occuper de celles du nouveau seigneur d'Ellangowan. Mais cette circonstance servit parfaitement Glossin dans l'esprit du fier baronnet.

Les officiers de justice restèrent avec le prisonnier dans une espèce d'antichambre; Glossin fut introduit dans un grand salon garni d'une boiserie en chêne vernissé, et orné des antiques portraits des ancêtres de sir Robert. Sa conscience l'avertissant que son mérite n'était pas suffisant pour faire oublier la bassesse de sa naissance, il sentit toute son infériorité; et la manière dont il se présenta, ses salutations serviles et répétées, prouvèrent que le nouveau seigneur d'Ellangowan n'avait pas encore oublié les humbles habitudes de l'ancien procureur. Il cherchait à se persuader qu'il n'agissait ainsi que pour flatter la vanité du vieux baronnet, et la faire tourner ensuite à son avantage; mais il se trompait lui-même sur ses sentimens, et il éprouvait malgré lui l'influence des préjugés qu'il voulait caresser.

Sir Robert le reçut avec cette politesse étudiée qui faisait sentir en même temps son immense supériorité, et la bonté avec laquelle il voulait bien descendre du haut de sa grandeur pour se mettre de niveau avec un homme qu'il regardait comme bien au-dessous de lui. Il remercia Glossin de s'être occupé d'une affaire qui concernait sa famille.—Tous mes aïeux, dit-il en lui montrant ses portraits de famille, vous sont obligés comme moi, pour les peines, les soins et l'embarras que vous vous êtes donnés en leur considération. Je n'ai nul doute, que s'ils pouvaient joindre leur voix à la mienne, ils ne vous remerciassent comme je le fais, du zèle et de l'intérêt que vous avez témoignés dans une affaire concernant un jeune homme qui doit perpétuer leur nom et leur famille.

Glossin fit trois nouveaux saluts en s'inclinant toujours plus profondément à chaque fois; d'abord en l'honneur du noble personnage en présence duquel il se trouvait, ensuite par respect pour les membres paisibles de cette auguste famille qui ornaient la boiserie, et enfin par déférence pour le jeune seigneur chargé de perpétuer leur race et leurs titres. Cet hommage flatta sir Robert, et prenant le ton d'une familiarité gracieuse : — Maintenant, lui dit-il, M. Glossin, mon bon, cher et véritable ami, vous me permettrez dans cette affaire de profiter de vos connaissances, car je ne suis pas très-habitué à exercer les fonctions de juge de paix. Cela convient mieux aux gens dont les affaires domestiques n'exigent pas autant de soin, de temps et d'attention que les miennes.

La réponse de Glossin fut, comme on le juge bien, que ses faibles lumières étaient au service de sir Robert Hazlewood, mais que la haute réputation dont jouissait sir Robert Hazlewood l'empêchait d'espérer qu'il pût lui être de quelque utilité.

— Pardonnez-moi, mon cher monsieur, dit le laird, je

veux parler des détails ordinaires d'une justice de paix. J'ai commencé autrefois par suivre le barreau, et j'avais fait quelques progrès dans la connaissance théorique, spéculative et abstraite de notre code municipal; mais aujourd'hui un homme de qualité, et jouissant de quelque fortune, ne peut se distinguer au barreau sans imiter ces aventuriers qui sont aussi disposés à plaider pour un manant que pour le premier noble du pays. Je me souviens que la première affaire qui fut mise sur mon bureau me dégoûta pour jamais. C'était une contestation relative à une vente de suif entre un boucher et un chandelier, et je vis que l'on s'attendait que je salirais ma bouche, non-seulement des noms vulgaires de ces hommes, mais encore des termes techniques et des phrases dégoûtantes de leurs viles professions. En honneur, mon cher monsieur, depuis ce temps, il ne m'a plus été possible de supporter la vue d'une chandelle.

M. Glossin témoigna son indignation du vil usage auquel on avait voulu abaisser les talens du baronnet. Passant ensuite à l'affaire qui l'amenait, il lui offrit de remplir près de lui les fonctions de clerc ou d'assesseur.— D'abord, ajouta-t-il, je crois que nous n'aurons pas de difficulté à prouver le fait principal, c'est-à-dire que le prisonnier est celui qui a tiré un coup de fusil sur M. Hazlewood. S'il voulait le nier, M. Hazlewood serait là pour fournir des preuves.

— Mon fils n'est pas ici aujourd'hui, M. Glossin.

— Hé bien! nous prendrons le serment du domestique qui l'accompagnait. Mais je ne crois pas que le fait soit nié; je crains davantage que, d'après la manière favorable et indulgente dont on m'assure que M. Charles Hazlewood a bien voulu rendre compte de cette affaire, on ne la regarde comme une rencontre accidentelle, un effet du hasard, où a manqué l'intention de nuire, et qu'on n'ordonne la mise en liberté de cet homme, qui ira commettre d'autres crimes.

— Je n'ai pas l'honneur de connaître la personne qui

remplit les fonctions d'avocat du roi, dit gravement sir Robert; mais je présume, monsieur, j'aime à croire, je suis convaincu qu'il considérera le seul fait d'avoir blessé le jeune Hazlewood, même par inadvertance (pour donner à la chose le nom le plus doux, le plus favorable et le plus invraisemblable), comme un crime qui ne serait pas assez puni par un simple emprisonnement, et qui mérite la déportation.

— Je pense entièrement comme vous, sir Robert; mais j'ai remarqué que la cour d'Edimbourg et même les officiers du roi se piquent d'indifférence dans l'administration de la justice, et n'ont aucun égard au rang et à la naissance : je crains donc...

— Comment, monsieur, n'avoir pas égard au rang et à la naissance! Me direz-vous que cette doctrine puisse être professée par des hommes bien nés et imbus des principes d'une éducation légale? Non, monsieur. Une bagatelle, prise dans la rue, est qualifiée de vol; mais le vol prend le nom de sacrilège, quand il est commis dans une église : ainsi, par une juste conséquence des divers degrés de la société, le crime change de caractère suivant le rang de celui contre qui il est projeté, commis, exécuté.

Glossin ne répondit à cette tirade, débitée avec emphase et d'un ton dogmatique, qu'en inclinant profondément la tête; mais il fit observer qu'en tout état de cause, et quand même on suivrait les principes erronés dont il venait de parler, il y avait encore une autre charge légale contre M. Van Beest Brown.

— Van Beest Brown! c'est là le nom de ce misérable! Grand Dieu! faut-il que le jeune Charles Hazlewood ait été en danger de perdre la vie, qu'il ait eu la clavicule de l'épaule droite lacérée et disloquée, des fragmens de balle dans l'apophyse acromion, ainsi que le constate le procès-verbal dressé par le chirurgien de ma famille; et tout cela par le fait d'un misérable obscur, dont le nom est Van Beest Brown.

— Il est vrai, sir Robert, que c'est une chose à laquelle on ne peut songer de sang-froid; mais permettez-moi de continuer ce que je voulais vous dire. D'après les papiers que voici (et il tira de sa poche le portefeuille de Dirk Hatteraick), il paraît qu'un homme portant le même nom était lieutenant du lougre de contrebandiers dont l'équipage attaqua, il y a peu de temps, la maison du colonel Mannering à Woodbourne, et je ne doute pas que ce ne soit le même individu que notre prisonnier : c'est ce que votre sagacité vous fera découvrir en l'interrogeant.

— Il n'y a pas le moindre doute, mon cher monsieur; c'est lui bien certainement. Ce serait faire injure, même à la plus vile classe du peuple, si on supposait qu'il puisse s'y trouver deux hommes portant un nom si choquant pour les oreilles que celui de Van Beest Brown.

— Cela est vrai, sir Robert; il n'y a pas l'ombre d'un doute. Vous voyez d'ailleurs que cette circonstance mène à découvrir ce qui a déterminé ce misérable à commettre ce crime. Vous approfondirez ses motifs, sir Robert, vous les ferez ressortir de son interrogatoire. Quant à moi, je ne puis m'empêcher de penser qu'il a été poussé par un esprit de vengeance; qu'il a voulu punir M. Hazlewood d'avoir défendu le château de Woodbourne contre lui et ses compagnons avec un courage digne de ses nobles et illustres ancêtres.

— Je l'interrogerai sur tout cela, mon cher monsieur; mais, dès à présent, je prévois que j'adopterai l'explication, la solution que vous me proposez de cette énigme et de ce mystère. Oui c'est la vengeance; ce ne peut être aucune autre raison. Hé! grand Dieu! d'où part cette vengeance, et qui voulait-elle atteindre? Elle a été conçue, projetée; dirigée contre le jeune Charles Hazlewood, effectuée, exécutée et accomplie par les mains de Van Beest Brown! Dans quel temps vivons-nous, mon digne voisin? (On voit que Glossin faisait de rapides progrès dans les bonnes graces du baronnet.) Dans un temps où les fondemens de la société sont ébranlés jusque dans leur base ; où le rang et la naissance, qui doivent briller au plus haut de l'édifice social, sont confondus avec les plus vils matériaux ! Oh ! mon bon M. Glossin, de mon temps, l'usage de l'épée et du pistolet, de ces nobles armes, était réservé à la noblesse ; les querelles des gens du peuple se vidaient avec des bâtons coupés, arrachés, déplantés dans un bois voisin ; mais aujourd'hui le paysan veut trancher du gentilhomme ; les gens du plus bas étage ont leur point d'honneur ; leurs querelles se décident les armes à la main. Mais allons, mon temps est précieux, faites entrer ce drôle, ce Van Beest Brown, et débarrassons-nous de sa présence, au moins pour le moment.

CHAPITRE XLIII.

« Le coup qu'il m'apprêtait est retombé sur lui.
« Ainsi l'on voit parfois la main malavisée
« Se blesser en voulant allumer la fusée ;
« Mais, bien loin que mon cœur aspire à se venge.
« Je voudrais être sûr qu'il est hors de danger. »
La Jolie Fille d'auberge.

Le prisonnier fut alors amené devant les deux respectables magistrats. Glossin, tant à cause des remords de sa conscience que pour suivre le plan qu'il avait formé de rendre sir Robert l'instrument visible de cette affaire, tenait les yeux fixés sur la table, arrangeait, lisait les papiers relatifs à l'instruction, et se contentait de jeter en avant de temps en temps un mot décisif, lorsqu'il voyait le principal magistrat, celui qui en apparence s'occupait le plus de l'interrogatoire, hésiter et avoir besoin d'assistance. Quant à sir Robert, on lisait sur son visage la sévérité d'un juge mêlée à un sentiment de dignité convenable à un baronnet issu d'une ancienne famille.

— Constables, faites approcher l'accusé de la table, là. Veuillez me regarder en face, monsieur, et répondre à haute voix aux questions que je vais vous faire.

— Puis-je savoir d'abord, monsieur, quelle est la personne qui se donne la peine de m'interroger? car les honnêtes gens qui m'ont amené ici n'ont pas jugé convenable de m'en informer.

— Et quel rapport, monsieur, mon nom et ma qualité peuvent-elles avoir avec les questions que j'ai à vous faire?

— Aucun peut-être, monsieur, mais elles peuvent influer sur mes dispositions pour y répondre.

— Sachez donc, monsieur, que vous êtes devant sir Robert Hazlewood et un autre juge de paix de ce canton. Voilà tout.

Comme ce nom ne parut pas produire sur le prisonnier un effet aussi foudroyant que le baronnet s'y attendait, ses préventions contre lui ne firent qu'augmenter.

— Votre nom n'est-il pas Van Beest Brown?

— Oui, monsieur.

— Et quelle qualité désirez-vous que nous y ajoutions?

— Capitaine de cavalerie au service de Sa Majesté.

Cette réponse étourdit un instant le baronnet; mais il reprit courage en voyant l'air d'incrédulité peint sur le visage de Glossin, et en entendant une espèce de sifflement par lequel il témoignait le peu de cas qu'il en faisait.

— Je crois, mon ami, qu'avant que nous nous séparions, nous vous trouverons un titre plus modeste.

— Si cela est, monsieur, je me soumets à tous les châtimens que mérite une telle imposture.

— Fort bien, monsieur. C'est ce que nous verrons. Connaissez-vous le jeune Hazlewood d'Hazlewood?

— Je n'ai jamais vu qu'une fois celui qui porte ce nom, et j'ai un bien vif regret de l'accident fâcheux dont notre rencontre a été suivie.

— Ainsi donc, monsieur, vous avouez que vous êtes l'auteur de la blessure qui a mis en danger les jours du jeune Hazlewood, considérablement endommagé la clavicule de son épaule droite, et mis plusieurs fragmens de plomb dans son apophyse acromion, ainsi que le constate le rapport du chirurgien?

— J'ignore, monsieur, l'étendue du danger qu'a pu courir M. Hazlewood; tout ce que je puis dire, c'est que j'en suis profondément affligé. Je le rencontrai dans un sentier fort étroit, donnant le bras à deux dames, et suivi d'un domestique. Avant que je pusse arriver à eux ou leur parler, le jeune Hazlewood prit un fusil des mains de son domestique, me coucha en joue, et me commanda d'un ton impérieux de me retirer. Comme je n'avais pas d'ordres à recevoir de lui, et que je ne voulais pas lui laisser les moyens d'user envers moi d'une violence à laquelle il paraissait disposé à recourir, je m'efforçai de le désarmer. Le coup partit par accident pendant cette lutte, et, à mon grand regret, punit ce jeune homme de son imprudence beaucoup plus sévèrement que je ne l'aurais voulu, quoique j'apprenne avec plaisir qu'il est hors de danger, et qu'il n'a eu que le châtiment que pouvait mériter un ton menaçant que je n'avais nullement provoqué.

— Ainsi, monsieur, dit sir Robert dont les traits annonçaient l'orgueil de sa dignité offensée, vous convenez, monsieur, que votre projet, monsieur, votre but, monsieur, votre intention, monsieur, étaient de désarmer le jeune Hazlewood de son fusil, monsieur, sur le chemin du roi. Je crois qu'en voilà bien assez, mon digne voisin, et que nous pouvons le faire conduire en prison.

— Vous savez mieux que moi ce qu'il convient de faire, sir Robert. Mais n'avez-vous pas un mot à lui dire sur ces contrebandiers?

—Vous m'y faites songer, mon cher monsieur. Hé bien! M. Van Beest Brown, vous qui vous qualifiez de capitaine au service de Sa Majesté, apprenez que je n'ignore pas que vous êtes un misérable contrebandier.

—Monsieur, si ce n'était votre âge, si vous ne paraissiez influencé par quelques étranges préventions, je ne pourrais vous pardonner le langage que vous vous permettez.

—Mon âge, monsieur! des préventions étranges, monsieur! je vous déclare et vous proteste.... Mais, monsieur, avez-vous votre commission? Pouvez-vous me montrer quelques papiers, quelques lettres qui constatent le rang que vous prétendez occuper dans l'armée?

— Je n'ai rien de tout cela en ce moment, monsieur, mais par le retour d'un courrier ou deux...

— Et comment se fait-il, monsieur, si vous êtes capitaine de cavalerie au service du roi, que vous voyagiez en Ecosse sans lettre de créance ou de recommandation, sans bagages, sans rien qui puisse démontrer votre rang, votre situation, votre état?

— J'ai eu le malheur, monsieur, d'être volé de tout mon bagage.

—Ah! ah! c'est donc vous qui avez pris une chaise de poste à ***** pour Kippletringan? qui avez laissé le postillon planter le piquet sur la route, et qui avez envoyé deux de vos camarades pour le battre et prendre les effets?

—J'étais, comme vous le dites, monsieur, dans une chaise de poste, nous étions égarés, et j'ai quitté la voiture pour tâcher de reconnaître la route. La maîtresse de l'auberge des *Armes de Gordon* à Kippletringan vous informera que la première chose que je fis le lendemain en arrivant chez elle fut de m'informer du postillon.

— Alors, permettez-moi de vous demander où vous avez passé cette nuit. Ce n'est pas dans la neige, sans doute? Vous ne pouvez croire qu'une telle réponse serait satisfaisante, probable, admissible.

— Je vous demande la permission, dit Bertram, se rappelant la promesse qu'il avait faite à l'Egyptienne, de ne pas répondre à cette question.

— Je m'en doutais. N'avez-vous pas été, cette nuit-là, dans les ruines de Derncleugh? dans les ruines de Derncleugh, monsieur?

— Je vous ai déjà dit que je ne répondrais point à cette question.

— Fort bien, monsieur. Je vais donc délivrer le mandat pour vous faire conduire en prison. Ayez la bonté de regarder ces papiers. Êtes-vous le Van Beest Brown à qui ils appartiennent?

Il faut savoir que Glossin avait mêlé dans les papiers que tenait sir Robert des pièces qui appartenaient réellement à Bertram, et qui avaient été trouvées par les officiers de justice dans le lieu où l'on avait fait le partage de son porte-manteau.

— Quelques-uns de ces papiers sont à moi, dit Bertram én les examinant; ils étaient dans mon porte-feuille quand j'ai été volé; ils ne peuvent m'être d'aucune utilité, car je vois qu'on en a soustrait avec grand soin tous ceux qui pouvaient servir à établir la preuve du rang que j'occupe dans l'armée. Quant aux autres, qui sont des comptes de vaisseau, je ne les connais point, et ils appartiennent sans doute à une autre personne qui porte le même nom.

— Et croyez-vous, l'ami, me persuader qu'il soit possible qu'il se rencontre dans le même temps, et dans le même pays, deux personnes qui portent un nom aussi extraordinaire et aussi ignoble que le vôtre?

— Je ne vois pas, monsieur, pourquoi il ne pourrait pas s'y trouver deux Van Beest Brown, comme il s'y trouve deux Hazlewood. Mais pour parler sérieusement, j'ai été élevé en Hollande, et ce nom, qui semble paraître peu agréable à des oreilles anglaises...

Le sujet qu'entamait le prisonnier pouvait entraîner quelques inconvéniens pour Glossin. Celui-ci s'en aperçut, et se hâta de l'interrompre. Cette diversion au surplus n'était pas bien nécessaire. La comparaison présomptueuse que renfermait la dernière phrase de Bertram avait rendu sir Robert immobile et muet d'indignation. Les veines de son cou et de ses tempes étaient enflées à se rompre, et il restait avec l'air déconcerté d'un homme qui a reçu une injure mortelle à laquelle il croit au-dessous de sa dignité de répliquer. Tandis que, les sourcils froncés et les yeux enflammés de colère, il respirait péniblement, Glossin vint à son secours. — Avec toute la soumission que je vous dois, sir Robert, il me semble que l'affaire est assez instruite. Un des constables, indépendamment de toutes les preuves déjà acquises, offre de faire serment que le couteau de chasse dont le prisonnier était armé ce matin, et dont il se servait, soit dit en passant, pour résister à un mandat légal, lui a été pris dans le combat qui a eu lieu entre les contrebandiers et les employés de l'accise, immédiatement avant l'attaque de Woodbourne. Cependant je ne voudrais pas que cette circonstance vous inspirât aucune prévention contre le prisonnier. Peut-être pourra-t-il expliquer comment cette arme se trouve en sa possession.

— C'est encore une question, monsieur, que je dois laisser sans réponse.

— Il existe encore une particularité qui mérite d'être approfondie. Le prisonnier a déposé entre les mains de mistress Mac-Candlish de Kippletringan une bourse contenant beaucoup de pièces de monnaies d'or frappées à différens coins, et des bijoux précieux de diverses espèces. Peut-être, sir Robert, jugerez-vous à propos de lui demander comment il est propriétaire d'objets qui se trouvent rarement rassemblés de cette manière.

—M. Van Beest Brown, vous entendez, monsieur, la question qui vous est faite?

— De puissans motifs, monsieur, m'empêchent d'y répondre.

— J'en suis fâché, monsieur, car alors notre devoir, monsieur, nous met dans la nécessité de vous faire conduire en prison.

— Comme il vous plaira, monsieur. Faites attention cependant à ce que vous allez faire. Songez bien que je vous déclare que je suis capitaine de cavalerie au service de Sa Majesté; que j'arrive tout récemment des Indes orientales; qu'il est donc impossible que j'aie la moindre liaison avec les contrebandiers dont vous parlez. Mon lieutenant-colonel est actuellement à Nottingham; mon major et les officiers de mon corps sont à Hingston sur la Tamise. Je consens à passer pour le dernier des hommes, si, par le retour de la poste de ces deux villes, je n'établis pas la preuve de ces deux faits de la manière la plus positive. Vous pouvez même, si vous le voulez, écrire vous-même au régiment, et....

— Tout cela est fort bien, monsieur, dit Glossin commençant à craindre que la fermeté de Bertram ne fît quelque impression sur sir Robert, qui serait mort de honte s'il avait cru commettre le solécisme d'envoyer en prison un capitaine de cavalerie; tout cela est fort bien; mais ne pouvez-vous nous indiquer quelques témoins un peu moins éloignés de nous?

— Il n'existe en Ecosse que deux personnes avec qui j'aie eu des relations. L'une est un fermier de la vallée de Liddesdale, nommé Dinmont, demeurant à Charlies-Hope, mais il ne sait de moi que ce que je lui en ai dit, et ce que je viens de vous dire.

— En est-ce assez, sir Robert? Faudra-t-il faire venir devant nous ce rustre nous attester par serment sa crédulité? Ha! ha! ha!

— Et quel est donc votre second témoin, l'ami? dit le baronnet.

— Un gentilhomme que j'ai quelque répugnance à nommer, pour des raisons particulières, mais sous les ordres duquel j'ai servi quelque temps dans les Indes et qui a trop de probité pour refuser de me rendre le témoignage que je puis réclamer de lui comme militaire et comme homme d'honneur.

— Et quel est cet important témoin, monsieur? quelque payeur de demi-solde, quelque sergent, sans doute?

— Le colonel Guy Mannering, commandant ci-devant le régiment dans lequel j'ai eu l'honneur de vous dire que j'ai une compagnie.

— Le colonel Guy Mannering! pensa Glossin, qui diable l'aurait deviné?

— Le colonel Guy Mannering! dit le baronnet fort ébranlé dans son opinion. Mon cher monsieur. dit-il à Glossin en le tirant à part, ce jeune homme, avec un nom terriblement plébéien, montre une assurance modeste; son ton, ses manières, ses sentimens annoncent un gentilhomme, ou du moins quelqu'un qui a vécu dans la bonne compagnie. On donne, dans l'Inde, des commissions fort légèrement, fort indiscrètement, fort inconsidérément. Je crois que nous ferions mieux d'attendre le retour du colonel, qui est maintenant à Edimbourg.

— Vous êtes plus en état que personne, sir Robert, de décider ce qu'il convient de faire, dit Glossin; mais avec tout le respect possible, je vous soumettrai une réflexion. Je ne sais pas trop si nous avons le droit de relâcher cet homme sur une simple assertion dont il ne peut donner aucune preuve; et nous nous chargerions d'une pesante responsabilité, si nous le retenions prisonnier sans le faire conduire dans une prison publique. C'est à vous de décider, sir Robert; j'ajouterai seulement que moi-même j'ai été sévèrement blâmé, tout récemment, pour avoir fait détenir momentanément un prisonnier dans un endroit que je croyais bien sûr, et où il était gardé par des officiers de justice. L'homme parvint à s'échapper; et je ne puis me dissimuler que la réputation que j'ai acquise d'être un magistrat attentif et circonspect en a souffert jusqu'à un certain degré. Ceci est une simple observation, sir Robert, et je concourrai avec vous à tout ce que vous jugerez convenable.

Glossin n'ignorait pas que cette observation était bien suffisante pour décider son collègue, qui, quoique gonflé d'orgueil et plein de son importance, profitait volontiers des lumières des autres. Sir Robert résuma donc l'affaire de la manière suivante, basant son discours en partie sur la supposition que l'accusé était un homme d'honneur, et en partie sur la croyance que c'était un misérable, un assassin.

— Monsieur, monsieur Van Beest Brown, je vous appellerais capitaine Brown, s'il y avait le moindre sujet, la moindre cause, la moindre raison pour croire que vous soyez réellement capitaine, ou que vous apparteniez au corps respectable dont vous parlez, ou même à tout autre corps au service de Sa Majesté, relativement à laquelle circonstance je demande que vous entendiez bien que je ne prétends émettre aucune opinion, déclaration, détermination fixe, positive et inébranlable. Je dis donc, M. Brown, que nous avons décidé que, attendu les circonstances désagréables dans lesquelles vous vous trouvez, ayant été volé, comme vous le dites, assertion sur laquelle je suspends mon opinion, et ayant en votre possession de l'or et des bijoux d'une valeur considérable, ayant entre les mains un couteau de chasse dont vous ne voulez pas expliquer comment vous êtes devenu propriétaire; je dis, monsieur, que nous avons décidé, résolu et déterminé de vous faire conduire dans une prison, ou plutôt, de vous y assigner un logement, jusqu'à ce que le colonel Mannering soit de retour d'Edimbourg.

— Puis-je vous demander avec une humble soumission, sir Robert, si votre dessein est de faire conduire ce jeune homme à la prison commune du comté? Si vous n'avez pas pris une détermination précise à cet égard, je prendrai la liberté de vous faire observer qu'on pourrait le mener avec moins de bruit et d'éclat dans celle de Portanferry, ce qui paraît préférable dans le cas où par hasard sa déclaration se trouverait véritable.

— Sans doute. Il y a d'ailleurs un détachement de soldats à Pontanferry, pour garder le magasin des douanes; et sur le tout, considérant chaque chose, et vu que cette place est très-convenable, je dis que, tout considéré, nous ordonnons, non, nous autorisons la détention de monsieur dans la prison de Portanferry.

Le mandat fut délivré sur-le-champ, et on informa Bertram qu'il serait conduit le lendemain matin dans le gîte qu'on lui destinait, sir Robert ne voulant pas l'y envoyer le soir, de crainte qu'on ne tentât de le délivrer en route. Il devait jusque-là être détenu au château d'Hazlewood.

— Cet emprisonnement, pensa Bertram, ne peut être aussi rigoureux, ni durer aussi long-temps que ma captivité dans les Indes. Mais que le diable emporte la vieille tête formaliste, et son associé plus malin qui parle toujours à demi-voix. Ils ne veulent pas entendre une histoire toute simple.

En même temps Glossin prenait congé du baronnet avec maintes révérences respectueuses, et en lui faisant mille basses excuses sur ce qu'il ne pouvait se rendre à son invitation de dîner. Il espérait, ajouta-t-il, qu'en quelque autre occasion il lui serait permis de venir présenter ses devoirs au respectable baronnet, à milady Hazlewood et au jeune M. Hazlewood.

— Certainement, monsieur, lui répondit sir Robert d'un air affable, je me flatte que ma famille n'a jamais manqué de civilité pour ses voisins, et je vous en donnerai la preuve, M. Glossin, quand j'irai dans vos environs, en entrant chez vous aussi familièrement qu'il est convenable, c'est-à-dire qu'on peut le croire, le penser, l'espérer.

— Maintenant, pensa Glossin, il s'agit de trouver Dirk Hatteraick et ses gens, d'imaginer un moyen pour écarter la garde des douanes, et de frapper le grand coup : tout dépend de l'activité. — Qu'il est heureux que Mannering soit à Edimbourg en ce moment! Ce jeune homme est connu de lui! Cette circonstance ajoute encore à mes dangers. Ici il permit à son cheval de ralentir son pas. — Et si j'essayais de composer avec l'héritier! Il est vraisemblable qu'il consentirait à abandonner une bonne partie du bien pour obtenir la restitution du reste, et j'abandonnerais Hatteraick. Mais non, non, il y a trop d'yeux ouverts sur moi : Hatteraick lui-même, Gabriel et cette vieille sorcière! Non, il faut suivre mon premier plan. A ces mots, il fit sentir l'éperon à son cheval, et partit au grand trot pour mettre ses machines en mouvement.

CHAPITRE XLIV.

« Qu'est-ce qu'une prison? un séjour de souci,
« Où le cœur du coupable est encore endurci;
« Pour juger un ami pierre de touche sûre,
« Tombeau prématuré dont frémit la nature :
« On y voit le coupable, on y voit l'innocent;
« L'honnête homme y gémit à côté du brigand. »

Inscription sur la prison d'Edimbourg.

Le lendemain matin de bonne heure, la voiture qui avait amené Bertram au château d'Hazlewood le conduisit au lieu destiné pour sa détention, à Portanferry. Il était toujours accompagné de ses deux silencieux surveillans. La prison, de même que le bâtiment de la douane qui lui était contigu, était située si près de la mer, qu'on avait jugé nécessaire de fortifier ces deux édifices par un rempart ou boulevart construit en grosses pierres du côté du rivage, et contre lequel les flots venaient se briser. La prison servait de maison de correction, et était aussi une espèce de succursale pour la prison du comté, qui était fort vieille, et dont la situation n'était pas très-convenable pour l'arrondissement de Kippletringan. Elle était entourée de très-hautes murailles, et avait une petite cour dans laquelle les malheureux habitans de ce séjour avaient à certaines heures la permission de se promener et de prendre l'air. Mac-Guffog, un de ceux qui avaient arrêté Bertram, et qui l'accompagnait en ce moment, était le concierge de ce lugubre palais. Il donna ordre d'arrêter la voiture à la porte, et descendit pour la faire ouvrir. Le bruit qu'il fit en frappant attira vingt ou trente enfans déguenillés. Ils abandonnèrent leurs petites chaloupes et frégates qu'ils faisaient naviguer dans des mares d'eau salée que la mer avait laissées sur le rivage en se retirant, et accoururent pour voir quel était le prisonnier qui allait sortir de la belle voiture neuve de Glossin. On entendit gémir une grosse serrure et de nombreux verrous, — la porte s'ouvrit, — et l'on vit paraître une amazone redoutable, mistress Mac-Guffog. C'était une femme d'une force et d'une résolution capables de maintenir l'ordre dans la maison pendant l'absence de son mari, ou lorsqu'il avait pris une trop forte dose de liquide. Sa voix rauque, qui pouvait le disputer en agrémens au bruit harmonieux de ses verrous, eut bientôt fait reculer toute la marmaille qui se trouvait à sa porte; et s'adressant à son aimable époux : — Allons, mon homme, lui dit-elle, dépêchez-vous, entrez donc, qu'attendez-vous?

— Retiens ta langue, et va-t'en au diable ! lui répondit son tendre mari en assaisonnant cette phrase d'épithètes énergiques que le lecteur nous excusera de ne pas répéter.

— Hé bien, mon brave, dit-il alors à Bertram, descendez-vous, ou faut-il vous donner la main?

Bertram sortit de voiture; et dès qu'il eut mis pied à terre il fut saisi au collet par les constables, quoiqu'il n'opposât aucune résistance, et entraîné dans la cour au milieu des cris des enfans presque nus, qui se tenaient à une distance respectueuse de mistress Mac-Guffog. Dès qu'il eut passé le seuil de la porte, elle roula de nouveau sur ses gonds avec fracas, les verrous furent poussés; et la portière tournant des deux mains une énorme clef, la retira de la serrure, et la mit dans une grande poche de drap rouge pendue à son côté.

Bertram se trouvait alors dans la petite cour dont nous avons parlé. Quelques prisonniers s'y promenaient, et semblaient avoir éprouvé un instant de soulagement par le coup d'œil que l'ouverture momentanée de la porte leur avait permis de jeter jusque sur l'autre côté d'une rue étroite et malpropre. Ce sentiment n'étonnera personne, si l'on réfléchit que leur vue était bornée à la porte redoutable de leur cachot, aux murs élevés qui les entouraient, au ciel qui leur servait de dais, et au mauvais pavé sur lequel ils marchaient. Cette uniformité de spectacle est, suivant l'expression d'un poète,

« Un véritable poids pour les yeux fatigués; »

elle nourrit dans les uns une misanthropie sombre et chagrine, et fait naître dans les autres ce dégoût et cet ennui profond qui fait désirer à l'homme déjà enseveli tout vivant entre quatre murailles, de changer ce sépulcre pour un tombeau plus paisible et plus solitaire.

Mac-Guffog, en entrant dans la cour, permit à Bertram de s'arrêter un instant, et de jeter les yeux sur ses compagnons d'infortune. Lorsqu'il eut vu ces figures que la bassesse, le crime et le désespoir semblaient avoir marquées de leur sceau fatal, le voleur, le banqueroutier frauduleux, enfin l'idiot au regard fixe, et le fou aux yeux égarés, que l'économie sordide de leurs parens retenait dans ce séjour épouvantable, Bertram sentit son cœur se resserrer, et ne put supporter l'idée d'être souillé un seul instant par une telle compagnie.

— J'espère, monsieur, dit-il au geôlier, que vous allez m'assigner un droit séparé pour mon logement?

— Et qu'est-ce qu'il m'en reviendrait?

— Mais, monsieur, je ne puis rester ici plus d'un jour

ou deux, et il me serait fort désagréable de me trouver en pareille compagnie.

— Et que m'importe?

— Enfin, monsieur, pour vous parler un langage que vous entendiez, je suis disposé à payer convenablement votre complaisance.

— Fort bien! capitaine. Mais quand, et combien? voilà la question.

— Quand je sortirai de prison, et que j'aurai touché les fonds que j'attends d'Angleterre.

Mac-Guffog secoua la tête d'un air d'incrédulité.

— Quoi! mon ami, croyez-vous donc que je suis réellement un malfaiteur?

— Que sais-je? Mais, dans ce cas, vous n'êtes pas malin, cela est clair comme le jour.

— Et pourquoi dites-vous que je ne suis pas malin?

— Pourquoi? c'est qu'il n'y a qu'un écervelé qui ait pu leur laisser garder l'or que vous aviez déposé aux *Armes de Gordon*. Le diable m'emporte si, à votre place, je ne le leur aurais pas fait sortir du ventre! Ils n'avaient pas le droit de vous dépouiller de votre argent, de vous envoyer en prison, sans vous laisser de quoi payer ce dont vous pouvez avoir besoin; ils pouvaient garder les monnaies étrangères, les bijoux, pour servir de pièces au procès; mais les guinées, morbleu! les guinées, pourquoi ne pas les avoir demandées? Je n'ai cessé de vous faire des signes pour cela, mais du diable si vous avez tourné les yeux de mon côté.

— Hé bien! monsieur, si j'ai droit de réclamer cet argent, j'en ferai la demande, il y en a beaucoup plus qu'il ne faut pour vous satisfaire.

— Je n'en sais ma foi rien. Vous pouvez rester ici plus long-temps que vous ne le pensez, et l'article du crédit doit être compté pour quelque chose. Cependant comme vous me semblez un brave garçon, et quoique ma femme dise que je perds toujours par trop de bonté, si vous voulez me donner un ordre pour me faire payer sur l'argent qu'on vous a retenu, je m'en contenterai. Je saurai bien me faire payer par Glossin. Je sais quelque chose sur la fuite d'un certain prisonnier. Suffit, il ne sera pas fâché de me rendre service, et de bien vivre avec moi.

— Hé bien! monsieur, si sous deux jours je n'ai pas reçu les fonds que j'attends, je vous donnerai cet ordre.

— Bien! bien! Vous allez être servi et logé comme un un prince. Mais, pour que nous n'ayons ensuite aucunes difficultés, voici quels sont les prix que je prends toujours à ceux qui désirent un logement à part: trente shillings par semaine pour la chambre, une guinée pour les meubles, et une demi-guinée pour avoir un lit et être seul dans votre chambre, et ce n'est pas tout bénéfice; car il faudra que je donne une demi-couronne à Donald Laider, qui est ici pour avoir volé des bestiaux, et qui, suivant la règle, devrait être votre camarade de chambre. Il me demandera de la paille fraîche, peut-être quelques verres de whiskey. Vous voyez donc qu'il me restera peu de chose.

— Fort bien! monsieur, continuez.

— Pour la nourriture et la boisson, vous aurez tout ce qu'il y a de mieux; et je ne prends jamais que vingt pour cent au-dessus du prix des auberges; ce n'est pas trop pour avoir la peine d'envoyer chercher ce dont on a besoin, et de faire reporter ce qui devient inutile; il faut toujours avoir un garçon en route. Enfin, si vous vous ennuyez, je viendrai vous faire visite le soir et vous aider à vider votre bouteille. J'en ai vidé plus d'une avec Glossin, mon camarade, quoiqu'il soit à présent juge de paix. Ah! j'oubliais.... les nuits sont longues et froides; si vous voulez du feu et de la chandelle, c'est un article un peu cher, parce que c'est contre la règle de la maison. Voilà à peu près tout, je ne vois pas grand'chose à y ajouter: cependant il y a toujours, par-ci par-là, quelques articles imprévus.

— Hé bien! monsieur, je m'en rapporte à votre conscience, si par hasard vous savez ce que ce mot signifie. Il faut bien que j'en passe par où....

— Non pas, non pas, monsieur, vous ne devez pas parler ainsi : je ne vous force à rien. Si les prix ne vous conviennent pas, tout est dit. Je connais la civilité et je ne force personne. Si vous voulez suivre le train ordinaire de la maison, cela m'est bien égal, j'en aurai moins d'embarras, voilà tout.

— Non, mon cher ami, non; après une telle menace, vous devez bien juger que je n'ai pas la moindre envie de marchander avec vous. Conduisez-moi dans la chambre que je dois occuper, car je voudrais être seul.

— Allons, capitaine, suivez-moi, dit le drôle en s'efforçant de montrer sur son visage un sourire qui n'était qu'une affreuse grimace ; et pour vous faire voir que j'ai de la conscience, comme vous disiez tout à l'heure, que le ciel me confonde si je vous prends plus de six sous par jour pour vous donner la liberté de la cour! Vous pourrez vous y promener trois heures tous les jours, en long, en large, jouer à la balle, enfin faire tout ce que vous voudrez.

Tout en lui faisant cette agréable promesse, il introduisit Bertram dans la maison, et le fit monter par un escalier de pierre aussi raide qu'étroit, au haut duquel était une porte très-solide, doublée de bandes de fer attachées avec de gros clous. Après y avoir passé, on entrait dans un petit corridor de chaque côté duquel étaient trois chambres; les portes en étaient ouvertes en ce moment, et on n'y voyait pour tout ameublement qu'une paillasse; mais à l'extrémité était un petit appartement qui sentait moins la prison, et, sans l'énorme serrure et les gros verrous qui en garnissaient la porte, sans les barres de fer épaisses et croisées qui en bouchaient l'unique fenêtre, on aurait pu le prendre pour la plus mauvaise auberge. C'était une sorte d'infirmerie pour les prisonniers dont la santé exigeait quelques soins ; et dans le fait Donald Laider, qui devait être le compagnon de chambrée de Bertram, venait d'être expulsé d'un des deux lits, afin de voir si la paille fraîche et le whiskey ne le guériraient pas mieux d'une fièvre intermittente dont il était attaqué. Mistress Mac-Guffog avait procédé à son expulsion pendant que son mari parlementait avec Bertram dans la cour ; la bonne dame avait un pressentiment certain de la manière dont le traité se conclurait. Il paraît que le secours de son bras vigoureux avait été nécessaire pour faire évacuer la chambre ; car un des rideaux du lit était déchiré, et le lambeau pendait, semblable à un drapeau déchiré dans une bataille.

— Ne faites pas attention à ce petit désordre, capitaine, dit mistress Mac-Guffog qui était entrée avec eux dans la chambre, cela va être réparé en un instant. Alors, lui tournant le dos, et levant le bas de ses jupons, elle détacha sa jarretière, dont elle se servit, à l'aide de toutes les épingles que son ajustement put lui fournir, pour attacher le rideau au haut du lit, et lui donner l'air d'une garniture à festons. Ayant alors remué le matelas, et orné le lit d'une vieille couverture rapiécée, — Voilà qui est en état, dit-elle. Quant à votre lit, capitaine, le voici, ajouta-t-elle en lui montrant un lit massif porté sur quatre énormes pieds de bois dont trois touchaient à terre, et dont le quatrième restait en l'air comme le pied de ces éléphans peints sur les panneaux de quelques voitures, à cause de l'inégalité du plancher, qui s'était affaissé parce que la maison, quoique neuve, avait été bâtie par entreprise. Vous avez de bons matelas, de bonnes couvertures ; si vous désirez des draps, un oreiller, une serviette, un essuie-mains, c'est à moi qu'il faut parler, car cela ne regarde pas mon mari, et n'entre jamais dans son marché.

Mac-Guffog était sorti pendant ce temps, pour n'avoir pas l'air de prendre part à cette nouvelle exaction.

— Au nom de Dieu, dit Bertram, donnez-moi tout

ce qui est nécessaire, et demandez-moi ce que vous voudrez.

— Bien, bien. Cela va être bientôt arrangé. Ah! nous ne vous écorcherons pas; quoique nous soyons voisins de la douane. Je vais aussi vous allumer du feu et vous préparer à dîner. Pour aujourd'hui il faudra vous contenter de peu; je n'attendais pas si bonne compagnie.

Mistress Mac-Guffog sortit un instant, et rentra tenant d'une main une paire de draps, et de l'autre un panier de charbon dans lequel elle puisa à pleines mains pour en remplir la grille rouillée qui n'avait pas vu le feu depuis plusieurs mois. Alors, sans se donner la peine de laver ses mains, elle déploya les draps (bien différens, hélas! de ceux de la bonne Aylie Dinmont), et se mit à arranger le lit, en murmurant entre ses dents quelques mots contre les gens si difficiles, et qu'on a tant de peine à contenter; ayant l'air de regretter les choses pour lesquelles elle savait bien être payée.

Lorsqu'elle se fut retirée, Bertram se trouva réduit à l'alternative de se promener dans sa chambre pour faire de l'exercice, ou de regarder la mer de sa fenêtre, autant que pouvaient le permettre les gros barreaux de fer dont elle était grillée; ou enfin de lire les traits d'esprit ou les blasphèmes dont ceux qui l'avaient précédé dans ce séjour avaient tapissé les murs à demi blanchis. Son oreille n'était pas plus agréablement flattée que sa vue. Il n'entendait que le bruit tumultueux des flots de la mer qui se retiraient en ce moment, et de temps en temps celui d'une porte qu'on ouvrait ou qu'on fermait, avec le mélodieux accompagnement des serrures et des verrous. Quelquefois aussi retentissaient les cris mugissans du geôlier, ou la voix glapissante de sa digne compagne, presque toujours montée sur le ton du reproche, de la colère ou de l'insolence. Dans certains momens un gros dogue enchaîné dans la cour répondait par d'affreux hurlemens aux prisonniers oisifs qui se faisaient un jeu de l'agacer.

Enfin l'ennui de cette uniformité fut interrompu par l'arrivée d'une grosse servante malpropre qui vint faire quelques préparatifs pour le dîner, en étalant une serviette à moitié sale sur une table plus dégoûtante encore. Une fourchette et un couteau, qui n'avaient point été usés par le nettoyage, flanquaient une assiette d'étain bossuée; un pot de moutarde, à peu près vide, garnissait un côté de la table; et de l'autre, pour la symétrie, était une salière pleine d'un mélange gris et blanchâtre, et qui portait des marques évidentes qu'on s'en était servi depuis peu.

Bientôt après, la même Hébé apporta une assiette de tranches de bœuf cuites dans la poêle, sous lesquelles une quantité raisonnable de graisse surnageait dans un océan d'eau tiède; et ayant placé près de ce mets savoureux un morceau de pain noir, elle demanda au prisonnier ce qu'il désirait boire.

Le repas qui lui était préparé n'était rien moins qu'appétissant; Bertram voulut s'en dédommager en demandant du vin, qui heureusement se trouva passable, et son dîner consista principalement en un morceau de fromage dont il accompagna le pain noir. Lorsque ce festin fut terminé, la fille lui présenta les complimens de son maître, qui lui faisait demander s'il désirait qu'il vînt l'aider à passer sa soirée. Bertram la chargea de le remercier beaucoup, et de le prier de lui procurer, au lieu de sa gracieuse compagnie, papier, plume et encre, et une lumière. La lumière ne tarda pas à paraître sous la forme d'une chandelle longue et mince, rompue par le milieu, et s'inclinant sur un chandelier d'étain couvert de suif. Quant à ce qu'il fallait pour écrire, on ne pouvait le lui fournir que le lendemain, parce qu'il fallait sortir de la prison pour en acheter.

Bertram demanda alors à la fille si elle pourrait lui procurer quelques livres, et appuya sa demande d'un shilling. Elle fut assez long-temps absente, et revint enfin avec deux volumes contenant le Calendrier de Newgate ¹, qu'elle avait empruntés de Sam Silverquil, apprenti imprimeur qui se trouvait en prison pour faux. Ayant placé les deux livres sur la table, elle se retira, et laissa Bertram s'enfoncer dans une lecture qui ne convenait pas mal à sa triste situation.

CHAPITRE XLV.

> « Si tu dois dans l'ignominie
> « Finir sur l'échafaud ta déplorable vie,
> « Lorsque ton sort t'y conduira,
> « Il te reste un ami qui la partagera. »
> SHENSTONE.

PLONGÉ dans les sombres réflexions que devaient naturellement exciter en lui sa triste lecture et sa situation désespérée, Bertram, pour la première fois de sa vie, se sentit près de perdre courage.

— J'ai été dans des situations plus pénibles que celle-ci, et plus dangereuses aussi, se disait-il, car il n'y a ici aucun danger; plus effrayantes pour l'avenir, car mon emprisonnement ne peut durer; plus difficiles à supporter, car ici du moins j'ai du feu, des alimens et un abri. Cependant, en lisant ces annales sanglantes du crime et du malheur, dans un lieu si conforme aux idées qu'elles inspirent, et en écoutant ces sons lugubres, je me sens une disposition à la mélancolie comme je n'en ai jamais éprouvé. Non, je ne m'y abandonnerai pas. Adieu, recueil d'horreurs et d'infamies, tu ne souilleras plus mes yeux et mes pensées. Et en même temps il jeta le livre sur la table. — Il ne sera pas dit qu'un jour de prison en Ecosse

---
(1) Ce sont les Annales de la prison de Newgate, ou l'histoire des fameux criminels. — ED.

aura fait sur mon esprit un effet que n'ont pu produire la pénurie, la maladie, la captivité, le manque de toutes choses, dans un climat lointain. J'ai supporté bien des fois les coups de la fortune, et je ne souffrirai pas qu'elle m'abatte, si je puis l'empêcher.

Faisant alors un effort sur lui-même, il tâcha de donner un autre cours à ses idées, et d'envisager sa situation sous le point de vue le plus favorable. Delaserre ne pouvait tarder à arriver en Écosse; il allait recevoir sans délai les certificats qu'il avait demandés à son lieutenant-colonel; enfin, s'il était obligé de s'adresser à Mannering, qui savait s'il n'en résulterait pas une réconciliation entre eux? Il avait remarqué, et il se le rappelait en ce moment, que le colonel n'obligeait jamais à demi, et qu'il semblait s'attacher aux gens en proportion des services qu'il leur rendait. Dans la circonstance présente, une faveur qui pouvait être demandée sans bassesse, et qui devait être accordée sans difficulté, pouvait devenir un moyen de rapprochement. Puis ses pensées se portaient naturellement vers Julie, et sans trop réfléchir sur la distance qui le séparait, lui officier de fortune, d'une riche héritière dont le père, par son témoignage, allait peut-être faire cesser sa détention, il bâtissait dans les nuages de beaux châteaux, qu'il décorait des teintes brillantes d'une soirée d'été, lorsqu'un coup vigoureusement appliqué à la porte interrompit le cours de ses idées. Les hurlemens du mâtin qu'on lâchait tous les soirs dans la cour y répondirent aussitôt. Après beaucoup de précautions, la porte s'ouvrit, et quelqu'un entra. Bertram entendit bientôt aussi les serrures et les verrous de la maison; et un chien, montant précipitamment l'escalier, vint japper et gratter à sa porte. A tout cela se joignit presque au même instant le bruit d'un pas pesant, et la voix de Stentor de Mac-Guffog. — Par là! par là! Prenez garde à cette marche! Voilà sa chambre. La porte s'ouvrit alors, et à sa grande surprise et à sa joie extrême Bertram vit entrer son fidèle Wasp, qui le comblait de caresses, et derrière lui son ami de Charlies-Hope.

— Hé quoi! hé quoi! dit le brave fermier en regardant de tous côtés ce misérable appartement et les meubles plus misérables encore qui le garnissaient, qu'est-ce donc que cela? qu'est-ce que tout cela?

— Un tour de la fortune, mon cher ami, dit Bertram en se levant et en lui serrant la main, ce n'est que cela.

— Mais que faire? que peut-on faire? Est-ce pour dettes? Pourquoi êtes-vous ici?

— Non, ce n'est pas pour dettes; et, si vous avez le temps de vous asseoir, je vous conterai toute l'affaire.

— Si j'ai le temps! Croyez-vous que je sois venu pour vous dire bonjour et adieu? Mais il est tard, vous n'en serez pas plus mal pour manger un morceau. J'ai dit à l'auberge où j'ai laissé Dumple, qu'on m'envoyât mon souper ici. Mac-Guffog y consent, j'ai arrangé cela avec lui. Et maintenant contez-moi votre histoire. Paix donc, Wasp! Voyez comme la pauvre bête est contente de vous voir.

Le récit de Bertram ne fut pas long. Il raconta l'accident arrivé au jeune Hazlewood, et l'erreur qui le faisait regarder comme un des contrebandiers qui avaient attaqué le château de Woodbourne, parce qu'il portait le même nom.

— Hé bien! dit Dinmont, il n'y a pas là de quoi se désespérer. Quelques grains de plomb dans l'épaule! Qu'est-ce que cela? Si vous lui aviez fait sauter l'œil, ce serait autre chose. Mais d'ailleurs l'accident n'a pas eu de suites. Ah! que je voudrais que notre vieux shériff Pleydell fût ici! C'est un homme que celui-là! il les mettrait bien vite tous à la raison. C'est que jamais vous n'avez vu son pareil.

— Mais dites-moi donc, mon brave ami, comment avez-vous pu découvrir que j'étais ici?

—Ah! ah! assez drôlement. Mais je vous conterai cela quand nous aurons soupé, car il n'est peut-être pas prudent de trop parler pendant que cette grosse dégingandée de servante va et vient dans la chambre.

La curiosité de Bertram fut un moment suspendue par l'arrivée du souper, qui, quoique fort modeste, avait une propreté appétissante, qualité qui manquait absolument à la cuisine de mistress Mac-Guffog. Dinmont, observant qu'il n'avait pris qu'un morceau à la hâte depuis son déjeuner (morceau qui consistait en trois ou quatre livres de mouton froid qu'il avait avalées pendant que son cheval mangeait l'avoine), ne fit pas grace au repas, et, semblable à l'un des héros d'Homère, ne dit plus une parole jusqu'à ce qu'il eût apaisé la soif et la faim qui le tourmentaient. Enfin, après avoir bu un grand coup d'excellente ale : — Hé bien! dit-il en jetant les yeux sur les lamentables restes de ce qui avait été naguère un assez gros chapon, — il n'était pas trop mauvais pour avoir été nourri dans les faubourgs d'une ville, quoique j'ose dire qu'il est encore bien loin de ceux de Charlies-Hope. Allons, capitaine, je suis bien aise de voir que cette chambre maudite ne vous ait pas fait perdre l'appétit.

— En vérité, M. Dinmont, mon dîner n'a pas été assez bon pour faire tort au souper.

— Je le crois! je le crois! Mais dites donc, la fille, à présent que vous nous avez apporté l'eau-de-vie, le sucre et l'eau chaude, vous pouvez bien vous en aller et fermer la porte, parce que, voyez-vous, nous serions bien aises de jaser. La servante se retira et ferma la porte, en prenant la précaution de pousser un gros verrou.

Dès qu'elle fut partie, Dandy se leva et alla reconnaître les lieux, c'est-à-dire qu'il appliqua alternativement l'œil et l'oreille au trou de la serrure de la porte; après y être resté quelques instants en silence, s'étant assuré que personne n'était aux écoutes, il revint se mettre à table : après s'être versé une rasade pour se mettre en train, il commença son histoire à voix basse, d'un ton d'importance et de gravité qui ne lui était pas ordinaire.

— Vous saurez, capitaine, que j'ai été à Edimbourg il y a peu de jours. J'allais à l'enterrement d'une parente, et je devais croire que ce n'étaient point des pas perdus; il y a partout des contre-temps, et qui peut les éviter? J'avais aussi un petit procès à entamer; mais ce n'est pas de tout cela qu'il s'agit. Après avoir fait mes affaires, je revins à la maison. Le lendemain matin de bonne heure j'allai visiter mes troupeaux, et il me vint l'idée de pousser jusqu'à la montagne de Touthop-Rig, où passent les limites sur lesquelles je suis en difficulté avec Jack de Dawston. Comme j'y arrivais, je vis de loin un homme que je ne reconnus pas pour un de mes bergers, et il n'est pas extraordinaire d'y rencontrer d'autres personnes. J'avançai vers lui, il avançait vers moi, enfin je reconnus Gabriel le veneur, vous savez bien? Hé mon Dieu! lui dis-je, qu'est-ce que vous faites donc là tout seul dans ces montagnes? Est-ce que vous chassez le renard sans vos chiens.

— Non, me dit-il, mais c'est vous que je cherche.

— Moi! dis-je. Hé bien! est-ce que vous avez besoin d'un peu d'aide, de quelque chose pour passer votre hiver?

— Non, non, dit-il, ce n'est pas cela. Ne vous intéressez-vous pas à ce capitaine Brown, qui a passé une semaine chez vous?

— Oui sans doute, Gabriel, lui dis-je; est-ce qu'il lui est arrivé quelque chose?

— Ah! dit-il, il y a quelqu'un qui y prend encore plus d'intérêt que vous, et quelqu'un à qui il faut que j'obéisse; et ce n'est pas tout-à-fait de mon propre mouvement que je viens vous apprendre une nouvelle qui ne vous fera pas plaisir.

— Bien sûr, elle ne me fera pas plaisir, lui dis-je, si elle est fâcheuse pour lui.

— Hé bien! continua-t-il, sachez donc que, s'il ne prend pas garde à lui, il court grand risque d'être mis en prison à Portanferry, car il y a des ordres de l'arrêter dès qu'il sera débarqué à Allonby. Si vous avez donc de la bonne volonté pour lui, il faut que vous partiez sur-le-champ pour Portanferry, sans ménager les jambes de votre bête ; si vous le trouvez en prison, il faut que vous y restiez avec lui un jour ou deux, car il aura besoin d'amis qui aient bon cœur et bons bras ; et, si vous négligez cet avis, vous ne vous en repentirez qu'une fois, mais ce sera pour toute votre vie.

— Mais mon Dieu, mon garçon, lui dis-je, comment savez-vous tout cela? Il y a encore assez loin d'ici à Portanferry.

—Ne vous en inquiétez pas, répondit-il ; ceux qui m'ont appris ces nouvelles vont de nuit comme de jour ; et vous devriez déjà être parti. Au surplus je n'ai rien de plus à vous dire.

Au même instant, il s'assit par terre, et se laissa glisser sur le gazon jusqu'au bas de la montagne, où il était impossible que je le suivisse avec mon cheval. Je retournai donc à Charlies-Hope pour conter tout cela à ma bonne femme, car je ne savais que faire. On se moquera de moi, pensais-je, si je vais courir comme le Juif errant, d'après l'avis d'un pareil sauteur de fossés. Mais quand la bonne femme eut commencé à parler, qu'elle m'eut remontré quelle honte ce serait pour moi s'il arrivait un malheur que j'eusse pu vous épargner, quand j'eus lu votre lettre, qui arriva, comme tout exprès, au même moment, et qui semblait venir à l'appui de ce que m'avait dit Gabriel, je n'hésitai plus. Je dis aux enfans de seller Dumple ; j'allai dans la cassette prendre tous mes billets de banque, dans le cas où vous en auriez besoin, et je partis. Wasp voulut me suivre : on aurait dit que la pauvre bête sentait que je venais vous trouver. Heureusement j'avais pris la grande jument pour mon voyage à Edimbourg, de manière que Dumple était frais comme une rose; et enfin me voilà, après avoir fait environ soixante milles tout d'une course.

Dans cette étrange histoire Bertram reconnut évidemment qu'en supposant que l'avis donné à Dinmont eût quelque fondement, il était menacé d'un danger plus sérieux, plus imminent que celui qui pouvait résulter de son emprisonnement. Il n'était pas moins évident que quelque ami inconnu travaillait pour lui. — Ne m'avez-vous pas dit, demanda-t-il à Dinmont, que Gabriel était de race égyptienne?

— On l'a toujours cru, et je crois que cela est probable; car ces gens-là savent toujours ce que chacun fait, ce que chacun devient : ils ont des nouvelles de tous les pays avec la promptitude de l'éclair. Mais j'oubliais de vous dire une chose : on cherche la vieille femme que nous avons rencontrée à Bewcastle; le shériff a mis des espions à ses trousses de tous côtés; on lui offre une récompense de cinquante livres [1], rien de moins, si elle veut paraître. Le juge de paix Forster, dans le Cumberland, a lâché un mandat contre elle; il a fait visiter toutes les maisons, publier son signalement. A quoi bon? on ne la trouvera que si elle le veut bien!

— Et pourquoi la cherche-t-on?

— Je n'en sais rien. J'ose dire que c'est une sottise. On assure qu'elle a ramassé des graines de fougère, et qu'avec cela elle se transporte d'un lieu à l'autre aussi vite qu'elle le veut, comme Jock, le tueur de géans, dans la ballade, avec son habit qui le rend invisible, et ses souliers qui lui font faire un mille à chaque pas. Au surplus, c'est comme la reine des Egyptiens. On dit qu'elle a plus de cent ans; on croit qu'elle est venue dans le pays avec les bandes qui ont paru dans le temps de la chute des Stuarts. Ah! elle saura bien se cacher; et, au pis-aller, le

---

[1] 1200 fr. — Éd.

diable la cacherait. Si j'avais su que c'était Meg Merrilies quand je l'ai rencontrée chez Tibb Mumps, j'aurais fait plus d'attention à la manière dont je lui parlais.

Bertram écouta très-attentivement ce récit, qui cadrait si bien, en quelques points, avec ce qu'il avait vu lui-même de cette sibylle égyptienne. Après un moment de réflexion, il pensa qu'il pouvait, sans manquer à sa parole, confier ce qui lui était arrivé à Derncleugh à un homme qui avait d'elle l'opinion que Dinmont venait de manifester. Il lui conta donc toute cette histoire; après quoi le bon fermier, secouant la tête :

— Hé bien! dit-il, trouvez-moi sa pareille. Oui, je le soutiendrai, il y a du bon et du mauvais dans ces Egyptiens. S'ils ont quelque commerce avec le diable, c'est leur affaire, et non la nôtre. Quant à sa manière d'arranger le cadavre, je sais ce que c'est. Quand ces diables de contrebandiers ont un de leurs camarades tué dans une affaire, ils font venir une vieille femme comme Meg pour ensevelir son corps; voilà toute leur cérémonie, et ils le jettent dans un trou comme un chien. Et, quand ils sont près de mourir, c'est encore une vieille femme qui leur chante des ballades, des charmes, comme ils disent, au lieu de faire venir un ministre pour réciter des prières : c'est leur vieille habitude. Je crois bien que l'homme que vous avez vu mourir est un de ceux qui ont été blessés quand ils ont mis le feu à Voodbourne.

— Mais, mon cher ami, on n'a pas mis le feu à Woodbourne.

— Non! tant mieux. On nous avait dit qu'il n'y restait pas pierre sur pierre. Mais enfin on s'y est battu, n'est-ce pas? Hé bien! comptez sur ma parole que c'était un des hommes qui avaient attaqué le château, comme aussi que ce sont les Egyptiens qui ont volé votre porte-manteau, quand ils ont trouvé la voiture arrêtée sur la route : croyez donc qu'ils ne l'auraient pas ramassé! cela allait à leur main comme l'anse d'une pinte.

— Mais si cette femme est une espèce de reine parmi eux, pourquoi n'a-t-elle pas pu me prendre ouvertement sous sa protection, et me faire rendre ce qui m'appartenait?

— Qui sait? elle a peut-être le droit de leur dire bien des choses, et eux celui de faire ce qui leur plaît, quand la tentation est trop forte. Ensuite n'y avait-il pas des contrebandiers avec qui ils sont toujours ligués? Elle pouvait bien n'être pas maîtresse de ceux-là. On m'a assuré que les Egyptiens savent quand les contrebandiers doivent arriver, et où ils veulent débarquer, mieux que ceux qui veulent acheter leurs marchandises. Et enfin, après tout, elle a une tournure d'esprit toute particulière, elle ne dit rien comme une autre. Que ses prophéties soient vraies ou fausses, je suis sûr qu'elle y croit elle-même; elle suit toujours quelque rêverie pour règle de conduite. Si elle veut aller à un puits, ne croyez pas qu'elle prenne le chemin le plus droit, non, non. Mais chut! j'entends le geôlier qui vient.

Le concert harmonieux des verrous et des serrures interrompit la conversation; et Mac-Guffog, ouvrant la porte, y présenta son aimable figure. — Allons, M. Dinmont, nous avons retardé d'une heure la fermeture de la porte: il est temps de vous retirer.

— Me retirer! l'ami, je veux coucher ici. Voilà un lit de reste dans la chambre du capitaine.

— Impossible!

— Je vous dis, moi, que c'est possible, et que je ne bouge pas d'ici. Buvez ce verre d'eau-de-vie.

Mac-Guffog ne se fit pas prier deux fois. Après avoir bu: — Mais c'est contre la règle, dit-il, vous n'avez commis aucun méfait.

— Hé bien! si vous dites encore un mot, je vous casse la tête, et ce sera un méfait qui me donnera bien le droit de passer la nuit ici.

— Mais je vous dis, M. Dinmont, que c'est contre la règle; que je perdrais ma place.

— Je n'ai que deux choses à vous dire, Mac-Guffog; vous devez savoir qui je suis, et que je ne suis pas homme à favoriser l'évasion d'un prisonnier.

— Et comment sais-je cela?

— Ah! si vous ne savez pas cela, vous savez ceci. Vous savez du moins que les affaires de votre place vous obligent à venir quelquefois dans nos environs : hé bien, si vous me laissez passer tranquillement la nuit ici avec le capitaine, je paie double loyer pour votre chambre; si vous n'y consentez pas, la première fois que vous viendrez du côté de Charlies-Hope je vous promets de vous appliquer sur les reins la plus belle volée de coups de bâton....

— Allons, allons, brave homme, il faut vous contenter. Mais si les juges de paix l'apprennent, je sais bien qui en portera le blâme. Ayant assaisonné cette observation de deux ou trois juremens, il referma porte et verrous, et se retira. L'horloge de la ville sonnait neuf heures en ce moment.

— Quoiqu'il ne soit pas tard, dit le fermier, qui avait remarqué que son ami avait l'air fatigué, je crois que nous ferions bien de nous coucher, capitaine, à moins que vous ne vouliez boire encore quelques coups; mais je sais que vous n'êtes pas un grand buveur, et en conscience ni moi non plus, à moins que la compagnie ne m'excite, ou que je sois en course.

Bertram consentit sur-le-champ à la proposition de Dinmont. Mais, en jetant les yeux sur le lit préparé par les mains de mistress Mac-Guffog, il ne put se résoudre à se déshabiller.

— Parbleu! je le crois bien, capitaine, on dirait que tous les charbonniers de Sanquhair y ont déjà couché. Quant à moi, avec ma grande redingote, je ne crains rien. En disant ces mots, il se jeta sur son lit avec un bond qui fit craquer le bois; il donna clairement à entendre, peu d'instans après, qu'il était profondément endormi.

Bertram ôta ses bottes, et s'empara de l'autre couchette.

Sa destinée étrange, le mystère qui semblait l'environner, les persécutions qu'il éprouvait, l'intérêt que prenaient à lui des amis inconnus, et des gens nés dans une classe avec laquelle il n'avait jamais eu de relations, occupèrent quelque temps son esprit; mais enfin la fatigue l'emporta, et il finit par dormir aussi tranquillement que son compagnon.

Nous allons les laisser goûter les douceurs de ce paisible sommeil, et informer nos lecteurs de divers événemens qui se passaient ailleurs pendant ce temps-là.

CHAPITRE XLVI.

> « Qui vous a révélé les secrets du destin?
> « Pourquoi m'arrêtez-vous? quel est votre dessein?
> « Que signifie enfin ce jargon prophétique?
> « Parlez, je vous conjure? »
> SHAKSPEARE. *Macbeth*.

Le soir même du jour où l'interrogatoire de Bertram avait eu lieu, le colonel Mannering arriva d'Edimbourg à Woodbourne. Il trouva la famille dans l'état où il l'avait laissée, ce qui probablement n'aurait pas été si Julie eût appris la nouvelle de l'arrestation de Bertram. Mais comme, pendant l'absence du colonel, les deux jeunes demoiselles menaient une vie fort retirée, le bruit de cet événement n'était pas arrivé à Woodbourne. Une lettre avait déjà instruit miss Bertram de la perte des espérances que l'on avait formées pour elle d'après l'ancien testament de sa parente. Peut-être un secret espoir, élevé à son insu dans son cœur, fut-il anéanti par ce contre-temps, qui ne l'empêcha pas néanmoins de se joindre à son amie pour faire à Mannering la réception la plus gaie. Elle lui exprima sa reconnaissance pour ses soins véritablement paternels, et son regret qu'il eût entrepris pour elle, dans une saison si rigoureuse, un voyage infructueux.

— Je suis profondément affligé, ma chère miss, lui dit le colonel, qu'il ait été infructueux pour vous, mais quant à moi il m'a procuré la connaissance de personnes dont je fais le plus grand cas; et le temps que j'ai passé à Edimbourg s'est écoulé d'une manière si agréable, qu'il ne serait pas juste de me plaindre; même notre ami Dominus en revient trois fois plus habile qu'auparavant, ayant aiguisé son esprit par ses controverses avec les génies de la métropole du nord.

— Il est vrai, dit Dominus avec une sorte de complaisance, j'ai lutté, et je n'ai pas été vaincu, quoique mon adversaire fût bien adroit.

— Je présume, M. Sampson, dit miss Mannering, que le combat vous aura un peu fatigué.

— Beaucoup, ma chère demoiselle; mais j'avais ceint mes reins, et j'ai soutenu l'attaque.

— Je suis témoin, dit le colonel, que jamais affaire n'a été plus chaude. L'ennemi était comme la cavalerie maratte, attaquant de tous côtés à la fois, et ne présentant pas le flanc à l'artillerie. Mais M. Sampson tenait ferme à ses batteries, et faisait feu tantôt sur l'ennemi, tantôt sur la poussière qu'il élevait. Mais ce n'est pas l'instant de vous raconter nos batailles; demain, après le déjeuner, nous en causerons.

Le lendemain à déjeuner, Dominus ne parut point. Il était sorti, dit un domestique, de très-bonne heure dans la matinée. Il lui arrivait si souvent d'oublier l'heure des repas, que son absence ne donnait jamais aucune inquiétude. La femme de charge, vieille dame, fort honnête presbytérienne, et ayant en cette qualité beaucoup de respect pour la science théologique de M. Sampson, avait soin en ces occasions que ses distractions ne fissent aucun tort à son estomac; dès qu'il était de retour, elle allait lui rappeler les besoins terrestres qui nous asservissent, et pourvoyait à ce qu'il pût y satisfaire. Il était rare cependant qu'il manquât à deux repas de suite, et c'est ce qui arriva en cette circonstance, car il ne revint pas pour dîner. Nous devons expliquer la cause de cette conduite extraordinaire.

La conversation que M. Pleydell avait eue avec Mannering, relativement à Henry Bertram, avait réveillé toutes les sensations pénibles que sa disparition avait fait naître dans le cœur de Sampson. Jamais il n'avait cessé de se reprocher que la faiblesse qu'il avait eue de confier l'enfant à Frank Kennedy avait été la cause prochaine de l'assassinat de celui-ci, de la perte de l'enfant, de la mort de mistress Bertram, et, par suite, de la ruine de la famille de son patron. C'était un sujet dont il ne parlait jamais, si sa manière de converser peut s'appeler parler, mais qui était toujours présent à son esprit. L'espoir si fortement manifesté dans le testament de mistress Bertram, en avait fait renaître une lueur dans le cœur de Dominus, et il s'y attachait avec d'autant plus d'opiniâtreté, que M. Pleydell avait témoigné plus d'incrédulité. Assurément, pensait Sampson, M. Pleydell est un homme rempli d'érudition, profondément versé dans la connaissance des lois; mais d'un autre côté il est d'une légèreté que rien ne peut fixer; il passe en un instant d'une idée à une autre : comment peut-il se permettre de prononcer, comme *ex cathedrâ*, sur l'espérance conçue par la respectable miss Margaret Bertram de Singleside ? Dominus *pensait* tout cela, ai-je dit, car s'il avait prononcé la moitié de ce discours, un exercice si violent et si inaccoutumé aurait fatigué sa mâchoire pour un mois.

Ces réflexions avaient fini par faire naître en lui le désir de revoir des lieux qui avaient été le théâtre de cette scène sanglante, et où il n'avait pas été depuis long-temps, c'est-à-dire depuis le jour de ce fatal accident. La promenade était longue, car la pointe de Warroch était à l'extrémité du domaine d'Ellangowan, situé entre le promontoire et Woodbourne. D'ailleurs Dominus fut obligé de faire souvent des détours, parce que la fonte des neiges avait changé en torrens de petits ruisseaux qu'il croyait pouvoir enjamber comme dans l'été.

Enfin il arriva dans le bois qui était le but de son voyage. Il le parcourut avec une sorte de désespoir, fatiguant son esprit troublé pour se rappeler chaque circonstance de ce funeste événement. On croira facilement que, dans tout ce qui se présenta à ses yeux, rien ne dut le porter à tirer des conséquences plus favorables qu'il ne l'avait fait le jour même de la catastrophe. Il termina donc son pèlerinage, et reprit le chemin de Woodbourne en poussant mille soupirs et gémissemens, et forcé de temps en temps par un estomac affamé de chercher à se rappeler s'il avait déjeuné le matin, pensant toujours à la perte du malheureux enfant, et distrait quelquefois par son appétit, qui mettait devant ses yeux du beurre, des petits pains et des tranches de bœuf. Il prit une autre route que celle du matin, ce qui le conduisit près des ruines d'une tour appelée par le peuple la tour de Derncleugh.

Le lecteur peut se rappeler la description que nous avons faite de cette tour; car ce fut là que le jeune Bertram, sous la protection de Meg Merrilies, avait vu mourir le lieutenant d'Hatteraick. La tradition populaire ajoutait des terreurs imaginaires au sentiment naturel de mélancolie que ce lieu inspirait. Les Egyptiens qui avaient long-temps habité dans son voisinage avaient inventé, ou du moins propagé une fable absurde qu'il était de leur intérêt de faire passer pour une vérité. On disait que, dans le temps de l'indépendance galwégienne, Hanlon Mac-Dingawaie, frère du chef souverain Knarth Mac-Dingawaie, avait assassiné son frère et son souverain, afin d'usurper sa puissance au détriment de son neveu, encore enfant; mais que, se trouvant exposé à la vengeance des alliés et des vassaux de sa famille, qui avaient embrassé le parti de l'orphelin, il fut forcé de se retirer avec les complices de son crime dans cette petite tour qui était imprenable, qu'il s'y était défendu jusqu'à ce que la famine vînt se joindre contre lui à ceux qui l'assiégeaient; qu'alors, mettant le feu à la tour, lui et sa petite garnison avaient préféré se donner la mort, plutôt que de tomber entre les mains de leurs implacables ennemis. Il pouvait se trouver quelque chose de vrai dans cette tradition, qui remontait à des temps presque barbares; mais la superstition l'avait embellie en faisant de cette tour un repaire de diables et de revenans; et les paysans du voisinage, quand la nuit les surprenait dans ces environs, auraient fait un détour considérable plutôt que de passer près de ces murs formidables. Cette tour servant de rendez-vous depuis long-temps aux Egyptiens et aux brigands, on y apercevait quelquefois de la lumière pendant la nuit; et cette circonstance, augmentant encore le crédit accordé à ces contes ridicules, servait parfaitement par là les projets de ceux qui hantaient ces ruines.

Nous devons maintenant avouer que notre ami Sampson, quoique littérateur instruit et bon mathématicien, n'était pourtant pas assez philosophe pour révoquer en doute l'existence des sorciers et des revenans. Il était né dans un temps où celui qui aurait paru hésiter à y croire aurait été soupçonné de participer à ces pratiques infernales. La croyance à ces contes était donc pour lui presque un article de foi; et peut-être lui aurait-il été aussi difficile de douter des mensonges de l'erreur, que des vérités mêmes de la religion. Imbu de ces sentimens, et voyant le jour incliner vers sa fin, Dominus ne se trouva donc pas si près de la tour de Derncleugh sans éprouver une secrète horreur.

Qu'on juge quelle fut sa surprise, quand, en arrivant près de la porte de la tour, de cette porte que l'on supposait avoir été placée par l'un des derniers lords d'Ellangowan pour que de téméraires étrangers ne s'exposassent pas aux dangers qui auraient pu les menacer sous ces voûtes redoutables, de cette porte que l'on croyait condamnée depuis si long-temps, et dont on disait les clefs déposées au presbytère, elle s'ouvrit tout à coup, et offrit aux yeux épouvantés de Dominus la figure de Meg Merrilies, qu'il reconnut à l'instant, quoiqu'il ne l'eût pas vue depuis bien des années. L'Egyptienne se plaça devant lui dans l'étroit sentier, de manière qu'il lui était impossible d'éviter de passer auprès d'elle à moins de retourner sur ses pas, ce qu'il aurait regardé comme une faiblesse indigne d'un homme.

— Je savais que vous viendriez ici, dit-elle avec sa voix aigre et forte : je sais ce que vous cherchez, mais il faut que vous fassiez ce que je vais vous dire.

— Eloigne-toi de moi! dit Dominus d'un air hagard, retire-toi! *Conjuro te, scelestissima, — nequissima, — spurcissima, — iniquissima — atque miserrima, — conjuro te* [1] *!!!*

Meg tint bon contre cette effrayante série de superlatifs, que Sampson tira du creux de son estomac en hurlant d'une voix de tonnerre.

— Est-il donc fou, de crier ainsi? dit Meg.

— *Conjuro*, continua Dominus, *adjuro, contestor atque viriliter impero tibi...* [2].

— Eh, au nom de Satan, que voulez-vous dire avec votre baragouin français qui rendrait un chien malade? Avez-vous peur, grand entêté? Ecoutez bien ce que je vais vous dire, ou vous vous en repentirez tant qu'il vous restera un de vos membres. — Allez dire au colonel Mannering que je sais qu'il me cherche. Il sait et je sais que les traces du sang seront effacées, que ce qui est perdu se retrouvera.

Avec la force et la justice,
Dans son Ellangowan Bertram retournera.

(1) Je te conjure, scélératissime, méchantissime, misérable, etc. Je te conjure. — Tr.

(2) Je te conjure, t'adjure et t'ordonne énergiquement. — Tr.

Tenez, voici une lettre pour lui; j'allais la lui envoyer d'une autre manière. Je ne sais pas écrire, mais j'ai quelqu'un qui écrit pour moi, qui lit pour moi, qui voyage pour moi. Dites-lui que le temps est arrivé, que le destin est accompli, et que la roue tourne. Qu'il consulte les astres comme il l'a fait autrefois. Vous souviendrez-vous de tout cela?

— Femme, dit Dominus, j'en doute, car tes paroles me troublent, et mon corps tremble en t'écoutant.

— Mes paroles ne vous feront aucun mal, et peut-être beaucoup de bien.

— Retire-toi! je ne veux pas d'un bien qui arrive par des voies illicites.

— Imbécile, dit Meg en s'avançant vers lui avec une indignation qui faisait étinceler ses yeux noirs; imbécile, si je te voulais du mal, ne pourrais-je pas te précipiter du haut de ce rocher? Connaîtrait-on la cause de ta mort, plus qu'on n'a connu celle de Frank Kennedy? M'entends-tu bien, poltron?

— Au nom de tout ce qu'il y a de plus saint, dit Dominus en reculant un pas et dirigeant vers la prétendue sorcière sa canne à pomme d'étain, comme si c'eût été une javeline, retire-toi, femme, ne m'approche pas, garde-toi de me toucher. Il y va de ta vie; songe que je suis fort; je te..... Une brusque attaque coupa le fil de son discours; Meg se précipita sur lui, para avec le bras un coup de canne qu'il voulait lui allonger, et armée d'une force surnaturelle, à ce qu'il assura depuis, l'emporta dans la tour aussi facilement, dit-il, que je porterais un atlas de Kitchen.

— Asseyez-vous là, lui dit-elle en le jetant sur une chaise à demi rompue, reprenez haleine, et tâchez de rappeler vos sens, noire brouette de l'Eglise! Etes-vous à jeun, ou avez-vous trop mangé?

— A jeun de toute chose, excepté du péché, dit Dominus, qui, recouvrant la voix et voyant que ses exorcismes n'avaient servi qu'à irriter l'intraitable sorcière, pensait que ce qu'il y avait de mieux à faire était d'affecter de la complaisance et de la soumission : et cependant il répétait tout bas la tirade de conjurations qu'il n'osait plus proférer à haute voix. Mais incapable de mener de front deux idées différentes, il mêlait de temps en temps à son discours quelqu'un des mots dont son esprit était occupé, ce qui produisait un effet assez burlesque, surtout dans le moment où l'épreuve qu'il venait de faire des forces de l'Egyptienne lui faisait redouter l'impression que ces mots qui lui échappaient pouvait produire sur son esprit.

Cependant Meg s'était approchée du grand chaudron noir qui était sur le feu. Elle en leva le couvercle, et l'odeur qui s'en exhala, si on pouvait se fier à l'odeur qui sort du chaudron d'une sorcière, promettait quelque chose de mieux que les drogues infernales dont on le croyait ordinairement rempli. Au fait, c'était un amalgame de poules, de perdrix, de faisans bouillis avec des pommes de terre, des ognons et des porreaux, et qui, d'après la capacité de la marmite, paraissait préparé pour une demi-douzaine de personnes au moins [1].

—Ainsi, vous n'avez rien mangé d'aujourd'hui? dit Meg en retirant une portion de ce que contenait le chaudron, plaçant le tout sur un plat brun, et le saupoudrant de sel et de poivre.

—Rien, *scelestissima*, c'est-à-dire brave femme.

—Hé bien ! mangez, dit-elle en plaçant le plat sur une table devant lui, cela vous remettra le cœur.

—Je n'ai pas faim, *malefica*, c'est-à-dire mistress Merrilies. L'odeur en est bonne, pensait-il en lui-même, mais ce mets a été apprêté par une Canidie ou une Ericthoé.

—Si vous ne le mangez pas à l'instant pour vous redonner du cœur, je vous le fais passer par le gosier avec cette cuiller à pot, toute brûlante comme la voilà. Allons, ouvrez la bouche, pécheur, et avalez.

---

(1) C'est à peu près la recette de l'*olla podrida* d'Espagne. —É<small>D</small>.

Sampson avait d'abord résolu de n'y pas toucher, mais le fumet du ragoût commençait à vaincre sa répugnance, et les menaces de la vieille achevèrent de triompher de son obstination.

La Faim et la Crainte sont d'excellens casuistes. —Saül, lui disait la Faim, n'a-t-il pas mangé avec la sorcière d'Endor? et le sel qu'elle a répandu sur ce mets, disait la Crainte, prouve que ce n'est pas un ragoût de sorciers, puisque jamais ils n'en font usage; et d'ailleurs, ajouta la Faim après la première bouchée, la viande est bonne et savoureuse.

— Hé bien, le trouvez-vous bon? demanda l'hôtesse.

— Excellent! dit Dominus, je vous remercie, *sceleratissima*, je veux dire mistress Marguerite.

— Hé bien, mangez tant que vous voudrez. Si vous saviez comme je l'ai eu, vous ne le mangeriez peut-être pas avec tant de plaisir!

A ce propos la fourchette de Dominus, qui était levée pour porter un morceau à sa bouche, retomba sur son assiette. La vieille continua :

— On a passé plus d'une nuit au clair de la lune pour rassembler tout ce gibier. Les gens qui doivent le manger ne s'inquiètent guère de vos lois sur la chasse.

— N'est-ce que cela? pensa Sampson en reprenant sa fourchette, ce n'est pas là ce qui m'empêchera de manger.

— Maintenant, il faut boire un coup.

—Volontiers, dit Sampson, *conjuro te*, c'est-à-dire, je vous remercie de tout mon cœur. Et il but à la santé de la sorcière une grande tasse d'eau-de-vie. Après s'être ainsi rassuré la conscience, il se sentit, dit-il à Meg, parfaitement restauré, et en état de braver tout ce qui pouvait lui arriver.

— Et vous rappellerez-vous ma commission? Je vois à vos yeux que vous êtes tout autre que lorsque vous êtes entré ici.

— Oui, mistress Merrilies, je remettrai cette lettre cachetée, et j'y ajouterai de vive voix tout ce dont vous voudrez me charger.

— Cela ne sera pas long. Dites-lui qu'il ne manque pas de regarder les astres cette nuit, et de faire tout ce que je lui marque,

Afin que force aide justice,
Quand dans Ellangowan un Bertram rentrera.

Je l'ai vu deux fois sans qu'il me vît. Je sais quand il est venu dans ce pays pour la première fois, et quelles raisons l'y ont fait revenir. Allons, il est temps de partir. Suivez-moi.

Sampson suivit sa sibylle, qui le conduisit à travers le bois par un chemin beaucoup plus court, et qui lui était inconnu. Lorsqu'ils en furent sortis, elle continua à marcher devant lui à grands pas jusqu'à ce qu'elle fût arrivée au haut d'une petite éminence qui dominait la route.

— Un instant, dit-elle alors : arrêtez-vous ici. Voyez-vous le soleil couchant percer le nuage qui l'a couvert toute la journée? Regardez sur quoi se portent ses rayons; c'est sur la tour de Donagild, l'antique tour du vieux château d'Ellangowan. Ce n'est pas pour rien. Voyez comme il laisse dans l'obscurité le rivage de la mer du côté du promontoire. Ce n'est pas pour rien non plus. J'étais en ce même lieu, ajouta-t-elle en se redressant de manière à ne pas perdre une ligne de sa taille extraordinaire, et en étendant son long bras nerveux et sa main sèche; j'étais ici quand je prédis au feu laird d'Ellangowan ce qui devait lui arriver. Cela est-il tombé à terre? C'est ici que j'ai rompu avec lui la baguette de paix. M'y voici de nouveau pour prier Dieu de bénir et de protéger l'héritier légitime de la famille des Ellangowan, qui va rentrer dans ses droits, et qui sera le meilleur laird qu'Ellangowan ait vu depuis trois siècles. Peut-être ne vivrai-je pas assez pour en être témoin; mais il ne manquera pas d'yeux pour le voir, quoique les miens soient fermés.

Maintenant, Abel Sampson, si vous avez jamais aimé la famille d'Ellangowan, portez vite mon message, comme si la vie et la mort dépendaient de votre diligence.

A peine finissait-elle de parler, qu'elle quitta brusquement Dominus, et regagna à grands pas le bois dont ils venaient de sortir. Sampson la regarda un instant, immobile, et étourdi de tout ce qu'il venait d'entendre. Empressé de remplir sa commission, il prit le chemin de Woodbourne avec une vitesse qui ne lui était pas habituelle, et répéta trois fois en route : — Pro-di-gi-eux! pro-di-gi-eux! pro-di-gi-eux!

CHAPITRE XLVII.

« Non, non, ce ne sont pas les discours du délire,
« Qu'on me mette à l'épreuve, on m'entendra redire
« Ces discours qu'on prétend des rêves d'insensé. »
SHAKSPEARE. *Hamlet.*

Dominus Sampson, en arrivant à Woodbourne, traversait l'antichambre avec des yeux égarés, quand la bonne femme de charge, qui guettait son retour, courut après lui, en lui disant : —M. Sampson, M. Sampson, hé! mon Dieu! c'est pire que jamais! Vous vous ferez mal en restant si long-temps sans manger, il n'y a rien de plus mauvais pour l'estomac. Vous devriez au moins dire à Barnes de mettre un buiscuit dans votre poche.

—Retire-toi, dit Dominus, l'esprit encore plein de Meg Merrilies, et s'avançant vers la salle à manger.

— Mais ce n'est pas là qu'il faut aller. Il y a plus d'une heure qu'on a fini de dîner. Le colonel vide sa carafe. Venez dans ma chambre, je vous ai fait réserver un bon morceau que le cuisinier aura préparé dans un moment.

— *Exorciso te*, répéta Sampson, c'est-à-dire j'ai dîné.

—Dîné! c'est impossible. Et avec qui auriez-vous dîné! Vous n'allez jamais chez personne.

— Avec Beelzébuth, je crois.

—Allons, il est ensorcelé ou il est fou, la chose est sûre; il n'y a que le colonel qui soit en état de lui faire entendre raison. Elle le laissa donc continuer son chemin, et se retira en s'écriant qu'il était bien triste de voir des savans tomber dans un état si déplorable.

L'objet de sa compassion venait cependant d'entrer dans la salle à manger, où sa figure causa la plus grande surprise. Il était couvert de boue jusqu'aux épaules, et la pâleur naturelle de son teint était deux fois plus cadavéreuse qu'à l'ordinaire, à cause du trouble, de la terreur et de la fatigue qu'il avait éprouvés.

— Au nom du ciel, que signifie l'état où je vous vois, M. Sampson? dit Mannering, qui s'aperçut combien miss Bertram était alarmée pour un ami dont elle connaissait l'attachement comme la simplicité.

— *Exorciso*, dit Dominus.

— Que voulez-vous dire, monsieur?

— Je vous demande pardon, respectable colonel, mais en vérité mon esprit....

— Est un peu dans les nuages, M. Sampson. Mais allons, remettez-vous, et expliquez-moi ce que tout cela signifie.

Dominus cherchait sa réponse, mais un mot de sa *formule* latine d'exorcisme se présentant encore à sa langue, il jugea plus convenable de se taire, et remit entre les mains du colonel la lettre qu'il avait reçue pour lui de l'Egyptienne.

Le colonel rompit le cachet sur-le-champ, et lut la lettre avec un air de surprise. —Cela ressemble à une plaisanterie, dit-il, et à une fort mauvaise plaisanterie!

— Cette lettre, dit Dominus avec un sérieux glacial, vient d'une personne qui ne plaisante pas.

— Et qui donc vous a chargé de me la remettre?

Dominus, au milieu de ses plus fortes distractions, ne perdait jamais de vue miss Bertram. Il se rappela les événemens fâcheux que lui rappelait le nom seul de Meg Merrilies, et, jetant les yeux sur Lucy, il garda le silence, de peur d'éveiller en elle de tristes souvenirs.

— Mesdemoiselles, dit Mannering, allez préparer le thé. Nous vous rejoindrons dans un instant. Je vois que M. Sampson désire me parler sans témoins. Hé bien, maintenant qu'elles sont parties, de grace, expliquez-vous. D'où vient cette lettre?

— Du ciel peut-être, dit Dominus, mais elle m'est parvenue par un *facteur* des enfers. Elle m'a été remise par Meg Merrilies, qui depuis bien long-temps aurait dû être brûlée comme voleuse, coquine, sorcière, Egyptienne.

— Etes-vous bien sûr que c'était elle? dit le colonel avec chaleur.

— Peut-il exister sur la terre deux êtres semblables à Meg Merrilies?

Le colonel parcourut la chambre à grands pas, plongé dans de profondes réflexions. — Enverrai-je du monde pour l'arrêter? Mais Mac-Morlan est trop éloigné, et sir Hazlewood avec ses grandes phrases n'en finira pas; d'ailleurs la chance de ne la plus trouver au même endroit, et puis la fantaisie de garder le silence qui peut la reprendre. Non, au risque de passer pour un extravagant, je ne négligerai pas l'avis qu'elle me donne. Bien des gens de cette espèce commencent par être des imposteurs, et finissent par devenir des enthousiastes, ou par suivre une route ténébreuse entre ces deux lignes, sans savoir s'ils s'abusent eux-mêmes, ou s'ils trompent les autres. Au surplus ma marche est toute simple: si mes efforts sont inutiles, je n'aurai pas à me reprocher d'avoir écouté les conseils d'une fausse prudence.

Ayant ainsi déterminé ce qu'il voulait faire, il sonna, dit à Barnes de le suivre dans son cabinet, et lui donna des ordres dont le résultat sera connu plus tard de nos lecteurs, car il faut en ce moment que nous leur fassions part d'une aventure qui se lie aux événemens de ce jour mémorable.

Charles Hazlewood n'avait pas osé faire une seule visite à Woodbourne pendant l'absence du colonel. La conduite de Mannering envers lui, quoique aussi amicale qu'honnête, semblait lui démontrer qu'une telle démarche ne lui plairait point, et tel était l'ascendant que les qualités brillantes de ce militaire avaient pris sur lui, qu'il n'aurait voulu pour rien au monde faire la moindre chose qui pût lui être désagréable. Il voyait, ou du moins il avait cru voir que le colonel approuvait son attachement pour miss Bertram, mais il s'apercevait aussi qu'il regardait comme inconvenant qu'il lui déclarât des sentimens qui n'auraient pas l'approbation de ses parens; et il respectait la barrière que semblait mettre entre eux le généreux et zélé protecteur de miss Bertram. Non, pensait-il, je ne troublerai pas la paix dont ma chère Lucy jouit dans cet asile, jusqu'à ce que j'aie le droit de lui en offrir un autre qui lui appartiendra.

D'après cette résolution, dans laquelle il eut le courage de persister, quoique son cheval, par habitude, l'eût conduit un jour à la porte du château de Woodbourne, il résista au désir qu'il avait de descendre pour s'informer de la santé des deux demoiselles; mais la même chose étant arrivée une seconde fois, la tentation fut si violente que craignant de ne pouvoir y résister une troisième, il se décida à aller faire une visite à un de ses amis qui demeurait à peu de distance, d'y rester pendant tout le temps que durerait l'absence du colonel, et de revenir assez à temps pour être un des premiers à le complimenter sur son heureux retour. Il envoya savoir des nouvelles des jolies habitantes de Woodbourne, leur fit dire qu'il allait aussi faire un voyage de quelques jours, et se rendit chez son ami.

Il avait pris des mesures certaines pour être informé

du retour du colonel quelques heures après son arrivée. Dès qu'il en fut instruit, il résolut de partir dans la matinée, et d'assez bonne heure pour aller dîner à Woodbourne, où il était en quelque sorte comme chez lui. Il se flattait (car il faisait sur ce sujet des réflexions beaucoup plus sérieuses qu'il n'était nécessaire) que cette conduite paraîtrait toute simple et naturelle.

Mais le destin, dont les amans se plaignent si souvent, ne fut pas, en cette circonstance, favorable à Charles Hazlewood. D'abord, une gelée qui avait eu lieu pendant la nuit exigeait que l'on fît changer les fers de son cheval. Ensuite, la maîtresse de la maison où il était ne descendit que fort tard pour déjeuner. Puis son ami voulut lui montrer des petits chiens d'arrêt que sa chienne favorite avait mis bas ce matin même. Leurs couleurs avaient fait naître des doutes sur la paternité; c'était une grande question sur la légitimité que Hazlewood était appelé à décider comme tiers arbitre entre son ami et son piqueur, et sa décision fut une sentence sans appel, qui fixa le choix entre ceux qu'il fallait noyer et ceux qu'il fallait élever.

Enfin le père de son ami le retint un temps considérable, en déployant toutes les ressources d'une éloquence prolixe et fastidieuse pour insinuer dans l'esprit de sir Robert Hazlewood, par l'intermédiaire de son fils, ses propres idées sur la ligne qu'on devait faire suivre à un chemin projeté. Nous rougissons pour notre jeune amant d'être obligé d'avouer qu'après avoir entendu développer dix fois les mêmes raisons, il ne put voir en quoi la ligne proposée par le père de son ami était préférable à celle qui semblait avoir été arrêtée.

Mais ce chemin devait traverser une rivière, et il était de l'intérêt du celui qui retenait si mal à propos l'impatient Hazlewood, que le pont fût établi sur le point le plus voisin d'une de ses fermes. Cependant, malgré l'importance qu'il y attachait, il aurait eu grand'peine à parvenir à son but, s'il ne lui était arrivé de dire par hasard que le plan arrêté, et qu'il combattait, avait été proposé par ce drôle de Glossin, qui voulait que son avis dominât en tout dans le comté. Ce nom eut la vertu d'attirer tout à coup l'attention d'Hazlewood, et s'étant bien assuré laquelle des deux lignes avait été proposée par Glossin, il promit formellement que ce ne serait pas sa faute si son père ne se déclarait pas pour l'autre.

Tous ces contre-temps employèrent une bonne partie de la matinée : Charles ne put monter à cheval que trois heures plus tard qu'il ne l'avait projeté, et maudissant les maréchaux, les belles dames, les petits chiens et les nouvelles routes, il reconnut qu'il était trop tard pour qu'il pût décemment se présenter chez le colonel.

Il passait devant la route qui conduisait à Woodbourne, et ne pouvait en voir que la fumée qui, sortant des cheminées, se dessinait sur l'azur d'un ciel sans nuage, quand il crut apercevoir Dominus, marchant ou plutôt courant à toutes jambes dans un sentier près d'un bois voisin : il l'appela, mais inutilement. Dominus, ordinairement inaccessible à toute impression étrangère, était en ce moment dans un état de double abstraction. Il venait de quitter Meg Merrilies, et il était trop occupé à réfléchir sur les derniers discours qu'elle lui avait tenus, pour faire attention à la voix qui l'appelait. Hazlewood fut donc obligé de renoncer au plaisir de lui demander des nouvelles de la santé des deux jeunes demoiselles, ou de lui faire quelque autre question banale qui aurait pu amener le nom de miss Bertram dans sa réponse.

Il n'avait plus aucun motif pour se presser. Il laissa donc son cheval marcher au pas qui lui convint pour monter un chemin tracé entre deux collines d'où la vue s'étendait au loin sur de charmans paysages. Mais, quoique ces lieux dussent avoir un attrait particulier pour lui, puisqu'ils étaient en grande partie la propriété de son père, il songeait bien plutôt à regarder les cheminées de Woodbourne; et cependant à chaque pas que faisait son cheval, il lui devenait plus difficile de les apercevoir.

Il était tombé sans y penser dans une rêverie dont il fut tiré par une voix qui lui sembla trop forte pour celle d'une femme, et trop aigre pour appartenir à un homme. — Pourquoi arrivez-vous si tard? lui criait-on : faudra-t-il que d'autres fassent votre besogne?

Il regarda la personne qui lui parlait. C'était une grande femme dont la tête était enveloppée d'un mouchoir, d'où sortaient des mèches de cheveux grisonnans. Elle était couverte d'une espèce de grand manteau, et tenait à la main un gros bâton garni d'une pointe en fer. En un mot c'était Meg Merrilies. Hazlewood n'avait jamais vu cette figure extraordinaire : il fit un mouvement de surprise, et arrêta son cheval. — Je pense, dit-elle, qu'aucun de ceux qui prennent intérêt à la maison d'Ellangowan ne doit dormir cette nuit. J'ai chargé trois hommes de vous chercher, et vous allez vous coucher dans votre lit! Croyez-vous que si le frère tombe, la sœur restera debout? non, non.

— Je ne vous comprends pas, bonne femme; si vous parlez de miss... Je veux dire de quelqu'un de l'ancienne famille d'Ellangowan, apprenez-moi ce que je puis faire pour son service.

— L'ancienne famille d'Ellangowan! l'ancienne famille d'Ellangowan! Et quelle nouvelle famille osera jamais porter ce nom qui n'appartient qu'à la souche des braves Bertram?

— Mais que voulez-vous dire bonne femme?

— Je ne suis pas une bonne femme. Je ne vaux rien. Tout le pays le sait. Je voudrais être meilleure. Mais je puis faire ce que bien des bonnes femmes ne pourraient ou n'oseraient faire. Je puis glacer le sang de celui qui habite la maison de l'orphelin, et qui voulut l'écraser dans son berceau. Ecoutez-moi bien. Par ordre de votre père on a retiré la garde qui était à la douane de Portanferry.

Il l'a fait venir à Hazlewood, parce qu'il croit que son château doit être attaqué cette nuit par des contrebandiers. Personne n'y pense. Son sang est bon. Je ne parle pas de lui, mais enfin on n'a nul dessein de lui nuire. Renvoyez bien vite, et sans crainte pour vous, la garde à Portanferry. C'est là qu'elle est nécessaire. Il y aura de l'ouvrage cette nuit. La lune verra briller les sabres, et entendra les coups de fusil.

— Grand Dieu! que voulez-vous dire? Votre ton, vos paroles me feraient croire que vous êtes folle, et cependant il y a de la suite dans les idées que vous me présentez.

— Non, non, je ne suis pas folle. J'ai été emprisonnée comme folle, battue de verges comme folle, bannie comme folle, mais je ne suis pas folle. Ecoutez-moi, Charles Hazlewood; avez-vous quelque ressentiment contre celui qui vous a blessé?

— Non, Dieu m'en préserve. Je suis guéri de ma blessure, et j'ai toujours été convaincu qu'elle a été l'effet d'un accident involontaire. Je serais charmé de pouvoir le lui dire.

— Faites donc ce que je vous dis, et vous lui ferez plus de bien qu'il ne vous a fait de mal. Si on l'abandonne à ses persécuteurs, ce sera demain matin un cadavre sanglant, ou un homme banni pour toujours. Mais il y a quelqu'un là-haut. Faites ce que je vous dis : renvoyez promptement les soldats, et ne craignez rien pour le château d'Hazlewood.

En finissant ces mots, elle disparut avec sa célérité ordinaire.

Il me semble que l'extérieur extraordinaire de cette femme, et le mélange de bizarrerie et d'enthousiasme qui régnait dans ses discours, manquaient rarement de produire la plus vive impression sur ceux à qui elle s'adressait. Ses paroles, souvent entrecoupées, étaient trop claires et trop intelligibles pour qu'on pût la soupçonner d'une véritable folie; et cependant il s'y trouvait en même temps trop de désordre, trop de véhémence, pour qu'on pût les regarder comme sorties d'une tête bien organisée. Elle semblait agir par l'influence d'une imagination exaltée, plutôt que dérangée; et il est hors de doute que ces deux cas ne produisent un effet tout différent sur l'esprit des auditeurs. Ces observations peuvent expliquer comment, sans ajouter complètement foi à ses demi-mots bizarres et mystérieux, on se trouvait porté à écouter et même à suivre ses avis.

Il est certain au moins que le jeune Hazlewood fut frappé de l'apparition soudaine de cette femme, et du ton impératif qu'elle avait pris. Il pressa la marche de son cheval. La nuit couvrait l'horizon lorsqu'il arriva au château, et dès qu'il y fut entré, il vit la confirmation de ce que lui avait dit la sibylle.

Trente chevaux de dragons étaient sous un hangar, sellés et bridés; trois ou quatre soldats semblaient monter la garde auprès d'eux; les autres se promenaient en long et en large dans la cour du château, bottés, éperonnés, et armés de larges sabres.

Hazlewood demanda à un officier d'où ils venaient.

— De Portanferry.

— Y avez-vous laissé une garde?

— Non. Nous avons été mandés ici par ordre de sir Robert pour défendre sa maison, qui est menacée d'une attaque par les contrebandiers.

Charles chercha sur-le-champ son père, et après les premiers complimens, lui demanda pourquoi il avait cru nécessaire d'appeler chez lui une force armée.

Sir Robert l'assura que, d'après l'avis, la nouvelle, l'assurance qu'il avait reçus, il avait les plus fortes raisons pour croire, penser, être convaincu qu'une attaque devait être tentée, dirigée, effectuée cette nuit contre le château d'Hazlewood par une horde de contrebandiers, d'Égyptiens et d'autres brigands.

— Et qui pourrait donc, mon père, attirer la fureur de ces gens-là sur notre maison plutôt que sur toute autre de nos environs?

— Je pense, monsieur, je suppose, je m'imagine, malgré les égards que méritent vos lumières, votre prudence, votre expérience, que ces gens-là attaquent préférablement les personnes les plus distinguées par le rang, la naissance, la fortune, qui ont contribué à châtier, punir, réprimer leurs délits, leurs crimes, leurs forfaits.

Hazlewood, qui connaissait le faible de son père, répondit que sa surprise ne venait pas du motif auquel sir Robert l'attribuait; mais qu'il ne concevait pas qu'on pût songer à diriger une attaque contre un château dans lequel il se trouvait un grand nombre de domestiques, et où une foule de voisins s'empresseraient d'apporter du secours au moindre signal; il ajouta qu'il craignait que la réputation des Hazlewood ne fût compromise jusqu'à certain point pour avoir appelé une force militaire à son secours, comme s'ils n'étaient pas en état de se défendre eux-mêmes: il lui fit même entendre que si cette précaution était inutile, les ennemis de leur maison pourraient en faire un sujet de sarcasme et de dérision.

Cette dernière idée fut celle qui frappa le plus vivement sir Robert; car, comme tous les petits esprits, le ridicule était ce qu'il craignait le plus. Il se recueillit un moment, et, avec un embarras mal déguisé sous l'apparence de la fierté, affectant de mépriser l'opinion publique, pour laquelle il avait un respect scrupuleux : — J'aurais cru, dit-il à son fils, que l'injure qui a déjà été faite à ma maison en votre personne, en la personne de l'héritier, du représentant, après moi, de la famille d'Hazlewood, aurait suffisamment justifié aux yeux de la saine partie, de la portion éclairée et respectable du peuple, une mesure qui a pour objet d'empêcher, de prévenir un second outrage de ce genre.

— Mais vous oubliez, mon père, ce que je vous ai pourtant dit bien des fois. Je suis certain que le coup n'est parti que par accident.

— Non, monsieur, ce n'est pas un accident. Mais vous voulez en savoir plus que ceux qui sont plus âgés que vous.

— Mais, en vérité, dans une affaire qui me concerne particulièrement...

— Non, monsieur, elle ne vous concerne que très-secondairement, c'est-à-dire qu'elle ne vous concerne en rien, en ne vous considérant que comme un jeune étourdi qui prend plaisir à contrarier son père : mais elle concerne le pays, monsieur ; le comté, monsieur ; le public, monsieur ; tout le royaume d'Ecosse, en tant que l'honneur de la famille d'Hazlewood se trouve compromis, injurié, mis en danger par vous, monsieur, en vous, à cause de vous. Au surplus, le coupable est en lieu de sûreté, et M. Glossin...

— Glossin !

— Oui, monsieur, le *gentleman* qui a acheté Ellangowan. Vous savez de qui je veux parler, je suppose ?

— Oui, mon père ; mais je ne m'attendais pas à vous entendre citer une pareille autorité. Quoi ! ce drôle dont tout le monde connaît la bassesse, la cupidité, et que je soupçonne de bien autre chose ! Et depuis quand accordez-vous à un pareil être le titre de *gentleman ?*

— Sans doute, Charles, je n'attache pas ici à ce mot le sens exact, précis, rigoureux, dans lequel on doit régulièrement, légitimement l'employer. Je ne m'en sers que relativement, pour marquer l'état, la position, la situation où il est parvenu à s'élever, pour désigner une sorte d'homme... honnête... riche... estimable...

— Permettez-moi de vous demander, mon père, si c'est par ses ordres que ce détachement a été retiré de Portanferry.

— Je ne présume pas, monsieur, que M. Glossin prît sur lui de donner des ordres dans une affaire où le château d'Hazlewood et la maison d'Hazlewood, j'entends par la première expression l'édifice où est établi le domicile de ma famille, et par la seconde figurément, métaphoriquement et paraboliquement, ma famille même ; dans une affaire, dis-je donc, où le château d'Hazlewood et la maison d'Hazlewood sont particulièrement intéressés.

— Il me paraît cependant qu'il a approuvé cette mesure.

— J'ai cru, monsieur, qu'il était juste, convenable, à propos de le consulter, comme le magistrat le plus voisin, aussitôt que j'appris la nouvelle de l'attentat projeté. Par suite des égards, de la déférence, du respect qu'il a pour la distance qui nous sépare, il n'a pas cru devoir en signer l'ordre avec moi ; mais il a hautement approuvé mes précautions.

En ce moment on entendit un cheval arrivant au grand galop dans l'avenue. Presque au même instant la porte s'ouvrit, et on vit entrer M. Mac-Morlan.

— Je vous demande pardon, sir Robert, de me présenter chez vous sans y être attendu, mais...

— Permettez-moi de vous faire observer, M. Mac-Morlan, que votre qualité de substitut du shériff de ce comté vous obligeant à veiller à sa tranquillité, et que vous trouvant sans doute dans l'intention de concourir vous-même aujourd'hui à assurer celle du château d'Hazlewood, vous avez un droit certain, reconnu et incontestable, d'entrer chez le premier gentilhomme d'Ecosse, sans y être attendu..., présumant toujours que vous y êtes appelé par les devoirs de votre place.

— Sans doute, dit Mac-Morlan, qui attendait avec impatience l'instant de pouvoir parler, c'est le devoir de ma place qui m'amène chez vous.

— Vous êtes le bienvenu! dit le baronnet en lui faisant avec la main un geste gracieux.

— Permettez-moi de vous dire, sir Robert, que je ne viens pas dans l'intention de rester ici, mais de renvoyer ces soldats à Portanferry, et je vous réponds que votre maison ne court aucun risque.

—Renvoyer ces soldats à Portanferry! et vous répondez que ma maison ne court aucun risque! Et qui êtes-vous, monsieur, je vous prie, pour que je reçoive, que j'accepte votre caution, votre garantie, soit personnelle, soit officielle, pour la sûreté de ma maison? Je crois, monsieur, je pense, je m'imagine, que si un seul de ces portraits de famille était lacéré, injurié, déplacé, il vous serait difficile de réparer cette perte, malgré la garantie que vous m'offrez si obligeamment.

—J'en serais au désespoir, sir Robert, mais j'espère que je n'éprouverai pas le regret d'avoir été la cause de cette perte irréparable, car je vous assure qu'aucune attaque ne sera dirigée contre Hazlewood, et j'ai reçu des avis qui me font soupçonner que l'on ne vous a donné cette alarme que pour faire retirer de Portanferry le détachement destiné à garder la douane. La conviction que j'éprouve à cet égard me fait un devoir d'ordonner à cette troupe, ou du moins à la majeure partie, de partir sur-le-champ. Je regrette même qu'une absence instantanée m'ait empêché d'arriver ici plus tôt, car nous ne pourrons être rendus que fort tard à Portanferry.

Comme M. Mac-Morlan était le magistrat supérieur, et qu'il montrait clairement la ferme résolution d'user de ses droits, le baronnet, quoique piqué, ne put que lui dire:
— Fort bien! Emmenez tout le détachement: je ne veux pas qu'il en reste un seul homme, monsieur. Nous saurons nous défendre nous-mêmes, monsieur. Mais observez bien que vous agissez à votre risque, monsieur, à votre péril, monsieur, sous votre responsabilité, s'il arrive le moindre accident au château, monsieur, à ceux qui l'habitent et même au mobilier, monsieur.

—J'agis, sir Robert, comme je crois que mon devoir l'exige, d'après les avis que j'ai reçus. Je vous prie d'en être bien convaincu. Excusez-moi si je pars sans cérémonie; il y a déjà beaucoup de temps perdu, et nous n'arriverons à Portanferry que fort tard.

Sir Robert, sans écouter ses excuses, s'occupa à armer tous ses domestiques, et à assigner un poste à chacun d'eux. Son fils aurait bien désiré accompagner le détachement qui partait pour Portanferry, et qui était déjà prêt à recevoir les ordres de Mac-Morlan, mais son père se serait offensé s'il l'avait quitté dans un moment où il s'attendait à soutenir un siège. Il se contenta donc, avec un regret qu'il pouvait à peine cacher, de regarder leurs préparatifs de départ par une fenêtre, jusqu'à ce que l'officier commandant eût crié : — Demi-tour à droite; en avant, marche ! La troupe partit alors au grand trot, et l'on cessa bientôt de la voir et de l'entendre.

CHAPITRE XLVIII.

« D'un fort levier armés par aventure,
« Nous avons fait sauter gonds et serrure,
« Et pénétré dans l'obscure prison
« Où gémissait l'infortuné Kinmon. »
Ancienne ballade des frontières.

Retournons maintenant à Portanferry, où nous avons laissé Bertram et son brave ami Dinmont, innocens habitans d'un séjour destiné au crime. Le sommeil du fermier fut très-paisible, mais celui de Bertram fut interrompu vers minuit, et il lui fut impossible de retomber dans ce doux état d'oubli de toutes les peines. Indépendamment du trouble et de l'inquiétude de son esprit, il éprouvait un malaise, une sorte d'oppression, qui venait en partie du défaut de renouvellement d'air dans la petite chambre où ils se trouvaient. Après avoir supporté quelque temps les inconvéniens de l'atmosphère qui l'environnait, il se leva pour ouvrir la fenêtre et se procurer un air plus sain. Hélas! le premier essai qu'il fit lui rappela qu'il était en prison, et le convainquit qu'on avait pris toutes les mesures nécessaires, non pour la commodité des prisonniers, mais pour mettre obstacle à toute tentative d'évasion : il lui fut impossible de l'ouvrir. Fâché de ce contre-temps, il resta près de la fenêtre. Wasp, quoique fatigué de sa course de la veille, vint le rejoindre, et lui témoigna par de légers murmures, et en frottant son corps velu contre les jambes de son maître, le plaisir qu'il avait à le revoir.

Attendant que l'agitation qu'il éprouvait se calmât et lui permît de se livrer de nouveau au sommeil, Bertram resta quelque temps à regarder la mer. La marée était haute, et s'approchait des murs de la prison; par intervalle une vague venait se briser avec violence contre le rempart qu'on avait construit pour leur défense. De loin, à la lueur de la lune, qui se couvrait de temps en temps d'un nuage, on voyait l'Océan soulever ses flots innombrables, les rouler, les croiser, et les mêler les uns avec les autres. — Imposant spectacle! pensait Bertram. C'est ainsi que le destin a agité ma vie depuis mon enfance! Quand sortirai-je de cet état de trouble? Quand pourrai-je vivre dans une heureuse tranquillité? cultiver en paix, sans crainte, sans inquiétudes, les arts auxquels une vie toujours agitée m'a empêché de me livrer? L'imagination trouve, dit-on, dans le sourd murmure des ondes de l'Océan, la voix des nymphes et des tritons, pourquoi ne vois-je pas s'élever du sein de ces mers quelque syrène, quelque Protée, qui vienne me dévoiler les mystères de ma destinée? — Heureux ami, dit-il en regardant le lit sur lequel le robuste Dinmont s'était étendu, tes soucis sont bornés dans le cercle étroit d'une occupation utile à ta fortune et à ta santé; tu peux les oublier à volonté, et jouir des douceurs d'un repos que le travail de la veille t'a préparé.

Ses réflexions furent interrompues par Wasp, qui, levant ses pattes de devant du côté de la fenêtre, se mit à japper avec force. Ses aboiemens parvinrent aux oreilles de Dinmont, mais sans dissiper l'illusion qui l'avait transporté dans l'atmosphère libre de ses vertes collines. — En avant, Yarrow, plus loin, allons donc! murmura-t-il entre ses dents, croyant sans doute parler au chien de son troupeau.

Cependant Wasp continuait à japper, et le mâtin, lâché dans la cour, lui répondait sur un ton beaucoup plus haut. Jusque-là ce dernier avait gardé le silence, sauf un hurlement qu'il poussait de temps à autre quand la lune se montrait entre deux nuages. Mais en ce moment il aboyait avec colère, et semblait être excité par autre chose que la voix de Wasp, qui avait le premier donné l'alarme, et que son maître était parvenu à réduire, non sans peine, à un murmure sourd de mécontentement.

Bertram, redoublant d'attention, crut apercevoir une barque sur la mer. Il entendit le bruit des rames et des voix d'hommes se mêler au mugissement des flots. — Ce sont peut-être, pensait-il, des pêcheurs anuités, ou quelques fraudeurs de l'île de Man. Ils sont bien près cependant de la maison des douanes, où il doit y avoir des sentinelles. Cette barque est grande, et montée d'un grand nombre de matelots : sans doute elle appartient au service des douanes. — Il fut confirmé dans cette dernière opinion en voyant la barque s'arrêter près d'un quai qui régnait derrière la maison des douanes. L'équipage débarqua au nombre de vingt hommes. Deux furent laissés sur la barque pour la garder, le reste suivit en silence un passage étroit qui séparait le bâtiment des douanes de celui de la prison, et disparut aux yeux de Bertram.

C'était le bruit des rames qui avait d'abord excité le courroux du vigilant gardien en faction dans les murs de la prison. Mais en ce moment ses hurlemens, redoublés et sans interruption, s'élevèrent à un tel degré de fureur qu'ils éveillèrent son maître, plus sauvage encore que son chien. Il ouvrit une fenêtre, et cria en jurant : — Veux-tu te taire, Tearum; te tairas-tu ! Tout fut inutile; le chien ne cessa de hurler avec force, ce qui ne fit qu'empêcher son maître d'entendre les sons d'alarme que le gardien féroce voulait annoncer. Mais la femme du cerbère à deux pieds avait l'oreille plus fine que son époux. Elle avait aussi mis la tête à la fenêtre. — Lourdaud, dit-elle, il faut descendre, et lâcher le chien dans la rue. On enfonce la porte de la douane, et le vieux Hazlewood a fait retirer la garde ; mais tu n'as pas plus de cœur qu'une poule. En parlant ainsi, elle se disposait à exécuter elle-même ce qu'elle conseillait de faire, tandis que son mari, plus jaloux de prévenir tout mouvement intérieur qu'inquiet de ce qui se passait au dehors, allait faire sa ronde à la porte de chaque cachot, pour voir si chacun de ses prisonniers était en sûreté.

Les mouvemens du geôlier et de sa digne compagne avaient lieu sur le devant de la maison, et ne furent qu'imparfaitement entendus par Bertram, dont la chambre, comme nous l'avons déjà dit, était située sur le derrière et donnait sur la mer. Il remarqua cependant dans la maison un bruit qui ne s'accordait guère avec le silence ordinaire d'une prison après minuit. Il ne put donc s'empêcher de penser qu'il se passait quelque chose d'extraordinaire, et dans cette persuasion il alla frapper Dinmont sur l'épaule pour l'éveiller.

— Hé bien, Aylie, dit l'homme des montagnes en se frottant les yeux, qu'y a-t-il donc, femme? Il n'est pas encore temps de se lever. Enfin, s'éveillant tout-à-fait, il se rappela l'endroit où il se trouvait, secoua ses oreilles, et dit à Bertram : — Hé bien, au nom du ciel, qu'y a-t-il donc de nouveau !

— Je ne puis vous le dire, reprit Bertram ; mais ou le feu est à la maison, ou quelque événement extraordinaire y est arrivé. N'entendez-vous pas dans l'intérieur le bruit des portes et des verrous que l'on ouvre et que l'on ferme, et au dehors des voix d'hommes, et je ne sais quelle espèce de bruit sourd? Sur ma parole, il y a ici du nouveau. Levez-vous, au nom du ciel, et tenons-nous sur nos gardes.

Au seul mot de danger, Dinmont fut debout, aussi intrépide, aussi résolu que l'étaient ses ancêtres lorsqu'ils voyaient les feux d'alarme briller sur leurs montagnes.— Diable! capitaine, voilà une singulière place, on ne peut ni en sortir le jour, ni y dormir la nuit! Diable! on n'y tiendrait pas quinze jours! mais quel tapage! Je voudrais que nous eussions de la lumière. Paix donc, Wasp, paix! laisse-nous donc écouter ce qui se passe! Hé bien, allons, te tairas-tu?

Ils cherchèrent inutilement dans les cendres les moyens d'allumer leur chandelle : il n'y restait pas une étincelle. Cependant le bruit continuait.

Dinmont alla à son tour à la fenêtre. Dès qu'il y fut :
— Hé, capitaine, dit-il, venez, venez vite. Parbleu! on a forcé la douane!

Bertram courut à la fenêtre, et vit sur le bord de la mer des contrebandiers, dont quelques-uns tenaient des torches ; les autres emportaient des balles et des tonneaux dont ils chargeaient la grande barque qui était près du quai, près duquel deux ou trois petites barques s'étaient depuis amarrées.

— Cela s'explique de soi-même, dit Bertram, mais je crains quelque chose de pire. Ne sentez-vous pas une forte odeur de fumée, ou n'existe-t-elle que dans mon imagination?

— Imagination! non, non. Il y a de la fumée comme dans un four. Diable! si le feu est à la douane, il viendra jusqu'ici, et nous serons flambés comme un baril de goudron ; il serait terrible d'être brûlés tout vifs ici comme des sorciers. Hé! Mac-Guffog, cria-t-il en donnant toute son étendue à sa voix de Stentor; hé! allons, ouvrez-nous, Mac-Guffog.

Le feu commençait à s'élever, et des nuages de fumée dépassaient la fenêtre où étaient Bertram et Dinmont. Quelquefois, selon le caprice du vent, une vapeur épaisse dérobait tout à leur vue, quelquefois une lueur rougeâtre leur montrait sur le bord de la mer des hommes d'une figure sinistre et féroce, qui s'occupaient avec activité du chargement de la barque. Enfin, l'incendie triomphant s'élança en jets de flamme de toutes les issues, les matériaux enflammés venaient, sur l'aile du vent, frapper contre les murs et les toits de la prison, et couvraient tous les environs d'une épaisse fumée.

Les cris et le tumulte augmentaient toujours, car toute la canaille de la petite ville et des environs s'était réunie tumultueusement aux contrebandiers pour avoir sa part du butin.

Bertram commença à être sérieusement inquiet pour lui et son compagnon. Il n'y avait nul moyen de sortir de prison. Il semblait que le geôlier et sa femme avaient déserté leur poste et abandonné les malheureux prisonniers aux flammes qui les menaçaient.

Dans cet instant même une nouvelle attaque était dirigée contre la porte du Bridewell, qui finit par céder aux efforts des pioches et des leviers. Le geôlier et sa femme s'étaient enfuis. Toutes les clefs furent remises sans résistance par les valets, et les contrebandiers délivrèrent successivement tous les prisonniers, qui se joignirent à leurs libérateurs en poussant des cris de joie.

Au milieu de cette confusion, trois ou quatre des principaux contrebandiers coururent à la chambre où étaient Bertram et Dinmont. Ils étaient armés de sabres et de pistolets, et portaient des torches ardentes. — Bon, dit l'un d'eux en montrant Bertram, voilà notre homme. Les deux autres le saisirent à l'instant, mais l'un d'eux lui dit tout bas : — Ne faites aucune résistance avant d'être dans la rue. Le même individu trouva le moyen de dire à Dinmont;

— Suivez votre ami, et aidez-le quand il en sera temps.

Dinmont obéit sans répondre, et suivit les deux contrebandiers, qui, tenant toujours Bertram au collet, lui firent descendre l'escalier, traverser la cour, qui se trouvait entièrement éclairée par l'incendie de la douane, et le conduisirent dans la rue étroite sur laquelle donnait la porte de la prison. Là tout semblait en confusion. Les contrebandiers étaient forcément séparés les uns des autres.

— Mille tonnerres! dit le chef qui marchait en avant des deux gardiens de Bertram, qu'y a-t-il donc de nouveau? Au même instant on entendit le bruit d'une troupe de cavalerie qui semblait approcher. — Enfans, reprit-il, veillez bien sur le prisonnier, et serrez vos rangs. Malgré cet ordre, les deux hommes qui tenaient Bertram restèrent à quelque distance de leur troupe.

La foule devenait de plus en plus agitée dans cette petite rue. Les uns la descendaient pour s'enfuir, tandis que les autres voulaient la remonter pour se défendre. On entendit de loin le cliquetis des sabres, et plusieurs coups de fusil. — Voici l'instant, dit à Bertram son protecteur inconnu; débarrassez-vous de ce camarade, et suivez-moi.

Bertram, déployant avec succès la vigueur dont il était doué, se tira facilement des mains de celui qui le tenait du côté droit. Le coquin portait la main à son ceinturon pour y prendre un pistolet, mais il fut renversé par un coup de poing auquel un bœuf n'aurait pas résisté : c'était Dinmont qui le lui adressait.

— Suivez-moi vite, lui dit la voix protectrice. Et en même temps tous trois gagnèrent une petite rue presque en face de la prison.

Personne ne songea à les poursuivre. Les contrebandiers étaient occupés trop sérieusement avec le détachement que Mac-Morlan venait d'amener. Il serait arrivé assez à temps pour empêcher le pillage et l'incendie de la douane, si ce magistrat n'eût reçu en route un faux avis qui lui fit croire que les contrebandiers devaient débarquer à la baie d'Ellangowan, et qui lui fit perdre près de deux heures. Le lecteur peut penser, sans craindre de blesser la charité, que Glossin, intéressé à l'issue de cette journée, ayant les yeux ouverts sur tout ce qui se passait, et apprenant que les soldats avaient quitté Hazlewood, avait cherché à donner le change à Mac-Morlan, pour laisser à Hatteraick le temps de finir son opération.

Cependant Bertram suivait son guide pas à pas, et était lui-même suivi par Dinmont. Les cris des combattans, le cliquetis des sabres, le bruit des chevaux retentissaient encore à leurs oreilles, quoique avec moins de violence, quand au bout de cette rue ils trouvèrent une chaise de poste attelée de quatre chevaux.

— Etes-vous là? au nom du ciel! cria le guide au postillon qui était à la tête de ses chevaux.

— Eh oui, j'y suis, et je voudrais être partout ailleurs!

— Ouvrez donc vite la portière. Montez, messieurs; dans quelques instans vous serez en lieu de sûreté. Et vous, dit-il à Bertram, souvenez-vous de tout ce que vous avez promis à l'Egyptienne.

Bertram était déterminé à se laisser guider aveuglément par l'homme qui venait de lui rendre un service si important : il monta donc dans la voiture; Dinmont l'y suivit, et Wasp, qui ne les avait pas quittés un moment, y sauta après eux. Au même instant la chaise partit au grand galop.

— Que le ciel nous bénisse! dit alors Dinmont; voilà une singulière aventure! Espérons que tout cela finira bien. Mais que va devenir Dumple! J'aimerais mieux être sur son dos que dans la voiture d'un duc; Dieu m'en est témoin.

Bertram lui fit observer que du train dont le postillon les faisait courir, il était impossible qu'ils voyageassent long-temps sans changer de chevaux, et qu'au premier relai ils insisteraient pour ne se remettre en route qu'à la pointe du jour, ou du moins pour savoir où l'on avait dessein de les conduire; qu'enfin Dinmont pourrait en cet endroit prendre quelques mesures relativement à son fidèle coursier.

— C'est bien, c'est bien, dit Dandy, soit! Ah! si nous étions hors de cette maudite boîte roulante, ils ne nous conduiraient qu'où nous voudrions bien aller!

Tandis qu'ils parlaient ainsi, la voiture tournant tout à coup leur fit voir à quelque distance Portanferry, qui était encore, et plus que jamais, éclairé par l'incendie. Le feu avait gagné un magasin dans lequel étaient déposées plusieurs pièces d'eau-de-vie, et la flamme s'élevait en gerbes brillantes à une hauteur prodigieuse. Ils ne purent long-temps contempler ce spectacle, car la chaise, tournant une seconde fois, entra dans un chemin étroit bordé d'arbres, où, malgré l'obscurité de la nuit, ils continuèrent de courir avec la même rapidité.

CHAPITRE XLIX.

« On rit, on jase, on chante, on boit jusqu'au matin,
« Et chaque verre ajoute à la bonté du vin. »
BURNS. *Tam o' Shanter.*

Nous allons maintenant retourner à Woodbourne, où nous avons laissé le colonel à l'instant où il venait de donner quelques ordres à son domestique affidé. Quand il vint rejoindre les demoiselles dans le salon, elles furent frappées de son air distrait, de l'inquiétude et de la préoccupation qui étaient peintes sur sa figure. Mais Mannering n'était pas un homme que l'on pût questionner facilement, et ceux même qu'il aimait le plus n'auraient osé lui demander la cause de l'agitation qu'il éprouvait évidemment. L'heure du thé arriva, et on était occupé à le prendre en silence quand une voiture s'arrêta à la porte; et la sonnette annonça une visite.

— Cela ne peut pas être, s'écria Mannering; il est trop tôt de quelques heures.

Un instant après, Barnes, ouvrant la porte du salon, annonça M. Pleydell. L'avocat fit son entrée. Un habit noir bien brossé, une perruque parfaitement poudrée, des manchettes de dentelle, des souliers bien vernissés, des boucles d'or, annonçaient que monsieur l'avocat s'était préparé à cette visite. Mannering lui secoua la main cordialement, et lui dit : — Vous êtes l'homme que je désirais le plus voir en ce moment.

— Je vous ai dit que je saisirais la première occasion, et j'ai risqué d'abandonner la cour pour une huitaine pendant la session : ce n'est pas un petit sacrifice. Mais j'avais dans l'idée que je pourrais être ici de quelque utilité, et je dois en même temps y poursuivre une preuve.... Mais présentez-moi donc à ces dames! Ah! en voici une que j'aurais reconnue sur-le-champ à son air de famille. Miss Bertram, ma chère amie, que je suis heureux de vous voir! — Et, s'approchant d'elle, il lui appliqua de bon cœur sur chaque joue un baiser, que Lucy reçut avec résignation et en rougissant. — *On ne s'arrête pas en si beau chemin*, continua-t-il gaiement en français; —et le colonel l'ayant présenté à Julie, il rendit à ses joues le même hommage qu'il venait d'offrir à celles de sa compagne. Julie sourit, rougit, et recula d'un pas. — Je vous demande mille pardons, dit l'avocat, mais l'âge donne des privilèges, et j'aurais peine à dire en ce moment si je suis fâché de n'avoir que trop de droits pour les réclamer, ou charmé de pouvoir en profiter d'une manière si agréable; — et il accompagna ces paroles d'un salut qui ne se ressentait nullement de sa profession.

—En vérité! monsieur, dit miss Mannering en souriant, si vous faites des excuses aussi flatteuses, nous commen cerons à douter que vous puissiez vous prévaloir des privilèges auxquels vous prétendez.

— Je vous assure, Julie, dit le colonel, que vous avez raison, et que mon ami M. Pleydell est un homme très-dangereux. La dernière fois que je l'ai vu, il était enfermé avec une belle dame qui lui avait accordé un tête-à-tête à huit heures du matin.

— Oui, colonel; vous devriez ajouter qu'une telle faveur, accordée par une femme aussi respectable que mistress Rebecca, était due à mon chocolat plutôt qu'à mon mérite personnel.

— Cela me fait penser, M. Pleydell, dit Julie, à vous offrir du thé, en supposant que vous ayez dîné.

— De votre main, miss Mannering, on ne refuse rien. Oui, j'ai dîné comme on peut dîner dans une auberge d'Ecosse.

— C'est-à-dire assez mal, dit le colonel en avançant la main vers le cordon de la sonnette. Permettez que je vous fasse servir quelque chose.

— Mais... pour vous parler franchement..., je préfère ne rien prendre. J'ai fait une petite enquête à ce sujet. Vous saurez que je me suis arrêté un instant en bas pour ôter mes guêtres une fois trop larges pour moi, dit-il en jetant un regard de complaisance sur ses jambes qui paraissaient encore fort bien pour son âge, j'ai eu une petite conversation avec Barnes et une dame fort intelligente que j'ai prise pour votre femme de charge, et il a été décidé entre nous, *totâ re perspectâ* [1], miss Mannering voudra bien me pardonner ces trois mots latins, que l'on ajouterait à votre léger souper de famille un plat plus substantiel, composé de deux canards sauvages : je lui ai donné, avec toute la soumission convenable, mes pauvres idées sur la sauce qu'il fallait y faire, et, si vous le voulez bien, je les attendrai pour prendre quelque chose de solide.

(1) Tout bien considéré. — Tr.

— Nous avancerons l'heure de notre souper, dit le colonel.

— De tout mon cœur, pourvu que je n'en perde pas la compagnie de ces dames un instant plus tôt. Je vous avoue que j'aime le souper, le *cœna* des anciens, ce charmant repas dont la gaieté chasse de notre esprit les soucis que les affaires de la journée y ont accumulés.

La vivacité de M. Pleydell, son ton enjoué, la tranquillité avec laquelle il se mettait à son aise relativement à ses petits goûts épicuriens, amusèrent infiniment les demoiselles, et surtout miss Mannering, qui ne cessa d'avoir pour lui les attentions les plus flatteuses. Aussi dit-on de part et d'autre, pendant qu'on prenait le thé, plus de jolies choses que nous n'avons le loisir d'en répéter ici.

Dès que le thé fut desservi, Mannering prit l'avocat par le bras, et le conduisit dans un petit cabinet qui donnait dans le salon, et où il y avait tous les soirs des lumières et un bon feu.

— Je prévois, dit Pleydell, que vous avez quelque chose à me dire relativement à la famille Bertram. Hé bien, quelles nouvelles? viennent-elles de la terre ou des cieux? Que dit mon militaire Albumazar? Avez-vous calculé le cours des astres, consulté vos éphémérides, votre Almochodon, votre Almuten?

— Non vraiment, et vous êtes le seul Ptolomée à qui j'aie dessein de recourir en cette occasion. Nouveau Prospero [1], j'ai rompu ma baguette, et j'ai jeté mon livre cabalistique dans une eau trop profonde pour l'en retirer. Je n'en ai pas moins de grandes nouvelles à vous apprendre. Meg Merrilies, notre sibylle égyptienne, a apparu aujourd'hui à Dominus, et ne l'a pas peu effrayé, à ce qu'il semble.

— Vraiment?

— Elle m'a même fait l'honneur d'ouvrir une correspondance avec moi, croyant sans doute que je suis tou-

---

[1] Le magicien de *la Tempête* (de Shakspeare). — ED.

jours le profond astrologue qu'elle a cru voir en moi lors de notre première rencontre. Voici son épître, qui m'a été remise par Dominus.

Pleydell mit ses lunettes. — Quel griffonage! dit-il, et cependant les lettres ont un pouce de haut, et sont droites comme des côtelettes rôties; c'est tout ce que je pourrais faire que de déchiffrer cette écriture.

— Lisez tout haut.

— Volontiers. Je vais essayer. « Vous savez chercher, « mais vous ne savez pas trouver. Vous soutenez une « maison chancelante, mais vous ignorez qu'elle va se « raffermir. Prêtez la main à l'ouvrage qui va se faire, « comme vous avez prêté vos yeux au destin qui était alors « bien éloigné. Ayez une voiture ce soir à dix heures au « bout de la rue de Crooked-Dykes, à Portanferry, et « faites conduire à Woodbourne ceux qui diront au co- « cher : ÊTES-VOUS LA, AU NOM DU CIEL? »

— Un moment, voici de la poésie.

> « Il faut que la nuit s'éclaircisse,
> « Et le bon droit triomphera
> « Avec la force et la justice,
> « Quand dans Ellangowan Bertram retournera.»

Voilà une épître tout-à-fait mystérieuse, et qui finit par des vers dignes de la sibylle de Cumes. — Hé bien, qu'a-vez-vous fait?

— Ma foi! j'ai craint de perdre l'occasion de jeter quelque jour sur cette affaire ténébreuse. Cette femme cependant a l'air d'une folle, et tout ce bavardage n'est peut-être que l'effet d'une imagination déréglée. Mais vous aviez été d'opinion qu'elle en savait à ce sujet plus qu'elle n'en avait voulu dire.

— Ainsi vous avez envoyé une voiture à l'endroit indiqué?

— Vous vous moquerez de moi, si je l'avoue.

— Moi! non, en vérité. Je pense que c'était le parti le plus sage.

— J'ai pensé de même, et le pis qui puisse en résulter sera de payer le loyer de la voiture. J'y ai envoyé une chaise et quatre chevaux de Kippletringan, avec des instructions conformes à la lettre. Si l'avis se trouve faux, les chevaux auront une longue station à faire, et par un temps bien froid.

— Il en sera tout autrement. Cette femme est comme un acteur qui finit par se croire le personnage qu'il représente; et en supposant même que dans le cours ordinaire de sa conduite elle ne se fasse pas illusion à elle-même sur les impostures qu'elle débite, il est possible qu'en cette circonstance elle veuille soutenir le caractère du rôle dont elle s'est chargée. Tout ce que je sais, c'est que j'ai épuisé avec elle dans le temps toutes les manières d'interroger, sans en pouvoir rien tirer : ce que nous avons à faire de mieux est donc de la laisser suivre le chemin qu'elle veut prendre pour arriver à une révélation. Maintenant avez-vous autre chose à me dire, ou rejoignons-nous ces dames?

— D'honneur, je suis dans une continuelle agitation, et..... mais non, je n'ai rien de plus à vous dire. Seulement je compterai les minutes qui vont s'écouler jusqu'au retour de la chaise de poste. Bien certainement vous n'aurez pas la même impatience.

— Mais... il se peut... L'habitude fait tout... Sans doute je prends beaucoup d'intérêt à cette affaire, mais je me sens en état de supporter l'attente, surtout en écoutant ces demoiselles, si elles veulent bien nous faire un peu de musique.

— Et les canards sauvages?

— Cela est vrai, colonel. Tenez, l'inquiétude d'un avocat pour la cause la plus importante va rarement jusqu'à troubler son sommeil ou sa digestion, et cependant je serai fort aise d'entendre le bruit des roues de la voiture.

Il se leva en disant ces mots, et rentra dans le salon. A sa prière, miss Mannering prit sa harpe, Lucy Bertram fit entendre la voix mélodieuse dont la nature l'avait douée, et son amie l'accompagna sur son instrument. Julie exécuta ensuite de la manière la plus brillante quelques sonates de Corelli. Le vieux avocat, qui râclait un peu du violoncelle et qui était membre du concert d'amateurs d'Edimbourg, fut si enchanté de cette soirée, qu'il ne pensa aux canards sauvages que lorsque Barnes vint avertir que le souper était prêt.

—Dites à mistress Allan qu'elle ait soin d'avoir quelque chose en réserve, dit le colonel. J'attends..... c'est-à-dire il peut se faire que quelqu'un vienne ici ce soir; que mes gens ne se couchent pas, et qu'on ne ferme la porte de l'avenue que quand j'en donnerai l'ordre.

—Hé, bon Dieu, mon père, dit Julie, qui pouvez-vous attendre à une pareille heure?

— Des personnes..... que je ne connais pas..... m'ont fait dire qu'elles viendraient peut-être ce soir pour me parler d'affaires; mais cela n'est pas certain.

—Hé bien, nous ne leur pardonnerons pas de venir déranger notre partie, à moins qu'elles ne nous apportent autant de gaieté et d'amabilité que mon ami M. Pleydell, mon admirateur, puisqu'il s'est donné ce titre.

— Ah! miss Julie, dit M. Pleydell en lui offrant la main avec un air de galanterie pour la conduire dans la salle à manger, il fut un temps..... quand je revins d'Utrecht en 1738.....

— Ne nous parlez pas de cela, je vous prie; nous vous aimons mieux comme vous êtes. Utrecht, grand Dieu! Sans doute vous n'avez été occupé depuis ce temps qu'à effacer les traces de votre éducation hollandaise.

—Pardonnez-moi, miss Mannering, les Hollandais, en fait de galanterie, sont beaucoup plus accomplis que leurs voisins légers ne le pensent : d'abord ils sont exacts dans leurs soins, comme la cloche à sonner l'heure.

— Cela m'ennuierait.

— Ensuite leur caractère est imperturbable.

— De pire en pire.

— Enfin, après que votre adorateur a, pendant six fois trois cent soixante-cinq jours, arrangé votre schall sur vos épaules, placé votre chaufferette sous vos pieds, traîné votre petite carriole sur la glace en hiver, et dans la poussière pendant l'été, vous pouvez tout d'un coup, sans motif, sans excuse, au bout de deux mille cent quatre-vingt-dix jours, ce qui, d'après un calcul fait à la hâte, et sans égard aux années bissextiles, complète cet espace de temps, lui donner son congé, sans concevoir aucune alarme des effets que votre rigueur produira sur le cœur calme et réfléchi de *mein herr*.

— Voilà, M. Pleydell, le dernier trait de l'éloge des Hollandais. Savez-vous qu'un cœur et le cristal perdraient tout leur mérite s'ils perdaient leur fragilité?

— Quant à cela, miss Julie, il n'est pas plus facile de trouver un verre qui ne se brise pas en tombant, qu'un cœur que les rigueurs réduisent au désespoir. C'est ce qui me ferait insister sur la valeur du mien, si je ne voyais M. Sampson, les yeux à demi fermés et les mains jointes, qui attend la fin de notre conversation pour dire le bénédicité. Et en vérité les canards sauvages ont une mine appétissante.

En parlant ainsi l'avocat se mit à table, et fit trève à la galanterie pendant quelque temps pour faire honneur aux mets qui garnissaient la table. Sa seule observation fut que les canards étaient parfaitement bien rôtis, et que la sauce de mistress Allan était au-dessus de tout éloge.

— Je vois, dit miss Mannering, qu'à l'instant même où M. Pleydell vient de se déclarer mon admirateur, son cœur m'est disputé par une rivale redoutable.

— Pardonnez-moi, ma belle demoiselle, vos rigueurs ont pu seules me déterminer à goûter d'un bon souper en votre présence. Comment pourrais-je les supporter si je ne prenais la précaution de réparer mes forces? D'après le même principe, je vais boire un verre de vin à votre santé.

— C'est encore une mode d'Utrecht, sans doute, M. Pleydell?

— Pas du tout, mademoiselle; les Français eux-mêmes, qui sont le modèle de la galanterie, appellent leurs traiteurs *restaurateurs*. C'est bien certainement par allusion aux consolations que trouvent à leur table les amans accablés par les rigueurs de leurs maîtresses. Quant à moi, ma situation exige tant de secours, que je suis obligé, M. Sampson, de vous prier de me servir une seconde aile, sans préjudice d'un morceau de tarte que je demanderai ensuite à miss Bertram. Monsieur, monsieur, détachez donc l'aile, ne la coupez pas! M. Barnes vous aidera, M. Sampson. Grand merci. Et vous, M. Barnes, un verre d'ale, s'il vous plaît.

Tandis que l'avocat, charmé de l'esprit et des attentions de miss Mannering, bavardait ainsi, autant pour l'amuser que pour s'essayer lui-même, l'impatience du colonel ne connaissait plus de bornes. Il avait refusé de se mettre à table, sous prétexte qu'il ne soupait jamais; il parcourait l'appartement à grands pas, s'approchait à chaque instant de la croisée, paraissait écouter avec attention : enfin, ne pouvant plus résister au mouvement qui l'entraînait, il prit sa redingote et son chapeau, et sortit pour aller jusqu'au bout de l'avenue, comme s'il devait par-là hâter l'arrivée de la voiture qu'il attendait.

— Je voudrais, dit miss Bertram, que le colonel ne se hasardât pas à sortir la nuit. Vous avez sans doute appris, M. Pleydell, la scène effrayante dont nous avons été témoins?

— Avec les contrebandiers? Oh! ce sont mes vieux amis. J'en ai fait pendre plus d'un il y a long-temps!

— Et l'alarme que nous avons eue peu de jours après, à cause de l'esprit de vengeance qui animait un de ces misérables?

— Lorsque le jeune Hazlewood fut blessé? Oui, j'en ai entendu parler.

—Imaginez, mon cher M. Pleydell, combien miss Mannering et moi nous fûmes alarmées, en voyant s'élancer tout à coup sur nous un grand coquin remarquable par une vigueur extraordinaire et par la dureté de ses traits.

— Il faut que vous sachiez, M. Pleydell, dit Julie, incapable de surmonter le dépit que lui inspirait la manière dont Lucy parlait de son adorateur, que le jeune Hazlewood est si parfait aux yeux de toutes les demoiselles de nos environs, qu'auprès de lui tout homme leur semble un épouvantail.

— Oh! oh! pensa Pleydell, qui, par profession et par caractère, ne laissait échapper ni un geste ni une inflexion de voix sans y faire attention, il y a ici un peu d'aigreur entre mes deux jeunes amies. Hé bien, miss Mannering, je n'ai pas vu M. Charles Hazlewood depuis son enfance, ainsi vos demoiselles peuvent avoir raison. Mais, en dépit de votre courroux, je vous assure que si vous voulez voir deux beaux hommes, vous pouvez aller en Hollande, dont nous parlions tout à l'heure. Le plus joli garçon que j'aie vu de ma vie était un jeune Hollandais, quoiqu'il fût porteur d'un nom bien barbare, comme Van Bost, Van Buster, je ne me souviens pas trop. Il ne doit plus être tout-à-fait si bien maintenant.

Ce fut le tour de Julie de paraître un peu décontenancée; mais au même instant le colonel rentra. — Je ne vois ni n'entends rien, dit-il; cependant, M. Pleydell, nous ne nous séparerons pas encore. Où est M. Sampson?

— Me voici, monsieur, dit Dominus, qui s'était retiré dans un coin tête-à-tête avec un in-folio.

— Quel livre tenez-vous là, M. Sampson?

— C'est le savant De Lyra [1], colonel. Je voudrais avoir votre avis, et celui de M. Pleydell, s'il en a le loisir, sur un passage dont le sens est contesté.

---

(1) Nicolas De Lyra, savant théologien du treizième siècle, né à Evreux. Ses commentaires sur la Bible ont eu beaucoup de réputation. — Ed.

— Je ne suis pas en veine, M. Sampson, dit Pleydell. J'ai ici un métal plus attractif, et je ne désespère pas d'engager ces demoiselles à chanter un duo ou un trio dans lequel je ferai la basse. Au diable De Lyra, mon cher ami, gardez-le pour un moment plus convenable.

Dominus, désappointé, ferma son énorme volume, surpris en lui-même qu'un homme possédant l'érudition de M. Pleydell pût s'occuper de semblables bagatelles. Mais l'avocat, indifférent à la perte de sa réputation, s'étant humecté le gosier d'un grand verre de vin de Bourgogne, et ayant prélude un instant avec une voix que le temps avait dépouillée d'une partie de ses agrémens, invita les dames à chanter avec lui l'air :

« Trois pauvres matelots, »

et chanta sa partie avec distinction.

— Ne craignez-vous pas de faner vos roses, en veillant si tard, mesdemoiselles? dit le colonel.

— Nullement, mon père, répondit Julie. M. Pleydell nous menace pour demain d'une grande discussion avec M. Sampson. Il faut que nous jouissions ce soir de notre conquête.

On chanta un autre trio. On se livra à une conversation enjouée. Enfin, bien long-temps après que l'horloge eut répété une heure, Mannering commença à désespérer de voir arriver la voiture. Il tira sa montre, et disait : — Il ne faut plus y penser, — quand au même instant.... Mais ce qui arriva alors exige un nouveau chapitre.

CHAPITRE L.

> « Tout confirme à mes yeux ce qu'a dit le destin.
> « Tu n'es pas sans amis, tu n'es pas orphelin.
> « Ton oncle est devant toi : voici ta sœur, ta mère,
> « Ton cousin, tes parens ; et moi, je suis ton père! »
> *Le Critique.*

Mannering avait à peine remis sa montre en place qu'il entendit un bruit sourd dans le lointain.

— C'est sûrement une voiture, dit-il. Non, c'est le vent qui agite les arbres. M. Pleydell, approchez-vous donc de la fenêtre, je vous prie.

L'avocat, un grand mouchoir de soie à la main, s'était engagé avec Julie dans une conversation qu'il trouvait intéressante : il obéit pourtant à l'appel, après s'être enveloppé le cou de son mouchoir, de crainte du froid. On distinguait alors parfaitement le bruit des roues, et Pleydell, comme s'il eût réservé toute sa curiosité pour ce moment, courut hors de l'appartement.

Le colonel sonna Barnes; et ne sachant pas quelles étaient les personnes qui allaient arriver, il le chargea de les faire entrer dans un autre appartement. Mais cet ordre ne put être exécuté, car, tandis qu'il expliquait à Barnes ses intentions, il entendit Pleydell s'écrier : — Eh mais, c'est notre ami de Charlies-Hope, avec un jeune gaillard du même calibre.

Sa voix arrêta Dinmont, qui le reconnut avec autant de surprise que de plaisir. — Ah bien! dit-il, c'est vous; tout va bien.

Mais, tandis que le fermier s'arrêtait pour faire son salut, Bertram, ébloui par la clarté subite de l'appartement, et encore étourdi de tout ce qui venait de lui arriver, entra presque sans s'en apercevoir dans le salon dont la porte était restée ouverte, et se trouva en face du colonel, qui se disposait à en sortir. Mannering reconnut Bertram sur-le-champ, et lui-même resta comme interdit de se voir tout à coup en présence de personnes qu'il s'attendait si peu à rencontrer.

On doit se rappeler que chacun des individus qui se trouvaient dans le salon avait des raisons particulières pour regarder avec une sorte de terreur l'apparition d'un homme qui arrivait comme un spectre.

Mannering voyait devant lui l'homme qu'il croyait avoir tué dans les Indes.

Julie voyait son amant dans une situation embarrassante et peut-être dangereuse.

Lucy Bertram reconnaissait celui qui avait blessé Charles Hazlewood.

Bertram, qui interprétait les regards fixes et étonnés du colonel comme une marque du mécontentement que lui causait son arrivée, se hâta de lui dire que c'était involontairement qu'il se présentait chez lui, puisqu'il y avait été amené sans savoir où il allait.

— C'est M. Brown, je crois, dit Mannering.

— Oui, monsieur, celui que vous avez connu dans les Indes, et qui ose espérer que l'opinion que vous avez pu en concevoir alors ne doit pas l'empêcher de réclamer votre témoignage pour rendre justice à son honneur et à son caractère.

— M. Brown, rarement.... jamais pareille surprise.... Bien certainement, monsieur, malgré ce qui s'est passé entre nous, vous avez le droit d'invoquer mon témoignage.

Dans ce moment critique entrèrent l'avocat et Dinmont. M. Pleydell vit le colonel qui n'était pas encore bien remis de son étonnement; Lucy Bertram, n'entendant rien de ce qu'on disait, près de s'évanouir de frayeur; et Julie qui s'efforçait en vain de cacher ses doutes et son inquiétude.

— Que signifie tout ceci? dit-il; ce jeune homme a-t-il donc apporté ici la tête de Méduse? Que je le voie donc. — Par le ciel! pensa-t-il, ce sont tous les traits du vieux Ellangowan! La sorcière a tenu parole. Alors, s'adressant à Lucy: — Miss Bertram, lui dit-il, regardez bien ce jeune homme; n'avez-vous jamais vu personne qui lui ressemblât?

Lucy n'avait jeté qu'un seul coup d'œil sur cet objet d'effroi, et il avait suffi pour lui faire reconnaître le prétendu assassin du jeune Hazlewood. Ne pouvant donc prendre de lui l'idée plus favorable qu'elle en aurait peut-être conçue si elle l'eût examiné avec plus d'attention: —Ne me parlez pas de lui, s'écria-t-elle, chassez-le au plus vite, ou nous serons tous assassinés!

— Assassinés! où sont les pincettes? dit l'avocat un peu ému. Mais vous n'y pensez pas. Nous voilà trois hommes, sans compter les domestiques et sans parler du brave Dinmont, qui en vaut à lui seul une demi-douzaine; nous avons la force de notre côté. Cependant, Dandy, hé! Dinmont, tenez-vous entre ce gaillard et nous, pour défendre ces dames.

— Hé quoi! M. Pleydell, c'est le capitaine Brown! Vous ne connaissez pas le capitaine?

— Ah! si vous le connaissez, il n'y a rien à craindre; mais tenez-vous près de lui.

Tout cela se passa avec tant de rapidité que Dominus n'eut que le temps de sortir d'une distraction, et de fermer le livre qu'il lisait dans un coin. Il se leva pour voir les étrangers; et, dès qu'il aperçut Bertram, il s'écria: — Si les morts sortent du tombeau, c'est mon cher, mon respectable patron que j'ai devant les yeux!

— Bien, au nom du ciel! s'écria l'avocat; j'étais sûr que je ne me trompais pas. Venez, colonel; à quoi pensez-vous donc de ne pas dire à votre hôte qu'il est le bienvenu chez vous? Je crois.... je suis sûr que je ne suis pas dans l'erreur. Jamais je n'ai vu pareille ressemblance! Mais patience, Dominus, ne dites pas un mot! Asseyez-vous, jeune homme.

— Je vous demande pardon, monsieur; si je suis, comme je le crois, chez le colonel Mannering, je désirerais savoir s'il se trouve offensé de mon arrivée, que je ne pouvais ni prévoir ni empêcher.

Mannering fit un effort pour parler. — Offensé? Non certainement, monsieur, et surtout si vous pouvez m'indiquer un moyen de vous être utile. Je crois avoir quelques torts à réparer envers vous; je l'ai souvent pensé. Mais votre arrivée imprévue a réveillé dans mon cœur de si pénibles souvenirs, que je n'avais pas encore trouvé la force de vous dire que, quel que soit le motif qui me procure cet honneur, il ne peut que m'être agréable.

Bertram répondit par un salut froid, mais civil, à la politesse grave du colonel.

— Julie, vous devriez vous retirer, mon enfant. M. Brown, vous excuserez ma fille; je vois qu'elle est aussi tourmentée par de fâcheux souvenirs.

Miss Mannering se leva et se retira; mais en passant devant Bertram elle prononça les mots: —Insensé, encore une fois! de manière que lui seul pût les entendre.

Miss Bertram suivit son amie, sans pouvoir se décider à jeter un second coup d'œil sur l'objet de sa terreur. Ne sachant comment expliquer tout ce qui se passait, elle croyait qu'il y avait quelque méprise, et ne voulait pas augmenter l'embarras en dénonçant l'étranger comme assassin. Elle voyait d'ailleurs qu'il était connu et accueilli par le colonel; il fallait donc que ses yeux la trompassent et qu'il ne fût pas l'assassin, ou qu'Hazlewood eût raison en disant que sa blessure n'était que la suite d'un accident.

Le reste de la compagnie aurait formé un groupe assez intéressant pour le pinceau d'un peintre habile. Chacun était trop occupé de ses propres réflexions pour chercher à pénétrer celles des autres.

Bertram se trouvait tout à coup dans la maison d'un

homme qu'il était disposé d'une part à voir d'un mauvais œil comme son ennemi personnel, et de l'autre à respecter comme le père de Julie.

Mannering flottait entre la joie qu'il éprouvait de revoir un homme à qui il croyait avoir ôté la vie dans une querelle qu'il se reprochait, et les anciens préjugés qu'il avait conçus contre lui, et qui étaient rentrés dans son cœur orgueilleux aussitôt qu'il l'avait aperçu.

Sampson, appuyant sur le dos de sa chaise ses membres agités par un tremblement involontaire, fixait sur Bertram des yeux qui semblaient ne pouvoir s'en détacher.

Dinmont, enveloppé d'une grande redingote, et son bâton à la main, semblait un ours appuyé sur ses deux pattes de derrière, et portait alternativement sur chacun ses gros yeux où l'étonnement était peint.

L'avocat seul, vif, malin et actif, semblait être dans son élément : déjà il savourait le plaisir du succès brillant d'un procès étrange et rempli de mystères. Un jeune monarque plein d'espérances, et à la tête de la plus belle armée, n'aurait pu éprouver plus de satisfaction à l'instant de faire sa première campagne. Il entreprit de faire cesser le trouble général, et s'occupa sur-le-champ d'amener l'explication.

— Allons, messieurs, asseyez-vous. Cette affaire est de mon ressort. Il faut que vous me permettiez de m'en mêler. Asseyez-vous, mon cher colonel, et laissez-moi faire. Asseyez-vous, M. Brown, *aut quocumque alio nomine vocaris* [1]. Dominus, prenez un siège; et vous aussi, brave Dandy.

— Je ne sais pas trop, M. Pleydell, répondit Dinmont en regardant alternativement sa grosse redingote et le bel ameublement du salon, je crois que je ferais mieux d'aller en quelque autre endroit, et de vous laisser causer ici. Vous voyez bien que je ne suis pas...

---

(1) Ou quel que soit votre nom. — Ed.

Le colonel, qui avait reconnu Dandy, le prit avec amitié par la main, et lui dit qu'après le trait dont il avait été témoin à Edimbourg, sa redingote et ses gros souliers feraient honneur au palais d'un roi.

—Oh! colonel, je sais bien que je ne suis qu'un homme de campagne; mais il est vrai que j'entendrai avec bien du plaisir tout ce qui pourra être heureux pour le capitaine; et je réponds que tout ira bien, si M. Pleydell prend son affaire en main.

— Vous avez raison, Dandy, reprit l'avocat. Vous avez parlé comme un oracle montagnard. Maintenant taisez-vous! Allons, vous voilà donc tous assis enfin! prenons un verre de vin, afin de commencer méthodiquement. A présent, ajouta-t-il en se tournant vers Bertram, dites-moi, mon cher ami, savez-vous qui vous êtes, et ce que vous êtes?

Malgré toutes ses inquiétudes, Bertram ne put s'empêcher de rire de cette première demande. — En vérité, monsieur, lui dit-il, j'ai cru autrefois le savoir; mais des circonstances toutes récentes me forcent d'en douter.

— Hé bien! dites-nous donc ce que vous pensiez être autrefois.

— Je croyais être et me nommer Van Beest Brown, ayant servi en qualité de cadet dans le régiment que commandait le colonel Mannering, de qui j'ai l'honneur d'être connu.

—Je puis, dit le colonel, certifier l'identité de M. Brown; et je dois ajouter ce que sa modestie lui fait oublier, c'est qu'il se faisait distinguer par sa conduite, comme par son esprit et ses talens.

—Tant mieux, mon cher monsieur, tant mieux! mais ce ne sont là que des traits généraux. M. Brown peut-il nous dire où il est né?

— En Ecosse, je crois. Mais le lieu de ma naissance m'est inconnu.

—Et où avez-vous été élevé?

— En Hollande, bien certainement.

— Votre mémoire ne vous retrace-t-elle rien d'antérieur à votre départ d'Ecosse?

— Des souvenirs imparfaits. Cependant j'ai une idée que dans mon enfance j'étais l'objet de la tendresse et de la sollicitude de ceux qui m'entouraient. Peut-être s'est-elle gravée dans mon esprit d'autant plus profondément que j'ai éprouvé ensuite un traitement bien différent. Je crois me rappeler un homme que j'appelais papa, une dame qui était souvent malade, et qui, je pense, était ma mère; je me souviens aussi d'un homme grand, sec, vêtu de noir, qui m'apprenait à lire, et qui la dernière fois...

Ici Dominus ne put se contenir plus long-temps. Tandis que chaque mot servait à le convaincre qu'il avait devant les yeux le fils de son premier bienfaiteur, il était venu à bout, quoique avec bien de la peine, de maîtriser son émotion; mais quand Bertram, dans les souvenirs de son enfance, vint à parler de lui, il ne put étouffer l'expression de ses sentimens. Il se leva de sa chaise tout tremblant, étendit les bras, et s'écria les yeux en pleurs :

— Henry Bertram, regardez-moi; ne suis-je pas cet homme?

— Oui, dit Bertram en tressaillant comme si une lumière soudaine eût frappé ses yeux; mais oui, je crois que c'est le nom que l'on me donnait, et il me semble reconnaître la voix et les traits de mon ancien précepteur.

Dominus se précipita dans ses bras, le pressa mille fois contre son cœur avec des transports qui ressemblaient à des convulsions, voulut lui parler, et ne put que répandre des larmes..

Le colonel prit son mouchoir, Pleydell essuya les verres de ses lunettes, et le bon Dinmont s'écria : — Le diable d'homme! il me fait faire ce qui ne m'était pas arrivé depuis que ma vieille mère est morte.

— Allons, allons! dit l'avocat, silence à la cour. Nous avons affaire à forte partie. Ne perdons pas de temps, recueillons nos informations. Il est possible que nous ayons quelque chose à faire avant le lever du soleil.

— Voulez-vous que je vous fasse seller un cheval? dit le colonel.

— Non, non. Nous avons le temps. Mais allons, Dominus, je vous ai laissé toute la latitude convenable pour l'expression de vos sentimens, il faut y mettre un terme et me permettre de continuer mon interrogatoire.

Dominus avait l'habitude d'obéir à quiconque voulait lui donner un ordre. Il retomba sur sa chaise, couvrit son visage de son mouchoir, comme un peintre grec couvrit d'un voile celui d'Agamemnon, et ses mains jointes annoncèrent qu'il était occupé intérieurement à rendre au ciel des actions de graces. De temps en temps il ouvrait les yeux comme pour s'assurer si ce qu'il avait vu n'était pas une apparition qui s'était évanouie dans les airs; et il les refermait ensuite pour continuer son exercice de dévotion. Enfin l'intérêt que lui inspiraient les questions de l'avocat attira toute son attention.

— Et maintenant, dit M. Pleydell après lui avoir fait quelques autres questions sur les souvenirs qui lui restaient de son enfance; maintenant, M. Bertram, car je crois que nous pouvons dorénavant vous donner ce nom, voulez-vous avoir la bonté de nous dire si vous vous rappelez quelque particularité relativement à la manière dont vous avez quitté l'Ecosse?

— A parler vrai, monsieur, quoique ma mémoire soit encore empreinte de ces circonstances, la terreur même qui les a accompagnées m'en a rendu le souvenir confus. Je me rappelle cependant que je me promenais... dans un bois, je crois...

— Oui, mon petit ami, dit Dominus; dans le bois de Warroch.

— Paix! M. Sampson, dit l'avocat.

— Oui, c'était dans un bois. Quelqu'un s'y promenait avec moi, et je crois que c'était ce bon précepteur.

— Oui, Henry! Que le ciel te bénisse! Oui, c'était bien moi.

— Mais taisez-vous donc, Dominus, et ne nous interrompez pas à chaque instant. Ainsi donc, monsieur? dit Pleydell à Bertram.

— Ainsi donc, semblable à quelqu'un qui change de rêve, il me semble que j'étais à cheval derrière mon guide...

— Non, non! s'écria Sampson, jamais je n'ai mis ma vie, pour ne pas dire la tienne, dans un si grand danger.

— Pour le coup, ceci devient insupportable! Dominus, s'il vous échappe encore une parole sans ma permission, je vais prendre mon grimoire, y lire trois mots, tracer trois cercles autour de moi avec ma canne, et par là détruire tout l'ouvrage magique de cette nuit, et faire que Henry Bertram redevienne Van Beest Brown.

— Pardon, homme respectable, pardon! Ce n'était que *verbum volans* [1] !

— Hé bien! *volens nolens* [2], retenez votre langue.

— Je vous en prie, M. Sampson, dit le colonel, gardez le silence. Il est très-important pour l'ami que vous venez de retrouver que M. Pleydell puisse recueillir tous les renseignemens qui lui sont nécessaires.

— Je suis muet, dit Dominus.

— Tout à coup, continua Bertram, plusieurs hommes tombèrent sur nous; tandis qu'on se battait, je cherchai à m'enfuir; je me trouvai entre les bras d'une grande femme qui me protégea quelque temps. Tout le reste n'est que désordre et confusion, un souvenir incertain d'avoir été sur le rivage de la mer, d'être entré dans une caverne, d'avoir bu une liqueur forte qui m'endormit. Ma mémoire ne commence à me retracer les objets avec certitude qu'à dater de l'époque où je servais comme mousse à bord d'un lougre où j'étais maltraité, mal nourri, et où un vieux marchand hollandais, ayant conçu quelque amitié pour

---

[1] Parole volante, un mot en l'air. — Tr.
[2] Bon gré mal gré. — Tr.

moi, me prit sous sa protection, et me plaça dans un collège de Hollande.

— Et que vous dit-on de vos parens?

— Très-peu de chose, en y ajoutant la défense formelle de chercher à en savoir davantage. On me donna à entendre que mon père était intéressé dans la contrebande qui se faisait sur la côte orientale de l'Ecosse, et qu'il avait été tué dans une escarmouche avec les officiers de la douane; que ses correspondans en Hollande avaient à cette époque un vaisseau sur la côte; qu'une partie de son équipage avait pris parti dans cette affaire; et que, me voyant sans ressource par la mort de mon père, on m'avait emmené par compassion. Lorsque j'avançai en âge, plusieurs circonstances de cette histoire me parurent peu d'accord avec les anciens souvenirs qui me restaient. Mais que pouvais-je faire? Je n'avais aucun moyen d'éclaircir mes doutes, pas un ami à qui je pusse les communiquer. Le reste de ma vie est connu du colonel Mannering. On m'envoya dans les Indes pour travailler dans une maison de commerce. Elle fit de mauvaises affaires; j'embrassai la profession militaire, et je me flatte de ne l'avoir pas déshonorée.

— Vous êtes un brave et bon jeune homme, dit Pleydell; et, puisque vous avez si long-temps manqué de père, je voudrais pouvoir réclamer l'honneur de cette paternité. Mais cette affaire du jeune Hazlewood?...

— Fut purement accidentelle. Je voyageais en Ecosse pour mon plaisir, et après avoir passé une semaine chez mon ami Dinmont, dont j'ai eu le bonheur de faire la connaissance par hasard...

— C'est bien pour moi que fut le bonheur, s'écria Dinmont, car, sans vous, deux vauriens me brisaient les os, et je ne serais pas ici.

— Nous nous séparâmes; tout mon bagage fut volé par des brigands, et j'étais logé à Kippletringan lorsque le hasard me fit rencontrer ce jeune homme. Je m'approchais pour saluer miss Mannering, que j'avais eu l'honneur de connaître dans les Indes : mon extérieur n'était rien moins que brillant. M. Hazlewood m'ordonna d'un ton impérieux de me retirer, me menaça de son fusil ; je voulus le désarmer, et je fus ainsi la cause involontaire de l'accident qui causa sa blessure. Maintenant, monsieur, que j'ai répondu à toutes vos questions...

— Non, non, dit Pleydell avec un air de malice, pas tout-à-fait à toutes. Mais je remets à demain le reste de mon interrogatoire ; car il est temps, je crois, de clore la séance pour cette nuit.

— Hé bien! monsieur, pour changer la forme de ma demande, maintenant que j'ai répondu à toutes les questions que vous avez jugé convenable de me faire en ce moment, aurez-vous la bonté de me dire à votre tour qui vous êtes, vous qui prenez tant d'intérêt à mes affaires, et qui vous pensez que je sois, puisque mon arrivée ici paraît causer tant de mouvement?

— Moi, monsieur, je suis Paulus Pleydell, avocat à Edimbourg. Quant à vous, il n'est pas aussi facile de dire en ce moment qui vous êtes ; mais j'espère, sous peu de temps, vous saluer sous le nom d'Henry Bertram, représentant l'une des plus anciennes familles d'Ecosse, et légitime héritier du domaine d'Ellangowan. Oui, ajouta-t-il en se parlant à lui-même, il faudra sauter à pieds joints par-dessus son père, et à cause de la substitution le rendre héritier direct de son grand-père Louis, le seul homme sage de sa famille dont j'aie entendu parler.

Chacun se leva alors pour se retirer dans son appartement. Le colonel s'approchant de Bertram, que le discours de Pleydell avait plongé dans une nouvelle surprise : — Je vous félicite, lui dit-il, du nouvel avenir que le destin ouvre devant vous. J'ai été autrefois l'ami de votre père ; je me suis présenté chez lui d'une manière aussi inattendue que vous êtes arrivé chez moi. C'était précisément la nuit de votre naissance. J'étais bien loin de soupçonner qui vous étiez lorsque... Mais bannissons tous souvenirs fâcheux ; je vous assure que, lorsque je vous ai vu paraître ici sous le nom de Brown, la certitude de votre existence m'a délivré d'un grand poids ; et le droit que vous avez de porter le nom de mon ancien ami M. Bertram me rend votre présence doublement agréable.

—Et mes parens?...

—N'existent plus. Les biens de votre famille ont été vendus ; mais j'espère que vous pourrez y rentrer. Je m'estimerai heureux de contribuer de tous mes moyens à faire reconnaître vos droits.

— C'est moi que cette affaire regarde, dit l'avocat ; que personne ne s'en mêle, c'est mon métier. Diable ! j'en veux faire de l'argent.

— De l'argent! s'écria Dinmont. C'est bien de la liberté que je prends de parler devant vous, messieurs ; mais, s'il faut de l'argent pour faire aller les affaires du capitaine, et on dit que sans argent les procès ne marchent que sur une roue...

—Excepté le samedi soir, dit Pleydell.

— Oui ; mais, quand vous ne prenez pas d'honoraires, vous ne vous chargez pas de l'affaire, de sorte que je n'irai jamais chez vous un samedi. Mais, comme je vous le disais, s'il faut de l'argent, en voilà dans ce portefeuille, dont le capitaine peut disposer comme du sien, car Aylie et moi...

— Non, Dandy, non, on n'en a pas besoin. Garde ton petit trésor pour améliorer ta ferme.

—Améliorer ma ferme, M. Pleydell ! Vous connaissez bien des choses, mais vous ne connaissez pas la ferme de Charlies-Hope. Il n'y manque rien ; seulement avec la laine et les bestiaux nous en retirons plus de 600 livres [1] par an, voyez-vous.

—Et n'en pouvez-vous pas prendre une seconde?

—Je n'en vois pas le moyen. Le duc n'a pas de ferme

---

[1] 14,400 liv. — ED.

vacante, et on ne peut pas lui dire de renvoyer les anciens fermiers. D'ailleurs, je ne voudrais pas aller sur le marché d'un de mes voisins.

— Quoi! pas même de ce voisin,..... Deston, Diston, comment l'appelez-vous?

— Quoi! Jack de Dawston? non vraiment. C'est un chicanier, nous avons toujours quelque dispute sur nos limites, nous nous donnons de temps en temps une bonne taloche; mais je serais bien fâché de lui faire le moindre tort, comme à tout autre.

— Tu es un brave homme. Va te coucher, je te garantis que tu dormiras mieux que bien des gens qui portent un habit brodé et un bonnet de nuit garni de dentelles. Colonel, je vois que vous êtes occupé avec votre *enfant trouvé*. Que Barnes vienne m'éveiller à sept heures précises! car je ne puis compter sur mon domestique qui est un paresseux; et, quant à mon clerc Driver, que j'ai aussi amené, je garantis qu'il a eu le sort de Clarence, et qu'il est noyé dans un tonneau de votre ale [1]. Mistress Allan m'a promis d'avoir soin de lui, et elle aura bientôt vu ce qu'il attendait d'une telle personne. Bonsoir, colonel! bonne nuit, Dominus! au revoir, brave Dinmont! adieu enfin, nouveau représentant des Bertram, des Mac-Dingawaie, des Knarth, des Arthur, des Roland, et pour dernier titre (qui n'est pas le plus mauvais), héritier de la terre et baronnie d'Ellangowan, à cause de la substitution faite par Louis Bertram, votre aïeul.

En parlant ainsi, le vieil avocat prit une bougie et gagna sa chambre. Le reste de la compagnie se sépara aussi, après que Dominus eut encore embrassé et serré dans ses bras *son petit Henry* : c'est ainsi qu'il nommait un capitaine de six pieds de haut.

[1] Avec cette différence que le Clarence de Shakspeare se noie dans un tonneau de Malvoisie. — ED.

CHAPITRE LI.

« Je ne vois que Bertram, je ne pense qu'à lui,
« Et s'il faut de mon cœur le bannir aujourd'hui,
« Que le jour à mes yeux refuse sa lumière ! »
SHAKSPEARE. *Tout est bien qui finit bien.*

A L'HEURE qu'il avait fixée, l'infatigable avocat était assis près d'un bon feu, deux bougies sur sa table, un bonnet de nuit de velours sur sa tête, et le corps enveloppé dans une robe de chambre de soie ouatée. Il arrangeait avec soin toutes les pièces relatives à l'information qu'il avait faite autrefois sur le meurtre de Frank Kennedy, et dont il avait eu soin de se munir ; il avait aussi dépêché un exprès à M. Mac-Morlan pour le prier de se rendre à Woodbourne, sans perdre un instant, pour une affaire importante.

Dinmont, fatigué par les événemens de la veille, et trouvant le lit du colonel un peu meilleur que celui de Mac-Guffog, ne se pressait pas de l'abandonner.

L'impatience de Bertram lui aurait fait quitter sa chambre beaucoup plus tôt, mais le colonel lui avait annoncé qu'il viendrait le voir de bon matin dans son appartement, et il crut convenable de n'en pas sortir. Cependant il s'était habillé, Barnes lui ayant fourni, par ordre de son maître, du linge et tout ce qui pouvait lui être nécessaire de la garde-robe du colonel. Il attendait donc avec inquiétude la visite promise.

Un coup frappé doucement à sa porte annonça bientôt l'arrivée de Mannering. Ils eurent ensemble une conversation aussi longue que satisfaisante. Chacun d'eux cependant conserva un secret pour l'autre. Mannering ne put se décider à parler de sa prédiction astrologique ; et Bertram, pour des motifs que l'on devinera sans peine, ne dit pas un mot de son amour pour Julie. A tout autre égard, une entière franchise régna entre eux, et ils furent très-contens l'un de l'autre. Le colonel finit même par prendre le ton de la cordialité. Bertram mesura sa conduite sur celle de Mannering, et eut moins l'air de rechercher ses avances que de les recevoir avec plaisir et reconnaissance.

Miss Bertram s'occupait à préparer le thé pour le déjeuner, quand Sampson arriva d'un air radieux et triomphant, ce qui lui était si peu ordinaire, que Lucy crut d'abord que quelqu'un s'était amusé à ses dépens pour lui donner cet air de jubilation. Il s'assit, et resta quelques minutes roulant les yeux, ouvrant la bouche et remuant la tête, comme ces grandes figures chinoises que l'on montre à la foire. Enfin il s'écria : — Hé bien! miss Lucy, que pensez-vous de lui?

— Et de qui, M. Sampson?

— De... hé! de celui que vous savez?

— Que je sais?

— Oui, de l'étranger qui est arrivé hier en chaise de poste, de celui qui a blessé le jeune Hazlewood? Ha, ha, ha!

— En vérité, M. Sampson, vous choisissez un étrange sujet pour rire. Je ne pense rien de cet homme. J'espère que l'événement dont vous parlez a été véritablement un accident, et que nous n'avons aucune crainte à concevoir.

— Un accident! oh, oh, oh!

— Vraiment, M. Sampson, vous êtes ce matin d'une gaieté tout-à-fait extraordinaire.

— Il est vrai, je suis... ah, ah, ah!... facétieux!... oh, oh, oh!

— Mais d'une manière si étonnante, mon cher monsieur, que je voudrais connaître la cause de cette bonne humeur, plutôt que d'en voir seulement les effets.

— Vous saurez tout, miss Lucy. Dites-moi, vous souvenez-vous de votre frère?

—Mon Dieu! comment pouvez-vous me faire une telle question? Personne ne sait mieux que vous qu'on l'a perdu le jour même de ma naissance.

—Cela est vrai, dit Sampson, dont le front commença à se rembrunir; cela n'est que trop vrai. J'ai d'étranges distractions, mais vous vous rappelez votre digne père?

—Pouvez-vous en douter, M. Sampson? Hélas! il y a si peu de temps...

—Oui, oui, cela est encore vrai. Je n'ai plus envie de rire. Mais regardez bien ce jeune homme.

Bertram entrait dans la chambre en cet instant.

—Oui, regardez-le bien. Voyez si ce n'est pas l'image vivante de votre père. Ah! mes chers enfans, aimez-vous bien, puisque Dieu vous a privés de vos parens.

—Ce sont en vérité les traits de mon père, dit Lucy en pâlissant.

Bertram courut pour la soutenir.

Dominus, non moins empressé de la secourir, prit à la hâte de l'eau bouillante qui était préparée pour le thé, quand heureusement ses couleurs reparurent, ce qui la sauva de l'aspersion brûlante à laquelle la simplicité de Sampson l'exposait.

—Je vous en conjure, M. Sampson, dit-elle d'une voix mal assurée, parlez, est-ce là mon frère?

—C'est lui, miss Lucy, c'est lui! C'est le petit Henry Bertram, aussi sûr que le soleil nous éclaire.

—Quoi! s'écria Bertram, voici ma sœur! Et le doux sentiment de l'amour fraternel, qui, faute d'aliment, était resté assoupi dans son cœur, se révéla à lui.

—C'est elle! c'est elle! c'est miss Lucy Bertram, que vous trouvez, grace à mes pauvres soins, parfaitement instruite dans les langues française, italienne, et même espagnole; sachant lire et écrire, connaissant sa langue par principes, forte en arithmétique, en état de tenir des livres par *doit* et *avoir*. Je ne vous parle pas de ses talens pour coudre, broder, gouverner une maison; il faut rendre justice à qui de droit. Elle ne les tient pas de moi, mais de la femme de charge de votre père. Je ne m'attribue pas non plus le mérite de son instruction en musique; les leçons d'une jeune demoiselle pleine de vertu et de modestie, quoique parfois un peu facétieuse, de miss Julie Mannering, n'y ont pas peu contribué. *Suum cuique tribuito* [1].

— Vous êtes donc, dit Bertram à sa sœur, tout ce qui me reste au monde? Hier soir, et mieux encore ce matin, le colonel m'a conté en détail tous les malheurs de notre famille, sans me dire que je trouverais ma sœur ici.

— Il aura voulu, dit Lucy, laisser à M. Sampson le plaisir de vous l'apprendre. C'est le plus fidèle, le plus dévoué des amis. C'est lui qui a adouci les longues souffrances de notre père, qui a vu ses derniers momens, et qui, dans les plus cruels revers, n'a pas voulu abandonner une malheureuse orpheline.

— Que le ciel l'en récompense! dit Bertram en pressant affectueusement la main de Sampson. Il mérite bien le tendre souvenir que ma mémoire d'enfant en avait conservé.

— Et que Dieu vous bénisse tous deux, mes chers enfans! Sans vous, j'aurais désiré accompagner votre père au tombeau, si c'eût été la volonté du ciel.

— J'espère, dit Bertram, oui, j'ose espérer que nous verrons des jours plus sereins. Tous nos maux sont effacés, puisque le ciel m'a accordé des amis et des moyens pour faire valoir mes droits.

— Oui, s'écria Sampson, des amis, et des amis envoyés, comme vous le dites fort bien, par celui que je vous ai appris de bonne heure à regarder comme la source de tout bien. D'abord le colonel Mannering, homme d'un grand savoir, pour le peu d'occasions qu'il a eues de s'instruire; ensuite M. Pleydell, fameux avocat, homme d'une

---

[1] Rendez à chacun ce qui lui est dû. — Éd.

grande érudition, quoique descendant quelquefois à des bagatelles; puis M. Dinmont, qui, je crois, n'est pas un savant, mais qui, comme les anciens patriarches, s'occupe de ses champs et de ses troupeaux; moi enfin, qui, ayant eu pour acquérir de la science plus d'occasions que ces hommes respectables, n'ai pas négligé, j'ose le dire, d'en profiter autant que mes faibles facultés me l'ont permis. Oui, mon petit Henry, nous reprendrons le cours de nos études, nous les recommencerons en entier, depuis les premiers principes de la grammaire anglaise jusqu'aux langues hébraïque et chaldéenne.

Le lecteur remarquera sans doute que Sampson en cette occasion se montra prodigue de paroles comme jamais; la raison en était qu'en retrouvant son ancien pupille, son esprit s'était reporté à l'instant de leur séparation; tout ce qui s'était passé depuis avait disparu à ses yeux, et, dans la confusion de ses idées, il se voyait déjà reprenant avec Henry ses leçons de lecture et d'orthographe au point où elles avaient été interrompues. Il se regardait donc toujours comme son précepteur, prétention d'autant plus ridicule qu'il y avait renoncé à l'égard de miss Lucy. Mais elle avait grandi sous ses yeux et était, pour ainsi dire, arrivée pas à pas à l'émancipation de sa tutelle. Ce sentiment d'autorité renaissante contribua donc à lui délier la langue autant que le plaisir de revoir son disciple; et comme il est rare que l'on parle plus qu'on n'a coutume de le faire sans trahir ses sentimens secrets, il donnait à entendre que, tout en se soumettant aux opinions et aux volontés des autres, il ne s'en regardait pas moins, sur l'article de l'érudition, comme le premier homme du monde. Mais cette dépense de paroles était en pure perte: le frère et la sœur étaient trop occupés du plaisir d'être ensemble pour donner à toute autre chose la moindre attention.

Lorsque le colonel quitta Bertram, il se rendit dans la chambre de sa fille, et renvoya sa femme de chambre.

— Mon Dieu! papa, que vous êtes matinal! dit Julie; vous avez oublié que nous nous sommes retirés bien tard la nuit dernière. A peine ai-je eu le temps de faire démêler mes cheveux!

— C'est avec l'intérieur de votre tête, Julie, que j'ai affaire en ce moment, et, dans quelques minutes, je rendrai l'extérieur aux soins de miss Mincing.

— Comment, papa, dans un moment où il doit y avoir une telle complication d'idées dans ma tête, vous voulez les démêler en quelques minutes? Si Mincing agissait ainsi dans son département, elle m'arracherait la moitié de mes cheveux.

— Hé bien! dites-moi où se trouve la complication, afin que j'y porte la main avec précaution.

— Mon Dieu! partout! C'est un étrange rêve qui me trouble.

— Je vais donc tâcher de vous l'expliquer.

Il lui apprit alors tous les détails relatifs à Bertram, et Julie l'écouta avec un intérêt qu'elle cherchait en vain à cacher.

— Hé bien! vos idées sur ce sujet sont-elles plus lumineuses?

— Plus confuses que jamais, mon père. Voici un jeune homme que l'on croyait mort, et qui arrive des Indes, comme le grand voyageur Aboulfouaris retrouvant sa sœur Canzade et son frère Hour. Mais je me trompe dans l'application de cette histoire : Canzade était sa femme, mais n'importe; Lucy représente l'une, et Dominus l'autre. Et puis cet avocat écossais, avec sa tête à demi éventée, qui me semble une pantomime qui vient après une tragédie. Mais quel plaisir j'aurai si tout cela procure de la fortune à Lucy!

— Ce que je trouve le plus inexplicable dans tout cela, c'est que miss Mannering, qui savait combien son père était affligé, dans la persuasion où il était qu'il avait tué ce jeune Brown, ou plutôt Bertram, comme nous devons le nommer à présent, ait pu le voir, lors de l'accident arrivé à Charles Hazlewood, sans juger convenable d'en dire un seul mot à ce père; qu'elle ait souffert qu'on fît des recherches contre ce jeune homme, comme s'il eût été un homme sans aveu, un assassin!

Julie s'était armée de courage en voyant entrer son père; mais elle en manqua tout-à-fait en ce moment; elle baissa la tête en silence, violemment tentée de dire qu'elle n'avait pas reconnu Brown; mais ce mensonge expira sur ses lèvres.

— Vous ne répondez pas? Dites-moi, Julie, était-ce la première fois que vous l'aviez vu depuis son retour des Indes? Point de réponse! j'en dois conclure que vous l'aviez déjà vu. Encore muette! Julie Mannering, ayez la bonté de me répondre : est-ce celui qui venait sous votre balcon, et avec qui vous vous entreteniez le soir, pendant votre séjour à Mervyn-Hall? Julie, je vous ordonne, je vous supplie d'être sincère.

Miss Mannering leva la tête. — J'ai été, mon père, je crois même que je suis encore un peu inconsidérée, et il m'en coûte beaucoup de voir en votre présence ce jeune homme qui a été, sinon entièrement la cause, du moins le complice de ma folie. — Ici elle s'arrêta.

— Je dois donc croire qu'il était l'auteur de la sérénade?

Ce mot, n'annonçant pas une grande colère, rendit un peu de courage à Julie. — Oui, mon père, dit-elle; mais, si j'ai eu des torts, je ne suis pas sans excuse.

— Et quelles sont-elles? demanda le colonel d'un ton vif et un peu brusque.

— Ne me le demandez pas, mon père, mais........ En même temps, elle ouvrit une petite cassette, et lui remit quelques lettres. Je vous donne ces papiers, afin que vous sachiez comment commença notre intimité, et par qui elle fut encouragée.

Mannering prit les lettres, s'approcha de la croisée, et

en parcourut quelques passages d'un air soucieux et agité; mais sa philosophie vint à son aide, cette philosophie qui, quoique ayant souvent l'orgueil pour racine, produit cependant quelquefois les mêmes fruits que la vertu. Il revint vers Julie d'un air aussi calme que le permettaient les divers sentimens dont il était agité.

— Il est vrai, Julie, vous n'êtes pas sans excuse, autant que j'en puis juger, d'après un coup d'œil que j'ai jeté sur ces lettres. Vous avez au moins obéi à l'une des deux personnes qui avaient des droits sur vous. Mais rapportons-nous-en à un proverbe écossais que Dominus citait l'autre jour : — Ce qui est passé est passé. — Je ne vous reprocherai jamais votre défaut de confiance en moi quand vous jugiez de mes intentions par mes actions, dont je ne crois pourtant pas que vous ayez à vous plaindre. Gardez ces lettres: elles n'ont pas été écrites pour moi, je n'en veux pas voir plus que ce que j'en ai lu à votre prière et pour votre justification. Sommes-nous amis? ou, pour mieux dire, me comprenez-vous bien?

— O le meilleur des pères! s'écria Julie en se jetant dans ses bras, pourquoi ne vous ai-je pas mieux connu?

— N'en parlons plus, Julie. Celui qui est trop fier pour réclamer la tendresse et la confiance qu'il croit lui être dues sans qu'il les demande, doit s'attendre à en être privé, et le mérite peut-être. C'est bien assez que l'être qui m'a été le plus cher, que j'ai le plus regretté, soit descendu au tombeau sans me connaître. Que je jouisse à l'avenir de la confiance d'une fille qui doit m'aimer si elle s'aime elle-même.

— O mon père, ne craignez rien! mon cœur vous sera toujours ouvert. Que j'aie votre approbation et la mienne, et aucun sacrifice ne me coûtera.

— J'espère, ma chère Julie, lui dit-il en l'embrassant sur le front, que vous n'aurez pas besoin d'un courage trop héroïque. Par rapport à ce jeune homme, je désire d'abord que toute correspondance clandestine, et une jeune femme ne peut s'en permettre sans se dégrader à ses yeux et à ceux de son amant; je désire, dis-je, que toute correspondance clandestine cesse dès ce moment. Si M. Bertram en demande la cause, vous lui direz de s'adresser à moi. Il est naturel que vous désiriez savoir quelles seront les suites de votre déférence. D'abord je veux observer le caractère de ce jeune homme avec plus d'attention que les circonstances, et peut-être quelques préjugés, ne m'ont permis de le faire autrefois. Ensuite je voudrais voir sa naissance établie et reconnue d'une manière incontestable. Ce n'est pas que je sois fort inquiet de savoir s'il pourra rentrer en possession du domaine d'Ellangowan, quoique la fortune ne soit une considération indifférente que dans un roman; mais bien certainement Henry Bertram, issu de la famille des Ellangowan, possesseur ou non des biens qui appartenaient à ses ancêtres, est un homme tout différent de Van Beest Brown, qui ne pouvait nommer son père. M. Pleydell m'assure que ses ancêtres tenaient une place distinguée dans l'histoire, et suivaient la bannière de leurs princes, tandis que nos aïeux combattaient pour les nôtres à Crécy et à Poitiers. En un mot, je ne donne ni ne refuse mon approbation; mais je demande que vous rachetiez vos erreurs passées par un peu de complaisance; et comme, malheureusement, vous ne pouvez plus avoir recours qu'à votre père, vous m'accorderez la confiance que mon désir de vous voir heureuse rend pour vous un devoir filial.

La première partie de ce discours avait un peu affligé Julie. Elle avait souri secrètement de la comparaison entre les ancêtres des Bertram et ceux des Mannering; mais la conclusion toucha vivement son cœur, rempli de tendresse et de générosité.

—Oui, mon père, lui dit-elle, recevez-en ma promesse formelle. Rien ne se passera entre Brown, je veux dire Bertram, et moi, sans votre aveu et votre participation. Tout ce que je ferai sera soumis à votre approbation. Mais puis-je vous demander si M. Bertram doit rester à Woodbourne?

— Certainement. Jusqu'à ce que ses affaires soient terminées.

— Alors, mon père, vous devez sentir qu'il me demandera pourquoi il ne trouve plus en moi les mêmes encouragemens que je dois avouer lui avoir donnés.

— Je crois, Julie, qu'il respectera ma maison ; que son cœur sera sensible aux services que je cherche à lui rendre ; qu'enfin il ne voudra vous entraîner dans aucune démarche dont je pourrais avoir lieu de me plaindre ; qu'il sentira en un mot ce qu'il me doit, ce qu'il vous doit, ce qu'il se doit à lui-même.

— Alors, mon père, je vous comprends, et je vous obéirai.

— Fort bien, mon amie. Si j'ai quelques inquiétudes elles ne sont que pour vous. Maintenant essuyez vos yeux, qui rendraient compte du sujet de notre conversation, et allons déjeuner.

CHAPITRE LII.

« Vous pouvez le citer ; sheriff, il est certain
« Qu'à l'heure de dîner vous le verrez demain.
« Il viendra vous répondre, et ce sera peut-être
« En se justifiant qu'il se fera connaître. »
SHAKSPEARE. *Henry IV*.

Après les diverses conversations que nous venons de rapporter, toute la compagnie se trouva réunie pour le déjeuner. Il y régnait un air de contrainte assez remarquable.

Julie osait à peine adresser la parole à Bertram pour lui demander s'il voulait un seconde tasse de thé.

Bertram se trouvait embarrassé en se voyant près d'elle sous les yeux du colonel.

Lucy, pleine de tendresse pour le frère qu'elle venait de retrouver, commençait à penser à sa querelle avec Hazlewood.

Le colonel éprouvait le malaise naturel à un homme fier, qui croit que les yeux des autres sont ouverts sur lui, et qui craint d'être pris en défaut pour un mot, pour un seul geste.

L'avocat, étendant avec soin du beurre sur son pain, avait le front couvert d'une gravité qui ne lui était pas habituelle à table, et qui venait sans doute du travail sérieux auquel il s'était livré le matin.

Quant à Dominus, il était dans l'extase ; il regardait alternativement Lucy et Bertram, soupirait, reniflait, faisait mille grimaces, et commettait toutes sortes de *solécismes en conduite*[1]. Il versa toute la crème dans sa tasse, méprise peu malheureuse pour lui; jeta le fond de la tasse de thé dans le sucrier, au lieu de le vider dans la jatte destinée à cet usage; enfin finit par renverser la théière sur le chien favori du colonel, le vieux Platon, qui reçut la brûlante aspersion avec un hurlement qui faisait peu d'honneur à sa philosophie.

Cette dernière maladresse triompha de la taciturnité du colonel.

— Sur ma parole, mon cher ami Sampson, vous oubliez la différence qui existe entre Platon et Xénocrate.

— Comment! dit Dominus étonné d'une telle supposition, le premier était chef des philosophes académiciens, et le second des stoïciens.

— Oui, mon cher monsieur; mais c'était Xénocrate et non Platon qui prétendait que la douleur n'était pas un mal.

— J'aurais cru, dit Pleydell, que le respectable quadru-

---

(1) Cette expression de Molière (*Femmes savantes*) rend assez bien ces mots du texte : *all manner of solecisms in point of form*. — Ed.

pède qui sort à l'instant porté sur trois jambes était plutôt de la secte des cyniques.

— Fort bien trouvé! Mais voici la réponse de M. Mac-Morlan.

La réponse n'était pas favorable. Mistress Mac-Morlan mandait que son mari était encore à Portanferry, par suite des événemens qui avaient eu lieu la nuit dernière, et qui avaient nécessité une information.

— Hé bien, M. Pleydell, qu'allons-nous faire?

— J'aurais désiré voir Mac-Morlan. Il ne manque pas de moyens, et d'ailleurs il aurait travaillé sur mes plans. Mais n'importe. Il faut d'abord que nous remettions notre ami Bertram en liberté d'une manière légale, *sui juris*. En ce moment, c'est un prisonnier échappé. Il est sous le glaive de la loi. Il faut le placer *rectus in curiâ*. Voilà notre premier objet. Pour en venir à bout, je vous propose, colonel, de nous rendre chez M... ah! je lui demande mille pardons... chez sir Robert Hazlewood. La distance n'est pas grande. Nous lui offrirons de cautionner Bertram, et j'ose me flatter que je lui démontrerai qu'il ne peut refuser notre garantie. J'emmènerai Driver, dont nous pourrons avoir besoin.

— De tout mon cœur, dit le colonel. Il tira la sonnette, et ordonna que l'on mît les chevaux à sa voiture. — Et ensuite que ferons-nous?

— Nous tâcherons de joindre Mac-Morlan, et de trouver de nouvelles preuves.

— De nouvelles preuves? La chose est claire comme le jour. M. Sampson, miss Bertram et vous, reconnaissez dans ce jeune homme l'image vivante de son père; lui-même se rappelle clairement les circonstances antérieures à son départ d'Ecosse : que faut-il de plus pour opérer la conviction?

— Rien pour la conviction morale peut-être, mais pour la preuve légale il nous manque encore bien des choses. Les souvenirs de M. Bertram ne sont que ses propres souvenirs, ils ne peuvent donc rien prouver en sa faveur. Miss Bertram, le docte M. Sampson et moi, ne pouvons dire que ce que diront tous ceux qui ont connu Godefroy Bertram, c'est-à-dire que ce jeune homme lui ressemble parfaitement. Mais tout cela n'établit pas sa qualité de fils d'Ellangowan, et ses droits à rentrer dans ses biens.

— Et que faut-il donc?

— Des preuves claires et directes. Peut-être ces Egyptiens.... malheureusement ils sont infames aux yeux de la loi : leur témoignage peut à peine être reçu. Celui de Meg Merrilies est surtout inadmissible à cause de l'interrogatoire qu'elle a déjà subi, et de sa déclaration formelle qu'elle ne savait rien de relatif à la disparition de l'enfant.

— Hé mais, quel parti prendre?

— Nous verrons si l'on peut se procurer quelques preuves en Hollande par les personnes chez qui notre jeune ami a été élevé, par quelques-uns des fraudeurs qui ont coopéré à son enlèvement. Mais il est possible que la crainte d'être recherchés pour le meurtre de Frank Kennedy les rende muets; d'ailleurs leur qualité d'étrangers, de contrebandiers, rendrait leur témoignage de peu de valeur. Enfin je vois beaucoup de motifs de doute et de crainte.

— J'honore beaucoup votre science, mon cher monsieur, dit Dominus, mais permettez-moi de vous dire que j'espère que CELUI qui a rendu le petit Henry à ses amis ne laissera pas son ouvrage imparfait.

— Je l'espère aussi, mon cher monsieur ; mais la Providence veut que l'on s'aide soi-même, et j'entrevois plus de difficultés que je n'en avais aperçu d'abord. D'ailleurs jamais un cœur qui craint les obstacles n'a gagné les bonnes graces d'une jolie dame; ainsi ne désespérons point. — A propos, miss Mannering, dit-il à Julie, pendant que Bertram était occupé à causer avec sa sœur, j'espère que voilà de quoi rétablir la réputation de la Hollande dans votre esprit. Quels beaux hommes nous fourniraient les universités de Leyde et d'Utrecht, quand un misérable collège de Middelbourg nous envoie un si joli garçon!

— Cela est vrai, dit Dominus, jaloux de la réputation que M. Pleydell voulait donner au collège hollandais, mais je vous ai dit que j'avais mis la première main à son éducation.

— Je le sais, mon cher Dominus, et c'est sans doute pour cela qu'il a tant de graces. Mais voici votre voiture, colonel. Adieu, jeunes gens. Miss Julie, gardez bien votre cœur jusqu'à ce que je revienne : qu'il ne s'y passe rien à mon préjudice pendant mon absence.

Arrivés chez sir Robert, ils lui expliquèrent le motif de leur visite. Ils en furent reçus avec plus de froideur et de réserve qu'à l'ordinaire, car le baronnet témoignait toujours beaucoup de considération à Mannering, et Pleydell était un ancien ami. Mais en ce moment les manières du vieux baron sentaient la contrainte et l'embarras. Il recevrait avec plaisir, leur dit-il, leur cautionnement, quoique l'offense eût été commise, dirigée, effectuée contre Charles Hazlewood; mais le jeune homme s'était donné pour tout autre qu'il n'était réellement, et il était de cette classe de gens que l'on ne pouvait relâcher, mettre en liberté, rendre à la société.

— J'espère, sir Robert, dit le colonel, que vous ne révoquez pas en doute ce que j'ai l'honneur de vous dire, qu'il a servi sous mes ordres dans les Indes en qualité de cadet?

— Nullement, colonel. Mais vous dites en qualité de cadet, et il assure, affirme et prétend qu'il est capitaine et a une compagnie dans votre régiment.

— Il a obtenu ce grade depuis que je l'ai quitté.

— Mais vous auriez dû en être informé?

— Non; des affaires de famille m'obligèrent à revenir en Angleterre, et depuis ce temps je ne me suis pas inquiété de ce qui se passait au régiment. D'ailleurs le nom de Brown est si commun que j'aurais pu lire sa promotion dans la gazette sans y faire attention. Enfin, dans un jour ou deux nous aurons des nouvelles de son lieutenant-colonel.

— Mais on m'a donné avis, connaissance et information, M. Pleydell, que ce jeune homme n'entend pas conserver le nom de Brown, et qu'il a dessein de prendre celui de Bertram, pour réclamer la propriété du domaine d'Ellangowan.

— Oui-da, dit l'avocat : et qui vous a dit cela?

— N'importe qui ce soit, dit le colonel; cela donne-t-il le droit de le garder en prison?

— Colonel, dit l'avocat, s'il se trouvait que ce fût un imposteur, bien certainement ni vous ni moi ne le protégerions! et entre nous, sir Robert, de qui tenez-vous cette nouvelle?

— Mais, M. Pleydell...., d'une personne particulièrement intéressée à examiner, éclaircir et approfondir cette affaire. Vous m'excuserez si je ne m'explique pas davantage.

— Oh certainement! hé bien, on vous a donc dit?....

— Que des Egyptiens, des fraudeurs, des vagabonds, ont formé le plan dont je vous parle, et que ce jeune homme, enfant naturel de Godefroy Bertram d'Ellangowan, ayant beaucoup de traits de son père, on veut profiter de cette ressemblance pour le faire passer pour son fils légitime.

— Et Godefroy Bertram a-t-il jamais eu un enfant naturel?

— Oh! bien certainement. Le fait est à ma connaissance. Il l'avait placé comme mousse à bord d'un sloop de guerre appartenant aux douanes, et qui était commandé par un de ses parens.

— Fort bien, sir Robert, dit l'avocat, s'empressant de parler avant le colonel qui perdait patience, vous m'apprenez des choses nouvelles pour moi. Je vais m'assurer si tout cela est bien véritable, et dans ce cas, ni le colonel ni moi ne prendrons à ce jeune homme le moindre intérêt. Mais en attendant, comme nous nous chargeons de le représenter à toutes réquisitions, je vous préviens qu'en refusant notre cautionnement vous agiriez d'une manière fort illégale, et compromettriez votre responsabilité.

— M. Pleydell, vous devez connaître les lois mieux que personne, et puisque vous me promettez d'abandonner ce jeune homme...

— Si c'est un imposteur.

— Je l'entends bien ainsi. Sous cette condition, je reçois votre cautionnement. Et cependant, je dois vous le dire, un voisin obligeant, civil, affectionné, connaissant lui-même les lois, m'a donné ce matin l'avis, le conseil, l'avertissement de n'en rien faire. C'est lui qui m'a informé que ce jeune homme était sorti de prison, qu'il était en liberté, qu'il avait rompu son ban, pour mieux dire. Mais où trouverons-nous quelqu'un pour dresser le cautionnement?

L'avocat répondit en tirant le cordon de la sonnette, et dit au domestique de faire venir son clerc, M. Driver, qui était resté dans la voiture. — Je crois, dit-il au baronnet, que vous ne trouverez pas mauvais que je le dicte moi-même?

L'acte fut dressé et signé sur-le-champ, et le juge de paix leur ayant donné un ordre de mise en liberté pour Brown, ils prirent congé de lui.

En entrant dans la chaise de poste, ils se jetèrent dans un coin, et gardèrent quelque temps le silence. Le colonel le rompit le premier.

— Ainsi donc votre intention est d'abandonner ce pauvre jeune homme à la première escarmouche?

— Moi! je n'abandonnerai pas un de ses cheveux. J'irai plutôt plaider, s'il le faut, devant les tribunaux de toutes les juridictions. Fallait-il discuter avec ce vieux âne, lui faire connaître nos intentions? J'aime bien mieux qu'il reporte à son conseiller Glossin qu'il nous a trouvés assez indifférens, assez tièdes sur cette affaire. D'ailleurs je suis bien aise d'examiner leur plan de campagne.

—Vraiment! je vois qu'on connaît les stratagèmes au barreau comme à la guerre. Hé bien, que pensez-vous de leur ligne d'attaque?

— Elle est ingénieuse. Mais ils ne réussiront pas. On prend trop de précautions : c'est une faute ordinaire.

Pendant cet entretien l'équipage roulait rapidement vers Woodbourne. Ils rencontrèrent le jeune Hazlewood. Le colonel lui fit part en peu de mots de la manière miraculeuse dont on venait de retrouver Bertram; et Charles, pressant le pas de son cheval, les précéda pour aller féliciter miss Bertram sur un événement si heureux, si peu attendu.

Occupons-nous un moment des jeunes gens restés à Woodbourne. Après le départ de Mannering, la conversation tomba sur la famille d'Ellangowan, le pouvoir dont elle avait joui, les domaines qu'elle avait possédés. —C'est donc près de l'ancienne demeure de mes ancêtres, dit Bertram, que j'ai débarqué, il y a peu de jours, presque comme un vagabond! Ses ruines, ses tours imposantes, ont fait naître en moi mille réflexions et mille souvenirs dont je ne pouvais me rendre compte. Il faut que j'aille les revoir. J'y porterai d'autres pensées, d'autres espérances.

— N'y allez pas à présent, lui dit sa sœur. Le château de nos aïeux est devenu l'habitation d'un misérable aussi faux que dangereux. C'est lui dont les ruses et la rapacité ont causé la ruine et la mort de notre malheureux père.

— Vous augmentez le désir que j'ai de me trouver en face de ce scélérat. Je crois que je l'ai déjà vu.

— Songez donc, lui dit Julie, que vous êtes sous la garde de Lucy et sous la mienne : nous sommes responsables de toutes vos actions. Croyez aussi que ce n'est pas pour rien que je suis depuis douze heures la dame des pensées d'un avocat. Je vous assure que vous feriez une folie en allant maintenant à Ellangowan. La seule chose à laquelle je puisse consentir, c'est que nous allions tous ensemble nous promener au bout de l'avenue. Peut-être même consentirons-nous à vous accompagner jusqu'à une éminence, dans la prairie, d'où vos yeux pourront admirer, dans le lointain, ces sombres tours qui frappent si vivement votre imagination.

La partie de promenade fut décidée : les dames prirent leurs mantes, et se mirent en marche sous l'escorte du capitaine Bertram. La matinée était superbe, et le froid, bien loin de les incommoder, rendait l'exercice plus agréable. Une secrète analogie de sentiment avait resserré les liens de l'amitié entre les deux jeunes personnes, quoiqu'elles ne se fussent fait aucune confidence. Bertram, tantôt écoutant les détails qu'elles lui donnaient sur sa famille, tantôt leur racontant ses aventures en Europe et en Asie, éprouvait et leur faisait éprouver tour à tour un intérêt mutuellement partagé. Lucy était fière de son frère, et autant de la noblesse de ses sentimens que des dangers qu'il avait surmontés par son courage. Julie, en réfléchissant sur ce que lui avait dit son père, ne pouvait s'empêcher d'espérer que l'esprit de hauteur et d'indépendance qu'il reprochait au plébéien Brown ne serait plus à ses yeux que la noblesse et la dignité qui convenaient à l'héritier des Ellangowan.

Ils arrivèrent enfin à cette éminence située sur les confins du domaine d'Ellangowan, et dont nous avons tant parlé dans le cours de cette histoire. C'était là que Meg Merrilies avait vu pour la dernière fois Godefroy Bertram, c'était là qu'elle avait conduit la veille Dominus épouvanté. La vue s'étendait d'un côté sur des vallons et des hauteurs agréablement variées ; d'un autre sur des bois et des plantations de pins d'Ecosse, dont la sombre verdure contrastait avec la nudité des autres arbres : à la distance de deux ou trois milles on apercevait la baie d'Ellangowan, et la mer dont les flots étaient doucement agités par un vent d'ouest; enfin les tours du vieux château, éclairées par les rayons du soleil, dominaient tous les environs.

— Voilà, dit Lucy, en les montrant du doigt à son frère, voilà l'antique demeure de nos ancêtres. Dieu m'est témoin, mon frère, que je ne désire pas pour vous l'étendue de pouvoir dont jouissaient, dit-on, les anciens maîtres de ces ruines, et dont ils ne firent pas toujours un bon usage. Mais puissé-je vous voir en possession de quelque débris de leur fortune pour vous assurer une honorable indépendance, et vous mettre en état de soulager les pauvres habitans de ce canton, les anciens serviteurs de notre famille, qui depuis la mort de mon père....

— Oui, ma chère Lucy, dit Bertram, se hâtant de l'interrompre afin d'éloigner de son esprit tout fâcheux souvenir. J'espère qu'avec l'aide du ciel, qui m'a protégé jusqu'ici, et graces aux soins généreux des bons amis qui s'intéressent à moi, nous pourrons voir ce souhait se réaliser. Mais puis-je regarder sans intérêt ces ruines majestueuses? Si l'homme qui en est en possession s'avise d'en déplacer une pierre....

Il fut interrompu à son tour par la voix de Dinmont, qui courait pour les joindre, et qu'ils n'aperçurent que lorsqu'il fut près d'eux.—Capitaine! capitaine! on a besoin de vous! c'est celle que vous savez!

Et au même instant Meg Merrilies, comme si elle fût sortie des entrailles de la terre, parut derrière Dinmont.

— Je vous ai cherché au château, et je n'ai trouvé que lui, dit-elle à Bertram, en lui montrant Dinmont. Mais vous avez raison, et j'ai tort. C'était ici que je devais vous trouver, sur ce lieu même! Maintenant souvenez-vous de votre promesse, et suivez-moi.

CHAPITRE LIII.

> « C'est en vain que la demoiselle
> « Parlait au roi ;
> « Le noble Arthur, muet près d'elle,
> « Tremblait d'effroi.
> « Pourquoi, dit-elle, un tel silence?
> « Regarde-moi !
> « Je suis laide, mais ma puissance
> « Peut tout pour toi. »
> *Le Mariage de sir Gawain.*

La belle fiancée de sir Gawain, tandis qu'elle était soumise aux enchantemens de sa méchante belle-mère, était peut-être plus laide, plus décrépite que Meg Merrilies. Mais je doute qu'elle possédât cet air d'enthousiasme sauvage que donnent aux traits une imagination exaltée, un caractère de physionomie expressif, des gestes bizarres et imposans, et une taille gigantesque pour son sexe. Les chevaliers de la table ronde ne furent donc pas plus effrayés en la voyant paraître tout à coup *entre un chêne et un houx vert*, que ne le furent Lucy et Julie, en apercevant la sibylle galwégienne au milieu d'elles.

— Pour l'amour de Dieu, dit Julie à Bertram en prenant sa bourse, donnez à cette femme épouvantable tout ce qu'elle voudra, et qu'elle s'en aille.

— Je ne puis, dit Bertram, je ne dois pas l'offenser.

— Qui vous arrête? dit Meg en montant au plus haut le ton aigre de sa voix. Pourquoi ne me suivez-vous pas? Croyez-vous que votre heure sonnera deux fois? avez-vous oublié votre promesse? *A l'église, ou dans un marché; à une noce, ou à un enterrement.* Et elle leva en l'air son doigt décharné, en prenant une attitude menaçante.

Bertram, se tournant vers ses compagnes épouvantées :

—Excusez-moi pour un instant, leur dit-il, je me suis engagé par un serment à suivre cette femme.

—Grand Dieu! dit Julie, engagé à suivre une folle!

—Ou une Egyptienne qui a sa bande dans le bois pour vous assassiner! ajouta Lucy.

—Ce n'est point là parler comme un enfant d'Ellangowan! dit Meg en jetant un regard irrité sur miss Bertram. Qui soupçonne le mal est capable de le commettre.

—En un mot, dit Bertram, il faut absolument que je la suive. Attendez-moi ici cinq minutes.

—Cinq minutes! dit l'Egyptienne; cinq heures ne suffiront peut-être pas pour ce que nous avons à faire!

—Entendez-vous? dit Julie, pour l'amour du ciel, ne la suivez pas!

—Il le faut, il le faut! M. Dinmont vous reconduira au château.

—Non, dit Meg, il faut qu'il vous accompagne. C'est pour cela qu'il est ici. Il faut qu'il vous aide du cœur et du bras. Il le doit. Il a pensé vous en coûter cher pour l'avoir sauvé.

—C'est vrai! s'écria Dinmont; aussi suivrai-je le capitaine. Je lui prouverai que je ne l'ai pas oublié.

—Oh, oui, s'écrièrent à la fois les deux dames, si vous êtes décidé à obéir à un ordre si étrange, au moins qu'il vous accompagne!

—Il le faut, je vous l'ai dit. Mais vous voyez que je suis bien gardé. Adieu pour peu de temps. Retournez chez le colonel le plus promptement possible.

Il pressa tendrement la main de sa sœur, et ses yeux firent à Julie des adieux encore plus tendres.

Les deux amies, presque immobiles de crainte et de surprise, regardèrent quelque temps Bertram, son ami, et leur guide extraordinaire, qui s'éloignaient. Meg les précédait; son pas était si ferme et en même temps si rapide, qu'elle semblait voler plutôt que marcher. Bertram et Dinmont, quoique fort grands tous deux, paraissaient à peine égaler sa taille, effet qui était produit par le long manteau dont elle était enveloppée et le mouchoir en turban qui couvrait sa tête. Elle marchait droit devant elle sans suivre le sentier, qui faisait plusieurs circuits, afin d'éviter divers monticules qui se trouvaient entre les bois d'Ellangowan et l'éminence sur laquelle étaient Julie et Lucy. Il en résultait que tantôt elles les perdaient de vue quand ils descendaient une colline, tantôt elles les voyaient reparaître quand ils gravissaient une montagne. Aucun des obstacles qui auraient engagé un voyageur à faire un détour n'arrêtait la course rapide de Meg Merrilies. Elle ressemblait à un oiseau qui vole à travers les airs. Enfin ils arrivèrent dans les bois d'Ellangowan, se dirigèrent du côté de Derncleugh, et disparurent tout-à-fait.

— Cela est fort extraordinaire! dit Lucy à sa compagne; que peut-il avoir à faire avec cette vieille Egyptienne?

— Cela est effrayant, dit Julie, et me rappelle les contes de magiciens, de sorciers et de mauvais génies que j'ai entendus dans l'Orient. On y assure qu'il se trouve des gens dont les yeux sont doués d'un tel pouvoir de fascination qu'ils forcent leurs victimes à les suivre contre leur volonté. Qu'a de commun votre frère avec cette femme épouvantable, qu'il soit forcé de lui obéir, et de la suivre malgré lui?

— Au moins, dit Lucy, nous pouvons croire qu'elle n'a aucun mauvais dessein contre lui; sans cela elle ne l'aurait pas laissé accompagner par ce brave et fidèle Dinmont, dont Henry nous a tant vanté la force et le courage. Maintenant retournons au château avant que le colonel y arrive. Il verra ce qu'il est convenable de faire.

Se prenant par le bras, trébuchant quelquefois, par suite de leurs craintes, de leur agitation et de la précipitation de leur marche, elles gagnèrent enfin l'avenue de Woodbourne. A peine y entraient-elles, qu'elles entendirent derrière elles le bruit d'un cheval. Elles se retournèrent, et reconnurent à leur grande satisfaction le jeune Hazlewood.

— Le colonel sera ici dans un instant, leur dit-il ; j'ai voulu le précéder pour me hâter d'offrir à miss Bertram mes félicitations bien sincères sur l'heureux événement qui vient d'avoir lieu dans sa famille. Je suis impatient d'être présenté au capitaine Bertram, et de le remercier de la leçon qu'il a donnée à mon indiscrétion et à ma vivacité.

— Il vient de nous quitter, dit Lucy, et d'une manière dont nous sommes effrayées.

La voiture du colonel arrivait en ce moment. Il la fit arrêter, descendit avec M. Pleydell, et rejoignit les deux demoiselles : elles lui apprirent sur-le-champ leur nouveau sujet d'alarmes.

— Encore Meg Merrilies! s'écria Mannering ; cette femme mystérieuse est incompréhensible. Il faut qu'elle ait à communiquer à Bertram quelque chose dont elle ne veut pas que nous soyons instruits.

— Que le diable emporte la vieille folle! dit l'avocat ; elle ne veut pas laisser prendre aux choses leur cours naturel, *proùt de lege* [1]. Il faut toujours qu'elle vienne diriger la barque à sa tête ; mais, d'après le chemin qu'ils ont pris, je crains qu'ils ne soient allés du côté d'Ellangowan. Ce misérable Glossin nous a fait voir quels coquins déterminés il a à sa disposition ; je désire que le secours de l'honnête Dinmont lui suffise.

— Si vous me le permettez, dit Hazlewood, je vais suivre la même direction qu'ils ont prise. Je suis assez connu ici pour croire qu'on ne se permettra rien contre le capitaine en ma présence, et, dans tous les cas, je contribuerais comme Dinmont à sa défense. Si je les aperçois, j'aurai soin de me tenir à une telle distance que Meg Merrilies ne puisse m'apercevoir, ni être gênée dans

---

[1] Le cours légal. — Tr.

les communications qu'elle peut avoir à faire à M. Bertram.

— Sur ma parole, M. Charles, dit Pleydell, vous que j'ai vu en bourrelet et en jaquette, il n'y a pas bien des années, je crois que vous voilà devenu un homme. Je crains moins la force ouverte pour notre jeune ami, qu'une nouvelle violence couverte d'un voile légal, et je crois que votre présence pourrait déconcerter Glossin et ses satellites. Allez donc, cherchez, épiez : vous les trouverez probablement du côté de Derncleugh, ou dans le bois de Warroch.

Hazlewood se disposait à partir.—Hazlewood, cria le colonel, vous reviendrez dîner avec nous. Il lui annonça son acceptation par un salut, piqua son cheval, et partit au galop.

Cependant Bertram et Dinmont continuaient à suivre leur guide à travers les vallons et les bois, et s'avançaient vers Derncleugh. Meg les précédait toujours avec la même rapidité, et ne se retournait que pour leur dire de marcher plus vite, quoique la sueur tombât de leur front malgré la rigueur de la saison.

De temps en temps elle se parlait à elle-même, et tenait des propos sans suite, tels que ceux-ci : — C'est rebâtir la vieille maison. C'est placer la pierre angulaire. Et ne le lui avais-je pas dit? Je lui ai dit que cela m'était réservé, quand il se serait agi de la tête de mon père : c'était mon destin. J'ai été en prison, j'ai conservé mes desseins dans le cachot et dans les fers ; j'ai été bannie, ils m'ont suivie, je les ai emportés dans un autre pays. J'ai été frappée de verges, marquée d'un fer rouge, ils étaient gravés où les verges et le fer rouge ne pouvaient atteindre; et maintenant l'heure a sonné.

— Capitaine, dit Dinmont à demi-voix, je souhaite que ce ne soit pas une sorcière. Elle m'a l'air d'invoquer Dieu moins souvent que le diable. On dit dans notre pays qu'il y a des gens comme cela.

— N'ayez pas peur, mon cher ami.

— Peur! morbleu! qu'elle soit sorcière ou diablesse, je m'en soucie fort peu. C'est tout un pour Dandy Dinmont.

— Taisez-vous, dit Meg Merrilies en le regardant d'un air de colère; croyez-vous que ce soit ici le temps et le lieu de causer?

— Ma chère amie, lui dit Bertram, je n'ai nul doute sur votre bonne foi, sur l'intérêt que vous prenez à moi; vous m'en avez donné des preuves. Mais vous devriez aussi avoir quelque confiance, et me dire où vous me conduisez.

— Je n'ai qu'une réponse à vous faire, Henry Bertram. J'ai juré que ma langue ne parlerait jamais; mais je n'ai pas dit que mon doigt ne montrerait pas. Avancez donc pour trouver votre fortune, ou reculez pour la perdre. Voilà tout ce que je veux dire.

— Marchez, je ne vous ferai plus de questions.

Ils descendirent dans le petit vallon où Meg avait quitté Bertram après la nuit qu'il avait passée si désagréablement. Elle s'arrêta un instant à l'endroit où il avait vu déposer le cadavre du lieutenant d'Hatteraick, et où l'on voyait encore des marques qui prouvaient que la terre avait été récemment remuée, quoiqu'on eût cherché à les faire disparaître.

—Il y a ici, dit-elle, quelqu'un qui aura peut-être bientôt des voisins.

Elle passa le ruisseau, et, arrivant au hameau ruiné, elle s'arrêta avec un air d'intérêt devant une des cabanes dont les murs subsistaient encore, et dit à ses deux compagnons avec un accent plus doux, mais solennel:

—Voyez-vous les misérables restes de cette chaumière? c'est là que pendant quarante ans j'ai allumé le feu de mon foyer; c'est là que j'ai donné le jour à douze enfans. Que sont-ils devenus? Que sont devenues aussi les feuilles qui étaient sur ce vieux frêne à la Saint-Martin? Le vent du nord l'en a dépouillé: je suis comme lui. Voyez-vous ce vieux frêne? ce n'est plus qu'un tronc pourri. J'ai passé bien des soirées assise sous son ombrage, quand ses branches touffues couvraient les deux rives du ruisseau. Oui, je m'y suis assise, Henry Bertram, dit-elle en élevant la voix, et je vous y ai tenu sur mes genoux. Je vous y ai chanté les anciens barons de votre famille, et leurs guerres sanglantes. Hé bien ! sa verdure ne renaîtra plus, et Meg Merrilies ne chantera plus. Mais vous ne l'oublierez pas, et vous ferez rétablir cette chaumière pour l'amour d'elle. Placez-y quelqu'un qui soit assez vertueux pour ne pas craindre les habitans d'un autre monde. Si les morts reviennent parmi les vivans, on me verra plus d'une fois dans ce vallon, après que mes vieux os seront dans la terre.

Le mélange de folie et d'enthousiasme avec lequel elle parlait, le feu de ses regards, son bras droit nu et étendu, l'autre couvert de son manteau relevé en draperie, auraient fait de son attitude une étude digne de notre Siddons.

— Maintenant, dit-elle en reprenant le ton de voix aigre, dur et bref, qui lui était naturel, mettons-nous à l'ouvrage, mettons-nous à l'ouvrage.

En parlant ainsi, elle s'avança vers la petite tour en ruines que Bertram connaissait déjà; elle tira de sa poche une grosse clef, et en ouvrit la porte. L'intérieur en était plus propre que la première fois qu'il y était entré. — J'ai arrangé cette chambre, dit-elle, j'y serai peut-être étendue avant la nuit. Il n'y aura pas grand monde à l'enterrement de Meg. La plupart de nos gens me blâmeront de ce que j'ai fait, et de ce que je vais faire.

Elle leur montra une table sur laquelle elle avait préparé un plat de viande froide avec plus de propreté qu'on n'aurait pu l'attendre de sa manière de vivre. — Mangez un morceau, leur dit-elle ; vous avez besoin de prendre des forces.

Bertram mangea une bouchée par complaisance, et

Dinmont fit honneur au repas avec un appétit qu'aucun motif de crainte ou d'étonnement ne pouvait diminuer.

La vieille finit par leur offrir un verre d'eau-de-vie; Dinmont le but tel qu'il lui était présenté; Bertram y ajouta moitié d'eau.

— Et vous, dit Dinmont à leur hôtesse, ne prendrez-vous rien?

— Je n'ai plus besoin de rien, répondit-elle; mais à présent il vous faut des armes : il ne faut pas que vous alliez les bras ballans. Mais n'en faites pas usage sans nécessité. Prenez-le vivant; livrez-le à la justice : il faut qu'il parle avant de mourir.

— Qui s'agit-il de prendre? qui faut-il faire parler? dit Bertram dont la surprise augmentait à chaque instant. Meg, pour toute réponse, lui donna une paire de pistolets; Bertram les examina, et vit qu'ils étaient chargés.

— Les pierres sont bonnes et la poudre est sèche, dit Meg; je m'y connais.

Elle arma aussi Dinmont d'une autre paire de pistolets, et leur dit de choisir chacun un bâton dans un paquet de gourdins de fort mauvaise mine qu'elle leur présenta.

— Maintenant, dit-elle, il faut nous remettre en marche.

Ils sortirent tous trois, la vieille marchant toujours la première.

Bertram dit tout bas à Dinmont : — Il y a dans tout ceci quelque chose d'inexplicable; mais ne nous servons de nos armes qu'en cas de nécessité absolue; ayez soin d'agir comme j'agirai.

Dinmont lui répondit par un coup d'œil significatif; et ils suivirent leur conductrice pas à pas, à travers les prés, les champs et les fondrières. Elle les conduisit dans le bois de Warroch par le même chemin qu'avait suivi le vieux Ellangowan quand il courut à Derncleugh, cherchant son enfant, le jour de la mort du malheureux Frank Kennedy.

Lorsqu'ils furent entrés dans son enceinte, où l'on n'entendait d'autre bruit que le sifflement du vent qui agitait les branches dépouillées de leur parure, elle s'arrêta un moment comme pour reconnaître les lieux. — Il faut suivre le même chemin, dit-elle. Et, au lieu de marcher droit devant elle, comme tout à l'heure, elle leur fit faire un grand nombre de détours, et les conduisit enfin dans une petite clairière qui avait environ un quart d'acre d'étendue. Sa forme était irrégulière, et elle était tellement entourée d'arbres et de buissons, que, même en hiver, c'était une retraite profonde et presque inaccessible. Mais lorsque la terre était couverte de la verdure du printemps, que les buissons déployaient leurs richesses naturelles, que les branches des arbres, se joignant de toutes parts, formaient un dôme impénétrable aux rayons du soleil, cet endroit aurait été choisi par un jeune poète pour y composer ses premiers vers, par deux amans pour s'y faire leurs premiers aveux.

Mais les souvenirs que ce lieu faisait naître étaient d'une nature bien différente. Bertram, en le considérant attentivement, sentit son front se couvrir d'un nuage sombre. Meg, après avoir dit à demi-voix, — Oui, c'est ici, regarda Bertram avec des yeux égarés, et lui dit : — Le reconnaissez-vous?

— Oui, répondit Bertram, quoique bien imparfaitement.

— C'est ici, continua-t-elle, qu'il tomba de cheval : j'étais en ce moment cachée derrière ce buisson d'épines. Je le vis se débattre; je l'entendis demander grace; mais il était entre les mains de gens qui ne connaissaient pas ce mot. Maintenant vous allez voir le chemin que j'ai suivi la dernière fois que je vous portai dans mes bras.

Elle les conduisit alors à travers les buissons, sans suivre aucun sentier, jusqu'à ce que, par une descente presque imperceptible, ils se trouvassent sur le bord de la mer. Elle marcha rapidement entre les rochers; et, s'arrêtant près d'un gros fragment qui en était détaché : —

C'est ici, dit-elle à Bertram d'une voix basse, que le cadavre fut trouvé.

— La caverne, lui dit Bertram du même ton, doit être près d'ici. Est-ce là que vous nous conduisez?

— Oui! Maintenant, de la fermeté. Imitez-moi pour entrer dans la caverne. J'y ai préparé des matériaux pour vous éclairer. Voici de bonnes cordes. Restez cachés jusqu'à ce que je vous dise : *L'heure et l'homme sont arrivés.* Alors sautez sur lui, emparez-vous de ses armes, et liez-le solidement, à lui faire sortir le sang par les narines.

— Je le ferai…. si c'est l'homme que je soupçonne…. Jansen?

— Oui, Jansen, Hatteraick, et vingt autres noms.

— Dinmont, vous allez me suivre?

— En doutez-vous? Mais je voudrais faire une petite prière avant d'entrer dans ce trou que cette sorcière débouche. Ce serait bien le diable de quitter ce beau soleil et ce bon air, pour aller nous faire tuer dans une caverne, comme une taupe sous terre! Mais c'est égal, que le diable m'emporte si je vous quitte d'un pas!

Ceci se disait à voix basse, pendant que Meg débarrassait l'ouverture du souterrain. Elle y entra la première en s'appuyant sur les mains et sur les genoux. Bertram la suivit, et Dinmont ferma la marche, après avoir donné un dernier regard à la lumière du jour qu'il abandonnait.

CHAPITRE LIV.

« Tu l'as prédit toi-même, il faut mourir prophète !
« C'est l'ordre du destin ; il demande ta tête. »
SHAKSPEARE. *Henry VI*, partie III.

Le fermier, qui, comme nous venons de le dire, formait l'arrière-garde, se trouva tout à coup arrêté dans sa marche par une main qui saisit une de ses longues jambes qu'il traînait après lui en silence, et non sans quelque émotion, dans le passage bas et étroit qui conduisait au souterrain. Sa fermeté pensa l'abandonner, et peu s'en fallut qu'il ne se trahît en poussant un cri qui aurait été le signal de sa mort et de celle de Bertram, car, dans la posture où ils étaient, toute défense devenait impossible. Il se contenta donc de dégager son pied, et continua d'avancer ; mais à l'instant celui qui le suivait lui dit d'une voix très-basse : — Paix ! je suis un ami, Charles Hazlewood.

Meg Merrilies, qui ouvrait la marche, était en ce moment parvenue à l'endroit où la voûte de la caverne s'exhaussait, et s'était déjà remise sur ses pieds. Elle n'entendit pas ces mots prononcés à voix basse ; mais le peu de bruit qu'ils avaient produit dans ce souterrain silencieux avait suffi pour l'alarmer. Craignant que d'autres oreilles que les siennes n'en eussent été frappées, et pour le confondre parmi d'autres bruits, elle se mit à murmurer, à grommeler, à chanter, à remuer des branches sèches qui étaient ramassées dans la caverne.

— Ici, vieille sorcière, fille de Satan ! cria la voix dure et rauque d'Hatteraick du fond de son antre ; que faites-vous donc là-bas ?

— J'arrange la bruyère pour vous réchauffer, méchant vaurien. Vous voilà bien maintenant; cela changera bientôt.

— M'apportez-vous de l'eau-de-vie et des nouvelles de mes gens?

— Voilà de l'eau-de-vie. Quant à vos gens, enfuis, dispersés, tués, taillés en pièces par les Habits-Rouges...

— Mille diables! cette côte m'est fatale!

— Vous aurez peut-être encore plus de raison de parler ainsi.

Pendant ce dialogue, Bertram et Dinmont avaient gagné le bout du passage, et avaient, à leur grande satisfaction, repris leur position naturelle.

La sombre clarté que projetait du charbon de bois allumé dans une grille de fer semblable à celles dont on se sert pour la pêche du saumon pendant la nuit, était la seule lumière qui éclairât cette caverne. Hatteraick jetait de temps en temps une poignée de menu bois sur ces charbons embrasés, mais la lueur produite par leur combustion était bien loin d'éclairer toute cette vaste enceinte: placé au fond de la caverne, Dirk ne pouvait pas non plus voir ceux qui étaient à l'entrée et qu'un tas de broussailles derrière lequel ils se tenaient lui cachait entièrement. Dinmont avait eu la précaution de retenir Hazlewood avec une main jusqu'à ce qu'il eût pu dire tout bas à Bertram:

— Un ami, le jeune Hazlewood.

Ce n'était pas l'instant de se faire des complimens. Ils restèrent donc tous trois immobiles, silencieux comme les rocs qui les environnaient, et cachés derrière la pile de broussailles placée là probablement pour arrêter le vent froid de la mer, sans intercepter l'air entièrement. Cet amas de bois était composé principalement de branches jetées négligemment les unes sur les autres, de manière qu'à travers les intervalles qu'elles laissaient, nos trois amis pouvaient voir, à la lueur du brasier, ce qui se passait dans le fond de cet antre, tandis qu'il était impossible qu'on les découvrît dans l'obscurité où ils se tenaient eux-mêmes.

Indépendamment de l'intérêt moral qu'offrait cette scène, et par les lumières que Bertram prévoyait qu'elle pourrait par la suite jeter sur son sort, et par le danger qu'il courait ainsi que ses compagnons, les effets d'ombre et de lumière qu'on y remarquait auraient excité l'attention de tout spectateur désintéressé. La seule clarté constante qui éclairât la caverne était la lueur rougeâtre que répandaient les charbons embrasés dont la grille était remplie : de temps en temps une flamme vive ou une épaisse fumée lui succédait, suivant que les branches que jetait Hatteraick étaient plus ou moins propres à l'alimenter. Une vapeur étouffante s'élevait jusqu'aux voûtes de la caverne, et puis laissait échapper comme malgré elle une sombre lueur qui tournait incertaine autour de la colonne de fumée, pour jeter soudain un plus vif éclat quand une branche plus sèche convertissait la vapeur en flamme. Alors on pouvait distinguer, plus ou moins, la figure d'Hatteraick, dont les traits durs et sauvages, prenant un caractère encore plus féroce par les sombres réflexions qui l'agitaient et par le revers qu'il venait d'éprouver, étaient bien assortis avec les rochers anguleux suspendus en arcades sur sa tête. Meg Merrilies, rôdant autour de lui, tantôt dans le foyer de la lumière, tantôt dans les ténèbres et la fumée, formait un contraste frappant avec Hatteraick, que l'on voyait toujours debout et le corps à demi penché sur la grille enflammée, tandis que Meg semblait un spectre qui paraissait et disparaissait tour à tour.

Bertram sentit bouillir son sang à l'aspect d'Hatteraick. Il se souvenait que sous le nom de Jansen, qu'il avait pris après le meurtre de Kennedy, il avait été, ainsi que son lieutenant Brown, l'implacable tyran de son enfance. Il savait d'ailleurs, en partie d'après ses souvenirs imparfaits, et en partie d'après ce que lui avaient dit Mannering et

Pleydell, que cet homme avait joué le principal rôle dans l'événement qui l'avait ravi à ses parens et à son pays, et l'avait exposé à tant de traverses et de dangers. Le cri de la vengeance retentissait dans son cœur, et il résistait difficilement au désir de se précipiter sur le scélérat et de lui faire sauter le crâne; mais cette entreprise n'aurait pas été sans danger. La flamme qui éclairait l'affreux visage d'Hatteraick montrait aussi des nerfs qui annonçaient la force peu ordinaire dont il était doué, et faisait voir à sa ceinture deux paires de pistolets avec un sabre. Il n'était pas douteux qu'il ne se défendît avec le courage du désespoir, qui ajouterait encore à sa vigueur naturelle. A la vérité, il était peu probable qu'il pût résister à deux hommes tels que Bertram et Dinmont, sans compter leur nouvel associé Hazlewood, qui n'était point armé et à qui la nature n'avait pas donné un corps aussi robuste. Mais Bertram sentit qu'il n'y avait ni prudence ni courage à lui arracher une vie qui devait être réservée pour l'échafaud; il réfléchit d'ailleurs à l'importance dont il était pour lui de le prendre vivant : se rendant donc maître de son indignation, il résolut d'attendre le signal, et de voir ce qui allait se passer entre le scélérat et l'Egyptienne.

—Et comment vous trouvez-vous? dit celle-ci avec le ton aigre et discordant qui lui était ordinaire. Ne vous ai-je pas dit ce qui vous arriverait, et cela dans cette caverne même où vous vous êtes réfugié après le meurtre?

—Tonnerre et tempête! Vieille sorcière, gardez vos antiennes diaboliques jusqu'à ce qu'on vous les demande. Avez-vous vu Glossin?

— Non. Vous avez manqué votre coup, homme de sang. Vous n'avez rien à espérer du tentateur.

—Par l'enfer! si je le tenais par le gosier! Mais que vais-je donc faire?

—Mourir comme un homme, dit l'Egyptienne, ou être pendu comme un chien.

—Pendu, fille de Satan! On n'a pas encore semé le

chanvre pour faire la corde qui servira à me pendre.

— Il est semé, il est levé, il est coupé, et la corde est filée. Ne vous ai-je pas dit, quand vous avez enlevé le petit Henry Bertram malgré toutes mes prières, qu'après avoir rempli ses destins en pays étranger il reviendrait à sa vingt-unième année? Ne vous ai-je pas dit que l'ancien feu s'éteindrait jusqu'à la dernière étincelle, mais que cette étincelle le rallumerait?

— Oui, vous me l'avez dit, mille tonnerres! et je crois que vous m'avez dit vrai. Ce chien de jeune Ellangowan m'a porté malheur toute ma vie. Et maintenant, grace à la maudite imagination de Glossin, voilà mon équipage au diable, mon lougre pris, mes barques détruites. Je n'avais pas assez de monde pour la manœuvre, encore moins pour me battre! un bateau dragueur eût suffi pour le prendre. Et que diront les propriétaires? Ciel et enfer! je n'oserai de ma vie retourner à Flessingue!

— Vous n'aurez pas cet embarras.

— Et pourquoi dites-vous cela? qui vous fait parler ainsi?

Pendant ce dialogue, Meg ramassait du bois sec qu'elle arrosa d'un peu d'eau-de-vie. Elle le jeta sur la grille, et une pyramide de flamme, montant à l'instant jusqu'à la voûte, répandit une vive clarté. Alors, répondant à la question d'Hatteraick d'un ton haut et ferme : — C'est que, dit-elle, *l'heure et l'homme sont arrivés!*

A ce signal Bertram et Dinmont, s'élançant comme un trait, se précipitèrent vers Hatteraick. Hazlewood, ne connaissant ni le plan d'attaque ni le mot d'ordre, ne put les suivre qu'un instant après. Le scélérat, qui vit qu'il était trahi, tourna d'abord sa vengeance sur Meg Merrilies, et lui lâcha un coup de pistolet. Elle tomba en poussant un cri perçant et effroyable, qui tenait le milieu entre le rire sardonique et l'expression de la douleur. — Je le savais, dit-elle en tombant.

Dans sa précipitation, Bertram se heurta le pied contre une des inégalités du roc qui formait le sol de la caverne, et trébucha. Cet incident fut heureux pour lui, car Hatteraick lui adressait dans le moment même un coup de pistolet si bien ajusté, que si la tête de Henry se fût trouvée à sa hauteur ordinaire la balle s'y serait logée. Avant que Dirk eût le temps de saisir un troisième pistolet, Dinmont s'élança sur lui, et s'efforça de le désarmer. Mais telle était la force du misérable, qu'il parvint à jeter Dinmont sur le brasier ardent, et il était sur le point de se rendre maître d'un de ses pistolets, qui aurait été fatal au brave fermier si Bertram et Hazlewood ne fussent arrivés à son secours. Tous trois, se précipitant alors ensemble sur Hatteraick, parvinrent, non sans peine, à le terrasser, le désarmèrent, et le garottèrent de manière à ce qu'il ne pût faire un seul mouvement.

Cette lutte dura moins de temps qu'il n'en a fallu au lecteur pour en lire le récit.

Lorsque Hatteraick se vit ainsi dompté, après avoir fait encore un ou deux efforts désespérés pour se débarrasser, il resta sans mouvement, et sans prononcer une parole.

—Le voilà comme un blaireau mort, dit Dinmont; je l'aime autant comme cela. En faisant cette observation, le bon fermier secouait les cendres et les charbons qui s'étaient attachés à son habit, et qui avaient même grillé quelques-uns de ses cheveux noirs.

—Restez près de lui, lui dit Bertram, et qu'il ne fasse pas un mouvement, tandis que je vais voir si cette pauvre femme est morte ou vivante. Avec l'aide d'Hazlewood, il parvint à relever Meg Merrilies.

—Je savais que cela arriverait ainsi, dit-elle, et c'est ainsi que cela devait arriver.

La balle avait pénétré dans la poitrine au-dessous du gosier. La blessure rendait peu de sang, et Bertram, accoutumé aux effets des armes à feu, ne l'en crut que plus dangereuse.

—Bon Dieu! dit-il à Hazlewood, qu'allons-nous faire pour cette malheureuse femme?

Les circonstances ne permettaient ni à l'un ni à l'autre les explications nécessaires qu'ils se seraient données en toute autre occasion.

— Mon cheval, dit Hazlewood, est dans le bois à deux pas d'ici. Je vous ai suivis pas à pas pendant plus de deux heures. Je vais aller chercher des gens sur qui on puisse compter. En attendant mon retour, gardez l'entrée de la caverne. A ces mots, il partit.

Bertram, après avoir bandé la blessure de Meg Merrilies aussi bien qu'il le put, se plaça près de l'ouverture de la caverne, un pistolet à chaque main. Dinmont continua à monter la garde près d'Hatteraick. Un profond silence régna dans la caverne, et il n'était interrompu que par quelques gémissemens que la douleur arrachait à l'Égyptienne, et par la respiration pénible du prisonnier.

CHAPITRE LV.

« Entraîné loin des tiens, dans des lieux étrangers,
« Tu courus bien long-temps de dangers en dangers ;
« Mais Dieu veillait sur toi, mais sa main protectrice
« Sut arrêter tes pas au bord du précipice. »

CRABBE. *Le Palais de Justice.*

Après environ trois quarts d'heure, qui parurent à Bertram et à son ami au moins trois heures, attendu les inquiétudes et le danger de leur situation, on entendit la voix de Charles Hazlewood, qui criait à l'entrée de la caverne : — Me voici, me voici ! je vous amène du monde.

— Arrivez ! dit Bertram, charmé de voir finir sa faction.

Hazlewood entra alors, suivi d'un officier de la justice de paix et de plusieurs hommes. Ils levèrent Hatteraick et le portèrent jusqu'au passage qui donnait entrée dans la caverne; alors ils le couchèrent sur le dos, et le tirèrent par les pieds pour l'en faire sortir, car on ne put jamais le déterminer à aider lui-même à sa sortie par quelque mouvement; il restait entre leurs mains impassible et silencieux comme un cadavre : quand il fut hors de son antre on le plaça sur ses jambes au milieu de trois ou quatre hommes qui veillaient sur lui, et les autres s'occupèrent d'aller chercher Meg Merrilies.

Sortant du sein des ténèbres, et exposé soudain à la vive clarté du soleil, Hatteraick ébloui parut pouvoir à peine se soutenir. On voulut le faire asseoir sur un gros fragment de rocher au bord de la mer; alors roulant les yeux d'une manière effroyable, et le corps saisi d'une sorte de mouvement convulsif, il s'écria : — Non pas *là!* mille diables! non pas *là!* vous ne me ferez pas asseoir *là!*

Il ne prononça que ces mots, mais le ton horrible dont il les proféra faisait assez voir ce qui se passait dans son esprit, et le sens qu'il y attachait.

On venait aussi de faire sortir Meg Merrilies de la caverne, avec autant de soin et de précaution que son état l'exigeait, et que le permettait l'étroit et obscur passage qui en formait l'unique issue. On se consulta alors sur le lieu où on la conduirait.

Hazlewood, qui avait envoyé chercher un chirurgien, proposa en attendant de la porter dans la chaumière la plus voisine. Mais elle s'écria aussitôt, avec plus de force qu'on n'aurait pu s'y attendre : —Non, non! à Derncleugh! à Derncleugh! ce n'est que là que l'esprit pourra se dégager du corps.

— Il faut la satisfaire, dit Bertram, sans quoi le trouble de son imagination rendra plus dangereux l'état de sa blessure.

On prit donc le chemin de la vieille tour, et Meg semblait plus occupée de la scène qui venait de se passer que de la mort qui s'approchait d'elle.

— Ils étaient trois, disait-elle, et pourtant je n'en avais

amené que deux. Qui est donc le troisième? Est-ce *lui-même* qui est revenu pour travailler à sa vengeance.

Il était évident que l'arrivée subite d'Hazlewood, que l'obscurité, d'une part, et ensuite la blessure qu'elle avait reçue, ne lui avaient pas donné le temps de reconnaître, avait produit beaucoup d'effet sur son imagination, et elle revenait sans cesse sur ce sujet.

Hazlewood expliqua à Bertram comment il s'était trouvé là. Il ajouta que, les ayant aperçus comme ils sortaient de Derncleugh, il les avait constamment suivis sans les perdre de vue; qu'il était entré après eux dans la caverne avec le dessein de s'en faire reconnaître, quand sa main, dans les ténèbres, rencontra la jambe de Dinmont, ce qui aurait pu produire une fâcheuse catastrophe sans le courage et la présence d'esprit de ce brave fermier.

Quand on fut arrivé à la tour, l'Egyptienne en donna la clef. On entra, et on se disposait à la placer sur le lit, quand elle s'écria d'un ton d'inquiétude : — Non, non! pas comme cela! la tête du côté de l'orient!

Elle parut satisfaite dès qu'on l'eut placée comme elle le demandait.

— N'y a-t-il pas dans les environs, dit Bertram, quelque ecclésiastique pour assister de ses prières cette malheureuse femme?

Le ministre de la paroisse, qui avait été précepteur de Charles Hazlewood, avait appris, comme beaucoup d'autres personnes, que le meurtrier de Kennedy venait d'être arrêté sur le lieu où le crime avait été commis, et qu'une femme était mortellement blessée. La curiosité, ou plutôt le sentiment de ses devoirs l'avait amené à Derncleugh, et il entrait en ce moment dans la tour. Le chirurgien arriva en même temps et voulut sonder la blessure de Meg Merrilies; mais elle refusa leurs secours. — Les hommes ne peuvent rien, dit-elle, pour me guérir ou me sauver. Laissez-moi dire ce que j'ai à dire; après cela vous ferez tout ce que vous voudrez. Qu'on ne me contrarie point!

Où est Henry Bertram? Tous les assistans, excepté Hazlewood et Dinmont, se regardaient avec surprise, ce nom leur étant devenu étranger depuis long-temps.

— Oui, répéta-t-elle d'un ton plus élevé et plus véhément, je dis *Henry Bertram d'Ellangowan*. Otez-vous du jour, et que je le voie.

Tous les yeux se tournèrent alors sur Bertram, qui s'avançait vers la malheureuse femme. Elle lui prit la main.
—Regardez-le bien, dit-elle, et que tous ceux qui ont connu son père et son grand-père disent si ce n'est pas leur portrait vivant?

Un bruit confus s'éleva parmi ceux qui étaient présens. La ressemblance était trop parfaite pour ne pas les frapper.

— Maintenant, écoutez-moi, et que cet homme, ajouta-t-elle en montrant Hatteraick, qui, entouré de ses gardiens, était assis sur une vieille caisse, ose nier ce que je vais dire. Voici Henry Bertram, fils de Godefroy Bertram, baron d'Ellangowan. Voici l'enfant que Dirk Hatteraick enleva dans le bois de Varroch, le jour qu'il assassina Kennedy. J'y étais comme un esprit errant. Je voulais parcourir tout le bois avant de quitter le pays. Je sauvai la vie de l'enfant. Je priai, je conjurai Hatteraick de me le laisser; mais il l'emmena à travers les mers. Il a parcouru des pays lointains, et maintenant le voilà de retour pour rentrer dans ses biens. Et qui pourrait l'en empêcher? J'avais juré de garder le secret jusqu'à sa vingt-unième année révolue; je savais que jusqu'alors il devait obéir au destin. J'ai gardé ce serment. Mais j'avais juré aussi, en moi-même, que si je vivais assez pour voir son retour, je le ferais remonter au rang de ses pères, dût chaque échelon de son élévation être un cadavre. J'ai gardé ce serment. Je serai un des échelons. Cet homme-là, en montrant Hatteraick, en sera un autre, et ce ne sera pas le dernier.

Le ministre fit observer qu'il était fâcheux qu'une telle déclaration ne fût pas reçue dans les formes légales; et le chirurgien ajouta qu'il était indispensable d'examiner l'état de la blessure de cette femme avant de la fatiguer par de nouvelles questions. Mais quand Meg vit que tout le monde sortait de la chambre et que l'on emmenait Hatteraick, afin de laisser le chirurgien exercer tranquillement ses fonctions, elle se souleva, et l'appela à haute voix :

— Dirk Hatteraick, nous ne nous reverrons plus avant le dernier jour des jours. Reconnaissez-vous que j'ai dit la vérité?

Il tourna vers elle son front endurci, en lui lançant un regard féroce, sans prononcer un seul mot.

— Dirk Hatteraick, vous dont les mains sont couvertes de mon sang, osez-vous nier un seul mot de ce que vient de vous dire ma voix mourante?

Il continua de la regarder avec une expression de rage et de satisfaction, remua les lèvres, et ne répondit rien.

— Adieu donc ! que le ciel vous pardonne ! votre main a donné la force à mon témoignage. Pendant ma vie, j'étais une Egyptienne, une folle, une vagabonde; j'ai été bannie, frappée de verges, marquée d'un fer chaud. J'ai mendié mon pain de porte en porte, j'ai été chassée de village en village comme un chien égaré. Qui aurait ajouté foi à mes paroles? Mais aujourd'hui je suis une femme mourante, et mes paroles ne tomberont pas à terre comme mon sang que vous avez versé.

Elle cessa de parler, et il ne resta dans la chambre que deux ou trois femmes et le chirurgien. Après avoir examiné sa blessure, il remua la tête, et céda sa place au ministre.

Un constable, prévoyant qu'il faudrait conduire Hatteraick en prison, avait arrêté sur la route une chaise de poste qui retournait à vide à Kippletringan. Le postillon, notre ami Jack Jabos, ayant appris ce qui se passait à Derncleugh, laissa son équipage à la garde d'un enfant, comptant peut-être moins encore sur ses soins que sur la sagesse et la tranquillité que l'âge avait données à ses chevaux, et courut à toutes jambes vers le lieu de la scène pour avoir sa part du spectacle. Il arriva dans l'instant où le groupe de fermiers et de paysans, dont le nombre augmentait à chaque instant, ayant satisfait leur curiosité en contemplant les traits durs et farouches d'Hatteraick, donnaient toute leur attention à Bertram. Les gens âgés surtout, qui avaient vu son père dans sa jeunesse, reconnaissaient la vérité des discours de Meg Merrilies.

Mais la circonspection fait le caractère distinctif des Ecossais; ils songèrent qu'un autre était en possession du domaine d'Ellangowan, et se contentèrent de se communiquer à voix basse leurs remarques et leurs réflexions.

Mais Jack Jabos, s'ouvrant un passage au milieu du cercle, n'eut pas plus tôt jeté les yeux sur Bertram, qu'il recula de deux pas en arrière, en s'écriant à haute voix :

— Aussi sûr que je respire, c'est le vieux Ellangowan ressuscité et rajeuni!

Cette déclaration spontanée, faite en public par un homme désintéressé et sans prévention, fut une étincelle électrique qui se communiqua en un instant à tous les spectateurs. — Vive Bertram! criait-on de toutes parts; vive l'héritier des Ellangowan! qu'il reprenne la place de ses pères!

— Je puis en parler, disait l'un; il y a soixante-dix ans que je vis dans ce pays.

— Il y en a le double, disait l'autre, que moi et les miens y demeurons. Je dois connaître le regard d'un Bertram!

— Il y a trois cents ans, dit un autre vieillard, que nous y demeurons, de père en fils. Je vendrais jusqu'à ma dernière vache pour voir le jeune laird rentrer dans ses droits.

Les femmes, qui aiment toujours le merveilleux, et dont l'intérêt s'accroît quand il a pour objet un beau jeune homme, n'étaient pas les moins empressées à partager l'enthousiasme général. — C'est le portrait de son père! s'écriaient-elles; que le ciel le protège! Les Bertram ont toujours été les amis du pays!

— Ah ! disaient quelques-unes, si ma pauvre mère, que le chagrin de l'avoir perdu fit mourir, avait vécu pour voir un pareil jour !

— Il faut qu'il rentre dans son bien ! criaient quelques autres, et si Glossin prétend garder le château, nous le mettrons dehors avec nos ongles.

Dinmont, qui était connu de plusieurs cultivateurs du pays, en fut aussi entouré. Il ne demandait pas mieux que de conter tout ce qu'il savait de son ami, et de se faire honneur de la part qu'il avait eue à tout ce qui venait de se passer. On l'écoutait avec attention, et son témoignage ajoutait encore à l'enthousiasme et à l'allégresse. Enfin la froideur et la réserve écossaises disparaissaient en ce moment comme lorsque la neige se fond sous une pluie douce et abondante, et que le torrent entraîne digues et écluses.

Le bruit de ces acclamations interrompit les prières du ministre. Meg, qui était plongée dans un de ces accès léthargiques qui précèdent nos derniers instans, parut se ranimer, et recouvra la parole :

— Entendez-vous ? entendez-vous ? il est reconnu ! il est reconnu ! Je ne vivais que pour cela. Je suis une pécheresse ; mais si ma malédiction a causé ses malheurs, ma bénédiction les a réparés. Je voudrais à présent en avoir dit davantage, mais il n'y a plus moyen. Attendez, continua-t-elle en étendant la main vers la fenêtre étroite qui laissait pénétrer une vive clarté dans la chambre ; retirez-vous du jour, que je le voie encore une fois ! Mais les ténèbres sont dans mes yeux, ajouta-t-elle en retombant sur son lit après avoir inutilement cherché à distinguer les objets. Tout est fini !

L'esprit s'en va,
La mort est là.

Et retombant sur son grabat, elle expira sans pousser un seul gémissement.

Le ministre et le chirurgien dressèrent une espèce de

procès-verbal de tout ce qu'elle avait dit, en regrettant qu'elle n'eût pas été interrogée juridiquement, mais moralement convaincus de la vérité de ses révélations.

Hazlewood fut le premier à faire à Bertram son compliment sur l'espoir qu'il avait plus que jamais de recouvrer son nom et le rang qui lui appartenait dans la société. Les spectateurs, qui avaient appris de Jack Jabos que Bertram était la personne qui avait blessé le jeune Hazlewood, bénissaient la générosité de ce dernier, et mêlaient son nom à celui de Bertram dans leurs acclamations.

Quelques-uns cependant demandèrent au postillon comment il n'avait pas été frappé de la ressemblance qu'il venait de remarquer, lorsqu'il avait vu Bertram à Kippletringan quelques jours auparavant.

— Que diable! répondit-il fort naturellement, qui songeait alors au vieux Ellangowan? Quand j'ai entendu dire tout à l'heure que le jeune laird était retrouvé, j'ai cherché dans la foule, et la ressemblance m'a sauté aux yeux. On ne peut pas s'y tromper : il ne faut que le regarder une seule fois!

Pendant la dernière partie de cette scène, la férocité d'Hatteraick sembla un moment ébranlée. On observa qu'il fronçait le sourcil, qu'il tâchait avec ses mains liées d'enfoncer son chapeau sur son front; qu'il regardait avec inquiétude sur la route, comme impatient de voir arriver la voiture qui devait l'emmener.

Ce changement extérieur ne venait pas d'un remords; mais il craignait que l'effervescence du peuple ne finît par se tourner contre lui. M. Hazlewood ne tarda pas à le délivrer de cette appréhension en ordonnant qu'on le conduisît à la chaise de poste, et qu'on le menât à Kippletringan chez M. Mac-Morlan, qui en disposerait comme il le jugerait convenable. Il lui avait déjà dépêché un exprès pour l'avertir de ce qui venait d'arriver.

— Maintenant, dit-il à Bertram, je serais bien charmé que vous voulussiez m'accompagner à Hazlewood; mais, comme je me flatte que cela pourra vous être plus agréable dans quelques jours qu'en ce moment, je vous demande la permission de vous suivre à Woodbourne. Mais vous êtes à pied.

— Si le jeune lord voulait prendre mon cheval? ou le mien? ou le mien? s'écrièrent six voix différentes.

—Acceptez le mien, dit un bon vieillard, et consentez à le regarder comme à vous dès ce moment. Il fait dix milles par heure, sans qu'on ait besoin de fouet ni d'éperon.

Bertram accepta le cheval à titre de prêt, et fit à la foule qui l'environnait ses remerciemens pour les marques d'attachement qu'il en recevait.

Tandis que, tout joyeux de la préférence, le propriétaire du cheval envoyait chez lui un messager pour chercher sa selle neuve, un autre pour bien l'étriller avec du foin sec, un troisième pour emprunter les étriers argentés de Dan Dukieson, et qu'il exprimait à Bertram son regret de ne pas avoir le temps de faire manger l'avoine à sa bête, afin qu'il pût connaître tout son mérite, celui-ci, prenant le ministre par la main, entra avec lui dans la tour, et en ferma la porte.

Il regarda quelques instans en silence le corps de Meg Merrilies, dont les traits, quoique défigurés par la mort, conservaient encore le caractère d'énergie qui lui avait assuré pendant sa vie une sorte de supériorité sur la horde dans laquelle elle était née.

Le jeune capitaine essuya les larmes qui s'échappaient involontairement de ses yeux en voyant cette malheureuse femme qu'il regardait comme victime de sa fidélité envers sa famille et de son affection pour lui. — Croyez-vous, dit-il au ministre, qu'il lui restait assez de connaissance pour comprendre vos prières, et y donner l'attention convenable à un mourant?

— Mon cher monsieur, répondit celui-ci, je crois qu'elle en avait assez pour m'entendre et pour se joindre à mes prières; mais espérons que nous sommes jugés d'après nos faibles lumières et d'après les moyens que nous avons eus de nous instruire des vérités de la morale et de la religion. Cette femme, vivant au sein d'un pays chrétien, pouvait être regardée comme une véritable païenne. Souvenons-nous que les erreurs et les fautes d'une vie passée dans l'ignorance furent rachetées par des preuves d'un dévouement désintéressé qui a été presque jusqu'à l'héroïsme. Confions-la avec crainte, mais non sans espérance, à la miséricorde de celui qui peut seul faire entrer en balance nos offenses et nos crimes avec nos efforts vers la vertu.

—Puis-je vous prier, dit Bertram, de veiller à ce que les funérailles de cette pauvre femme se fassent avec décence? J'ai entre les mains quelques effets qui lui appartiennent. En tout événement, je me charge de tous les frais. Vous pourrez avoir de mes nouvelles à Woodbourne.

En ce moment Dinmont, à qui un de ses amis avait prêté un cheval, frappa à la porte, et vint avertir que tout était prêt pour le départ. Bertram et Hazlewood recommandèrent à ceux qui les entouraient, et dont le nombre était dans ce moment de plusieurs centaines, de contenir dans les bornes raisonnables les explosions de leur joie, parce qu'un zèle trop indiscret pourrait nuire aux intérêts du jeune laird, comme ils le nommaient, et partirent au milieu de leurs acclamations.

En passant près des chaumières ruinées, Dinmont dit à Bertram : — Je suis bien sûr, capitaine, que quand vous serez rentré dans vos biens vous n'oublierez pas de bâtir ici une petite chaumière. Je le ferais moi-même, ou le diable m'emporte, si cela n'était en de meilleures mains. Cependant, après ce qu'elle nous a dit, je ne me soucierais pas d'y demeurer. Je ne ferais qu'y rêver de sorcières, d'esprits, de revenans.

Ils ne tardèrent pas à arriver au château de Woodbourne. La nouvelle de leur exploit les y avait déjà précédés, et toute la famille les attendait dans l'avenue pour les féliciter.

— Si vous me revoyez en vie, dit Bertram à Lucy qui était accourue la première vers lui, quoique les yeux de Julie l'eussent prévenue, c'est à ces deux bons amis que vous le devez.

Quand Lucy eut témoigné sa satisfaction et sa reconnaissance à Hazlewood par une révérence modeste, et mieux encore par la rougeur qui couvrit son visage, elle tendit avec amitié la main à Dinmont. Le bon fermier, dans l'enthousiasme de sa joie, ne se contenta pas de ce qui lui était accordé, et l'embrassa cordialement. Voulant en même temps excuser cette liberté : — Bien des pardons, mademoiselle, lui dit-il; je vous regardais en vérité comme une de mes filles. Le capitaine est si bon! cela fait qu'on s'oublie.

Le vieux Pleydell, s'avançant alors : — Si ce sont là les honoraires, dit-il...

— Doucement, M. Pleydell, doucement, dit Julie; oubliez-vous que vous avez reçu les vôtres d'avance hier soir?

— Cela peut être, répondit-il en riant; mais si je ne mérite pas un double salaire de vous et de Lucy demain matin, en interrogeant Dirk Hatteraick, je veux que.... Vous verrez, colonel, et vous, malicieuses, vous l'entendrez si vous ne le voyez pas.

— C'est-à-dire si nous voulons l'entendre, M. Pleydell.

— N'y a-t-il pas deux contre un que vous le voudrez? La curiosité ne vous apprend-elle pas l'usage de vos oreilles?

— Je vous assure, M. Pleydell, que de vieux garçons malins comme vous mériteraient bien que nous leur apprissions l'usage de nos mains.

— Réservez-les pour la harpe, ma charmante amie; cela vaudra mieux pour tout le monde.

Tandis que miss Mannering et l'avocat babillaient ainsi, Mannering présentait à Bertram un homme qui lui était inconnu.

—Voici, mon cher monsieur, M. Mac-Morlan.

—Celui à qui ma sœur dut un asile, dit Bertram en l'embrassant, quand elle se trouva sans amis, sans parens.

Dominus s'avança à son tour, voulut sourire, et ne fit qu'une grimace, essaya de parler, et ne produisit qu'une espèce de sifflement qui effraya tout le monde ; enfin ne pouvant résister à son émotion, il se retira pour soulager son cœur aux dépens de ses yeux.

Nous n'essaierons pas de dépeindre le plaisir et le bonheur dont on jouit à Woodbourne pendant cette heureuse soirée.

CHAPITRE LVI.

« Tel qu'un singe, surpris au milieu du pillage,
« Montre, en grinçant les dents, son dépit et sa rage :
« Tel rugit dans les fers l'infame scélérat,
« Quand il voit mettre au jour son obscur attentat. »
JEANNE BAILLIE. *Le comte Basile.*

Il y eut le lendemain matin un grand mouvement à Woodbourne, à cause de l'interrogatoire de Dirk Hatteraick, qui devait avoir lieu à Kippletringan.

M. Pleydell, qui était toujours sur la liste des juges de paix du comté, ayant procédé dans le temps à l'information qui avait eu lieu après la mort de Frank Kennedy, et dont l'expérience et les talens étaient généralement reconnus, reçut de Mac-Morlan, de sir Robert Hazlewood, et d'un autre juge de paix des environs, l'invitation de présider le tribunal, et de se charger de l'interrogatoire. On engagea le colonel Mannering à assister à la séance, où il ne s'agissait que d'une instruction préparatoire au jugement. Le tribunal s'étant formé, Pleydell fit un résumé de l'ancienne information, et fit comparaître de nouveau ceux des témoins qui avaient été entendus alors et qui étaient encore vivans. Il interrogea ensuite le ministre et le chirurgien qui avaient assisté Meg Merrilies dans ses derniers momens; ils déclarèrent qu'elle avait positivement et distinctement affirmé plusieurs fois qu'elle avait été témoin de la mort de Kennedy, assassiné par Dirk Hatteraick et quelques hommes de son équipage; qu'elle ne s'était trouvée là qu'accidentellement; qu'elle pensait que l'ayant rencontré dans l'instant où, par suite des avis qu'il avait donnés, ils venaient de perdre leur vaisseau, la vengeance les avait portés à ce crime; qu'elle avait ajouté qu'un témoin de ce crime, Gabriel Faa son neveu, vivait encore, mais qu'il avait refusé d'y participer; qu'une autre personne en avait eu connaissance après qu'il avait été commis, et en avait profité : l'Egyptienne n'en avait pas dit davantage. Ils n'oublièrent pas de faire mention de sa déclaration que c'était elle qui avait sauvé l'enfant; qu'on l'avait arraché de ses bras, et que les contrebandiers l'avaient emmené en Hollande. On eut soin de consigner le tout sur le procès-verbal.

On amena ensuite Dirk Hatteraick bien garotté, précaution qu'il devait à l'un des constables, qui l'avait reconnu pour l'homme qui s'était échappé peu de temps auparavant. On lui demanda son nom, point de réponse; sa profession, même silence; plusieurs autres questions lui furent faites, il resta toujours muet.

Pleydell essuya les verres de ses lunettes, et examina avec attention la figure du prisonnier. — Voilà, dit-il tout bas au colonel, le coquin de plus mauvaise mine que j'aie encore vu; mais patience; je sais comment le travailler. Constable, faites entrer Soles, Soles le cordonnier. Soles, vous souvenez-vous d'avoir mesuré des pas dont la terre portait l'empreinte dans le bois de Warroch, en novembre 17..?

Soles se rappela parfaitement cette circonstance.

—Lisez ce papier. Est-ce bien là le résultat de votre travail? Le reconnaissez-vous?

Soles répondit affirmativement.

—Prenez les souliers qui sont sur cette table, mesurez-les, et voyez si leur mesure répond à quelqu'une des empreintes dont vous avez pris note.

Le cordonnier obéit, et fit réponse qu'ils étaient exactement semblables à l'empreinte la plus large.

—Nous prouverons, dit Pleydell à part à Mannering, que les souliers ont appartenu à Brown, lieutenant d'Hatteraick, le drôle que vous avez salué d'un coup de fusil bien ajusté à Woodbourne. On les a trouvés dans la petite tour ruinée de Derncleugh.

—Maintenant, Soles, mesurez avec soin le pied du prisonnier.

Mannering, qui ne perdait pas de vue Hatteraick, s'aperçut qu'il était saisi d'un tremblement involontaire.

—Maintenant, Soles, voyez si cette mesure convient à quelque autre empreinte.

Le cordonnier examina la note, et ayant mesuré une seconde fois le pied du prisonnier : —Il n'y a pas un cheveu de différence, dit-il, entre ce pied et cette autre empreinte aussi large, mais plus courte que la première.

Le génie d'Hatteraick l'abandonna en ce moment.

—Mille diables! s'écria-t-il, comment pouvait-il y avoir des traces de pied sur la terre, quand elle était gelée aussi dure que la plus dure pierre?

— Dans la soirée, capitaine Hatteraick, cela est vrai, mais non pas dans la matinée. Voudrez-vous me dire où vous étiez, et ce que vous faisiez le jour dont vous avez conservé un souvenir si précis?

Hatteraick avait eu le temps de reconnaître son étourderie, et un silence obstiné fut toute sa réponse.

—Consignez son observation sur le procès-verbal, dit Pleydell à son clerc.

En ce moment, la porte de la salle s'ouvrit, et, au grand

étonnement de tous ceux qui s'y trouvaient, on vit entrer M. Gilbert Glossin.

Ce respectable personnage avait appris par ses espions que les déclarations faites en mourant par Meg Merrilies ne l'inculpaient nullement, et qu'elle ne l'avait pas nommé. Cette circonstance n'était pas due aux ménagemens qu'elle aurait eus pour lui, mais au court intervalle qui avait séparé l'instant de sa blessure de celui de sa mort, et qui n'avait pas permis de l'interroger juridiquement. Il crut donc qu'il n'avait à craindre que les aveux que pourrait faire Hatteraick, et il résolut de faire face à l'orage, et de se réunir à ses confrères occupés à son interrogatoire. — Je trouverai moyen, pensait-il, de faire sentir à ce coquin que son intérêt et le mien exigent qu'il garde le silence; d'ailleurs je donnerai, en me présentant, une preuve d'innocence, de confiance en moi-même. Si je dois perdre le domaine, il faut que... Mais non, non. Espérons mieux.

Il fit en entrant un profond salut à sir Robert Hazlewood. Celui-ci, qui commençait à soupçonner que son plébéien voisin avait voulu se servir de lui, comme le singe de la patte du chat, lui fit une légère inclination de tête, prit du tabac, et tourna la vue d'un autre côté.

— Votre très-humble serviteur, M. Corsand.

— Je vous salue, M. Glossin, répondit sèchement M. Corsand, qui composait sa figure *regis ad exemplar*, c'est-à-dire d'après celle du baronnet.

— Mac-Morlan, mon digne ami, comment vous portez-vous? Toujours occupé de vos devoirs?

— Hum! dit Mac-Morlan sans faire attention ni au salut ni au compliment.

— Colonel Mannering!

Une profonde salutation de Glossin n'obtint du colonel qu'un léger mouvement de tête.

— M. Pleydell, je n'aurais pas osé espérer que dans un moment de session vous pussiez venir nous aider, nous autres pauvres juges de campagne!

Pleydell prit une prise de tabac, et jeta sur lui un regard où se peignaient l'ironie et le sarcasme. — Je vais lui apprendre, disait-il en lui-même, la valeur de l'ancienne maxime, *ne accesseris in concilium antequàm voceris* ¹.

— Mais je vous interromps peut-être, messieurs. La séance est-elle commencée?

— Bien loin que vous nous interrompiez, M. Glossin, dit Pleydell, je suis enchanté de vous voir ici, car je suis convaincu qu'avant que nous nous séparions, votre présence pourra nous être nécessaire.

— Hé bien! messieurs, dit Glossin en approchant une chaise de la table et s'emparant de quelques-uns des papiers qui la couvraient, — où en est-on? qu'a-t-on fait? où sont les déclarations?

— Greffier, donnez-moi ces papiers, dit Pleydell. J'ai une manière de les arranger qui n'est qu'à moi. Dès que quelqu'un y touche, M. Glossin, je ne m'y reconnais plus. Prenez patience, nous ne tarderons pas à avoir besoin de vous.

Glossin, réduit ainsi à un état d'inaction, jeta un coup d'œil sur Hatteraick, mais ne put découvrir sur son front soucieux que les traits de sa haine contre tout ce qui l'entourait.

— Messieurs, dit-il, pourquoi donc ce pauvre misérable est-il chargé de fers si pesans? Il n'est encore ici que pour être interrogé. — C'était prévenir indirectement le prisonnier qu'il avait un ami.

— Ne savez-vous pas qu'il s'est déjà évadé une fois? lui dit Mac-Morlan sèchement.

Cette réplique réduisit Glossin au silence.

On fit alors entrer Bertram, qui, au désespoir de Glossin, fut accueilli de la manière la plus amicale, même par sir Robert Hazlewood. Il fit le récit des souvenirs qu'il avait conservés de son enfance, avec cette candeur et cette naïveté qui est la meilleure preuve de la bonne foi.

(1) Ne venez pas au conseil avant d'y être appelé. — Tr.

— Messieurs, dit Glossin en se levant, il me semble que vous instruisez un procès civil plutôt qu'une affaire criminelle. Comme vous ne pouvez ignorer les suites qu'auraient pour moi les prétentions que ce jeune homme annonce, je vous demande la permission de me retirer.

— Non pas, s'il vous plaît, mon cher monsieur, dit Pleydell; nous avons grand besoin de vous. Mais qu'avez-vous à dire au sujet des prétentions de ce jeune homme? Je n'ai pas la moindre envie de vous empêcher d'y répondre, si vous le pouvez.

— M. Pleydell, je vais vous expliquer l'affaire en un mot. Ce jeune homme, que je crois un fils naturel de feu Godefroy Bertram, parcourt ce pays depuis quelques semaines sous différens noms, cabalant avec une vieille folle qui, m'a-t-on dit, vient d'être tuée dans une dispute; vivant avec des Egyptiens et d'autres vagabonds; excitant les vassaux contre leurs seigneurs; et qui enfin, comme le sait fort bien sir Robert Hazlewood.....

— Sans vous interrompre, M. Glossin, dit Pleydell, je vous demande si vous savez qui est ce jeune homme.

— Je crois et je pense que ce prisonnier, dit-il en montrant Hatteraick, sait que c'est le fils naturel de feu Ellangowan et de Jeannette Lightoheel, qui épousa ensuite Hewit, charpentier de vaisseau, demeurant dans le comté d'Annan. Son nom est Godefroy Bertram Hewit, et c'est sous ce nom qu'il a été enrôlé dans l'équipage de *la royale Caroline*, yacht des douanes.

— Hé! dit Pleydell, l'histoire ne manque pas de vraisemblance. Mais sans parler de la différence d'âge, de teint, de cheveux, etc. Jeune homme, avancez!

Un jeune marin s'approcha.

— Voilà le véritable Godefroy Bertram Hewit. Il est arrivé hier de Liverpool. Il est lieutenant d'un vaisseau de la Compagnie des Indes; et, s'il n'est pas arrivé en ce monde par la meilleure porte, au moins vous voyez qu'il est en train d'y faire son chemin.

Quelques questions furent faites à ce jeune homme par les autres juges de paix. Pendant ce temps, Pleydell prit sur la table le porte-feuille d'Hatteraick. Le misérable fronça le sourcil à cette vue, et ce mouvement n'échappa point à l'œil pénétrant du magistrat. Il remit le portefeuille sur la table, il prit quelques autres papiers, et, au même instant, l'intérêt que le prisonnier prenait à sa recherche parut refroidi. — Il faut, dit-il en lui-même, qu'il y ait quelque chose de particulier dans ce portefeuille. Il le reprit, l'examina avec plus d'attention, et finit par y découvrir un secret. Etant parvenu à l'ouvrir, il en tira trois papiers sur lesquels il ne fit que jeter les yeux un instant. Alors, se tournant vers Glossin, il le pria de lui dire s'il avait été présent à la recherche que l'on avait faite de Kennedy et du jeune Henry, le jour du meurtre du premier et de la disparition du second.

— N...on, c'est-à-dire, oui, dit Glossin, pressé par le trouble de sa conscience.

— Et comment se fait-il donc qu'ayant des rapports si intimes avec le vieux Ellangowan, vous n'ayez pas comparu devant moi pour faire votre déclaration?

— Le jour même où ce malheur arriva, une affaire importante me fit partir pour Londres.

— Greffier, mentionnez cette réponse. Et cette affaire, M. Glossin, était sans doute la négociation de ces trois traites tirées par vous sur MM. Van Beest et Van Bruggen, et acceptées pour eux par un sieur Dirk Hatteraick, le jour même de l'assassinat.

Glossin changea de visage, et chacun s'en aperçut.

— Ces pièces viennent à l'appui du compte qu'a rendu de votre conduite en cette occasion le nommé Gabriel Faa, que nous avons fait arrêter, et qui a été témoin de tout ce qui s'est passé entre vous et l'honnête homme dont les fers vous inspiraient tout à l'heure tant de compassion. Avez-vous quelque chose à répliquer?

— M. Pleydell, dit Glossin qui avait retrouvé sa présence d'esprit, si vous étiez mon conseil, vous ne me donneriez pas l'avis de répondre sur-le-champ à une accusation faite par le dernier des misérables, et qu'il paraît disposé à soutenir par le parjure.

— Mon avis serait dicté par l'opinion où je serais que vous êtes innocent ou coupable. Mais, dans le cas où vous vous trouvez, je crois que vous prenez le parti le plus sage. Vous sentez sans doute que nous devons décerner un mandat d'arrêt contre vous.

— Et pourquoi, monsieur? Est-ce comme prévenu de meurtre?

— Non, mais comme ayant pris part à un enlèvement d'enfant.

— C'est un délit qui admet la caution.

— Pardonnez-moi, ce crime est un *plagium*, et *plagium* c'est *félonie*[1].

— Vous vous trompez, M. Pleydell, je n'ai qu'à vous citer Torrence et Waldie. Vous devez vous rappeler que ces deux femmes avaient promis à des élèves en chirurgie de leur fournir un cadavre d'enfant. Voulant faire honneur à leur engagement, et ne pas tromper l'attente des étudians, elles volèrent un enfant, le tuèrent, et leur livrèrent son corps pour trois shillings et demi[2]. Elles furent condamnées à être pendues, mais à cause du meurtre, et non à cause du *plagium*. Vos lois civiles vous emportent un peu trop loin.

— Tout cela est fort bien, monsieur; mais, en attendant que tout cela s'éclaircisse devant le tribunal supérieur, vous irez visiter la prison du comté. Constables, emmenez M. Glossin et Hatteraick, et veillez à ce qu'ils ne puissent avoir aucune communication ensemble.

Quand ils furent partis, on fit comparaître l'Egyptien Gabriel, que Bertram reconnut sur-le-champ pour le

---

(1) Le mot félonie s'applique à tout crime entraînant peine de mort, au-dessous du crime de haute trahison. — ÉD.

(2) 4 liv. 4 sous.

chasseur de renards qu'il avait vu à Charlies-Hope. Il avoua qu'il avait déserté du sloop du capitaine Pritchard, et qu'il avait été rejoindre les contrebandiers avant l'action. Il déclara que Dirk Hatteraick avait mis lui-même le feu à son lougre, et à la faveur de la fumée s'était sauvé dans ses barques avec son équipage et presque toute sa cargaison; qu'ils se réfugièrent dans la caverne du promontoire de Warroch, où ils se proposaient de rester jusqu'à la nuit; qu'Hatteraick, Van Beest Brown son lieutenant, et trois autres dont il faisait partie, en sortirent pour voir quelques-uns de leurs affidés dans le voisinage; qu'ils avaient rencontré Kennedy par hasard; que Brown et Hatteraick, sachant qu'il était la cause de leur désastre, avaient résolu de le tuer, et l'avaient assassiné; que chacun d'eux avait alors regagné la caverne par différentes routes; que là Hatteraick leur raconta qu'après avoir précipité Kennedy du haut de la montagne, voyant qu'il respirait encore, il était parvenu, à l'aide de Brown, à détacher et à faire rouler sur lui un gros fragment de rocher; que tout à coup Glossin avait paru au milieu d'eux; qu'Hatteraick avait acheté sa discrétion au prix de la moitié des marchandises qu'il avait sauvées, et pour lesquelles il lui avait fourni trois traites sur la maison Van Beest et Van Bruggen, et à la charge d'emmener en Hollande le petit Henry, de manière qu'on n'en entendît jamais parler en Ecosse; qu'il avait toujours suivi des yeux Bertram jusqu'à son arrivée aux Indes; que là il l'avait perdu de vue, et ne l'avait reconnu qu'à Charlies-Hope; qu'il avait informé de son retour sa tante Meg Merrilies et Hatteraick, qu'il savait alors sur la côte; que l'Egyptienne l'avait beaucoup grondé de ce qu'il avait donné cet avis au capitaine contrebandier; qu'elle lui avait déclaré qu'elle ferait tout ce qui serait en son pouvoir pour rétablir le jeune Ellangowan dans ses droits, quand même il faudrait pour cela agir contre Dirk Hatteraick; que plusieurs Egyptiens l'avaient aidée comme lui dans tout ce qu'elle avait fait à cet égard, parce qu'ils étaient persuadés qu'elle n'agissait que par inspiration, et qu'ils obéissaient à ses ordres sans examen ni réflexion, le respect qu'ils avaient pour elle ne leur permettant que de les exécuter ; que, par suite de ses desseins, elle avait remis à Bertram le trésor de la caste, dont elle avait la garde ; que plusieurs Egyptiens étaient mêlés dans la foule, le jour de l'attaque de la douane de Portanferry, afin de sauver Bertram, ce qu'il avait fait lui-même ; enfin que sa tante lui avait toujours dit qu'Henry Bertram devait avoir autour du cou quelque chose qui constaterait sa naissance ; que c'était un talisman qu'avait fait pour lui un savant d'Oxford, et qu'elle avait persuadé aux contrebandiers que, si on le lui retirait, cela leur porterait malheur.

Ici Bertram tira de sa poitrine un petit sac de velours qu'il avait porté depuis son enfance, et dont les contrebandiers lui avaient effectivement recommandé d'avoir grand soin. Il ajouta qu'il l'avait conservé dans l'espérance qu'il pourrait servir un jour à faire connaître sa naissance.

On l'ouvrit à l'instant même, et sous une double enveloppe de parchemin, on trouva un thème de nativité que le colonel reconnut aussitôt pour son ouvrage. Il avoua que la première fois qu'il avait paru en Ecosse il s'était amusé à y jouer le rôle d'astrologue, et fournit par-là une nouvelle preuve de l'identité du jeune Bertram.

— Maintenant, dit Pleydell à son clerc, dressez les mandats d'arrêt pour faire conduire en prison Glossin et Hatteraick jusqu'à ce que leur procès soit instruit. J'en suis fâché pour Glossin.

— Hé mon Dieu ! dit Mannering, c'est celui des deux qui mérite le moins de compassion ! Si l'autre est un scélérat, au moins il a du courage, de la résolution !

— Cela est juste, colonel ; il est tout naturel que vous vous intéressiez au brigand, et moi au fripon. C'est l'effet du métier. Mais, je vous le dis, Glossin aurait été un joli avocat, s'il n'avait pas pris du goût pour le mauvais côté de la profession.

— La médisance dirait qu'il n'en serait pas plus mauvais avocat pour cela.

—La médisance mentirait, comme cela arrive souvent. Les lois sont comme le laudanum : il est plus aisé de l'employer à tort et à travers comme un charlatan, que d'en faire un usage prudent comme un bon médecin.

CHAPITRE LVII.

« Incapable de vivre ou de mourir ! — Ô cœur de pierre !
« Allons, qu'on le conduise à l'échafaud. »
SHAKSPEARE. *Mesure pour Mesure.*

La prison du comté était un de ces vieux donjons qui subsistaient encore, à la honte de l'Ecosse, il y a peu d'années. Lorsque les prisonniers et leurs gardes y furent arrivés, Hatteraick, dont on connaissait la force et la violence, fut placé dans un cachot que l'on appelait la salle des condamnés. C'était une assez grande chambre, tout au haut de la prison. Elle était traversée dans toute sa longueur par une barre de fer de la grosseur du bras d'un homme au-dessus du coude, placée à la hauteur d'environ six pouces du plancher, et solidement scellée dans le mur aux deux bouts. On passa les jambes d'Hatteraick dans deux anneaux de fer qu'on riva sur lui, et auxquels tenait une chaîne d'environ quatre pieds, dont l'autre bout était attaché à un autre anneau de même métal, dans lequel passait la barre dont nous venons de parler. Ainsi un prisonnier pouvait se promener d'un bout à l'autre de la chambre, sans s'éloigner de la barre à une plus grande distance que ne le permettait la chaîne. Le geôlier, après s'être assuré de lui de cette manière, retira les fers qu'il avait aux mains, et le laissa, à cela près, en toute liberté.

Glossin, qui arriva bientôt après lui, fut traité avec plus de ménagement. En considération de son rang dans le monde, on ne lui fit pas l'affront de le mettre aux fers; et on le plaça dans une prison plus décente, sous l'inspection de Mac-Guffog, qui, depuis l'accident arrivé à Port-anferry, dont la prison avait été en partie consumée par l'incendie de la douane, avait obtenu dans cette maison d'arrêt une place inférieure de porte-clef.

Glossin, abandonné à lui-même dans cette solitude, eut le loisir de calculer toutes les chances qui existaient pour et contre lui. Il ne put se résoudre à regarder encore la partie comme désespérée. — Le domaine est perdu, disait-il, cela va de droit. Pleydell et Mac-Morlan ne feront aucun cas de tout ce que je pourrai dire. Ma réputation! c'est une bagatelle. Que je conserve la vie et la liberté, je saurai gagner encore de l'argent, et m'en faire une autre. Voyons! Bertram était un enfant quand on l'a enlevé; son témoignage est donc insuffisant. Gabriel est un déserteur, un Egyptien, un homme réprouvé par les lois. Meg Merrilies, la coquine est morte. Mais ces maudites traites! Hatteraick les avait prises sans doute pour me menacer, m'effrayer, m'extorquer de l'argent! Il faut tâcher de voir ce coquin, l'engager à être ferme, chercher à donner quelque autre couleur à cette affaire.

Méditant alors de nouvelles ruses pour couvrir ses anciennes fourberies, il passa son temps à arranger et à combiner des projets, jusqu'à l'heure de son souper, qui lui fut apporté par Mac-Guffog. Il chercha à le cajoler, lui fit boire un verre d'eau-de-vie, et finit par le prier de lui procurer les moyens de voir Dirk Hatteraick.

— Impossible! tout-à-fait impossible! cela est contraire aux ordres exprès de Mac-Morlan; et le capitaine (c'est ainsi que l'on appelle en Écosse le geôlier en chef) ne me le pardonnerait jamais.

— Et comment le saurait-il? dit Glossin en lui mettant deux guinées dans la main.

Le porte-clef pesa l'or, le regarda, le mit dans sa poche. — Ah! M. Glossin, vous connaissez les usages du pays! Hé bien, à l'heure de fermer les portes, je reviendrai, et je vous conduirai dans sa prison. Mais il faudra que vous y restiez toute la nuit; car il faut que je remette les clefs au capitaine, qui ne me les rendra que demain matin. Demain je ferai ma visite une demi-heure plus tôt qu'à l'ordinaire, j'irai vous reprendre, et vous serez niché dans votre chambre avant que le capitaine fasse sa ronde.

Ils se séparèrent ainsi, et quand l'horloge eut sonné dix heures, Mac-Guffog arriva avec une petite lanterne sourde.

— Otez vos souliers, dit-il tout bas à Glossin, et suivez-moi. Glossin obéit en silence. Quand il fut sorti de la chambre, Mac-Guffog, voulant paraître remplir son devoir comme de coutume, cria assez haut : — Bonsoir, monsieur, bonne nuit! et affecta de fermer la porte et les verrous avec beaucoup de bruit. Il lui fit monter un escalier raide et étroit, au haut duquel était la porte de la salle des condamnés. Il l'ouvrit, remit à Glossin la lanterne, lui fit signe d'entrer, ferma la porte avec le même bruit, et s'en alla.

La chambre dans laquelle se trouvait Glossin était fort grande, et pendant quelques instans la faible lumière qu'il avait fut insuffisante pour qu'il pût distinguer les objets. Enfin ses yeux s'habituant peu à peu à l'obscurité, il aperçut de la paille étendue sur un mauvais lit au-delà de la barre de fer qui traversait la pièce. Il vit un homme étendu sur ce lit, passa par-dessus la barre, et s'approcha de lui.

— Dirk Hatteraick!

— Tonnerre et tempête! dit le prisonnier en se soulevant à demi et en secouant ses fers, mon songe est donc vrai! Allez-vous-en, et laissez-moi en repos. C'est ce que vous avez de mieux à faire.

— Quoi, mon bon ami! faut-il que la crainte de garder la prison quelques semaines vous abatte ainsi?

— Garder la prison! Et pourquoi en sortirai-je? mille diables! pour être pendu! Laissez-moi. Faites vos affaires vous-même, et détournez de moi la lumière de votre lanterne.

— Allons, mon cher Dirk, ne vous effrayez pas. Je viens vous communiquer un plan superbe.

— Allez au fond de l'enfer, vous et vos plans! Ce sont vos plans qui m'ont fait perdre mon vaisseau, ma cargaison, mon équipage, et qui vont me coûter la vie. Je rêvais en ce moment que Meg Merrilies vous traînait ici par les cheveux, qu'elle me donnait le grand couteau qu'elle portait toujours pendu à son côté; et savez-vous ce qu'elle me disait? Tonnerre et tempête! soyez prudent, ne me tentez pas!

— Hatteraick, mon cher ami, levez-vous, et écoutez-moi.

— Non! C'est vous qui avez causé tout le mal. C'est vous qui n'avez pas voulu que Meg gardât l'enfant. Elle l'aurait rendu quand il aurait eu oublié ce qu'il avait vu, et rien de ce qui s'est passé ne serait arrivé.

— Mais, mon cher Hatteraick, vous déraisonnez: rappelez vos esprits.

— Je déraisonne, mille diables! nierez-vous que cette maudite attaque de Portanferry, qui m'a coûté mon vaisseau et son équipage, ne soit une de vos inventions, et pour votre intérêt?

— Mais, mon cher ami, vos marchandises...

— Au diable les marchandises! j'en aurais eu d'autres. Mais, mille diables! perdre mon vaisseau, mes braves camarades, ma propre vie, pour un lâche coquin qui ne sait faire le mal que par les mains des autres! mille tonnerres! ne me parlez plus! je suis dangereux pour vous.

— Mais Dirk, mais Hatteraick, écoutez seulement quelques mots.

— Non! de par l'enfer! non!

— Une seule phrase!

— Non! non! mille malédictions! non!

— Hé bien, va-t'en au diable, chien d'obstiné, brute hollandaise, dit Glossin hors de lui en le poussant avec le pied.

— Mille millions de diables! dit Hatteraick en se levant et le saisissant au collet; tu le veux donc? hé bien! tu l'auras.

Glossin résista, lutta un instant, mais Hatteraick était pour lui un adversaire trop redoutable, et d'ailleurs la précipitation et la fureur de son attaque ne lui avaient laissé aucun moyen de défense; il fut renversé par Hatteraick, et le derrière de son cou porta avec violence, dans sa chute, sur la barre de fer dont nous avons parlé. Enfin la lutte ne se termina que par la mort de Glossin.

La chambre qui était sous la salle des condamnés était celle de Glossin, et par conséquent se trouvait vide. Les prisonniers qui occupaient l'étage plus bas entendirent le bruit produit par sa chute, et quelques gémissemens. Mais les plaintes et les gémissemens étaient une chose trop familière dans ce séjour d'horreur pour exciter la curiosité ou l'intérêt.

Le lendemain matin Mac-Guffog, fidèle à sa promesse, vint avant le jour. — M. Glossin! dit-il à demi-voix.

— Appelle-le plus haut, dit Hatteraick.

— M. Glossin! pour l'amour de Dieu, venez bien vite.

— Il ne sortira pas sans aide, dit Hatteraick.

— Mac-Guffog! cria le capitaine, qu'avez-vous donc à bavarder là-haut?

— Venez donc, pour l'amour de Dieu! répéta le porte-clef à voix basse.

En ce moment le geôlier parut avec de la lumière. Il fut

saisi d'horreur et d'étonnement en voyant le corps de Glossin étendu par terre dans une position qui ne laissait aucun doute sur sa mort.

Hatteraick était tranquillement couché sur sa paille à deux pieds de sa victime.

En relevant le cadavre de Glossin, on vit qu'il était mort depuis quelques heures, et il portait les marques évidentes d'une mort violente. Sa première chute avait offensé les vertèbres cervicales. Il avait autour de la gorge des signes distincts de strangulation qui expliquaient la couleur noire de son visage. Sa tête était tournée sur son épaule gauche, comme si on lui avait tordu le cou avec force. Il semblait donc que son antagoniste acharné l'avait saisi au gosier, et ne l'avait pas lâché tant qu'il lui avait senti un souffle de vie. La lanterne brisée en morceaux était auprès du cadavre.

Mac-Morlan se trouvait dans la ville : on le fit avertir, et il arriva sur-le-champ.

— Qui a amené Glossin ici? dit-il à Hatteraick.

— Le diable.

— Et pourquoi l'avez-vous tué?

— Pour l'envoyer au diable avant moi.

— Misérable! vous avez donc couronné par le meurtre de votre complice une vie remplie de crimes, sans le mélange d'une seule vertu!

— D'une seule vertu! mille tonnerres! J'ai toujours été fidèle à mes armateurs ; je leur ai toujours rendu un compte exact jusqu'au dernier shilling. Et à propos de compte, faites-moi donner ce qu'il faut pour écrire, pour que je les informe de ce qui vient de se passer. Qu'on me laisse tranquille une couple d'heures, et qu'on me débarrasse de cette charogne, tonnerres!

Mac-Morlan, après avoir rédigé le procès-verbal de ce nouvel événement, se retira, et donna ordre qu'on fournît au misérable ce qu'il demandait.

A l'heure du dîner, lorsqu'on ouvrit sa porte, on trouva

que le scélérat avait anticipé sur les droits de la justice. Il avait détaché une des sangles du lit, l'avait ajustée à un gros os, reste de son dîner de la veille, et était parvenu à l'enfoncer solidement dans une crevasse du mur, aussi haut qu'il l'avait pu en montant sur la barre de fer. Alors, s'étant passé un nœud coulant autour du cou, il avait eu la force de se laisser tomber comme s'il avait voulu s'agenouiller, et de garder cette posture tant qu'il avait conservé la connaissance.

On trouva la lettre qu'il avait écrite à ses armateurs. Elle ne roulait que sur les affaires de leur commerce. Mais comme en leur rapportant les derniers événemens il parlait plusieurs fois du jeune Ellangowan, elle fut encore une preuve qui confirma les déclarations de Meg Merrilies et de Gabriel.

Pour n'avoir plus à nous occuper de ces misérables, j'ajouterai que Mac-Guffog perdit sa place, quoiqu'il assurât et qu'il offrît d'affirmer par serment qu'il avait enfermé la veille Glossin dans sa chambre. Cependant sa version trouva des partisans, et les amateurs du merveilleux furent convaincus, avec le digne chantre M. Skriegh, que l'ennemi du genre humain avait lui-même réuni ces deux scélérats, afin que leur vie, souillée par tous les crimes, se terminât par le meurtre et le suicide.

CHAPITRE LVIII.

« Pour résumer. . . . . pour en finir. . . . . »
SWIFT.

GLOSSIN étant mort sans héritiers, et sans avoir payé le prix des biens d'Ellangowan, ce domaine retombait entre les mains des créanciers de Godefroy Bertram; et son fils, en faisant valoir ses droits à la substitution établie par son aïeul, pouvait facilement en écarter la plus grande partie. Il confia le soin de ses affaires à MM. Pleydell et Mac-Morlan, en se bornant à leur dire que, dût-il retourner aux Grandes-Indes, il voulait que tout ce qui était légitimement dû par son père fût payé jusqu'au dernier sou.

Mannering était présent quand il leur déclara ses intentions à cet égard. Il lui serra la main, et à compter de ce moment la plus parfaite intelligence régna entre eux.

En cet état de choses, les créanciers n'hésitèrent pas à reconnaître les droits du jeune Bertram, et lui firent l'abandon du domaine d'Ellangowan. On procéda à l'examen des titres de créance, dont la majeure partie était passée dans les mains de Glossin ; et l'on trouva dans ses comptes tant de fraudes et de friponneries que la masse des dettes en fut considérablement diminuée. L'argent comptant trouvé lors du décès de mistress Margaret Bertram, le prix qu'avait produit son mobilier, et un peu d'aide de la part du colonel, suffirent pour tout acquitter.

Bertram ne tarda pas à aller prendre possession du château d'Ellangowan. Son installation s'y fit aux acclamations de tous les anciens vassaux de sa famille, qui s'étaient réunis comme pour un jour de fête. Mannering avait tant d'empressement de faire commencer divers travaux dont il était convenu avec Bertram, qu'il alla sur-le-champ s'y établir avec sa famille, quoiqu'il ne pût y être logé aussi commodément qu'à Woodbourne.

La joie avait presque troublé le cerveau du bon Dominus. En arrivant à Ellangowan, il monta les escaliers quatre à quatre pour arriver plus vite à une petite chambre située sous les tuiles, qui était autrefois son appartement, et que le logement beaucoup plus beau qu'il occupait à Woodbourne n'avait jamais pu lui faire oublier. Mais là une triste réflexion frappa tout à coup son esprit. Les livres ! trois chambres du château d'Ellangowan n'auraient pas suffi pour les contenir, et pas une ne restait vacante.

Cette pensée ôtait quelque chose au plaisir qu'il avait de se revoir dans les lieux qu'il avait habités si longtemps; mais au même instant Mannering le fit appeler. Il s'agissait de l'aider à calculer les proportions des différens appartemens dont il voulait composer une grande et magnifique maison qu'il avait dessein de faire construire à côté du nouveau château, dans un style qui répondît à la magnificence des ruines qui étaient dans son voisinage. Chaque pièce était indiquée sur le plan par le nom de l'usage auquel elle était destinée, et les yeux de Dominus étant tombés sur une des plus vastes, il y lut avec transport : Bibliothèque. Tout à côté était une chambre assez spacieuse et bien proportionnée, et on lisait : Appartement de M. Sampson. — Prodigieux! prodigieux! prodigieux! s'écria-t-il avec enthousiasme.

M. Pleydell était retourné à Edimbourg; mais il revint pendant les vacances de Noël, comme il l'avait promis. En arrivant à Ellangowan, il n'y trouva que le colonel, entouré de ses plans qui l'occupaient et l'amusaient beaucoup.

— Ah! ah! dit l'avocat, vous êtes seul? Et où sont ces dames? où est la charmante Julie?

— Elle se promène avec Lucy, Charles Hazlewood, Bertram et le capitaine Delaserre, un de ses amis, qui est ici depuis peu de jours. Ils sont allés à Derncleugh pour y tracer le plan d'une chaumière où Bertram compte établir Gabriel, qui paraît vouloir devenir tout-à-fait honnête homme. Hé bien! avez-vous terminé toutes les affaires de Bertram à votre tribunal?

— En un tour de main. Les vacances approchaient. Il n'y avait pas de temps à perdre. Je l'ai fait reconnaître héritier d'Ellangowan devant la cour des massiers.

— La cour des massiers! Qu'est-ce que cela?

— C'est une espèce de saturnales judiciaires. Il faut que vous sachiez qu'une des conditions requises pour être massier ou officier subalterne dans notre cour supérieure, est d'être ignare et non lettré.

— Fort bien !

— Et, à l'approche des vacances, l'usage de ce tribunal est de constituer pour un jour ces gens ignares en cour supérieure, et de soumettre à leur décision quelqu'une des affaires les plus difficiles, les plus épineuses, notamment des questions d'état, comme celle relative à notre ami Bertram.

— Que diable! mais cela n'a pas le sens commun.

— Oh! on trouve dans la pratique un remède contre l'absurdité de cette théorie. Quelques juges servent d'assesseurs à leurs subalternes, et font le rôle de souffleurs. Ce sont en général les affaires les mieux jugées. Vous savez que Cujas a dit : *Multa sunt in moribus dissentanea, multa sine ratione*. Au surplus, cette cour a fait notre affaire, et nous avons bu ensuite chez Walker une jolie provision de vin de Champagne. Mac-Morlan fera la grimace quand il verra le mémoire.

— Ne vous inquiétez pas, nous ferons face au choc, et nous donnerons en réjouissance un régal à tout le pays chez mon amie mistress Mac-Candlish.

— Et vous prendrez Jack Jabos pour intendant de vos écuries?

— Cela pourrait bien être.

— Et qu'est devenu Dandy, le seigneur redoutable de Charlies-Hope?

— Il est retourné dans ses montagnes; mais il a promis à Julie de faire une descente ici au commencement de l'été avec la bonne femme, pour employer son style, et je ne sais combien d'enfans.

— Les petits coquins! il faudra que je joue avec eux au colin-maillard et à la cligne-musette! Mais qu'est-ce que tous ces plans? Tour au centre, semblable à la tour de

---

(1) Il y a dans les coutumes beaucoup de choses contradictoires, et beaucoup sans raison. — TR.

l'aigle de Caernarvon, corps-de-logis, ailes...... Diable! avez-vous envie que cette maison prenne sur son dos le domaine d'Ellangowan, et s'envole avec lui?

— Nous aurons soin de lester le domaine de quelques sacs de roupies des Indes, pour l'empêcher de s'envoler.

— Ah! c'est de là que vient le vent? Alors je vois que le fripon de Bertram m'enlève ma maîtresse, la charmante Julie?

— Vous devinez très-bien.

— Il faut toujours que ces heureux coquins, ces jeunes gens l'emportent sur nous, qui sommes de la vieille école! Au moins je ne perds pas tout espoir, Julie s'intéressera en ma faveur auprès de Lucy.

— A vous dire vrai, je crains qu'on ne vous tourne encore en flanc de ce côté-là.

— Vraiment!

— Un certain sir Robert Hazlewood est venu faire une visite à Bertram, croyant, pensant et imaginant....

— Ah! par pitié, faites-moi grace des triples mots du baronnet.

— Hé bien! mon cher monsieur, il a calculé que le domaine de Singleside sépare deux fermes qui lui appartiennent, qu'il est éloigné de cinq à six milles de celui d'Ellangowan, et que, pour la convenance mutuelle des deux propriétaires, on pourrait se décider à une vente, un échange, ou quelque autre arrangement.

— Hé bien! et Bertram?

— Bertram lui répondit qu'il regardait l'ancien testament de mistress Margaret comme valable, ce qui serait la manière la plus simple d'arranger ses affaires de famille, et que par conséquent le domaine de Singleside était la propriété de sa sœur.

— Le coquin! il gagnera mon cœur, comme il a gagné celui de ma maîtresse! Et puis?

— Et puis, sir Robert s'est retiré avec mille complimens; mais peu de jours après il est venu faire une attaque de vive force. Il est arrivé dans une voiture à six chevaux, habit d'écarlate brodé, perruque bien poudrée, dans la plus grande tenue, comme l'on dit.

— Ah! ah! Et qu'a-t-il dit?

— Il a parlé, avec ses formes ordinaires d'éloquence, de l'attachement que Charles Hazlewood avait conçu pour miss Bertram.

— J'entends, il a respecté le petit Cupidon, quand il l'a vu perché sur la colline de Singleside. Et la pauvre Lucy va-t-elle demeurer avec le vieux fou et sa femme non moins folle, car c'est le baronnet lui-même en jupons?

— Non : nous avons paré à cela. On va réparer le vieux château de Singleside : le jeune couple l'habitera; et, à la prière du baronnet, on l'appellera dorénavant le mont Hazlewood.

— Et vous, restez-vous à Woodbourne?

— Jusqu'à ce que ces plans soient exécutés. Voyez, je suis avec mes enfans, et cependant je puis être chez moi, s'il me prend par-ci par-là un accès de misanthropie.

— Fort bien! et comme vous n'êtes qu'à deux pas du vieux château, vous pourrez à votre aise monter à la tour de Donagild, pour y contempler les corps célestes.

— Non, mon cher avocat, c'est ici que finit L'Astrologue.

FIN DE GUY MANNERING.

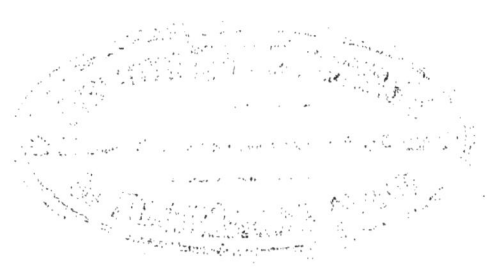

www.ingramcontent.com/pod-product-compliance
Lightning Source LLC
Chambersburg PA
CBHW071607230426
43669CB00012B/1858